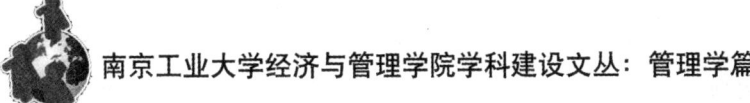

南京工业大学经济与管理学院学科建设文丛：管理学篇

(第二版)

企业战略管理

主　编　赵顺龙
副主编　吴　琨　吴松强
参　编　刘新艳　马　硕　黄幸婷

STRATEGIC MANAGEMENT OF ENTERPRISE

经济管理出版社

图书在版编目（CIP）数据

企业战略管理（第二版）/赵顺龙主编．—北京：经济管理出版社，2015.2
ISBN 978-7-5096-3610-7

Ⅰ.①企… Ⅱ.①赵… Ⅲ.①企业战略—战略管理 Ⅳ.①F272

中国版本图书馆 CIP 数据核字（2015）第 015334 号

组稿编辑：陈　力
责任编辑：杨国强　张瑞军
责任印制：黄章平
责任校对：王　淼

出版发行：经济管理出版社
　　　　　（北京市海淀区北蜂窝 8 号中雅大厦 A 座 11 层　100038）
网　　址：www.E-mp.com.cn
电　　话：(010) 51915602
印　　刷：三河市延风印装厂
经　　销：新华书店
开　　本：720mm×1000mm/16
印　　张：24.5
字　　数：508 千字
版　　次：2015 年 3 月第 2 版　2015 年 3 月第 1 次印刷
书　　号：ISBN 978-7-5096-3610-7
定　　价：49.00 元

·版权所有　翻印必究·

凡购本社图书，如有印装错误，由本社读者服务部负责调换。
联系地址：北京阜外月坛北小街 2 号
电话：(010) 68022974　　邮编：100836

第一版序言

20世纪90年代以前的企业战略管理理论都比较偏重讨论竞争和竞争优势，这曾经对战略管理理论的发展和企业经营业绩的提高起到了积极的促进作用。但进入90年代以后，随着产业环境的日益动态化，技术创新的加剧，竞争的国际化和顾客需求的日益多样化，创新和创造未来日益成为企业战略管理研究的重点，在此背景下，超越竞争成为战略管理理论发展的一个新热点。其中，较有影响和代表性的有德·博诺（De Bono，1996）提出的超越竞争理论、默尔（Barrington Moore）提出的企业生态系统合作演化理论、达韦尼（D'Aveni）提出的超级竞争模型、W.钱·金（W. Chan Kim）和莫博涅（Mauborgne）提出的"蓝海战略"理论等，这些理论从不同的角度提出了自己的观点，如德·博诺是从价值创造与创造性思维角度分析的，默尔是从企业生态系统均衡的演化角度分析的，达韦尼是从竞争创新角度分析的，钱·金是从创造需求角度分析的。

企业战略管理的演进，大致经过了四个阶段。20世纪60年代的战略规划理论、70年代的战略管理理论、80年代的竞争理论、90年代的资源基础论与核心能力理论。进入20世纪90年代以后，企业经营环境的变化使得传统的战略管理范式面临挑战。在经济全球化、知识经济和可持续发展的大背景下，在网络经济的影响下，要求企业战略理论有所突破，甚至重建战略思维。目前看来，一是现有的各种学派日趋取长补短，交叉融合，探讨战略问题更综合、更全面，问题指向更明确；二是围绕信息技术和企业信息化、电子商务的战略思想越来越受到重视；三是已经有一些基于新假设、新范式，尤其强调动态研究和未来竞争的新战略理论崭露头角，引起人们的关注。

战略管理是一门较新的学科，笔者在多年讲授企业战略管理知识的过程中，以及与企业管理者进行交流时，深感战略管理对企业发展的重要性，如果企业没有很好的战略规划，就像没有指南针的船在大海中航行会迷失方向一样，尤其是在复杂多变的环境中，企业需要具备战略管理，才能在激烈的竞争中立于不败之地。在给本科生讲授企业战略管理时，由于学生没有企业管理的实际经历，他们感觉战略管理比较抽象、空洞，从而导致我们在本科教学过程中与学生互动有一定的难度。为此，我们教研小组经常在一起交流、沟通，也邀请部分本科生参与我们的讨论，其目的就是为了让学生能听懂并掌握企业战略管理的基本知识，使他们感觉企业战略管理不是一门抽象的学科。我们在教学中使用案例，通过案例分析，由浅入深地讲解，让他们能快速掌握企业战略管理知识点。

本书是根据我们教研小组的讲稿，并结合我们多年给本科生授课的经验整理而成的。我们基本上是从教科书的角度来设计的，为了便于学生理解和进一步思考，在每章的开头设有案例，章末附有思考题，通过真实有趣的案例来启发学生对理论的运用。至于战略管理理论部分，是从教科书的角度选取那些普遍被接受的基础理论和重要理论。当然，我们在编纂本教科书时，考虑到它不仅仅适用于教学领域，也应适合企业界人士，或对该学科感兴趣的人自学使用，或作为其他人士学习系统化管理知识之用。

本书由赵顺龙教授担任主编，主要负责本书逻辑体系的设计、篇章结构的安排、研究工作的协调以及最后的修改统纂。吴琨副教授作为本书副主编，协助进行全书的修改定稿。吴松强讲师作为本书副主编参与本书部分章节资料的收集、整理与修改。全书文献资料的收集与整理大部分是由赵顺龙教授指导的已经毕业或在读的研究生承担的。他们是刘新艳、马硕、谭湛、任玲、陈晨子、陈一光、万菲、刘昆、裴莹捷、薛昊、崔璐、蒋敏、唐丽倩、黄幸婷。对他们的辛勤劳动和认真负责的态度表示感谢。

本书是南京工业大学"企业战略管理精品课程"建设项目的研究成果。值此本书付梓之际，衷心感谢南京大学商学院陈传明教授对原稿的阅读与指正，他的指正使本书的一些谬误得到及时修正。感谢南京工业大学经济管理学院工商管理系全体老师提出的不少宝贵意见；感谢我们曾教授过的本科生和研究生提出的合理化建议；感谢南京工业大学教务处领导提供的帮助与支持；感谢南京工业大学经济管理学院教学办同志为本书的编写召开了部分同学座谈会，提出有益的意见；感谢向我们提供帮助和支持的朋友们。

此外，在本书的编撰过程中，我们借鉴、参考了国内外很多学者的有关研究成果，在此向他们表示衷心地感谢。

限于我们可能对相关文献把握不准，可能在某些问题的理解上比较肤浅甚至存在偏差，所以本书可能在某些方面还存在不足或缺陷。我们诚恳地希望同行们不吝赐教，以便我们在今后的修订中得到改善。

赵顺龙
2008年5月下旬谨识于南京工业大学经济管理学院

第二版序言

《企业战略管理》教材自2008年8月由经济管理出版社出版以来，受到了全国兄弟高校管理类专业师生和企业界的广泛好评。许多高校选择这本书作为本科生、MBA及工程硕士的授课教材，也有较多企业和培训机构在管理培训中选用这本书。诸多读者的好评给我们编者以极大欣慰和鼓舞，鞭策我们把这本书编得更加完善。

首先，感谢很多读者给我们发回了使用该教材的反馈意见，并有翔实的补充建议。其次，我们团队在授课的同时也经常交流探讨，并在与学生的互动中了解了该教材的优点、瑕疵及需要补充的内容。我们一直在教学、科研中积累着关于企业战略管理的理论与实践，并计划出版修订版教材。最后，2013年8月，该书获得了江苏省教育厅"十二五"高等学校重点教材的立项。基于此，我们开始组织本书的修订工作。

此次修订，除了对每章的内容、结构都进行了不同程度的调整修改外，我们着重在以下几个方面做了补充和完善：

第一，全部更新了开篇案例。第一版的案例与中国当前经济发展相比有些陈旧，本版全部做了更新。本版的开篇案例一部分取自团队成员遴选的近几年亲自参与的调研企业，一部分取自目前较为引人瞩目的有特色企业。

第二，在章节的安排上增设了合作战略一章。由于合作战略越来越多地被企业在战略的各个层次上运用，我们把第一版第八章业务层战略中的竞合战略、战略联盟单独列出来而增设了第九章。

第三，在第五篇战略管理新视角的第十五章创新战略中，新增了开放式创新以及知识产权战略等，对开放式创新及其实施、产学研合作创新及理论解析，以及与创新保障相关的知识产权战略等内容展开论述。因为在超竞争环境中，尤其是在互联网时代，创新不只是来自于企业内部，企业的上下游客户、消费者、甚至是不相关的外部力量都可能成为企业创新的源泉。从传统的"封闭式创新"转向"合作创新"、"开放式创新"，越来越多的企业在寻找新的发展模式。

南京工业大学的赵顺龙、吴琨、吴松强、刘新艳、马硕、黄章婷等老师参加了此次的编写及修订工作。本书在赵顺龙教授的总体安排下完成的，具体分工如下：

赵顺龙：第二版序言、第五、六章；
吴　琨：第三、四、七、八、九章；
吴松强：第十二、十三、十四、十五章；
刘新艳：第十六、十七章
马　硕：第一、二章；
黄幸婷：第十、十一章。

　　本修订版的完成还有熊成扬、殷梦丹、张一弛、周娟娟、杨竞、吴平、张海霞、邹林俊、邵世翔研究生的协助，他们做了第一版教材的找错，第二版教材的案例资料收集、文字校对等工作，对他们的辛勤劳动和认真负责的态度表示感谢。

　　本修订版是江苏省教育厅"十二五"高等学校重点教材建设项目的研究成果。值此本书付梓之际，衷心感谢诸多同仁、读者对第一版教材的使用、反馈及第二版的合理化建议；在第二版的编写中，我们也借鉴、参考了国内外很多学者的有关研究成果，在此向他们表示衷心感谢。

　　古人云："校书如扫落叶，旋扫旋生。"本书一定还存在不足或缺陷，还请同行们、读者们斧正。

赵顺龙

2014年12月下旬谨识于南京工业大学府苑

目 录

第一篇　战略管理导论

第一章　战略管理的基本概念 ··· 003
- 开篇案例 ·· 003
- 第一节　战略的产生与形成 ·· 004
- 第二节　战略管理的概念、过程及特征 ························ 009
- 第三节　获取竞争优势的战略思维模型 ························ 013
- 本章小结 ·· 015
- 思考题 ··· 015
- 参考文献 ·· 016

第二章　战略管理理论的演进与发展 ····························· 017
- 开篇寓言 ·· 017
- 第一节　战略管理的演进 ··· 019
- 第二节　战略管理的发展 ··· 023
- 本章小结 ·· 026
- 思考题 ··· 027
- 参考文献 ·· 027

第二篇　战略分析

第三章　企业的环境分析 ··· 031
- 开篇案例 ·· 031
- 第一节　企业环境的构成及特征 ·································· 032
- 第二节　宏观环境分析 ··· 035

第三节　产业环境分析 …………………………………… 038
　　第四节　竞争对手分析 …………………………………… 046
　　第五节　战略集团 ………………………………………… 053
　　第六节　企业的内部环境分析 …………………………… 055
　本章小结 ……………………………………………………… 059
　思考题 ………………………………………………………… 060
　参考文献 ……………………………………………………… 060

第四章　环境分析方法 …………………………………………… 061
　开篇案例 ……………………………………………………… 061
　　第一节　外部环境分析方法 ……………………………… 063
　　第二节　内部环境分析方法 ……………………………… 067
　　第三节　价值链分析 ……………………………………… 074
　　第四节　SWOT 分析 ……………………………………… 080
　本章小结 ……………………………………………………… 083
　思考题 ………………………………………………………… 084
　参考文献 ……………………………………………………… 084

第五章　企业的资源—能力理论分析 …………………………… 086
　开篇案例 ……………………………………………………… 086
　　第一节　企业资源基础论 ………………………………… 087
　　第二节　企业的能力与核心竞争力 ……………………… 090
　　第三节　动态能力理论 …………………………………… 102
　本章小结 ……………………………………………………… 105
　思考题 ………………………………………………………… 105
　参考文献 ……………………………………………………… 106

第六章　企业使命与战略目标 …………………………………… 108
　开篇案例 ……………………………………………………… 108
　　第一节　企业使命 ………………………………………… 109
　　第二节　战略目标 ………………………………………… 114
　本章小结 ……………………………………………………… 117
　思考题 ………………………………………………………… 118
　参考文献 ……………………………………………………… 118

第三篇　战略制定

第七章　公司层战略 ……………………………………………… 121
- 开篇案例 ………………………………………………………… 121
- 第一节　公司战略的分类 ……………………………………… 123
- 第二节　一体化战略 …………………………………………… 126
- 第三节　多样化发展战略 ……………………………………… 130
- 第四节　公司发展战略的实施方法 …………………………… 135
- 本章小结 ………………………………………………………… 139
- 思考题 …………………………………………………………… 140
- 参考文献 ………………………………………………………… 140

第八章　业务层战略 ……………………………………………… 141
- 开篇案例 ………………………………………………………… 141
- 第一节　成本领先战略 ………………………………………… 143
- 第二节　差异化战略 …………………………………………… 147
- 第三节　集中化战略 …………………………………………… 151
- 第四节　竞争战略在实践中的应用 …………………………… 154
- 第五节　不同背景下的企业战略选择 ………………………… 161
- 本章小结 ………………………………………………………… 169
- 思考题 …………………………………………………………… 170
- 参考文献 ………………………………………………………… 170

第九章　合作战略 ………………………………………………… 172
- 开篇案例 ………………………………………………………… 172
- 第一节　合作战略的内涵及逻辑思维 ………………………… 174
- 第二节　战略联盟 ……………………………………………… 176
- 本章小结 ………………………………………………………… 181
- 思考题 …………………………………………………………… 181
- 参考文献 ………………………………………………………… 182

第十章　国际化战略 ……………………………………………… 183
- 开篇案例 ………………………………………………………… 183
- 第一节　国际化战略实施的动因 ……………………………… 184
- 第二节　国际化战略的选择 …………………………………… 191

第三节 国际化市场的进入模式 ········· 198
第四节 企业国际化经营的风险 ········· 204
本章小结 ········· 206
思考题 ········· 206
参考文献 ········· 207

第十一章 战略选择的方法 ········· 208

开篇案例 ········· 208
第一节 波士顿矩阵 ········· 209
第二节 PIMS 分析 ········· 214
第三节 GE 业务筛选模型 ········· 218
第四节 生命周期法 ········· 221
本章小结 ········· 223
思考题 ········· 224
参考文献 ········· 224

第四篇 战略实施与控制

第十二章 组织行为 ········· 229

开篇案例 ········· 229
第一节 组织结构与战略 ········· 230
第二节 组织变革与发展 ········· 235
第三节 组织学习 ········· 246
本章小结 ········· 253
思考题 ········· 253
参考文献 ········· 253

第十三章 领导行为 ········· 255

开篇案例 ········· 255
第一节 企业家行为 ········· 256
第二节 管理者行为 ········· 264
本章小结 ········· 273
思考题 ········· 274
参考文献 ········· 274

第十四章　企业文化与战略管理 …… 276

- 开篇案例 …… 276
- 第一节　企业文化概述 …… 277
- 第二节　企业文化与战略管理的关系 …… 283
- 第三节　非正式组织与战略管理 …… 286
- 第四节　企业文化战略及其决策 …… 292
- 本章小结 …… 296
- 思考题 …… 296
- 参考文献 …… 296

第十五章　战略控制 …… 298

- 开篇案例 …… 299
- 第一节　战略控制的模式 …… 300
- 第二节　战略控制的类型 …… 303
- 第三节　战略控制的原则 …… 305
- 第四节　战略控制及持续改进 …… 308
- 本章小结 …… 312
- 思考题 …… 313
- 参考文献 …… 313

第五篇　战略管理新视角

第十六章　创新战略 …… 317

- 开篇案例 …… 317
- 第一节　开放式创新战略 …… 318
- 第二节　产学研合作创新制度选择的理论解析 …… 325
- 第三节　资本与知识混合逻辑的产学研合作创新制度模式 …… 336
- 第四节　知识产权战略 …… 348
- 本章小结 …… 352
- 思考题 …… 353
- 参考文献 …… 353

第十七章　企业网络、组织资本与战略管理 …… 354

- 开篇案例 …… 355
- 第一节　企业网络的内涵、特征与类型 …… 356

第二节　企业社会资本 …………………………………………………… 362
第三节　企业组织资本 …………………………………………………… 367
第四节　整合视角的企业战略管理 ……………………………………… 371
本章小结 ………………………………………………………………………… 376
思考题 …………………………………………………………………………… 376
参考文献 ………………………………………………………………………… 376

第一篇 战略管理导论

第一章 战略管理的基本概念

没有战略的企业就像一艘没有舵的船一样只会在原地转圈，又像个流浪汉一样无家可归。

——乔尔·罗斯（Joel Rose）和迈克尔·卡米（Michael Kami）

如果你希望成为一个成功的管理者、企业家或商界领袖，那么你今天就应该学习战略管理。战略管理让你学会系统思维，战略管理把企业视为一个整体对象进行研究，不仅研究企业内部资源配置与使用效率问题，还研究企业所面临的外部环境问题，同时根据企业内部与外部环境确定自身发展方向及路径选择。这是其他工商管理学科所不能比拟的，因为它们只是就企业管理中的某一方面而进行研究。战略管理研究的核心问题：企业如何行为？企业为什么会不相同？企业总部的作用是什么？什么决定了企业竞争的成功与失败？

开篇案例

万达电商应时而生

2014年8月29日，万达集团、百度、腾讯在深圳举行战略合作签约仪式，宣布共同出资在香港注册成立万达电子商务公司。万达电商计划一期投资50亿元，万达集团持有70%股权，百度、腾讯各持15%股权。万达集团董事长王健林、百度公司董事长兼首席执行官李彦宏、腾讯公司董事会主席兼首席执行官马化腾共同出席签约仪式。

根据公开报道，此次战略合作中，万达、百度、腾讯将在打通账号与会员体系、打造支付与互联网金融产品、建立通用积分联盟、大数据融合、WiFi共享、产品整合、流量引入等方面进行深度合作。三方将联手打造线上、线下一体化的账号及会员体系，探索创新性互联网金融产品；建立国内最大的通用积分联盟及平台；万达、百度、腾讯三方还将建立大数据联盟，实现优势资源大数据融合，共同打造线上线下一体化的用户体验。王健林还要求万达电商必须能够研发出一种便捷的一卡通，可以在全国万达广场、酒店、度假消费区及购房通用，不仅能够消费，还有折扣、积分、抽奖、增值服务等。

这样的不走寻常路的电商对于消费者是个什么概念呢？根据作者的理解，今后万达电商可能会开发出一款APP，用户可以使用自己的QQ账号或者百度账号登录 APP。APP 可以根据用户所在地很轻松地推送当地万达旗下产业的促销信息、发送折扣券。如果想要去万达广场吃饭，可以通过 APP 定位、点菜，不用忍受排队的苦恼，吃完之后直接用微信支付，钱包都不需要带，只需要手机。

由于万达、腾讯和百度的账号体系、会员体系打通了，今后用户在 QQ 上的消费，获得的积分也可以在万达的商铺里使用。在万达购物后获得的积分，也可以在腾讯和百度上使用。这样的电商体系，更类似于构建一个引进互联网技术的智慧商圈。尽管万达电商并非传统意义上网购的电商平台，但是这样的 O2O 平台并非和马云没有竞争。目前，阿里巴巴也在积极构建自己的 O2O 平台，支付宝钱包为各类商户开放了 60 多个接口，本月还和杭州武林商圈共同打造了一个 O2O 未来商圈。在万达电商运营起来后，今后很可能会出现这种情况，万达构建出自己的智慧商圈，它周边的其他百货业态和阿里合作，推出自己的 O2O 商圈。

资料来源：凤凰网，http://fashion.ifeng.com。

第一节 战略的产生与形成

一、战略的产生

"战略"（Strategy）一词源自希腊语 "stratgos"，或演变出的 "stragia"。前者意为 "将军"，后者意为 "战役"、"谋略"。在《大百科全书》中关于战略的解释：战略是指导战争全局的方略。因此，有人说，战略也是指导竞争全局制胜的艺术。它最早来源于军事活动，指的是作战谋略。军事家们对 "战略" 有着精辟的论述。19 世纪德国军事理论家冯·克劳塞维茨（Von Clausewitz）在其杰出的著作《战争论》（1889）中提出："战略是为了达到战争目的而对战斗的运用。战略必须为整个军事行动规定一个适应战争目的的目标，也就是拟制战争计划；并且必须把达到这一目标的一系列行动同这个目标联系起来，也就是拟制各个战局的方案和部署其中的战斗[①]。" 毛泽东（1938）在研究军事战略的时候也曾指出："战略问题是研究战争全局规律性的东西。凡属带有要照顾各方面和各阶段性质的，都是战争的全局。研究带全局性的战争指导规律，是战略学的任务[②]。"

随着生产力水平的不断提高和社会实践内涵的不断丰富，"战略" 一词后来被人们广泛地运用于军事之外的其他领域，从而给 "战略" 一词增添了许多新的含义。20 世纪 50 年代中期，战略被引入企业经营管理领域，出现了很多对战略管理进行研究的学者及其代表性的著作。1954 年，美国管理大师彼得·F.德鲁克

---

① 邓锋，薛国安. 战争论 [M]. 北京：国防大学出版社，1997.
② 毛泽东选集（第 1 卷）. [M]. 北京：人民出版社，1991.

(Druker)在其著作《管理实践》中区分了战术性决策和战略性决策,将战略性决策定义为"为企业目标及其实现方法所进行的所有的决策"[①],并首先提出今天众所周知的一个企业战略的关键问题"我们的业务是什么[②]?"安索夫(H. I. Ansoff)在1965年出版的第一本企业战略著作《公司战略》中,首次提出公司战略概念,并明确宣称了自己的战略管理主张,提出了战略构成的四个要素:产品与市场范围、增长向量、协同效应和竞争优势。在战略的各因素中,安索夫强调协同的作用。钱德勒(Chandler)在1962年出版的《战略与结构》中,通过对四个美国主要公司(杜邦、通用汽车、新泽西标准石油和西尔斯·洛帕克)发展历史的研究,以及对这些公司战略思想与结构变化的历史进行的深入调查,他发现随着公司的成长、地理区域的扩大与多样化程度的增加,公司的组织结构实际上会被迫出现变化以适应公司战略的改变。因此,他提出了"结构跟随战略"的著名论断。安德鲁斯(K. R. Andrews)等于1965年出版了《商业政策:原理与案例》。这些学者的开创性著作奠定了战略管理的理论基础。随后安索夫又在1976年出版了《从战略计划走向战略管理》。安索夫针对20世纪50年代末期,企业规模扩大和转向多种经营的情形,把"经营决策结构"和"战略决策模式"摆在首位,以确定企业目标作为决策的出发点,形成了自己的企业战略管理理论,继而又在1979年推出了另一部力作《战略经营》,研究从战略计划推向战略经营,从现代组织理论的立场出发,分析环境、战略和组织三者之间的对应关系,进一步发展了企业战略理论。

20世纪80年代,战略管理得到了较大程度的发展,以哈佛大学商学院迈克尔·波特教授为代表的产业结构学派在战略理论中占据了主导地位。他于1980年提出,企业在考虑竞争战略时必须将企业与所处的环境相联系,而行业是企业经营的最直接的环境;每个行业的结构又决定了企业的竞争范围,从而决定了企业的潜在的利润水平。同时期,日本的大前研一在其代表作《企业家的战略头脑》中提出了以顾客、企业、竞争对手各为一方所组成的战略三角形的概念,认为成功的战略就是充分发挥企业自身的实力,比竞争对手更好地为顾客服务。他指出,世界上没有一个能确保战略成功的现成公式,只要敢于实践、敢于发挥创造力,每个企业都有可能找到使自己获得成功的战略。

20世纪90年代以来,企业注重对自身独特的资源和知识的积累,从而形成企业特有的竞争力。学者们对竞争力进行了理论的探究,逐步形成了以资源、知识和能力为基础的核心竞争力理论。最有影响和代表性的是伦敦商学院的哈默尔(Gary Hamel)与密歇根大学的普拉哈拉德(C. K. Prahalad)1990年在《哈佛商业评论》上发表的文章《公司的核心能力》。在这篇文章里,他们提出,核心能力是企业可持续竞争优势与新事业发展的源泉,企业只有把获取核心能力看作是公司战略的焦点时,才能在全球竞争中取得持久的领先地位。

[①][②] [美]彼得·德鲁克.管理实践[M].毛忠明,程韵文,孙康琦译.上海:上海译文出版社,1999.

二、关于"战略"的不同诠释

随着战略研究在企业经营领域的兴起,关于战略的概念也众说纷纭,许多学者与企业高层管理者都分别赋予企业战略不同的含义。有的人认为企业战略应当包括企业目标、宗旨等层次的内容,即广义的企业战略。有的人则认为企业战略不应当包括这一部分内容,指的是纯粹的策略或战术的组合,即狭义的企业战略。这里向读者介绍一些关于战略定义的主要观点,在此基础上,本书给企业战略下了一个定义,读者可以通过思考和根据现实环境下企业的情况,确定哪种定义更为合适。

(一)安德鲁斯的定义

美国哈佛商学院教授安德鲁斯认为,企业战略是一种决策模式。它决定和揭示企业的目的和目标,提出实现目的的重大方针与计划,确定企业应该从事的经营业务,明确企业的经济类型与组织类型,以及决定企业应对员工、顾客和社会做出的经济与非经济的贡献。

按照安德鲁斯的定义,战略决策是在较长时间里有效地影响着企业资源配置的管理行为,这种决策的某些方面在相当长的时期里不会发生变化。但是,战略模式的某些方面可能会随着时间的推移而有所变化。因此,在制定企业战略和实施企业战略时,经理人员要树立权变的思想,辩证地处理变与不变的关系,在保证企业充满活力的前提下,提高战略的相对稳定性。从本质上讲,安德鲁斯的战略定义是通过一种模式,把企业的目的、方针、政策和经营活动有机地结合起来,使企业形成自己的特殊战略属性和竞争优势,将不确定的环境具体化,以便较容易地着手解决这些问题。

(二)奎因的定义

美国达特茅斯学院管理学教授奎因(J.B.Quinn)认为,战略是一种模式或计划,它将一个组织的主要目的、政策与活动按照一定的顺序结合成一个紧密的整体。一个制定完善的战略有助于企业根据自己的优势和劣势、环境中的预期变化,以及竞争对手可能采取的行动而合理地配置自己的资源。奎因对此定义作过进一步的解释,认为战略应包括以下内容:

(1)有效的正式战略包括三个基本要素:①可以达到的最主要的目的(或目标);②指导或约束经营活动的重要政策;③可以在一定条件下实现预定目标的主要活动程序或项目。

在奎因的定义中,确立一个组织的目标是战略制定过程中一个不可或缺的部分。

(2)有效的战略是围绕着重要的战略计划与推动力而制定的。所谓战略推动力是指企业组织在产品和市场这两个主要经营领域里所采取的战略活动方式。不同的战略计划与推动力会使企业的战略产生不同的内聚力和侧重点。

(3)战略不仅要处理可预见的事件,还要处理不可知的事件。战略的实质是建立一种强大而又灵活的态势，为企业提供若干个可以实现自己目标的选择方案，以应付外部环境可能出现的例外情况，不论外部力量可能会发生哪些不可预见的事件。

（4）在大型组织里管理层级较多，每一个有自己职权的层级都应有自己的战略。

（三）安索夫的定义

美国著名战略学家安索夫指出，企业战略是一个组织打算如何去实现其目标和使命，包括各种方案和评价以及最终要实施的方案。它是贯穿于企业经营与产品和市场的一条"共同经营主线"。这条主线决定着企业目前所从事的，或者计划要从事的经营业务的基本性质。安索夫提出的这条主线是由以下四个要素所构成的。

（1）产品与市场范围。产品与市场范围主要说明企业所处的行业，经营的产品与细分市场。一些企业将自己的经营范围定得过宽，造成企业经营的产品与市场过于宽泛，结果造成共同的经营主线不明确。一般来说，为了清楚地表述企业共同的经营主线，企业应该清晰地对产品线宽窄和市场范围加以描述。

（2）增长向量。增长向量指出了企业经营发展的方向和趋势，具体来说，是指企业所生产的产品及竞争所在的市场。其中，市场渗透是通过现有产品在目前市场上实现份额增长；市场开发是为企业当前产品开拓新的市场；产品开发是在现有市场上推出替代现有产品的新产品；另辟蹊径则是新的市场领域、新的产品。

（3）协同作用。协同作用是指企业从资源配置和经营范围的决策中所能寻求到的各种共同努力可以达到的效果。就是说，分力之和大于各分力简单相加的结果。一般来说，企业的协同作用可以分为投资协同作用、作业协同作用、销售协同作用和管理协同作用。

（4）竞争优势。竞争优势是指那些可以使企业处于强有力竞争地位的产品和市场的特性。企业竞争优势的形成源自两个方面：一是具有优越的客观条件，指企业所在地的自然条件、资源状况、交通运输、信息交流、通信工具、经济基础和公共关系；二是企业内部形成的，高层管理的决策能力、工程技术人员的创新能力、市场营销人员的营销能力、员工的素质等。

（四）明茨伯格的定义

明茨伯格（H.Mintzberg）对企业战略概念进行了比较综合性的论述，他提出了"战略的5P"。即战略是计划（Plan）、模式（Pattern）、计谋（Ploy）、定位（Position）和观念（Perspective）。

（1）计划。战略是一种有意识的、有预计的行动，一种处理某种局势的方针。组织根据未来制订计划，战略具有"行动之前"的含义，即通常指预先构想的战略。

（2）模式。战略是一种随着时间推移与行为保持一致的模式。组织根据过去形成的模式制定战略,即已实现的战略。

(3) 定位。定位是指一个企业在环境中所处的位置。企业应确定自己在市场中的位置,以寻求产品与顾客需求的结合点以及外部市场。

(4) 观念。战略是高层领导者在分析了企业外部环境及内部条件后得出的一种主观判断,尽管战略是一个抽象的概念,但却可以通过一定的方式被企业成员拥有和共享,从而变成一种集体意识并可能成为组织成员保持行为一致性的思想基础。

(5) 计谋。在特定的环境下,企业把战略作为威胁和战胜竞争对手的一种"手段"。

以上介绍的明茨伯格关于企业战略的 5 种定义,并不意味着它们是彼此独立的,介绍这些不同的定义旨在帮助读者加深对企业战略的深刻理解,避免造成对其片面理解并对行为产生误导。实际上,与其说以上对企业战略的几种描述是定义,倒不如说是企业战略的某种涵义,而且这些定义彼此之间存在着一定的内在联系或冲突。

一般情况下,战略主要涉及组织的远期发展方向和目标;理想情况下,战略应使资源与变化的环境,尤其是企业所面临的市场、消费者或客户相匹配,以便达到设计者的预期希望。虽然战略是由管理者立意设计的,但它要通过一些设计过程,并最终形成对战略方向、战略目标、战略内容的清晰的、明示性的文字表达。综合以上分析并考虑到军事战略的内涵,我们认为企业战略是指企业在某一段时间内有关经营方向的目标、路线、措施和经营重点的选择,为寻求和维持持久竞争优势而做出的有关全局的重大筹划和谋略。

三、战略层次

在军事上,习惯于用战略和战术(或称之为策略)来区分不同层次和范围的决策。前者多指最高统帅对某次战争或重大战役的整体部署,而后者指某一级将领和指挥人员对某一次战斗行动的具体策划。在企业战略范畴内,通常并不是用战略和战术对上述问题做出处理,而是将战略分成三个层次:公司层次战略(Corporate Strategy)、业务层次战略(Business Strategy)和职能层次战略(Functional Strategy)。

(一) 公司层次战略

公司层次战略是企业总体的、最高层次的战略。研究对象是一些相对独立的业务或战略经营单位(Strategy Business Unit, SBU)。公司层次战略的侧重点在三个方面:一是公司整体方向是什么;二是从公司全局出发,根据外部环境的变化及企业的内部条件,选择企业所从事的经营范围和领域,即要回答我们的业务是什么,我们应当在什么业务上经营;三是在确定所从事的业务后,要在各项事业部之间进行资源配置,以实现公司整体的战略意图,这也是实施公司层次战略的关键。

公司层次战略一般有以下几种类型：

（1）发展战略：企业为了求得更快的发展速度和更大的发展规模，扩展公司的经营活动，对产品、市场等方面采取进攻手段，以企业的快速发展为宗旨的一种战略。

（2）稳定战略：企业遵循与过去相同的战略目标，保持一贯的成长速度，同时不改变基本的产品或经营范围。它是对产品、市场等方面采取以守为攻，以安全经营为宗旨，不冒较大风险的战略。

（3）收缩战略：收缩战略是指企业从目前的战略经营领域和基础水平上，通过缩小经营规模、剥离部分业务或对企业进行重组，采用抽资转向或撤退的一种战略。以实现业务组合的调整，或是在十分不利的外部环境及内部条件下，退出某些业务领域以规避可能面临的风险。

（二）业务层次战略

业务层次战略包括竞争战略与合作战略，它处于战略结构中的第二层次。这种战略所涉及的决策问题是在选定的业务范围内或在选定的市场——产品区域内，事业部应在什么样的基础上进行竞争与合作，以取得超过其他竞争对手的竞争优势。业务层次战略与公司战略的根本不同点在于，公司层次战略要从整体上统筹规划多个事业部的选择、发展、维持或放弃，而业务层次战略只是本事业部所从事的业务规划。

（三）职能层次战略

职能层次战略是指在职能部门中，由职能管理人员制定的短期目标和规划，目的是实现公司层次和业务层次的战略计划。由于通常是短期的、局部的，因而称"策略"可能更为准确，强调"将事情做好"。职能部门采用最大化资源产出率来实现公司层次和业务层次战略。职能战略类型主要有营销战略、生产战略、研究与开发战略、人力资源战略及财务战略等。

应当指出，公司层次战略、业务层次战略和职能层次策略之间必须保持高度的统一和协调，每一层次的战略构成下一层次的战略环境，同时低一级的战略为高一层次战略目标的实现提供保障和支持，即各职能部门的策略是为了保证实现业务层次战略服务，而各业务层次战略是为了实现公司战略服务的。如果企业只从事一项业务，那么公司层次战略与业务层次战略相同。

第二节　战略管理的概念、过程及特征

战略管理强调的是过程管理，不仅决定组织将要采取的战略，还涉及这一战略的选择过程以及如何加以评价和实施。换句话说，企业战略的制定、评价和实施过程需要一定的技术和技巧，而且由于战略涉及组织的长远方向和更大的决策

影响范围，因而所需要的技术也更加复杂，这正是战略管理所要解决的问题。一个规范性的、全面的战略管理过程可大体分解为三个阶段：战略分析、战略形成、战略实施及控制。但在进行战略分析之前，首先要确立或审视企业的使命。

企业的使命是指企业当前寻求为顾客所做的一切以及对企业未来业务组成、产品线和顾客群的设想。它反映了企业管理者的价值观和企业力求为自己树立的形象，揭示了本企业与同行业其他企业在目标上的差异，界定了企业的主要产品和服务范围，以及企业试图去满足的顾客需求。企业使命的问题是基于企业"我们的业务是什么？""我们的业务将是什么？"以及"我们的业务应该是什么？"等一系列看似简单却又难以回答的问题延伸出来的。不同的企业因其规模、发展阶段的不同，具有不同的战略使命。

一、战略管理的概念

在当今企业环境影响因素越来越多、越来越复杂多变，竞争越来越激烈的时代，战略管理已经成为高层管理人员的重要管理内容，已经越来越显示出它在企业管理中的重要性。由于战略管理将企业的成长和发展纳入了变化的环境之中，管理工作将以未来的环境变化趋势作为决策的基础，从而使企业能更好地把握外部环境所提供的机会，增强企业经营活动对外部环境的适应性和动态反应能力。由于战略管理不只是停留在战略设计及战略制定上，而是将战略实施作为其管理的一部分，更加突出了战略在管理实践中的指导作用。这就把战略设计与战略实施结合起来，把战略管理规划与日常的经营计划控制结合在一起，把近期目标与长远目标结合起来，把总体战略目标与局部战术目标统一起来，从而更有利于调动各级管理人员参与战略管理的积极性，有利于充分利用企业的各种资源并提高协同效率。由于战略管理不只是计划"我们正走向何处"，而且以"计划是否继续有效"为指导，重视对战略进行评价与调整，这使得企业管理者能不断地在新的起点上进行连续性探索，增强创新意识。战略管理的重要性在于，它能保障企业久远的、未来的发展与成功。因此，企业战略管理是指企业依据其内部和外部环境，对企业经营方向的目标、线路、措施和经营重点的选择，并对这一选择进行实施、控制和管理。企业战略管理包括战略分析、战略形成、战略实施及控制过程。

从战略管理的定义我们可以看出：第一，战略管理不仅涉及战略的制定和规划，而且也包含着将制定出的战略付诸实施的管理，因此是一个全过程的管理。第二，战略管理不是静态的、一次性的管理，而是一种循环的、往复性的动态管理过程。它需要根据外部环境的变化、企业内部条件的改变，以及战略执行结果的反馈信息等对战略进行调整，是不间断的管理。

二、战略管理过程

依据企业战略管理定义，我们认为战略管理过程是对一个企业的未来发展方向制定决策和实施控制这些决策的动态管理过程。一个规范性的、全面的战略管理过程大体分为三个阶段,包括战略分析、战略形成(战略选择及评价)、战略实施及控制。这个战略管理过程如图1-1所示。

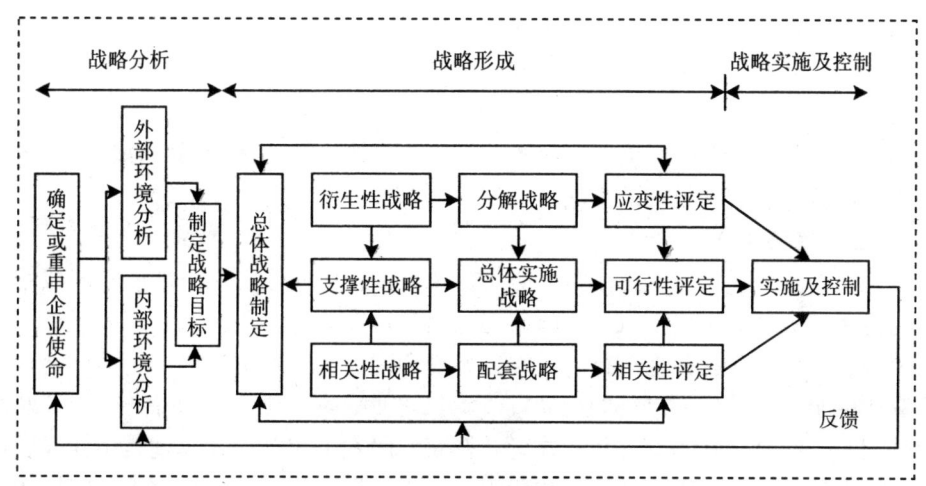

图1-1 企业战略管理过程

(一) 战略分析 (Strategic Analysis)

战略分析是对企业的战略环境进行分析、评价,并预测这些环境未来发展的趋势,以及这些趋势可能对企业造成的影响及影响程度。一般来说,战略分析包括企业外部环境分析和企业内部环境分析、企业使命及战略目标的制定。战略分析具体内容包括:

(1) 分析企业所处外部环境的特征和变化趋势,特别是环境为企业生存和发展提供的有利机会,以及对企业生存和发展造成的威胁,从而找出特定环境下企业取得战略性成功所必须具备的要素。

(2) 评价企业内部能力,根据企业的资源配置潜力和企业具备的核心专长(那些能形成企业以区别于竞争对手,并被市场认可是有价值的,因而能成为企业核心竞争力来源的有关职能活动方面),找出企业相对于关键竞争对手的竞争优势和劣势所在,从而辨识出企业的核心竞争力。

(3) 综合分析战略因素(SWOT),根据以上分析所得的外部战略性成功要素和内部企业核心竞争力两类因素,决定企业在本战略期间有关战略性关键事件的排序,并作为该战略期间的目标。

(二) 战略形成

战略形成过程实质是战略决策的形成过程,即对战略进行探索、制定以及选择。主要工作包括:

(1) 根据战略分析阶段确定的战略目标,制定能同时符合"企业使命"、"环境机会和威胁"、"内部优势和劣势"三方面要求的若干战略方案。

（2）根据预先确定的评价标准和分析模型，对各战略方案进行仔细的分析评价，找出各自的价值部分和资源约束方面，并从中做出选择。目前对战略的评价已有多种战略评价方法或战略管理工具，如波士顿咨询集团的市场增长率—相对市场占有率矩阵法、行业寿命周期法等。这些方法已被广泛地应用在西方跨行业经营的企业中。

（3）决定战略方案所需的资源量，根据战略性关键事件的要求对作业的资源进行分配。

（4）制定有关战略实施的政策和计划，并将战略目标进行层层分解，制定相应的具体目标和实现目标的方法。

（三）战略实施及控制

一个企业的战略方案确定后，必须通过具体化的实际行动，才能实现战略及战略目标。战略如果没有认真实施，无论制定得多么完善，都只是纸上谈兵。一般来说，战略的实施是通过行动计划、预算和规程的开发进行的。行动计划是为了完成一个单项计划而进行的行动或步骤。它使战略转化为行动导向，会涉及重组公司、变革公司的内部文化，或者开始新的研发工作等。预算就是用钱来表达的行动计划，列出每项行动计划的费用，用于计划和控制。规程用于详细描述一项特定任务或工作做法的一系列步骤和技巧。

一般来说，可在如下三个方面推进一个战略的实施：其一是制定职能策略，如生产策略、研究与开发策略、市场营销策略、财务策略等，在这些职能策略中能够体现出策略推进步骤、采取的措施、项目以及大体的时间安排等；其二是对企业的组织机构进行构建，以使构造出的机构能够适应所采取的战略，为战略实施提供一个有利的环境；其三是要使领导者的素质及能力与所执行的战略相匹配，即挑选合适的企业高层管理者来贯彻既定的战略方案。

在战略的具体化和实施过程中，为了使实施中的战略达到预期目的，实现既定的战略目标，必须对战略的实施进行控制。这就是说将经过信息反馈回来的实际成效与预定的战略目标进行比较，若两者有显著的偏差，应当采取有效的措施进行纠正。当由于原来分析不周、判断有误，或是环境发生了预想不到的变化而引起偏差时，则可能会重新审视环境，制定新的战略方案，进行新一轮的战略管理过程。

三、战略管理的特征

基于对战略管理本质的认识，必须紧扣"主客观一致性"这一本质特征来深入分析战略管理的特性。战略管理的重要特性应该有：主体性、情境性、动态性、前瞻性、系统性和平衡性。

（一）主体性

主体性有两层涵义：一是战略制定必然有其主体，二是战略包含着主体的目的性。首先，战略制定必然有其主体。这个主体可以是组织的高层管理者（最高管理者个人或整个高管层），也可以是组织的中层甚至是低层人员（如明茨伯格的"草根模型"所描述的），还可以是各层次人员的结合（权力学派所描述的）。其次，战略包含着主体的主观目的性。战略形成和实施是一个带有主观影响的、不完全理性的过程。主体的价值观、愿景势必投射到战略形成的过程之中。主体显性的和潜在的心理因素也会影响战略的形成和实施。

（二）情境性

战略活动离不开组织所处的特定的情境。这包括组织的内部环境和外部环境。战略管理是组织通过学习不断调适与其环境的关系的过程。从某种意义上说，战略管理过程就是组织不断适应环境、改造环境的过程。安德鲁斯的 SWOT 模型和波特的"五力模型"都突出体现了战略管理的情境性。

（三）动态性

首先，战略管理是一个过程。无论遵循怎样的战略管理程序，战略管理本身构成了一个完整的过程。其次，组织战略随着情境的变化而变化。战略的动态性决定了组织学习的重要性。正是从这个意义上，有人认为，战略是组织学习的过程。

（四）前瞻性

战略管理是面向未来的，其根本目的在于通过管理组织活动的不确定性来谋求组织的长期存续与发展。组织既要对其所处的现实环境进行正确的辨识，还要对环境的发展趋势进行有效的预测。不仅如此，组织还要通过认真的策划，调动所能调动的一切资源去影响和控制环境变化的方向和节奏。

（五）系统性

首先，战略是事关组织全局的决策活动。它以整个组织的生存和发展为关注的重点。虽然在某些特定的时期，它可能关注某些对全局具有重大影响的局部问题，但从根本上说，它关注的是组织的整体运行。其次，战略管理的一个重要任务是协调组织内各子系统间的运行以求系统功能的最优。从安索夫系统地提出协同的思想开始，系统协调就一直是战略管理理论的主线。

（六）平衡性

战略管理在很大程度上是在相互矛盾或制约的两个或多个因素中求取某种平衡，如理想与现实、眼前与长远、局部与整体等。

第三节 获取竞争优势的战略思维模型

企业组织存在的根本目的是创造竞争优势进而获取超额利润，企业战略的建立便是基于这一思想，即或者通过进入有利的产业，或者通过增加企业的竞争力来获取。这两种途径体现了两种基本的战略思维模型，即行业结构模型和资源结构模型。行业结构模型是一种机会决定的模型,而资源结构模型是一种资源决定的模型。

一、行业结构模型

行业结构模型认为超额利润是一种"机会带动"的增长方式,而获取超额利润的关键在于外部环境。也就是说,企业获得高于平均水平的投资收益率的根本原因来自于企业所处的外部环境,而其中最重要的是与企业所选行业的特点相关的因素。从经济学的角度分析,行业结构模型有以下四个假设条件:①外部环境的压力和限制决定了获取超额利润的战略方案;②在同一行业竞争的大多数公司拥有相类似的资源,并且采取相似的战略;③即使公司间存在资源的差异,随着资源的自由流动,这种差异性会逐渐变小;④组织的决策者是理性的,致力于追求利润的最大化。虽然该模型从某种程度上强调了企业所处的外部环境的重要性,却忽略了企业所拥有的资源和能力的差异,认为企业的盈利能力主要取决于所处的行业,只要选择了比较有吸引力的行业,即使管理水平一般的企业也能取得不错的效益。

研究结果表明,美国约20%的企业利润是由其行业或其选择运作的行业决定的。以目前国内的房地产行业为例,在"中国十大暴利行业"的评选中,房地产行业每年都高居榜首,各种富豪排行榜上,房地产业的富豪占据了半壁江山。有媒体评论说,改革开放30多年来,从来没有哪一个行业像房地产业这样盛产亿万富翁。国内从事多元化经营的企业基本上都已涉足房地产。此外,随着近几年网络游戏在国内的兴起,行业的暴利曾使陈天桥仅用三年时间就创造了每月几百万元的收入奇迹,并迅速成为国内首富,身价一度高达150亿元。

二、资源结构模型

与行业结构模型认为外部环境是获取超额利润的关键不同,资源结构模型认为超额利润是一种"能力带动"的增长方式,而获取超额利润的关键在于组织拥有不同的资源和能力,也就是说企业获得高于平均水平的投资收益率在很大程度上取决于企业的内部特点。在该模型看来,任何一家企业都是不同的资源和能力的特定组合,企业通过不断地获取不同的资源并发展独特的能力获得核心竞争力,并且这种资源和能力不能在企业间自由流动,资源的差异性形成了不同的竞争优势。从经济学的角度分析,资源结构模型有以下假设条件:①获得高于平均水平的投资收益率是因为其独特资源和能力;②资源和能力难以模仿和转移。值得注意的是,单个的资源可能无法创造竞争优势,如生产设备、专利技术、营销能力、有才能的管理人员等都属于单个的资源。假如一个公司有很强的生产能力,产品质量也不错,但营销能力却很差,产品再好销量恐怕也上不去,因为现在早已不是"酒香不怕巷子深"的年代,宣传和推广与质量本身一样重要。可以想象,如果只拥有上述资源的某一项,要想完成这项任务都会很难。因此,只有资源相互配合才能产生竞争优势。同时，并非所有的资源都可以成为竞争优势的基础，只有当这种资源和能力是有价值的、稀缺的、难以模仿的并无法替代时，这种资源和能力才是有价值的。

战略的本质实际上是引导决策的一种规则，战略是涉及企业的经营范围、资源配置、竞争优势、经营网络的综合性考虑，战略同时也是意识形态下观念与才能的整合性活动，也是企业高层管理者的重要责任。

21 世纪是战略制胜的时代，如今的战略竞争已经成为最主要的一种竞争模型，企业为了提高竞争力，实现企业可持续增长，纷纷寻求更好的战略管理。在动态的竞争环境下，为了更好地应对明天的发展，战略管理不得不对企业的今天进行规划，而规划的关键便是战略的定位问题，即企业在今天选择什么样的行业、开发什么样的产品、进军什么样的市场、服务于什么样的消费群体，这些将深刻影响企业明天的发展。企业在这一系列战略管理过程中的关键是有所为而有所不为。

本章小结

战略最早是军事用语。现在，战略一词的应用面已经很广泛，尤其是在企业领域。企业战略问题已经成为决定企业竞争成败的关键与核心。战略涉及企业的长期发展方向，是关于未来的一种决策。不同的管理学家有不同的战略观点。安德鲁斯、魁因、安索夫和明茨伯格等学者都对企业战略概念有着系统的论述。我们认为企业战略是指企业在某一段时间内有关经营方向的目标、线路、措施和经营重点的选择，为寻求和维持持久竞争优势而做出的有关全局的重大筹划和谋略。企业战略管理是指企业依据其内部和外部环境，而对企业经营方向的目标、线路、措施和经营重点的选择，并将对这一选择进行实施、控制和管理。一个规范、全面的战略管理过程可大体分解为三个阶段：战略分析、战略形成（战略选择及评价）、战略实施及控制。战略分成三个层次：公司层次战略、业务层次战略、职能层次战略。最后，本章介绍了企业获取超额利润的两种基本的战略思维模型，即行业结构模型和资源结构模型。

思考题

1. 什么是战略管理？
2. 企业战略可划分为几个层次？

3. 战略管理与职能管理有什么异同？
4. 总结战略管理过程的三个阶段。
5. 企业获取超额利润的两种基本的战略思维模型是什么？

参考文献

［1］丹尼尔·A.雷恩.管理思想的演变［M］.北京：中国社会科学出版社，2004.

［2］［美］弗雷德·R.戴维.战略管理（第10版）［M］.北京：经济科学出版社，2006.

［3］［美］J.戴维·亨格，托马斯·L.惠伦.战略管理精要（第四版）［M］.北京：电子工业出版社，2008.

［4］明茨伯格.战略历程（第二版）［M］.北京：机械工业出版社，2006.

［5］陈忠卫.企业战略管理［M］.北京：中国统计出版社，2003.

［6］王方华.战略管理［M］.北京：机械工业出版社，2006.

［7］周三多，邹统钎.战略管理思想史［M］.上海：复旦大学出版社，2003.

［8］［日］大前研一.企业家的战略头脑［M］.杨沐等译.上海：三联出版社，1986.

第二章 战略管理理论的演进与发展

战略的形成过程既是一个判断与设计的过程,又是一个依靠直觉来想象的过程,还是一个逐步学习的过程。战略既具有变革性又具有相对的稳定性,它包括制定战略前的分析、制定战略时的谈判以及随后的方案设计。

——明茨伯格

企业战略管理的演进,大致经过了四个阶段:20世纪60年代的战略规划理论、70年代的战略管理理论、80年代的竞争理论(产业组织理论与通用战略研究)、90年代资源基础论与核心能力理论。进入20世纪90年代以后,企业经营环境的变化使得传统的战略管理范式面临挑战。在经济全球化、知识经济和可持续发展的大背景下,以及在网络经济的影响下,要求企业战略理论有所突破,甚至重建战略思维。目前看来,一是现有的各种学派日趋取长补短,交叉融合,探讨战略问题更综合、更全面,问题指向更明确;二是围绕信息技术和企业信息化、电子商务的战略思想越来越受到重视;三是已经有一些基于新假设、新范式,尤其强调动态研究和未来竞争的新战略理论崭露头角,引起人们的关注。

开篇寓言

瞎子摸象

作者约翰·高德佛雷·撒克斯 (1816~1887)

那是六个印度人,
他们特别好学,
尽管他们都是瞎子,
他们都通过触摸,
来满足看事物的心愿。
第一个接近大象的瞎子,
碰巧撞上了大象宽阔结实的身体,
马上叫道:"上帝保佑,原来大象
就像一堵墙。"
第二个瞎子,
碰到了象牙,

他喊道:"嗬!我们在这儿碰到的是什么呀!
又圆又滑又尖!
我看,这很清楚
大象很像一支牙!"
第三个瞎子,
碰巧把扭动着的大象鼻子抓在手中,
因而就大胆地说道:
"我看,""大象
非常像一条蛇!"
第四个瞎子急切地伸出了双手
摸到了大象的膝盖,
"这头奇异的野兽最像什么
已很清楚了",他说,
"很清楚,大象
就像一棵树!"
第五个瞎子,
偶然碰到了大象的耳朵说:
"甚至最瞎的人也能说出它最像什么,
谁能否认这个事实,
这只奇怪的大象
就像一把扇子!"
第六个瞎子也开始摸
这只大象,
就抓住了大象摆动着的尾巴,
"我看,"他说,"大象
就像一条绳子!"
于是,这六个印度人
大声地争论个不停,
他们每个人的观点,
都不一样,
尽管他们每人都部分地正确,
但他们都是错误的!
寓意
我看这些辩论家们,
在对他们每个对手的思想,
一无所知的情况下互相抱怨着,
他们只是在空谈,

一只他们谁也没见过的大象。

资料来源：明茨伯格.战略历程［M］.北京：机械工业出版社，2005.

第一节　战略管理的演进

一、企业战略管理的启蒙

战略管理理论是管理理论中一门较新的学科，与其他任何一门管理学科一样，战略管理是从科学管理以及现代管理理论中获取营养，并在其基础上顺应时代的要求而逐渐发展起来的。这里先追溯一下战略管理理论的源泉以及它的发展史。计划与控制阶段和长期规划阶段是战略管理理论的启蒙阶段。

（一）计划与控制阶段

20世纪初，计划与控制管理制度开始出现。科学管理创始人泰勒强调，要通过计划工作，挑选、培训和组织工人，以便增加产量。法约尔提出，计划与控制都属于管理的重要职能。在此阶段，财务预算成为重要的计划与控制手段，企业内生产、销售、财务等部门分别制定年度预算计划。在财务预算的执行过程中，如果出现偏差，要找出原因，并采取必要的修正措施，以便实现既定的预算预划，这种管理制度的重点在于对偏差的控制，通过努力做到与预算相符，寻求更好的运营控制。

随着第二次世界大战后经济的发展，市场购买力的提高，技术进步的刺激，创造了大量的需求和新的经营机会。企业管理人员对美好前景的热切追求，促使他们建立大胆进取的目标，以寻求更快的成长，因此长期规划受到重视。

（二）长期规划阶段

长期规划阶段开始于20世纪四五十年代初期，长期规划管理制度的重点是预测企业的成长，在此基础上，制订企业的长期计划。制订长期计划通常要采用大量定量方法，将过去销售、成本、科技等数据和经验延伸到未来。同时，计划的时间幅度也比计划与控制阶段长，可以根据情况延长至两年、五年，甚至十年。

二、企业战略管理的演进

企业战略管理作为一门学科诞生于20世纪五六十年代。从实践上考察，企业战略管理的演进大致经过了四个阶段：20世纪60年代的战略规划理论、70年代的战略管理理论、80年代的竞争理论（产业组织理论与通用战略研究）、90年代的资源基础论与核心能力理论。

(一) 战略规划阶段

由于经营环境的变化，从 20 世纪 50 年代后期开始，战略规划成为公司的大事，并取代了长期计划职能，战略正式引入企业经营管理领域。

应用长期规划这一管理技术有两个前提：一是认为促使环境变化的主动权在于企业本身，企业对环境的变化具有很大的影响力；二是认为外部环境是可以预测的，企业总可以制订计划以应付未来的变化。但当企业进入 20 世纪 60 年代后，由于政府严格的限制和各种调节政策，企业失去了对环境的控制。而且由于外部环境的复杂性和交互作用使得企业难以预测环境变化。企业要发展，必须具备能够对外部环境变化做出迅速反应的能力，并且要适应环境的变化，选择灵活性的战略。因此，长期规划被战略规划所取代。

20 世纪 60 年代，企业战略管理研究的成就主要有两个：一是钱德勒的"结构跟随战略"假说（Chandler，1962），二是安东尼—安索夫—安德鲁斯范式（Anthony-Ansoff-Andrews Paradigm）。钱德勒从案例研究入手，给出了企业战略的定义，分析了企业成长方式与结构变革的关系，得出了"结构跟随战略"假说，为以后的研究奠定了基础。安东尼（Anthony，1965）在法约尔管理职能划分的基础上，将计划和控制进一步细化为战略规划、管理控制和操作控制，并分别对应于组织的高、中、低三个层次。安东尼认为，战略规划是组织高层管理的一项独特而重要的活动——这一重要认识在安索夫（Ansoff，1965）和安德鲁斯（Andrews，1970）的著作中得到进一步强化，并在有关的概念发展和过程细化方面得到深化，从而形成所谓的安东尼—安索夫—安德鲁斯范式。这一范式认为，战略管理就是高层管理者研究、制定、实施和控制组织的长期目标、成长方式与组织架构的过程。到 20 世纪 70 年代末这一范式被广泛传播和接受，至今仍然是接受程度和实施最广泛的一种观点。

在环境变化不连续的经营时代，企业必须不断进行战略调整，制定新的经营方针以求对市场和竞争对手做出迅速反应，不断进入新的产品市场领域，因此，战略计划不仅重视市场环境的预测，而且重视对市场环境的深入了解，特别是对竞争对手和市场的了解，把握环境变动对企业的影响。

在战略计划阶段，许多大公司专门建立了战略计划部门，并由总裁或总经理级的高层管理人员负责战略计划工作。20 世纪 70 年代初，美国最大的 500 家工业公司中，85%的企业建立了战略计划部门制订企业战略计划，给一些企业带来了显著的成效。如美国通用电气公司在 20 世纪 60 年代曾一度盲目发展，出现了销售额直线上升，投资收益和利润额都呈下降趋势的怪现象，该公司通过制订战略计划，淘汰了对公司发展无贡献的产品和部门，把有限的资源集中于有发展前途并能获利的产品和部门，使得公司利润率和销售额保持了同步增长，投资收益显著提高，该公司的这一经验，受到当时美国企业界的极大关注，许多企业纷纷仿效。

(二) 战略管理阶段

一个战略即使再有吸引力，如果企业没有能力将其实施，那也只不过是"纸上谈兵"。在战略规划阶段，由于一些高层管理人员机械地看待战略规划过程，过分强调定量分析的作用，有的只注重制订战略计划，忽视了对战略的实施、控制和评价，造成一些公司战略计划或缺少弹性，或流于形式，成为玩弄数字的游戏，丧失了战略计划应有的成效。1973年能源危机发生以后，为了克服上述弊端，不少公司开始强化对企业战略的评估与实施，并随时根据环境条件的变化，修改、调整原有战略，或者制定新的经营战略，从而开创了企业战略管理的新阶段。

因此，战略的实施，即企业是否有能力将所制定的战略付诸行动，与战略的制定同样重要。这样，战略管理取代了战略规划。前者既包含了战略制定，也包括了战略实施过程和对战略的实施过程进行控制，以及对战略管理成果进行评价。因此，战略管理是一种对战略进行的整个过程的全面管理，也是一种动态的管理过程。

战略管理阶段兴起于20世纪70年代中后期。它所依据的假定是，面对迅速变化的外部环境，过去有一定周期的计划制度已不能满足变革的需要。企业战略决策者为了对付外来的"战略突变"和迅速出现的机会与威胁，必须摆脱计划周期的束缚，改变重计划不重实施的习惯做法，转向制定、评价和实施战略并重。

战略管理还具有更深层的含义。它不一定限于完全被动地承受动荡环境的影响而单纯做出战略的反应和调整。它还具有积极的作用，即战略管理具有"预应"性质：通过制定、实施创造性的战略，能够主动影响外部环境的变化，迎接环境的挑战。

(三) 竞争战略理论的崛起

20世纪80年代以来，随着企业环境的变化，竞争更趋激烈，实践要求紧紧扣住企业竞争这一核心问题进行企业战略研究。企业战略研究的重心逐步从以外部环境、市场分析为基础转移到了更注重能力分析的竞争主题，并被置于学术研究的前沿地位，有力地推动了企业战略理论的发展，最终于80年代中期进入竞争战略理论阶段。

在整个80年代，迈克尔·波特的著作《竞争战略》(1980)、《竞争优势》(1985)对战略管理的理论和实践产生了强烈的影响，并成为这一时期的主流模式。由迈克尔·波特创立的行业结构分析法应用于企业竞争战略的研究，解释企业的战略需求并提供制定战略的有效方法，实现了产业组织理论与企业竞争理论的创新性兼容。

迈克尔·波特认为，在决定企业盈利性的因素中，市场结构具有最重要的作用，企业如何在各种竞争力量中确定合适的定位，是取得优良业绩的关键。根据这一观点，迈克尔·波特提出如下制定竞争战略的基本过程：企业在考虑战略时，首先要与其行业相联系，每个行业的结构又决定了企业的竞争范围，极大地影响着竞争规则的确立以及可供企业选择的竞争战略，从而决定了企业的潜在利润水平。为此，行业结构分析是确定竞争战略的基石，理解行业结构永远是战略制定的起点；然后识别、评价和选择适合所选定行业区域的竞争战略——低成本战略、差别化战略或者集中化战略；最后实施所选定的战略。上述过程是以这样的认识为基础的，即行业吸引力是盈利性的主要决定因素，企业的恰当定位是获得竞争优势的基础。因此，在行业结构理论看来，企业战略制定者应该是"分析家"，其首要任务是选择利润潜力较大的行业，然后通过寻找价值链上的有利环节，利用基本的竞争战略——成本领先、差异化与集中化来取得竞争优势。波特提出的五种竞争力模型、价值链分析模型、公司地位和行业吸引力分析矩阵可用来分析企业所处行业的情况和企业在行业中的竞争地位。

（四）核心能力理论

20世纪90年代以后，随着经营环境中不确定性的增大，产业边界日益模糊，产业结构的稳定性日益下降，迈克尔·波特的以企业恰当定位获得竞争优势变得越来越难以持续，相反却可能在产业竞争力量突变或产业转型的过程中落伍。事实也表明，行业内公司之间的利润水平就像行业之间的利润水平那样，存在着很大差异。在这种严重的挑战面前，竞争优势理论重点开始转向以资源为基础的竞争优势观，并出现了核心能力等一系列新的理论与模型。最有影响和代表性的是伦敦商学院的哈默尔（Gary Hamel）与密歇根大学的普拉哈拉德（C. K. Prahalad）1990年在《哈佛商业评论》上发表的文章《公司的核心能力》。在这篇文章里，他们提出，核心能力是企业可持续竞争优势与新事业发展的源泉，企业只有把获取核心能力看作是公司战略的焦点，才能在全球竞争中取得持久的领先地位。核心能力可以通过向外辐射，作用于其他各种能力，影响着其他能力的发挥和效果。

核心能力的形成要经历企业独特的资源、技术和知识的积累与整合过程。并不是企业所有的资源、知识和技术能力都可形成独特、持续的竞争优势。核心能力的形成应符合四项具体标准，即它应是有价值的、独特的、难以模仿的和不可替代的。在实际操作中，一种能力要想成为核心能力，必须是"从客户的角度出发，是有价值并不可替代的，从竞争者的角度出发，是独特并不可模仿的"。只有同时符合这四项标准的企业资源和能力，才能够具有一种潜力，这种潜力可为企业创造一种持久性的竞争优势。

事实上，现代市场竞争与其说是基于产品的竞争，不如说是基于核心能力的竞争。企业的经营能否成功，已经不再取决于企业的产品、市场的结构，而是取决于企业的行为反应能力，即对市场趋势的预测及迅速做出反应的能力。因此，企业战略的目标在于识别和开发竞争对手难以模仿的核心能力。只有具备了这种核心能力，企业才能很快适应迅速变化的市场环境，满足顾客的需求，才能在顾客心目中和竞争对手区别开。只有在核心能力达到一定的水平后，企业才能通过一系列的整合形成自己不易被人模仿、替代的独特战略资源，才能获得和保持竞争优势。

从以上介绍中可以看出，该理论的最大贡献是把开创新事业作为公司战略的焦点，并把核心竞争力作为企业可持续竞争优势与新事业发展的源泉。从理论上看，核心竞争力模型的基础是以资源为基础的竞争优势观，它源于以资源为基础的企业观，即把企业看作是一系列独特资源的组合，而不是同质的追求利润最大化的"黑箱"。与波特定位为基础的竞争优势观不同，资源为基础的竞争优势观认为：一个公司可以获得超出市场平均水平的利润，原因在于它能够比竞争者更好地掌握和利用某些核心资源或者能力，在于它能够比竞争者更好地将这些能力与在行业中取胜所需要的能力结合起来。企业要获得竞争优势，就必须去寻找最有价值的核心能力，去发现怎样运用这些能力获得最大利润的方式。在这里，即使是对核心竞争力最符合行业成功关键要求的公司来说，选择和贯彻最具盈利条件的战略也充满了风险，成功的可能性也是有限的。资源基础的竞争优势观和核心竞争力模型的出现，标志着 20 世纪 90 年代战略管理理论的重点已经由对短期、外在的竞争优势的追求转向对持久的、内在的竞争优势的追求，已经由目前的产业与产品竞争转为创造未来而竞争，战略管理的均衡与可预测范式开始被不均衡与不确定性所取代。

第二节 战略管理的发展

20 世纪 90 年代以来，企业经营环境的变化日益激烈。从外部环境看，技术创新加剧，国际竞争激烈，顾客需求日益多样化，不确定性对企业管理的挑战越来越大；从内部环境看，员工素质普遍提高、自我发展意识日渐增强，组织趋向扁平化和弹性化等，这些都使得传统的战略管理范式面临挑战。在急剧变化的环境中，企业如何赢得长久的竞争优势，许多战略管理学家在思考，从而促使了战略管理理论的新发展。本节主要介绍 20 世纪 90 年代以来战略管理理论的新发展，以及主要学派理论的主要内容。

一、产业制胜战略理论

企业战略的最高层次，是以创新未来产业或改变现有产业结构、以对自己有利为出发点而制定的企业战略。该思想源自 1994 年普拉哈拉德和哈默出版的《竞争大未来》，这种新的战略观就是以不断创造与把握不断出现的商机为核心、进而创造未来的战略管理理论。

20 世纪 90 年代的战略管理理论的新发展表明，在 21 世纪来临之际，企业战略管理的范式正在发生变化，一种新的"为未来而竞争"的战略观正在形成。这种新的战略观，要求企业在面对竞争性挑战方面，具有更前瞻的眼光和更强的战略主动性，而不仅仅是适应和内部调整；在发现未来方面，它要求企业勇于预见、善于预见并积极构造战略架构，而不仅仅是定位和传统的战略规划；在动员企业内各种资源共同面对未来的竞争、创造未来的机会方面，它要求企业更关注能力拓展和资源积累，而不仅仅是能力配合和资源分配；在领先到达未来方面，它要求企业塑造新的产业规则、在核心竞争力方面领先、合作与竞争并重，而不仅仅是适应现有规则、在产品上领先或作为单个实体参与竞争。

产业制胜战略理论首先寻求企业战略理论的新范式。当今信息技术革命带来竞争环境的变化，极大地影响了企业战略理论研究与战略实践活动，为战略理论研究提供了新的契机，以至需要进行彻底思考，寻求新的理论研究范式。从完整的竞争过程分析入手，新的战略理论范式被概括为全程竞争、产业制胜、着眼未来、理解顾客、创新推动等基本命题，它们是构建新企业战略的前提。

产业制胜战略，实质上是以覆盖竞争的完整过程为导向，以培育产业先见的核心能力为手段创新未来产业，从而为企业在未来的产品市场上竞争取胜奠定坚实基础。也就是要使企业战略的重心发生转移，从竞争的初始阶段开始采取有效措施，获得竞争先机。对未来产业的构想、设定，是基于对顾客的认识，对技术发展中路径依赖的理解，以及对产业深化趋势的把握。而培育产业先见的基本目的是构想未来产业愿景，要将这个愿景变成现实，则需要创建企业的核心能力来支撑。创建核心能力的方式主要有技术创新、核心能力整合、学习型战略联盟等。

二、从竞争到超越竞争

20世纪90年代以前的企业战略管理理论，都比较偏重讨论竞争和竞争优势（如波特在80年代的著作），这曾经对战略管理理论的发展和企业经营业绩的提高起到了积极的促进作用。但进入90年代以后，随着产业环境的日益动态化，技术创新的加剧，竞争的国际化和顾客需求的日益多样化，创新和创造未来日益成为企业战略管理研究的重点，在此背景下，超越竞争成为战略管理理论发展的一个新热点。其中，较有影响和代表性的有德·博诺（De Bono，1996）提出的超越竞争理论、默尔（Barrington Moore）提出的企业生态系统合作演化理论、达韦尼（D'aveni）提出的超级竞争模型、W.钱·金（W. Chan Kim）和莫博涅（Mauborgne）提出的蓝海战略理论等，这些理论从不同的角度提出了自己的观点，如德·博诺是从价值创造与创造性思维角度分析的，默尔是从企业生态系统均衡的演化角度分析的，达韦尼是从竞争创新角度分析的，钱·金是从创造需求角度分析的。本节主要介绍默尔提出的企业生态系统合作演化理论和钱·金提出的蓝海战略理论。

（一）默尔的企业生态系统合作演化理论

美国学者默尔（Barrington Moore）1996年出版的《竞争的衰亡：商业生态系统时代的领导与战略》标志着战略理论的指导思想发生了重大突破。默尔以生物学中的生态系统这一独特视角来描述当今市场中的企业活动,但又不同于将生物学的原理运用于商业研究的狭隘观念。后者认为,在市场经济中,达尔文的自然选择似乎仅仅表现为最合适的公司或产品才能生存,经济运行的过程就是驱逐弱者。

默尔提出的"商业生态系统"这一全新的概念,打破了传统的以行业划分为前提的战略理论的限制,力求"共同进化"。默尔站在企业生态系统均衡演化的层面上,把商业活动分为开拓、扩展、领导和更新四个阶段。商业生态系统在作者理论中的组成部分是非常丰富的,他建议高层经理人员经常从顾客、市场、产品、过程、组织、风险承担者、政府与社会七个方面考虑商业生态系统和自身所处的位置;系统内的公司通过竞争可以将毫不相关的贡献者联系起来,创造一种崭新的商业模式。在这种全新的模式下,默尔认为制定战略应着眼于创造新的微观经济和财富,即以发展新的循环代替狭隘的以行业为基础的战略设计。

(二)动态竞争理论

动态竞争的研究兴起于 20 世纪 80 年代初,麦克米兰(MacMillan)、McCafrey 和 Van Wijk(1985)就银行业中竞争者以模仿的方式做出反击的次数进行了研究。Bettis 和 Weeks(1987)紧接着研究了股票市场对宝利来和柯达在一次成像产品领域竞争互动的反应阈。史密斯·格莱姆(Grimm)、陈明哲和 Gannon(1989)运用高科技企业的数据,研究了能够引发快速反击的攻击行动特征。动态竞争理论关心的主要问题是企业间的竞争,它将这种竞争理解为竞争攻击与反击的交替情形。借助对竞争交替互动过程的解析,动态竞争理论识别出了竞争行动的特征(Action/Response)、攻击者的特征(Actor)与反击者的特征(Responsor),以及引起这些要素产生变异的原因和导致的结果。动态竞争理论,对于我们细致入微地观察和审视竞争,深入地理解企业战略,都是大有裨益的。

首先,既有研究已经在动态竞争理论与资源论以及产业组织理论之间建立了一定的联系。企业的资源配置与产业结构都会对企业间的攻击与反击行动产生影响,而竞争互动的结果也会进一步改变企业资源配置,改变其在产业中的地位,甚至改变产业的结构。已有的动态竞争研究,已对企业资源配置如何影响攻击行动与反击的延迟(能力角度、执行速度),以及产业条件(增长率、集中度和进入壁垒)如何影响竞争行动等问题予以了解答。而且,实证研究还显示,经过企业间竞争互动的过程,其资源结构和产业结构都将发生相应的变化,趋向于增强未来竞争的便利性。因此,动态竞争理论使得战略管理中的资源论与产业组织理论更加完善,且更具动态性。

其次,动态竞争理论有助于加深我们对竞争的理解。在战略管理领域,少有对竞争强度界定与衡量问题的研究。动态竞争理论恰巧弥补了这一空缺,它借助对企业竞争性行动的直接观察与测量,运用多种与行动相关的变量来测度竞争。同时,正是由于这种基于行动层面的分析方法,使动态竞争理论建立了得以弥补结构取向与群组取向的竞争研究所缺失的细致分析,使战略研究者与实践者能够从最基本的视角,理解竞争并有效地参与竞争。

(三) W.钱·金和莫博涅的蓝海战略理论

W.钱·金和莫博涅(2005)提出的蓝海战略理论认为,任何一家企业都不可能永葆卓越,正如任何一个行业都无法长盛不衰一样。为了使企业更加成功,需要研究和认识造成积极变化的那些行为,以及如何才能系统性地复制此类正确的行为。并且蓝海战略理论认为,起中心作用的战略行为就是开创蓝海。

蓝海战略要求企业突破传统的血腥竞争所形成的"红海",拓展新的非竞争性的市场空间。与已有的、通常呈收缩趋势的竞争市场需求不同,蓝海战略考虑的是如何创造需求、突破竞争。蓝海战略理论不仅仅对企业思维进行挑战,而且告诉它们怎样达到目标。首先,蓝海战略理论引入一整套分析工具与框架,告诉企业如何系统性地应对挑战;其次,蓝海战略阐明了若干原则,以区分蓝海战略和传统竞争性战略。

蓝海战略理论的目标是在当前的已知市场空间的"红海"竞争之外,构筑系统性、可操作的蓝海战略,并加以执行。只有这样,企业才能以明智和负责的方式拓展蓝海领域,同时实现机会的最大化和风险的最小化。

三、基于网络关系视角下的战略管理理论

随着信息技术的飞速发展、知识经济的到来以及对企业内外部网络关系的大量研究,使得战略研究增加了许多新的视角。本书以企业网络关系为连接战略、内外部环境的纽带,在企业内外部网络关系中引进一个非常重要的概念——社会资本。知识经济条件下,员工个体所具有的、通过学习等手段转化为组织共享的知识、技能和经验越发成为企业至关重要的资源和能力。因此,在分析企业内部环境时将以企业组织资本为重点。依据资源基础理论、组织学习理论以及企业网络论和社会资本的相关理论,将诞生于企业内部环境的组织资本、孕育在企业内外部网络关系中的社会资本视为知识经济条件下、适应企业组织网络化发展趋势的重要战略性资源。本书以网络关系为切入点,将企业的组织资本和嵌入在企业内外部网络关系中的社会资本作为重要的战略性资源的研究,力求为企业战略的分析、定位与实施提供一个崭新的视角。这一部分的具体内容将在本书最后一篇展开详细的论述。

本章小结

企业战略理论研究时间并不长,自 20 世纪 60 年代到现在仅有半个世纪。从时间跨度来看,主要经历了 60 年代的战略规划理论、70 年代的战略管理理论、80 年代的竞争理论(产业组织理论与通用战略研究)、90 年代的资源基础论与核

心能力理论等发展阶段。90年代以后，随着经营环境的变化日益激烈，传统的战略管理范式面临挑战。战略管理理论的重点也由适应环境变化为主的竞争定位理论转向以创造未来为主的核心竞争力理论。本章主要介绍了其中比较重要的理论发展，如产业制胜战略理论、超越竞争理论、企业生态系统合作演化理论、蓝海战略理论和网络关系视角下的战略管理理论等。

思考题

1. 总结战略管理发展的四个阶段。
2. 试比较产业竞争学派和资源能力学派的异同。
3. 从"为未来而竞争"的角度，谈谈你对战略管理理论发展的认识。

参考文献

［1］［美］哈梅尔·普拉哈拉德. 竞争大未来——企业发展战略［M］. 王振西主译. 北京：昆仑出版社，1998.

［2］默尔（Moore）. 竞争的衰亡：商业生态系统时代的领导与战略［M］. 梁骏等译. 北京：北京出版社，1999.

［3］武亚军. 90年代企业战略管理理论的发展与研究趋势［J］. 南开管理评论，1999（2）.

［4］［美］明茨伯格等. 战略历程——纵览战略管理学派［M］. 刘瑞红等译. 北京：机械工业出版社，2002.

［5］周三多. 战略管理思想史［M］. 上海：复旦大学出版社，2002.

［6］迈克尔·波特. 竞争战略［M］. 北京：华夏出版社，2012.

第二篇 战略分析

第三章 企业的环境分析

　　企业总是运行在一定的环境之中的，环境的变化给企业带来的或许是良好的机会，或许是致命的威胁，所以，我们必须时刻保持警惕，随时做应变的准备。

——本田宗一郎

　　企业是一个复杂的生命体，任何一个企业发展都受到环境因素的制约，环境是每个企业赖以生存的土壤。在战略管理过程中，企业的环境分析是企业制定战略的重要前提，企业战略目标的确定和战略蓝图的形成，不但要求知彼，即客观地分析企业的外部环境，而且要求知己，即对企业内部的资源进行系统的分析。企业实施战略管理，应该首先分析企业的外部环境，找出外部环境为企业发展所提供的机会，以及外部环境对企业发展所构成的威胁；然后分析企业的内部环境，了解企业自身所存在的优势和劣势，并以此作为战略制定的出发点。

开篇案例

家乐福败走新加坡

　　2012年8月28日法国连锁超市家乐福宣布，鉴于中长期发展前景不乐观，难以占领市场领先地位，该公司将于年底关闭新加坡现有的两家卖场。作为世界第二大零售巨头，为何家乐福在急速扩张之后，频频关店呢？

　　家乐福离开新加坡的外部原因：新加坡国情。

　　（1）新加坡零售市场相对狭小。新加坡国土面积不大，人口相对较小，这样对市场零售吸收能力相对狭小。与地大物博的中国相比，新加坡高度城市化，小而精致，没有土地可供浪费，每一寸国土都细致规划。

　　（2）新加坡人消费习惯与家乐福提供的购物导向不同。新加坡是全球人均GDP最高的国家，新加坡人的消费习惯是喜好在外就餐，而且新加坡餐饮服务可谓是物美价廉，人们无须一次性购物做大量的饮食储备，而家乐福提供购物导向仍是西式，一次买足一周所需，甚至更多。

　　（3）新加坡"土著"超市FairPrice Xtra，因地制宜，竞争力强大。作为资深"土著的FairPrice"，远比"外地人"家乐福更加熟谙新加坡的本土商业环境。其不论大小超市，基本占领了新加坡大部分居民区"楼下"的地盘。FairPrice品牌早已"遍地开花"，"枝繁叶茂"。并且，无论从商品价格、货品类型，还是从商场服务、购物环境来看，都比家乐福略高一筹。

家乐福败走新加坡的内部原因：家乐福模式。

（1）家乐福商品结构大而全，缺乏针对性。家乐福给人的感觉是什么都有，什么都想卖，在中国这种大而全的商品销售模式取得了成功，庞大的商品类型在国内这种大型卖场很能吸引国人，而且符合国人的逛街心理，被称为"一站式购物"。但在新加坡情况迥异，高度的城市化加上有限的国土面积使得新加坡的经营路线"小而精"，商品细分程度高。新加坡商场内每家店面都不大，但很精，基本上经营的都是同质产品。

（2）家乐福与供应商议价能力较差，供零关系不和。我们经常会听到家乐福与供应商"打架"的消息。如家乐福会对供应商收取进场费，家乐福的费用和返点，基本为两类：一类为销售返点；另一类是促销相关的费用。但是，在这两大类之中，涉及的各种名目有数十种之多。家乐福与供应商的条款过于强硬，想把其零售渠道的优势转化为实际利益，供零关系十分紧张。与供应商合作关系不佳，对上游供应链缺乏有效管理，综合协商能力较差，因此供应商更愿与 Fair Price 合作，这使得后者在评价方面更深入人心。

家乐福在新加坡的失败也让人联想到了家乐福在中国的经营情况。只有综合考虑企业内外部的环境因素，使企业和内外部环境和谐发展，才能避免家乐福在中国的另一次败走。

资料来源：孙训爽.家乐福频频败走之探析[J].赤峰学院学报，2013，29（2）.

第一节　企业环境的构成及特征

一、企业环境的构成

企业的环境由外部环境和内部环境共同构成，图 3-1 是企业的环境构成图，该图用三个圆圈将企业的环境分为三个部分，其中，内圈代表企业的内部环境（也称微观环境）；中圈代表产业环境（也称中观环境），与企业关系较为直接；外圈代表宏观环境，与企业关系较为间接。图 3-1 中的宏观环境和产业环境共同构成企业的外部环境。

一般来说，宏观环境包括政治与法律因素、经济因素、技术因素和社会因素。宏观环境因素对企业经营起着间接的影响作用。

产业环境包括行业新加入者的威胁、现有竞争者之间的竞争、替代产品或服务的威胁、购买者的讨价还价能力和供应商的讨价还价能力，即迈克尔·波特提出的五种竞争力量。产业环境因素对企业有着直接影响。

企业的内部环境指企业能够加以控制的各种因素的总和，主要指企业所拥有

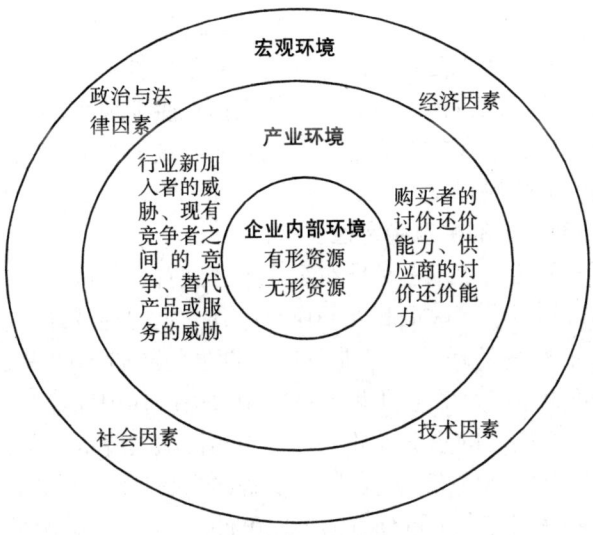

图 3-1 企业环境结构图

的资源和能力状况。

二、企业外部环境的特征

企业的外部环境作为一种现实客观力量，其自身具有各种特征：

(一) 企业外部环境的复杂多样性

外部环境的复杂多样性是指环境因素数量巨大而且性质复杂。我们可以找出非常多的环境因素，但极有可能造成"只见树木，不见森林"的情况，没有对那些真正影响企业的重要环境因素形成全面认识。环境的复杂多样性不仅表现在环境因素数量的多寡上，而且还表现在环境因素种类的多寡上，即多样化方面。影响企业的外部环境因素不是同属某一类或几类，而是多种多样、千差万别。随着时代的发展，企业作为一个动态开放的系统，其外部环境因素也将随着时代的发展而发展，因而企业所面临的外部环境会变得更加复杂多样。

(二) 企业外部环境的多变性

企业的外部环境总是处于不断变化的状态之中，有些变化是可预测的，是渐进式的；而有些变化是不可预测的、突发性的。没有一个企业自始至终面临着相同的外部环境因素。外部环境的多变性，要求企业的外部环境分析应该是与企业环境变化相适应的动态分析过程，而绝非一劳永逸的一次性工作。战略的选择也应依据外部环境的变化做出修正或调整。企业应不断分析与预测未来环境的变化趋势，当环境发生变化时，为了适应这种变化，企业必须改变战略，制定出适应新环境的战略。

(三) 企业外部环境的相对唯一性

虽然每个企业在其生产经营活动中都处于外部环境的动态作用之中，但对每个企业来说，它面对着自己唯一的外部条件，也就是说企业面临相对单一的外部环境。即使是两个同处于某一行业的竞争企业，由于它们本身的特点和眼界不同，对环境的认识和理解也是不同的。环境相对唯一性的特点，要求企业的外部环境分析必须要具体情况具体分析。不但要把握住企业所处环境的共性，也要抓住其个性。同时，要求企业的战略选择不能套用现成的战略模式，应根据自身的特点，形成独特的战略风格。

（四）企业外部环境的相对稳定性

企业外部环境的相对稳定性是指在企业生产经营的一段时期内，企业在行业中的位置、法律条例、经济政策等外部环境具有一定的连续性，在此期间不会出现巨大变化。稳定性高的环境，企业可以用过去的经验、知识处理经营中的问题；面对稳定程度低的环境，企业就无法仅用过去的知识和经验去处理经营中的问题。随着环境稳定程度的降低，环境的可预测性随之降低，不可预测性则逐渐提高。在稳定程度低的环境里，企业所能了解的只是环境变化的弱信号，企业外部环境中更多地存在着许多不可预测的突发事件。

三、企业内部环境的特征

人们往往注意到企业外部环境的诸多特征，而忽视了企业的内部环境。在迈克尔·波特为代表的产业组织理论中，企业内部被看作"黑箱"，但"黑箱"观点不能解释为何企业在同一行业中，在同样的外部环境中，某些企业可以取得成功，另外一些企业却不能，也不能解释不同企业在业绩表现上的巨大差异。作为异质性的企业，其内部环境的主要特征如下。

（一）企业内部环境的差异性

实际上，企业所拥有的资源状况构成了企业的内部环境，由于企业所拥有资源的种类、数量的不同造成了企业与企业是各不相同的，即使是位于同一产业中的企业，它们彼此之间也存在差异，即企业有异质性的特征。这种差异性导致了内部环境分析的必要性，要想了解一个企业，必须从内部环境分析入手，才能了解企业所拥有的优势和劣势。

（二）企业内部环境的复杂性

与外部环境一样，企业内部环境也拥有复杂性的特征。复杂性一方面来自于资源具体表现形式的多样，另一方面是由于有些资源的难以辨识、难以量化所造成。这种复杂性成为企业相互模仿的壁垒，难以模仿的企业优势资源成为企业获取持久竞争优势的源泉。因此要想辨识企业的核心竞争能力，进而做出恰当的战略，企业内部环境分析是重要的基础。

第二节 宏观环境分析

宏观环境是指企业活动所处的大环境,主要由政治环境(Political)、经济环境(Economic)、社会环境(Social)和技术环境(Technological)等因素构成,对宏观环境因素的分析亦即PEST分析。学者们对宏观环境因素分析的内容基本大同小异,这里我们介绍两种:如图3-2所示的PEST分析模型和表3-1所示的宏观环境因素分析的主要内容。宏观环境对处在该环境中的所有相关企业都会产生影响,虽然这种影响会间接地、潜在地影响企业的生产经营活动,但其作用却是根本的、深远的。宏观环境因素分析的意义在于确认和评价这些宏观环境因素对企业战略目标和战略选择的影响。

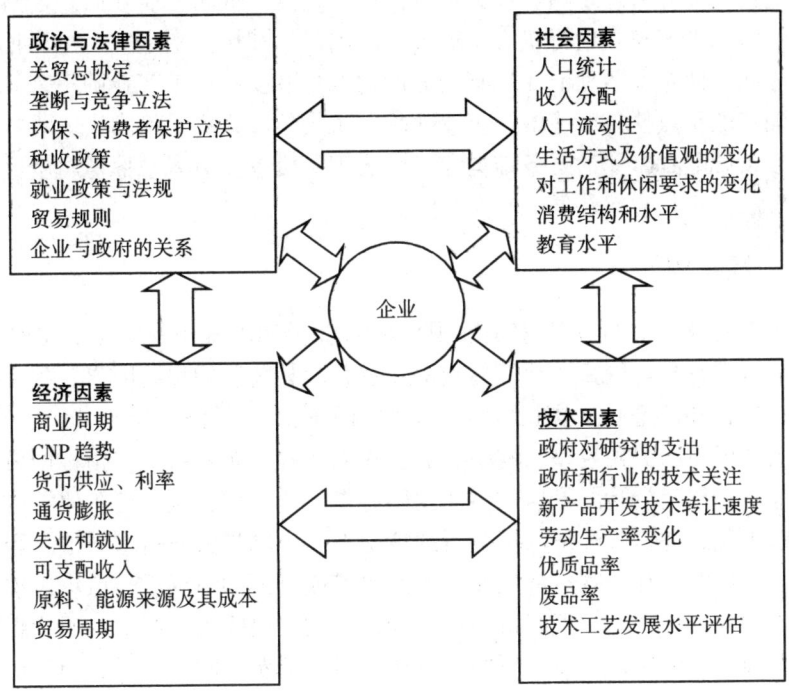

图 3-2　PEST 分析模型

资料来源:Hunger J.D., Wheelen T.L., Essentials of Strategic Management [M]. Pearson Education, Inc, 2003.

表 3-1　宏观环境因素分析的主要内容

主要方面	主要内容
人口	人口的地理分布、就业水平、收入水平、年龄、文化差别等

续表

主要方面	主要内容
经济	增长率、政府收支、外贸收支及汇率、利率、通货膨胀率等
政策与法律	环境保护、社会保障、反不正当竞争法及国家的产业政策
社会与文化	公民的环保意识、消费文化、就业观念、工作观念等
科学技术	高新技术、工艺技术和基础研究的突破性进展

资料来源：Hitt Michael A., Irland R. Duatre and Hoskinsson Robert E., Strategic Management [M]. 2nd Ed, West Publishing Company, 1996.

一、政治与法律因素

政治与法律因素是指一个国家的社会制度，执政党的性质，政府的方针、政策以及国家制定的有关法律、法规等。不同的国家有着不同的社会制度，不同的社会制度对企业生产经营活动有着不同的限制和要求。即使在同一个国家，政府在不同时期的基本路线、方针、政策也是在不断变化的。对于这些变化，企业必须进行分析研究。另外，随着社会法律体系的建立和完善，企业必须了解与其活动相关的法制系统及其运行状态。通过对政治与法律因素的研究，可以把握政府的政策导向，使企业活动能受到有关方面的保护和支持。就产业政策来说，例如在国家确定的重点扶持产业中，企业面临的机会就多，发展潜力大。再如，政府的税收政策影响到企业的财务结构和投资决策，资本持有者总愿意将资金投向那些具有较高需求且税率较低的产业部门。

二、经济因素

对于企业来说，经济因素是宏观环境诸多影响因素中最关键、最基本的因素。经济因素是指与国家或地区的经济发展状况相关联的那些因素，其主要指标变量包括国民生产总值、国民收入、人均国民收入、经济增长速度、政府收支、外贸收支及汇率、关税税率、利率、通货膨胀率等。企业从这些指标中可以认识到国家经济全局发展状况是居于高速发展还是低速发展，或者处于停滞或倒退状态。一般来说，在宏观经济高速发展的情况下，市场扩大，需求增加，企业发展机会就多。反之，在宏观经济低速发展或停滞或倒退的情况下，市场需求增长很小甚至不增加，这样企业发展机会也就少；人均国民收入、利率、通货膨胀率等变化又会导致企业所在区域和所服务市场区域的消费者收入水平、消费偏好、储蓄情况和就业程度等因素的变化，这些因素直接决定着企业目前及未来的市场规模；政府支出由公共支出和政府投资两大部分组成，其中政府投资是财政支出中用于资本项目建设的那一部分，它会形成各种类型的固定资产，对企业产生很大影响；外贸收支、汇率、关税税率的变化，对进出口贸易企业影响很大。对国家来说，一国的外贸收支要均衡，否则国家会予以政策的导向，这会涉及企业的切身利益。再者汇率变化不可忽视，如面对目前的人民币汇率的升值现象，人民币升值的可能性是否继续存在？升值是快还是慢？对于这些问题，那些主要依靠出口的企业都应该做好准备，考虑一下新的思路，避免在新的市场环境下被淘汰，因为调整产品结构不是一件容易的事[①]。对进口企业来说，也要注意汇率起伏，因为不可能永远保证汇率上升。从企业的角度说，关注汇率波动的同时，也要关注关税税率的波动。

三、技术因素

技术因素是指与企业生产经营活动相关的技术要素的总和，它既包括导致社会巨大发展的、革命性的行业技术突破，又包括与企业生产有关的新技术、新工艺、新材料的发明、应用和发展。企业在环境分析中必须考虑技术因素所带来的机会与威胁。科学技术可以创造新的产品、新的市场、降低成本、缩短生产周期，改变企业的竞争地位、竞争能力以及获利能力。但技术的变革在为企业提供机遇的同时，也对其形成了威胁，因为它可以使现有产品及服务过时，从而失去竞争力。在国际贸易中，某个国家在产品生产中采用先进技术，就会导致另一个国家的同类产品价格偏高。当今，没有任何企业或产业可以将自己与发展中的新技术隔离开来。特别是对于高技术产业来说，识别和评价关键的技术机会与威胁是外部环境分析中最为重要的部分。

四、社会因素

社会因素包含的内容十分广阔，包括人口数量、结构及地理分布，教育水平、社会文化、社会习俗、社会道德观念和价值观念、生活方式、行为规范等。社会因素的变化直接影响企业产品供给，改变企业的战略选择。

人口是一个极为重要的因素。人口数量制约着个人或家庭消费品的市场规模，人口的地理分布决定消费者的地区分布，消费者的地区分布范围越广，消费者的爱好也就越多样化，这意味着会出现多样化的市场机会，企业需要根据消费者的爱好提供不同的商品。人口的年龄分布状况会影响以某年龄层消费者为对象的产品的市场规模，由于我国实行计划生育政策，人口结构趋于老龄化，青壮年劳动力供应则相对紧张，从而影响企业劳动力的补充。但另一方面，人口结构的老龄化又出现了一个老年人的市场，这就为生产老年人用品和提供老年人服务的企业提供了一个发展的机会。庞大的总人口数量再加上较高的购买力会形成一个巨大的市场。

文化因素强烈地影响着人们的购买决策和企业的经营行为。不同的国家有着不同的文化传统、社会习俗与道德观念，从而会影响人们的消费方式和购买偏好，进而影响着企业的经营方式。因此，企业必须了解社会行为准则、社会习俗、社会道德观念等文化因素对企业经营行为产生的重要影响。

[①] 一些出口企业，尤其是一些再加工企业或是产品附加值低的企业，因企业的利润还没有明显减少，加上出口补贴和出口退税等，企业感觉不出来，所以很多企业对汇率的调整并不是很关心。

第三节 产业环境分析

产业就是一群提供类似产品或服务的，具有某类共同特性的企业集合。这一特性是划分为不同产业的基准。产业结构理论对产业的界定是具有使用相同原材料、相同工艺技术或生产相同用途产品企业的集合。产业组织理论对产业的界定是生产同类或有密切替代关系产品、服务的企业集合。

企业要获得竞争优势，最重要的环境就是产业环境。产业的成长周期是指从产业出现直至产业完全退出经济活动所经历的时间。不同产业的成长周期和成长特性是不同的，产业是处在幼稚阶段、成长阶段、成熟阶段，还是处于夕阳阶段；是高竞争性产业，还是低竞争性产业；是技术、形象具有速变性的产业，还是技术、形象具有稳定性的产业；是可控性强的产业，还是可控性差的产业。这些特性对产业的竞争特点与企业竞争战略选择具有重要影响。区分不同产业的特点，对企业进行产业分析具有重大意义。

一、迈克尔·波特的产业分析方法的形成

哈佛学派的 SCP 分析范式是迈克尔·波特（Michael E.Porter）产业分析方法的重要支撑。SCP 分析范式是由以梅森和贝恩为代表的哈佛学派首先提出的，后来经过芝加哥学派、新产业组织学派的不断改进和完善。SCP 范式的理论渊源来自于张伯伦（E. H. Chamberlin，1933）和琼·罗宾逊（J. Robinson，1933）的垄断竞争理论，向上可追溯到马歇尔（A. Marshall，1890）的完全竞争理论。

20 世纪 50 年代，以梅森（E. S. Mason）、贝恩（J. S. Bain）和谢勒（Scherer）为代表的哈佛学派，以新古典学派的价格理论为基础，在吸收和继承马歇尔的完全竞争理论、张伯伦与琼·罗宾逊的垄断竞争理论等一系列研究成果的同时，以实证研究为主要手段，把产业分解成特定的市场，并从结构、行为、绩效（SCP）三个方面对产业进行分析，创造性地提出了一个既能深入具体分析，又具有系统评价的市场结构（Structure）、市场行为（Conduct）、市场绩效（Performance）的分析框架，简称 SCP 理论范式。

1959 年，贝恩在《产业组织》中，以市场进入条件和市场结构趋于集中化为研究重点，提出了"市场结构—市场绩效"两阶段范式。1970 年，谢勒在贝恩研究的基础上，在《产业市场结构和经济绩效》中提出了"市场结构—市场行为—市场绩效"的 SCP 理论范式，明确了产业组织理论以产业集中度、进入机制和产业绩效为研究范围。根据 SCP 理论范式，产业组织理论对特定产业的基本分析程序是按照"市场结构—市场行为—市场绩效—产业组织政策"展开的。在这里，市场结构、市场行为、市场绩效之间存在着单向的因果关系，即市场结构决

定企业在市场中的行为，进而决定市场运行的经济绩效。哈佛学派运用该理论范式深入考察分析了美国主要产业的市场结构、行为和绩效及其之间的关系，在此基础上建立了较为完整的 SCP 理论体系。

在梅森、贝恩和谢勒等人的努力下建立起来的 SCP 范式，是判断有效竞争的三个标准。其核心思想是结构、行为、绩效三者之间存在因果关系，即市场结构决定企业在市场中的行为，而企业行为又决定市场运行的经济绩效，改变市场结构和企业行为可以获得理想的市场绩效。并且在实证研究的基础上得出了有名的"集中度—利润率"假说，即集中的市场结构（垄断或寡头）导致不良的市场行为，从而产生超额利润，破坏市场绩效，从而导致资源配置的低效率。

迈克尔·波特的产业分析方法受到 SCP 分析范式的巨大影响。迈克尔·波特认为[1]，企业最关心产业内的竞争程度。一个产业中的竞争，不仅在原有竞争对手间进行，而且还存在着五种基本的竞争力量，它们是潜在的产业新进入者、替代品的威胁、购买者讨价还价的能力、供应商讨价还价的能力以及现有竞争者之间的竞争。如图 3-3 所描述的五种竞争力量决定了本产业竞争程度及其盈利潜力。在这五种竞争力当中，有些是现实存在的，例如，在本产业中的现有企业之间的竞争；有些是潜在的，例如，新进入者可能还没有对产业内现有企业构成直接的威胁，但未来新进入者可能成为现有企业所要面对的最大竞争对手。每一种竞争力的强弱程度取决于产业内在结构因素，如 3-4 图所示。

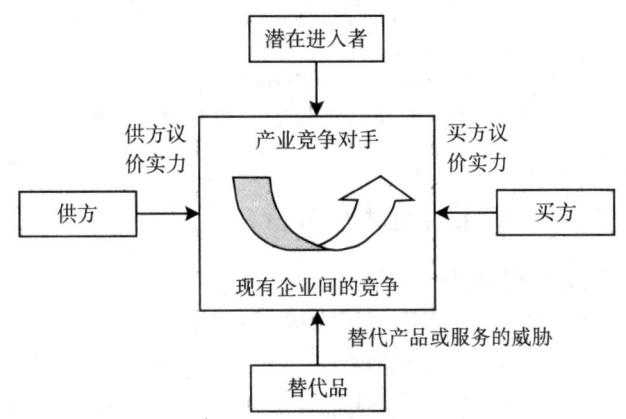

图 3-3　五力竞争模型

资料来源：迈克尔·波特.竞争战略 [M].陈小悦译.北京：华夏出版社，2001.

具体来说，在竞争激烈的产业中，没有任何企业能获得很高的收益；在竞争相对缓和的产业中，各企业普遍可以获得较高的收益。在各产业形成竞争时，会有不同的作用力占据主要地位，问题的关键在于在该产业中的企业在制定战略时能否找准较好使用这五种竞争力量的位置，使其有利于本企业。

---

[1] 迈克尔·波特.竞争战略 [M].陈小悦译.北京：华夏出版社，2001.

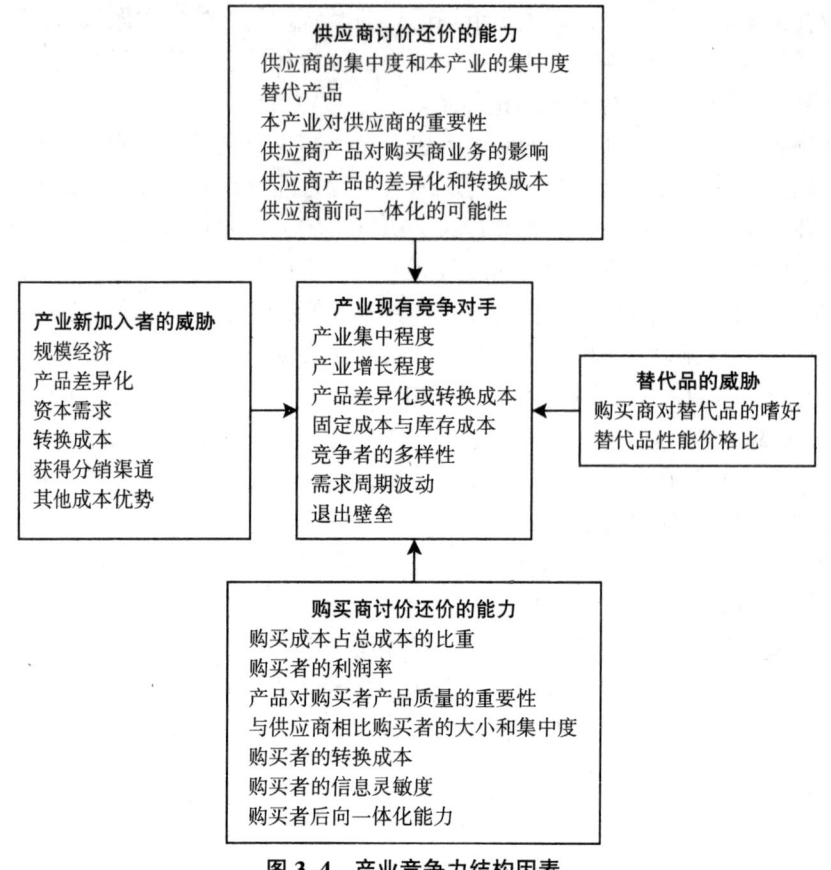

图 3-4 产业竞争力结构因素

资料来源：迈克尔·波特. 竞争战略 [M]. 陈小悦译. 北京：华夏出版社，2001.

二、迈克尔·波特的五种竞争力分析

(一) 产业新加入者的威胁

产业新加入者的进入一方面会给该产业带来新的生产能力，同时也会与产业内现有企业发生原材料和市场份额的竞争，导致产品价格可能被压低或现有企业的成本上升，利润率下降，甚至可能威胁到现有企业的生存。新进入者的威胁程度取决于进入壁垒和现有企业准备对新进入者的反击程度两方面的因素，现有企业的反击越激烈，进入壁垒就越大。

新加入者进入壁垒高低程度主要受以下因素影响：

（1）规模经济。规模经济是指在一定时期内产品的单位成本随总产量的上升而呈下降的趋势。规模经济的存在迫使加入者一开始就要以大规模生产进入产业，这样可以获得规模经济，降低成本，但该举动会给原有企业带来巨大冲击，一定会遭受原有企业强烈的反击；或者以小规模生产进入产业，这样原有企业强烈反击的风险降低，但新加入者要接受产品成本较高的劣势，以上两种进入方式的风险的存在都限制了新加入者的进入。

规模经济可以表现在企业经营的各个环节中，包括采购、生产、研发、市场营销、售后服务及分销等各个方面。

（2）产品差异化。产品差异化迫使新进入者需花费很大代价树立自己在该产业的品牌形象、产品特色，进而消除原有企业的顾客忠诚度，这样就造成了进入壁垒。建立一个品牌的投资具有特殊的风险性，如果进入失败，所有投资都将损失。

（3）资金的需求。资金的需求所构成的进入壁垒指由于进入这种产业需要大量的投资，并且这种投资具有高风险和不确定性，企业则会考虑是否进入这种产业。一方面，如果企业没有足够的资金，便很难进入该产业；另一方面，即使企业具有充足的资金进入该产业，也要承担巨大的风险。

（4）转换成本。转换成本是指购买者从原供应商处采购产品转换到另一供应商所支付的一次性成本。它包括重新培训人员成本、新设备成本、使用新资源所需的时间及成本，甚至包括中断老关系的心理成本。这些都会造成购买者对转换的抵制，而新加入者为使购买者接受这种转换，必须改进成本或经营等来消除这种抵制。

（5）分销渠道。一个产业的分销渠道，在某种程度上已为原有的企业占有，新的企业必须采用让价、广告津贴等方法促使分销渠道接受自己的产品，而这些方法的采用均降低了新进入者利润，形成了进入壁垒。一种产品的分销渠道越少，现有竞争对手对它们的控制力就越强，进入这种产业就越艰难。现有竞争对手通过老关系和高质量服务影响这些分销渠道，某些特殊的制造商甚至可能独占渠道建立起排他关系。在这种情况下，新加入者难以克服这种进入壁垒，以致新的企业必须建立全新的销售渠道。

（6）其他成本因素。同新加入者相比，原有企业具有一些潜在加入者无法比拟的成本优势，无论它们大小如何，以及是否已获规模经济优势。如：

1）专有的产品技术。通过专利或保密的方法保持独享性的产品专有知识或设计特性。

2）原材料来源优势。原有企业拥有最优资源来源，并且很早掌握了可预测到的需求。

3）政府补贴。在一些业务领域中，政府特惠补贴为原有企业带来长久优势。

4）政府政策。政府通过对经营许可的审批等，能够限制甚至封锁企业进入某产业。例如，通过许可证的要求和限制获取原材料的方法加以控制。政府对进入的约束也可通过控制，诸如空气和水的污染标准、产品安全性和效能的条例表现出来。对控制污染的要求可能会使进入产业所需资金增加，同时可能导致对所使用的技术的成熟程度，甚至设施的最佳规模的要求也有所提高。

（二）现有竞争者之间的竞争

现有竞争者是企业所面对的最强大的一种竞争力量。现有竞争者应用各种手段（通常是价格竞争、广告战、产品引进、增加顾客服务等）力图在市场上占据有利地位。在产业中，一个企业的竞争行动会直接影响其竞争对手，竞争对手为保证其市场地位会对该行动进行报复或设法应付。这种作用与反作用的结果可能导致竞争者及产业整体的情况改善，也可能导致竞争者及产业整体受到损害。

为了能够更好地应付来自同产业竞争对手的压力，企业必须分析影响这种竞争力量强弱程度的因素。导致产业内竞争者之间竞争激烈的影响因素如下：

1. 众多的或势均力敌的竞争对手

当同产业竞争者的数量较多，并且其规模与实力大致接近时，市场竞争就激烈。产业中企业较多时，有些企业为了改变其市场地位，占有更大的市场份额和取得更高的利润，必然会采取竞争行动，势必在现有竞争者之间产生激烈竞争；在企业规模与实力大致接近，各个企业都具有大致相同的竞争实力和进行反击的资源时，这也会使现有竞争者之间产生激烈竞争。

2. 产业增长缓慢

在产业增长缓慢的情况下，会使现有竞争者之间产生激烈竞争。因为对那些想在缓慢的产业增长中寻求更大市场份额的企业而言，争夺其他企业市场份额的战略成为企业的首选，市场份额的争抢使产业内的竞争非常激烈；而在产业快速增长时，市场总量在快速增加，企业只要保持与产业同步增长就可达到理想的收益状态，这样竞争就不会非常激烈。

3. 高固定成本或高库存成本

当产业固定成本较高时，这会对所有企业产生巨大压力，要求企业充分利用其生产能力以降低单位产品的固定成本。因此，当市场需求不足时，企业宁愿降低产品价格扩大销售量也不愿让生产设备闲置，因而使企业间的竞争非常激烈；当产业库存成本较高时，企业急于早些把产品卖出，也会导致产业内竞争加剧。

4. 差异化程度或转换成本低

有些产业，产品缺乏差异化，价格与服务影响购买者的选择，从而使企业在价格与服务方面产生激烈竞争。产品差异化使顾客对特定的销售品有偏好，并对激烈的竞争形成一种隔离；转换成本低时，购买者有很大的选择余地，企业为了留住购买者不惜进行激烈的竞争。

5. 大幅度增容

在规模经济要求生产能力大量增加的产业中，大幅度增容可以造成产业供需平衡的长期破坏，特别是具有大批量增容风险的产业尤其如此。生产能力增加，导致产品产量增加，当供过于求时，只好降低价格以销出产品，企业间的竞争激烈。结果，该产业会出现生产能力过剩和价格削减的周期性循环。

6. 高额战略利益

对于多元化经营的企业来说，如果其涉足的某个产业对企业的成败至关重要，属于企业发展的支撑点，那么在该产业中取得成功对企业来说具有很高的战略利益，企业也会更关注该产业的情况，该产业的竞争就会更加激烈一些。即一个多元化经营的企业可能将成功的重点放在某一特定产业中，以推动企业整体战略的成功。或者，一个外国企业为了树立全球性声望或技术上的信赖，可能强烈地认为需要在某一国市场占有稳固地位。在此情况下，某一国市场也成为高额战略利益区域，这些企业通常有着只求扩张而不惜牺牲短期利润的潜在意向，此时竞争也会很激烈。

7. 退出壁垒高

当退出壁垒较高时，经营不善的企业将继续留在该产业中，并不惜为了其利润而使用各种竞争手段，这会使竞争激烈化。退出壁垒包含经济上的、战略上的以及感情上的因素。这些因素使一个企业即使在收益甚微甚至投资收益为负的条件下仍然维持在该产业中的竞争。退出壁垒的主要来源有：

（1）专用性资产。资产涉及具体业务或地点的专用性高则其清算价值低，或者转移及转换成本高。

（2）退出的固定成本。这方面包括劳工协议、重新安置的成本、备件维修能力等。

（3）内部战略联系。主要指某经营单位与企业其他经营单位在市场形象、市场营销能力、利用金融市场及共用设施等方面的内部相互联系。这些因素使企业认为待在该产业中具有战略重要性。

（4）感情障碍。由于退出产业经营会影响与某企业具体业务的融洽、雇员的忠实、管理层自身事业的担忧等其他原因，所以管理层不愿从纯经济角度公正地做出撤退决策。

（5）政府及社会约束。政府出于对失业和对区域经济影响的关注，有时会出面反对或阻止企业退出该产业。

当退出壁垒很高时，过剩生产能力便无法释放到该产业之外，只能造成该产业产能更加过剩。同时，在竞争中已失败的企业也不愿认输，它们继续待在该产业中。结果，产业内竞争加剧，整个产业的利润率可能持续保持低水平。

（三）替代产品的威胁

替代产品是指那些与本企业产品具有相同功能或类似功能的产品。在质量相同的情况下，替代品的价格可能会比本企业产品的价格更具有竞争力。如果替代品的价格比较低，则其投入市场后会使企业原有产品的价格处于较低的水平，就会降低企业的潜在收益。替代产品的价格越具有吸引力，价格限制作用就越大，对本产业构成的压力也就越大。为了与替代产品进行竞争，产业中的各个企业往往需要采取共同措施和集体行动，如进行持续的广告宣传、产品质量改进、提高生产效率、改善市场经营等活动。

识别替代产品有时是很不容易的，它可能需要分析者去分析与该产业看来相去甚远的业务。一般来说，应当引起极大重视的替代品是这样一些产品：①替代产品在价格和性能上优于该产业的产品，从而有排挤原产业产品的趋势；②这些替代产品来自于高盈利的产业。对于后者，如果它们产业中某些发展变化加剧了那里的竞争从而引起产品价格下跌或其性能改善，会使这些替代产品立即脱颖而出，对该产业形成巨大的威胁。

（四）购买商的讨价还价能力

对于企业来讲，购买商是一个不可忽视的竞争力量。购买商的产业竞争手段是压低价格、要求较高的产品质量或索取更多的服务项目，并且从竞争者互相竞争状态中获利，所有这些都能降低企业的获利能力。购买商的讨价还价能力的高低受以下因素的影响。

（1）相对于销售商的销售而言，购买是大批量和集中进行的。如果销售额的很大一部分由某一个特定客户购买，这将提高购买商的讨价还价能力。

（2）购买商从产业中购买的产品占其成本或购买数额的相当大一部分。在这种情况下，客户为了获得优惠价格不惜耗费精力。当产业售出的产品只占购买商成本的很小一部分时，购买商对价格的敏感程度通常要小得多。

（3）产业中购买标准的或非差异化性产品。如果买方从本产业购买的产品是标准的，或无差异的，买方就可以向多个卖主购买并选择适合的卖主，迫使卖方之间互相竞争，从中获利。反之，买方讨价还价能力较弱。

（4）购买商转换成本低。转换成本使购买商依赖于卖方。如果购买方的转换成本低，则买方讨价还价能力会加强。

（5）购买商盈利低。低利润促使购买商极力压低购买成本。高盈利购买商通常对价格不太敏感，同时，它们还可能考虑维护供应商利益。

（6）后向一体化①的可能性。如果购买商存在后向一体化的可能性，则它们在讨价还价中就处于能迫使对方让步的有利地位。

（7）购买商产品的质量及服务质量的影响。如果购买商的产品质量受卖方产业产品影响极大，则购买商通常对价格不敏感，购买商讨价还价能力就较低。

（8）掌握充分的信息。有的购买商充分了解需求、实际市场价格，甚至供应商的制造成本等方面信息。在这种情况下，购买商比在信息匮乏的情况下掌握更多的讨价还价的能力。

（五）供应商的讨价还价能力

供应商们可以通过其在市场中的地位来威胁企业，通过提高价格或降低所购产品或服务的质量来表现其讨价还价的能力。供应商的能力可以迫使一个产业因无法使价格跟上成本的增长而失去利润。供应商实力的强弱与购买商实力是相互联系的，具有此消彼长的关系。供应商的讨价还价能力的高低受以下因素的影响：

（1）供应商的集中度和本产业的集中度。供应商集中度较高，供应商所处产业由几个企业支配，且购买商产业集中程度较低，在此情况下，少数供应商供给众多分散的购买商，供应商的讨价还价能力较强。

---

① 后向一体化即企业自己供应生产现有产品或服务所需要的全部或部分原材料或半成品。

（2）替代产品。如果供应商提供的产品没有替代品，那么供应商讨价还价的能力就高；若存在适应的替代产品，供应商与替代品生产者的竞争会削弱供应商讨价还价的能力。

（3）本产业并非供应商的主要客户。当供应商在众多产业中销售产品而某一具体产业在其销售额中所占比重不大时，供应商往往会显示其实力。如果该产业属于供应商的一个主要客户，则供应商的命运与该产业有相当紧密的联系，他们会愿意通过合理定价来保护该产业，并可能在研究开发等环节上帮助该产业。

（4）供应商产品是购买商业务的主要投入品。这种投入品对客户的生产工艺或产品质量方面的成功至关重要，这使供应商实力大增。

（5）供应商产品的差异化和转换成本。如果供应商产品的差异化程度较大时，供应商的讨价还价能力就强；对于购买商来说，如果其转换成本较大时，供应商的讨价还价能力也会增强。

（6）供应商前向一体化①的可能性。如果供应商有前向一体化的可能，则供应商的讨价还价能力会提高。

（六）退出壁垒、进入壁垒与利润的关系

退出壁垒与进入壁垒的概念有所不同，它们共同构成了产业分析的一个重要方面。通常退出壁垒与进入壁垒是相互关联的。例如，生产中的规模经济性往往涉及专用资产，也涉及独享技术的存在。当考虑退出与进入壁垒只分成高或低两类简单情况时，有下述关系，如图3-5所示：

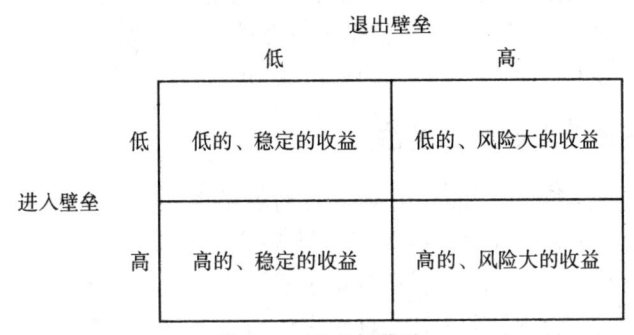

图3-5 壁垒与收益

资料来源：迈克尔·波特.竞争战略 [M].陈小悦译.北京：华夏出版社，2001.

从产业内企业的盈利角度来看，最好的情况是进入壁垒很高而退出壁垒很低。在这种情况下，进入将受到限制，而竞争能力较弱的企业能够较容易地离开该产业。当进入与退出一个产业的壁垒都很高时，利润潜力很大，但通常带有较大的风险。虽然进入行为受到阻挡，但产业里未获成功的企业将很难退出，则不

---

① 前向一体化即企业自行对本公司产品做进一步深加工，或公司建立自己的销售组织来销售产品或服务。

得不继续待在该产业中坚持战斗。

对产业新进入者来说，进入壁垒与退出壁垒都很低的情况是糟糕的，但最坏的情况是进入壁垒很低，退出壁垒却很高。这种情况下，进入很容易，但当企业在该产业中经营情况不好时，却无法迅速撤离。

第四节　竞争对手分析

竞争对手对企业具有直接的影响，竞争对手的战略直接影响企业战略的制定和调整，企业战略的制定和实施还要考虑到竞争对手的反应和反击。企业借助竞争对手分析可以了解到：是什么动力驱动着竞争对手，即竞争对手的未来目的；竞争对手对自己和产业是怎么看的，即竞争对手的想法；竞争对手正在做什么，即竞争对手当前采取的战略；竞争对手能做什么，即竞争对手具备的能力。

企业对竞争对手分析非常重要，那么谁是企业的竞争对手呢？这是每一个企业都必须回答的问题。在一个产业中，并不是所有竞争对手都是企业在制定战略时所要考虑的，只有那些对企业构成威胁的竞争者，企业才应该加以特别的重视。所以在分析竞争对手要素之前，首先应该确定需要考察哪些竞争对手。在确定谁是主要的竞争对手之后，就需要收集竞争对手的各种信息。收集信息越多、越准确，就越有可能找到战胜竞争对手的正确战略。主要竞争对手的劣势就是本企业的机会，主要竞争对手的优势就是本企业的威胁。所以企业必须了解主要竞争对手的宗旨、目标、战略方案，只有"知己知彼"，才能"百战不殆"。

一、竞争对手四要素诊断法

根据迈克尔·波特（Michael E.Porter）对竞争对手的分析框架（也称四要素诊断法），诊断竞争对手有四种要素（见图3-6）：未来目标、现行战略、假设和能力。对这四种要素的理解可预先对竞争对手的反应有个概略了解，如图3-6列出的关键问题。大部分企业至少对于它们对手的现行战略、强项和弱项（见图3-6）有一些直观感觉。而对竞争对手未来的目标与竞争对手关于产业和自身的假设的关注要少得多。对驱动因素的观察要比对竞争对手实际行为的观察难得多，但它们导致竞争对手将来采取何种行动。下面就四种诊断要素逐一分析。

（一）未来目标

分析与了解竞争对手未来的目标是非常重要的，它有助于预测每个竞争对手对其目前所处地位和财务状况是否满意，从而推测这个竞争对手是否将改变现行战略以及对外部事件或对其他企业的战略举动做出敏感反应；对竞争对手目标的了解也有助于预测它对战略变化的反应。在其目标及所面临的母公司压力的情况下，某一竞争对手受到某些战略变化的威胁会比其他对手大得多，这种威胁速度

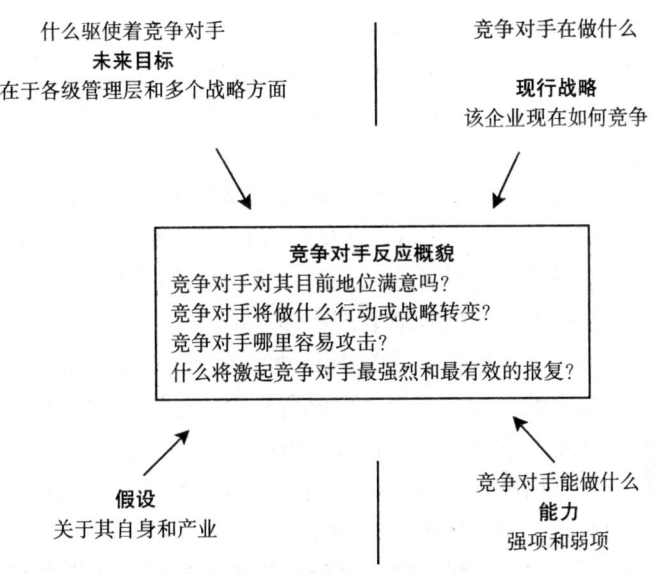

图 3-6 竞争对手分析内容

资料来源：迈克尔·波特.竞争战略 [M].陈小悦译.北京：华夏出版社，2012.

将影响报复的可能性。对竞争对手目标的了解有助于解释竞争对手初步行动的严肃性，竞争对手为达到它的一个中心目标或寻求针对某一关键目标重振业绩而采取的战略行动绝非偶然事件。同样，对竞争对手目标的了解有助于确定母公司是否会全力支持下属企业所采取的行动，或确定它是否愿做下属企业报复竞争对手行动的后盾。

（1）竞争对手公开表示的与未公开表示的财务目标是什么？竞争对手在制定目标时是如何进行权衡的？

（2）竞争对手对风险持何种态度？如果财务目标本质上由利润率、市场地位（占有率）、增长率和风险期望水平组成，竞争对手是如何平衡这些要素的？

（3）竞争对手是否有对其目标有重大影响的经济性或非经济性组织价值观或信念？是全体成员共有还是仅高层管理人员具有？竞争对手是否企图在市场中成为领导者？是否想当产业的发言人？是否准备成为自行其是的企业，或当技术潮流的主宰者？是否具有信奉某特定战略或职能方针的传统或历史，并使之成为一种制度而写进目标？是否对产品设计和产品质量十分关注？是否对经营地点有特殊偏爱？

（4）竞争对手组织结构如何（职能结构情况、是否设置产品经理，是否设置独立的研究开发部门等）？这种结构对诸如资源分配、定价和产品换代等关键性决策的责任及权力是如何分配的？竞争对手的组织结构揭示了关于各职能领域的相对状态及其协作情况，并且突出了战略重点。

（5）现有何种控制与激励系统？主管人员报酬如何？销售人员报酬如何？管理人员拥有股份吗？如何定期检查业绩表现？周期长短？所有这些，尽管有时很难辨明,但都是揭示竞争对手的重要线索。

(6) 现有何种会计系统和规范?竞争对手如何评估库存?如何分配成本?如何计算通货膨胀?这些会计问题会大大影响竞争对手对经营情况和成本的估计,影响定价方法等。

(7) 竞争对手的领导阶层由哪些人构成?特别是谁出任首席执行官(CEO)?他们的背景和经历如何?什么样的经理将受到奖励?他们显著强调的是什么?是否存在某种迹象表明企业招聘外来人员意味着他们将选择某一方向?

(8) 领导阶层对未来发展方向表现出多大的一致性?领导阶层内的各派别是否主张不同的目标?如果这样,在权力变动时会导致突发性战略变更。相反,意见一致则可保持权力的稳固,甚至在面临危机时仍顽固不化。

(9) 董事会组成人员如何?是否有足够的产业外人员并带来行之有效的旁观者意见?董事会中有何种产业外人员?他们的背景及其有关企业情况如何?他们如何经营自己的企业?他们代表何方利益?

(10) 什么样的合同义务可能限制企业的选择余地?是否存在债务契约限制了某些可能的目标?是否由于许可证或合资合同带来了限制?

(11) 对企业的行为是否存在某些条例、反托拉斯法案,或其他政府或社会限制,以使其对弱小竞争对手的行动进行反击或企业进一步扩大市场份额的可能性受到制约。竞争对手在过去面临过反托拉斯问题吗?由于什么原因?企业对这种约束甚至对受过约束的历史都很敏感,因此当企业的业务受到威胁时,它会对那些战略性挑衅进行反击。

(二) 假设

竞争对手分析的第二个关键性因素是识别每个竞争对手的假设。该假设包括两类:一是竞争对手对自己的假设,二是竞争对手对产业及产业中其他企业的假设。

每个企业都对自己的情形有所假设。例如它可能把自己看成社会上知名的企业、产业领袖、低成本生产者、具有最优秀销售队伍等。这些对本企业的假设将指导它的行动方式和对事物的反应方式。例如,如果它自视为低成本的生产者,它可能以自己的降价行动来惩罚某一降价者。竞争对手关于本企业情形的假设可能正确也可能不正确。不正确的假设可造成令他人感兴趣的战略契机。正如竞争对手对它自己持一定假设一样,每个企业对产业及其竞争对手也持一定假设,也同样存在正确或不正确的可能性。

通过对各种类型假设的检验,企业能发现在管理人员认识其环境的方法中所存在的偏见及盲点。竞争对手的盲点可能是根本看不到事件(如战略行动)的重要性,没有正确认识它们,或者可能只是很慢地才觉察到。根除这些盲点可帮助企业辨识立即遭到报复的可能性,并有针对性地采用行动以便使竞争对手的报复失灵。

下列问题意在弄清竞争对手的假设以及其假设的不完全现实之处。

(1) 从竞争对手的公开言论、领导层和销售队伍的宣称及其他暗示中,竞争对手表现出对其在成本、产品质量、技术的尖端性及产品的其他主要方面相对地位有何种认识?把什么看成优势?把什么看成劣势?这些看法正确吗?

(2) 竞争对手在某些特定产品,某些特定职能性方针政策上是否有很强的历史或感情上的渊源?在诸如产品设计方法、产品质量要求、制造场所、推销方法、分销渠道等方面,他们强烈坚持哪些方面?

(3) 是否存在影响竞争对手对事物认识程度和重视程度的文化性、地区性和国家性差别?

(4) 是否存在已根深蒂固的或影响观察事物方法的组织价值观或准则?企业奠基人十分相信的某些方针是否仍旧影响该企业?

(5) 竞争对手表现出的对产品未来需求和产业趋势显著性的看法是怎样的?它是否因毫无根据地对需求缺乏信心而不愿增加生产能力,抑或因为相反的原因过度增强了生产能力?它是否容易错误估计某种趋势的重要性?例如,它是否以为产业正在集中而事实并非如此。

(6) 竞争对手表现出来对其竞争者们的目标和能力的看法如何?它是否会高估或低估它们?

(7) 竞争对手是否表现出相信产业"传统思路"或相信历史经验以及产业中流行的方式,而这些却没有反映新的市场情况?

(8) 竞争对手的假设可能反映在现行战略里并受到现行战略的微妙影响。它可能从过去和当前环境出发看待产业中的新事件,而这并不一定客观。

(三) 现行战略

对竞争对手现行战略分析的重点是预见现行战略的可能实施效果、现行战略实施可能造成目前竞争地位的改变、竞争对手改变现行战略的可能性,以及由此引起的对本企业的影响。把竞争对手的战略看成业务中各职能领域的关键性经营方针,以及了解它如何寻求各项职能的相互联系,这一战略可能是显式的也可能是隐式的。对竞争对手现行战略的分析,其目的在于揭示竞争对手正在做什么、能够做什么。主要包括以下四个方面:

(1) 竞争对手的市场占有率如何?产品在市场上是如何分布的?有什么特殊的分销渠道和营销策略?

(2) 竞争对手的研发能力如何?投入资源如何?

(3) 竞争对手的产品如何制定价格,在产品设计、要素成本、劳动生产率等因素中哪些因素对产品成本影响较大。

(4) 采取的一般战略如何?属于成本领先战略、差异化战略还是集中化战略?

(四) 能力

真实地对竞争对手能力进行评估是竞争对手分析中的最后考察步骤。竞争对手的目标、假设和现行战略会影响它反击的可能性、时间、性质及强烈程度。而其优势与劣势将决定它进攻或反击的战略行动的能力以及处理所处环境或产业中事件的能力。由于竞争对手的优势和劣势相对较清楚，可以通过用五种关键竞争作用力的分析对竞争对手的地位进行考察，以评价其优势和劣势。图 3-7 给出观察竞争对手在每个关键业务领域中的优势和劣势的概括性框架。

产品
每个细分市场小，用户眼中产品的地位
产品系列的宽度和深度

代理商/分销渠道
渠道的覆盖面和质量
渠道关系网的实力
为销售渠道服务的能力

营销与销售
营销组合诸方面要素的技能水平
市场调查与新产品开发的技能
销售队伍的培训及其技能

运作
生产成本情况——规模经济性、经验曲线、设备新旧情况等
设施与设备的先进性
设施与设备的灵活性
专有技术和专利或成本优势
生产能力扩充、质量控制、设备安装等方面的技能
工厂所在地，包括当地劳动力和运输的成本
劳动力状况
原材料的来源和成本
纵向一体化程度

研究和工程能力
专利及版权
企业内的研究与开发能力（产品研究、工艺研究、基础研究、开发、仿造等）
研究及开发人员在创造性、简化能力、素质、可靠性等方面的技能，与外部研究和工程技术的接触（如供应商、客户、承包商）

总成本
总相对成本
与其他业务单位分担的成本或活动
竞争对手在何处正形成规模或其他对其成本状况至关重要的因素

财务能力
现金流
短期和长期借贷能力（相对债务/权益比例）
在可预见的将来获取新增权益资本的能力
财务管理能力，包括谈判、融资、信贷、库存以及应收账目等

组织
组织中价值观的统一性和目标的明确性

图 3-7　竞争对手优势和劣势

对组织的近期要求所带来的负担
组织安排与战略的一致性

综合管理能力
首席执行官的领导素质和激励能力
协调具体职能部门或职能集团间关系的能力（如生产制造与研究部门间的协调）
管理阶层的年龄、所受培训及职能方向
管理深度
管理的灵活性和适应性

企业业务组合
企业在财务和其他资源方面对所有业务单位的有计划变动提供支持的能力
企业补充或加强业务单位的能力

其他
政府部门的特惠待遇及供获取的途径
人员流动

图 3-7　竞争对手优势和劣势（续）

资料来源：迈克尔·波特. 竞争战略［M］. 陈小悦译. 北京：华夏出版社，2012.

1. 核心能力

（1）竞争对手在各职能领域中能力如何？最强之处是什么？最弱之处在哪里？

（2）竞争对手在其战略一致性检测方面表现怎样？

（3）随着竞争对手的成熟，这些方面的能力是否可能发生变化？随时间的延长是增强还是减弱？

2. 成长能力

（1）如果竞争对手有所成长，其能力是增强还是减弱？在哪些领域？

（2）在人员、技能和工厂能力方面竞争对手发展壮大的能力如何？

（3）从财务角度看，竞争对手在哪些方面能持续增长？

3. 快速反击能力

竞争对手迅速对其他企业的行动做出反应的能力如何？或立即发动进攻的能力如何？这将由下述因素决定：自由现金储备、留存借贷能力、厂房设备的余力、定型的但尚未推出的新产品。

4. 适应变化能力

（1）竞争对手的固定成本对可变成本的情况如何？尚未使用能力的成本？这些将影响其对变化的可能反应。

（2）竞争对手适应各职能领域条件变化和对之做出反应的能力如何？例如，竞争对手是否能适应：成本竞争？管理更复杂的产品系列？增加新产品？服务方面的竞争？营销活动的升级？

（3）竞争对手能否对外部事件做出反应，诸如：持续的高通货膨胀？技术革命引起对现有厂房设备的淘汰？经济衰退？工资率上升？最有可能出现的会影响该业务的政府条例？

(4) 竞争对手是否面临退出壁垒？这将促使它避免削减规模或对该业务进行收缩。

(5) 竞争对手是否与母公司的其他业务单位共用生产设施、销售队伍，或其他设备或人员？

5. 持久力

竞争对手支撑住可能对其收入或现金流造成压力的持久战的能力有多大？这将由如下因素决定：现金储备、管理人员的协调统一、财务目标上的长远眼光、是否受到来自于股票市场的压力。

二、竞争对手的反击

分析竞争对手的反击也是企业制定战略的一个重要方面，已知竞争对手的未来目标、假设、现行战略以及能力之后，我们可综合前四种要素，考察竞争对手的反击情况。对竞争对手反击的考察有助于企业了解竞争对手将在何时、何地、以何种方式对抗企业的行动。

（一）攻击行动

预测竞争对手可能发起的战略变革。

(1) 对现有地位的满意度。把竞争对手的目标与其现有地位进行比较，竞争对手是否可能着手发起战略变革？

(2) 可能采取的行动。根据竞争相对于现有地位的目标、假设及其能力，竞争对手最可能做什么样的战略变革？这些将反映出竞争对手将来的看法，认为什么是其优势、认为它的哪些竞争对手较为脆弱，它将怎样竞争，高层领导对业务所持偏见以及前面分析中所建议的其他考虑因素。

(3) 行动的力度和其严肃性。对竞争对手目标和能力的分析可用来评估这些可能行动的期望力度。同样，估计竞争对手从这次行动中所能获取的利益也是重要的。例如，竞争对手采取与另一部门共同分担成本，显著地改变其相对成本地位的行动，可能比采取另一以希望增加营销效果的行动重要得多。分析竞争对手此次行动的可能收获与对竞争对手目标的了解相结合，就可以判断竞争对手面对抵抗而采取行动的严肃性。

（二）防御能力

列出产业中某企业可能采取的一系列可行战略行动清单，最好也列出可能随产业环境变化而变化的可能战略行动清单。

(1) 脆弱性。竞争对手对哪些战略行动和哪些政府的、宏观经济的或产业事件最为脆弱？哪些事件具有不对称的利润结果，即对于竞争对手的利润影响比对于发动进攻的企业的利润影响要大或小？对于哪些行动的报复或追随要求太多资本，因而竞争对手不能冒此风险？

(2) 刺激性行动。哪些行动或事件将会招致竞争对手的报复，尽管报复会代价高昂并且可能导致财务状况紧张？哪些行动将极大地威胁竞争对手的目标和地位,以致迫使它采取报复,无论愿意与否?大部分企业都有痛点,或者在受到威胁时将做出超常反应的领域。痛点强烈地反映在既定目标、感情上的承诺等方面。只要可能,应尽量避免触及。

(3)报复的效果。从竞争对手的目标、战略、现有能力以及假设等条件考虑,竞争对手对于哪些行动或事件的反应会受到妨碍以致不能迅速地和有效地做出反应?采取哪类行动,会使竞争对手希望赶上或超过的努力变得无效。

第五节 战略集团

产业环境分析的目的是了解该产业竞争状况和该产业蕴藏的利润潜力,是以产业整体作为分析对象的。那么在同一产业中,企业之间在经营上的差异以及这些差异与它们的战略地位的关系如何?为此,我们需要进行产业内部分析,按照产业内各企业战略地位的差别,将企业划分成不同的战略集团,分析产业内各个战略集团之间的关系,从而进一步认识产业及其竞争的状况。对产业进行战略集团的划分有利于企业确定产业中存在的主要竞争对手。

一、战略集团

所谓战略集团,是指一个产业内在某一战略方面采取相同或类似战略并具有类似战略特征的各企业组成的集团。在产业中,具有相同战略与相同地位的企业,有可能结合成为战略集团。在同一战略集团内,企业在生产规模和市场占有率等方面可能有所不同,但它们的性质相同,处于相同的竞争地位。正常情况下,一个产业中有几个战略集团,它们采用性质根本不同的战略。

同一战略集团内的企业除了它们的广义战略外,还在许多方面彼此非常相近。它们趋向于寻求相似的市场份额,受外部影响及对外部事件或产业内竞争行动做出的反应也相似,因为它们有着相似的战略。迈克尔·波特认为,战略集团对企业的获利能力有着巨大的影响,主要影响有:

(1)不同的战略集团会影响企业进入壁垒的高低;影响着企业所在的战略集团受到替代产品威胁的程度;决定着战略集团之间的竞争程度;影响着企业所在战略集团与供应商和购买商讨价还价的能力。

(2)企业在战略集团中的地位决定着企业在战略集团中的竞争程度;决定着企业进入该集团的代价;决定着企业在战略集团中的经营范围;决定着企业实施自己战略的能力。

二、战略集团图

战略集团图作为一种分析工具,既不同于产业整体分析方法,也不同于单个企业的个别分析方法，而是介于两者之间。它是从产业中不同企业的战略管理中找出带有共性的事物，更准确地把握产业中竞争的方向和实质，避免以大代小或以小代大所造成的缺陷。由于各集团内部的竞争程度不同，各个集团所服务的主要客户群的增长率不一样，战略集团之间的利润水平也有很大差异。

分别用两个战略变量作为横轴和竖轴，在一个二维图上画出某个产业的竞争者的市场位置，就成为该产业的战略集团图（见图3-8）。在图3-8中，横轴代表纵向一体化程度，纵轴代表专业化程度。对于战略集团来说，这是两个重要的约束因素。实际上，战略分析者还可以根据产业的特点和需要，确定出不同的重要的战略约束因素，以便更清楚地勾画出产业中不同类型的战略集团。一般来讲，以标志图形的大小表示每一战略集团中企业市场份额之和。

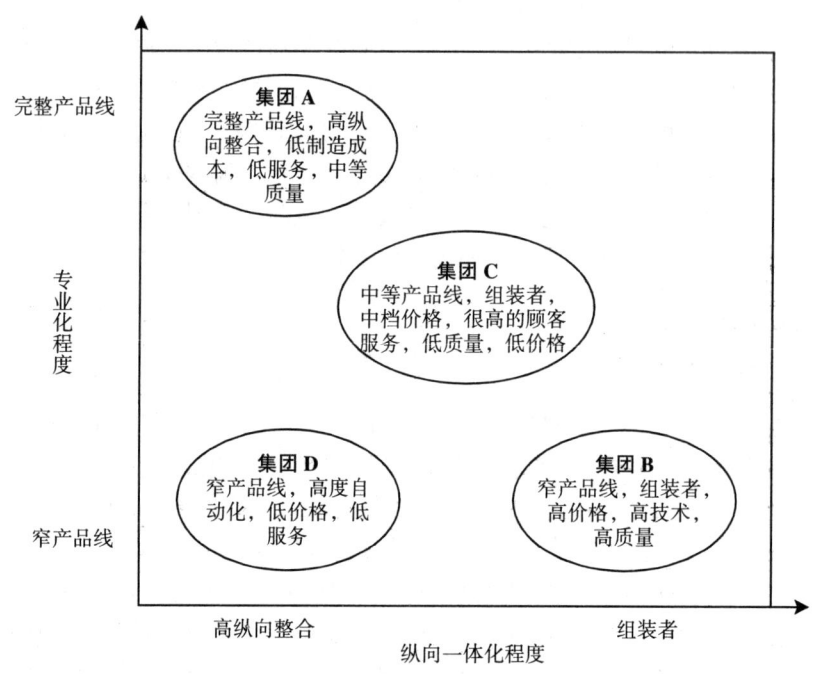

图 3-8　假定产业的战略集团图

资料来源：迈克尔·波特. 竞争战略 [M]. 陈小悦译. 北京：华夏出版社，2001.

在勾画战略集团图时，必须选取少数战略变量作为图轴，所遵循的原则：

（1）用作图轴的最佳战略变量是那些对产业移动形成起决定作用的变量；

（2）在构图时，所选的轴变量不可一同变化。例如，如果一切实行产品差别化的企业也都具有宽产品线，则不应当将这两个变量都选为图轴。

（3）图轴变量不必一定是连续或单调的，也可以是离散的，只要能够表示特征的区别就可以。

（4）对一个产业可以勾画数个战略集团图，利用战略方向的各种组合来认识最关键的竞争问题。

三、战略集团间的竞争

产业中多个集团的存在会影响产业总体竞争程度，多个集团的存在会使竞争激烈。战略集团之间的竞争激烈程度不仅影响着整体产业的潜在利润，而且在对付潜在的产业进入者、替代产品、供应商和销售商讨价还价能力等方面也表现出很大的差异性。一个产业中战略集团之间的竞争激烈程度受到下列几种因素的影响：

(1) 各战略集团为争取不同细分市场中的顾客进行竞争的程度大小，竞争的程度越大，行业间的竞争越激烈。

(2) 产业内战略集团数量多，且各个战略集团的市场份额越相近时，战略集团间的竞争越激烈。

(3) 如果其他条件相同，集团间的战略差异越大，集团间就越可能只发生小规模的摩擦。集团奉行不同的战略导致他们在竞争思想上有极大的差别，并使他们难以相互理解他人的行为，从而避免茫然的竞争行动和反应。相反，如果集团间战略差异越小，产业内战略集团之间的竞争越激烈。

根据战略集团图上的位置可以确认出企业的竞争对手。一般来说，在战略集团图上，战略集团之间相距越近，成员之间的竞争越激烈。同一战略群体内的厂商是最直接的竞争对手，其次是相距最近的两个群体中的成员厂家。群体图上两个相距甚远的战略群内的成员企业几乎没有竞争可言。

第六节 企业的内部环境分析

环境中各种因素通过市场来影响企业的经营，企业对内部拥有资源的状况及对其利用程度最终也要通过自己在市场上的竞争能力来体现。因此，分析企业内部环境非常必要，企业内部环境是指企业内部所拥有资源的构成情况并对资源利用效率如何。这是企业制定战略的基础。

一、企业内部资源划分

资源是企业生存与成长的基本条件，是构建企业竞争与发展战略的基础，更是企业为顾客提供产品或服务的源泉。分析企业的内部资源，对充分利用企业现有资源和潜能以及努力实现企业快速发展具有十分重要的意义。

一般而言，企业资源（Resources）是指企业在向社会提供产品或服务的过程中所拥有的或所控制的能够实现企业战略目标的各种要素集合[1]。这些要素的表

---

[1] 张明玉，张文松.企业战略理论与实践[M].北京：科学出版社，2005.

现形式多种多样，如从唾手可得的普通要素，到难以识别的差别化的资源。在战略管理的理论研究和实践中，人们从不同角度对资源进行了划分。比如：根据存在形态的不同，将企业资源分为有形资源和无形资源；根据应用上的通用性，将企业资源分为通用资源与专门资源；根据形成和获得方式、条件，将企业资源分为购置性资源和积累性资源；根据提供给消费者价值中所起作用，将企业资源分为核心资源、支持性资源。

这些资源划分方法着眼点虽然各有不同，但都落脚于资源基础理论分析框架之内，是分别从资源的形态、获得、应用及对企业最终价值的形成等方面作了区分。目前应用较广的分类方法是第一种分类方式，即根据存在形态将企业资源分为有形资源和无形资源，如表3-2所示。企业可以在管理实践中，根据自身的具体需要选择合适的分类方式对企业资源加以分析。

表3-2 企业的有形资源与无形资源

有形资源	实物资源	● 企业的厂房、设备、半成品、产成品等
	财务资源	● 企业的自有资金、留存利润 ● 企业的借入资金
	人力资源	● 员工数量、经验、能力、受教育水平、工资水平等
无形资源	技术资源	● 专利、商标、版权、商业机密、技术诀窍等
	声誉资源	● 客户声誉、品牌、对产品质量耐久性和可靠性的理解 ● 供应商声誉 ● 有效率、有效益和支持性的双赢关系与交往方式

二、有形资源

有形资源（Tangible Resources）是指可以看得见并且可以量化的资产，有形资源容易被识别和评估，许多有形资源可以在企业的各种财务报表上得到反映，具体而言，企业的有形资源包括实物资源、财务资源和人力资源三种。

（一）有形资源的具体形式

1. 实物资源

实物资源是最明显的有形资源，是看得见、摸得着的实体资源，包括企业的厂房、生产设备、原材料、半成品及产成品等。通过对这些实物资源的分析，我们可以了解到企业的地理环境、厂房面积、设备的先进程度等硬件水平，了解到企业原材料的获取能力、生产工艺及产品的质量保证及相应的市场地位状况。

2. 财务资源

财务资源也是一种较容易辨别的有形资源，它同实物资源一样可以通过企业的财务报表反映出来，主要包括企业生产经营活动中所需要的资金，如自有资金、留存利润和借入资金等。通过对这些财务资源的分析，我们可以了解到企业资金的来源渠道和归还资金的形式是否合理、企业资金的分配和使用是否合理，了解资金成本水平、增值水平以及资金的利润率大小。总之，通过对财务资源的分析，我们可以了解企业的融资能力以及企业产生内部资金的能力。

3. 人力资源

人力资源在企业中是特殊性资源。就知识、技能与经验载体本身而言，人力资源是有形的，表现企业组织中的人员数量、人员结构、受教育的程度、职务、职称、劳动力成本、股权、红利等是可以准确衡量的。由于知识、技能与经验难以准确度量，不能在资产负债表中表示出来，具有无形的特性。因此，人力资源是有形资源和无形资源的统一。通过对人力资源的分析，了解企业人员的数量是否充足、构成是否合理、员工的工作态度如何、职工的素质如何，了解企业员工的培训、晋升系统是否合理、激励水平如何等。由此，我们可以了解企业的知识结构、技能水平和决策能力的大小。

(二) 使用企业有形资源应注意的事项

通过对有形资源的评估，以明确我们能如何利用有形资产创造价值，但需要注意以下两点：

(1) 有没有机会可以更经济地使用企业的有形资源，即是否可以用更小规模的有形资源去支撑一个相同的事业；用相同规模的有形资源去支撑一个更大的事业。成功的企业往往可以通过有形资源的重组达到提高效益的目的。

(2) 更有利可图地利用现有资产的可能性有多大，即有没有可能使现有有形资源在更高利润的地方被利用。例如，通过对有形资源的挖潜整合以及与他人组成联盟，甚至出售一部分有形资源，通过盘活的办法使企业资源利润得以提高。美国铁路公司在这一方面已有成功的经验，已熟练地利用他们的铁路来运送天然气管道和光纤通信电缆。

三、无形资源

现代市场竞争中，扮演企业重要战略作用的资源往往是那些无形的、不易被觉察的资源。无形资源（Intangible Resources）是指那些根植于企业的历史中，长期积累下来的、不易被识别和量化的资产。具体而言，企业的无形资源包括技术资源和声誉资源两种。

(一) 无形资源的具体形式

1. 技术资源

技术资源是指企业所拥有的包括专利、商标、版权、商业机密、技术诀窍等在内的专有技术。通过对技术资源的分析，我们可了解企业的技术能力（包括企业的技术吸收能力、研发能力、创新能力等）。随着科技的迅猛发展，技术资源对企业的影响越来越大。国外企业很重视技术资源对企业的影响，它们在企业内不但设置 CEO（首席执行官）和 CFO（首席财务官），现在还设置了 CKO（首席知识官）。但是，有时这些无形资源为企业所拥有还是为员工所有之间的界限并不是清晰的，这也给企业控制和管理无形资源带来了难度。

2. 声誉资源

企业的声誉往往表现为客户的声誉、品牌、对产品质量耐久性和可靠性的理解，表现为供应商的声誉及有效率、有效益和支持性的双赢关系与交往方式等。随着产品和技术之间的差异不断缩小，企业声誉及企业形象在市场竞争中正具有越来越重要的作用。企业声誉及形象往往可以表现为其产品价格是否有超额部分，以及其产品所拥有的市场规模。表3-3为美国《商业周刊》公布的2013年全球最有价值品牌排行榜的部分排名。

表3-3 2013年世界最有价值品牌前十强

名次	品牌名称	2013年品牌价值（亿美元）
1	苹果	1850.71
2	谷歌	1136.69
3	IBM	1125.36
4	麦当劳	902.56
5	可口可乐	784.15
6	AT&T公司	755.07
7	微软	698.14
8	万宝路	693.83
9	Visa	560.60
10	中国移动	553.68

资料来源：http://www.p5w.net/news/gncj/201306/t20130619_196315.htm.

（二）无形资源的特点

随着经济的发展，无形资源往往比有形资源在企业成长中做出的贡献更大。无形资源具有如下两个特点：

1. 不易被竞争对手模仿和获取

因为无形资源的不可见及难以准确量化，因此无形资源更难以被竞争对手所模仿，甚至于某些无形资源是竞争对手无法获知的。无形资源成为企业在市场浪潮中保持自身竞争优势的一道有力的"防火墙"。

2. 无形资源价值的不转移性

有形资源会越用越少、越用越旧，在有形资源的使用过程中，其价值会逐步转移到产品或服务中去。但是，无论使用多少次，无形资源在创造价值的同时，其自身价值不会发生转移。比如，员工在生产中需要投入个人的知识和技能，其工作成果中包含了他的知识、经验和技能所创造的价值。此时，属于员工的知识和技能的价值不但没有下降，反而会因为提高了熟练程度而产生增值。

正因为无形资源的如上特点，众多现代企业更多地寄希望于发展和培育企业的无形资源，并努力以无形资源为主打造企业的核心竞争力。

本章小结

环境分析包括外部环境分析和内部环境分析两大部分。企业的外部环境通常都极富挑战性,并且极其复杂多变和不确定,它能够影响企业的业绩,所以企业必须识别其外部环境中所存在的机会与威胁。企业内部环境是指企业内部所拥有资源的构成情况及对资源利用效率如何,分析企业内部环境可了解企业内部拥有资源的状况及对其利用程度,最终识别企业的优势与劣势。

企业的外部环境分为两个层次:宏观环境和产业环境。宏观环境间接或潜在地对企业的生产经营活动产生影响,宏观环境包括四个方面的因素:政治环境(Political)、经济环境(Economic)、社会环境(Social)和技术环境(Technological)。对宏观环境的分析可采用 PEST 分析方法。产业环境直接对企业的生产经营活动产生影响,通常采用迈克尔·波特的五力分析模型来分析。产业中五种基本的竞争力量包括潜在的产业新进入者、替代品的威胁、购买商讨价还价的能力、供应商讨价还价的能力以及现有竞争者之间的竞争。其状况及综合强度决定了企业所在产业的竞争激烈程度,最终决定了该产业的获利能力。

一个产业中有各种战略集团,战略集团是在同一战略要素上采用相似战略的企业组成的集团。不仅战略集团间进行激烈的竞争,而且战略集团内的竞争程度要比战略集团间的竞争程度更高。

竞争对手分析告诉企业竞争对手的未来目的、现行战略、假设和能力,使企业能够做到"知己知彼"。可靠的数据和信息能够帮助企业更好地了解竞争对手,这就要求企业具有良好的竞争情报收集方法,这些方法应该合法和符合伦理道德。

企业内部环境是指企业内部所拥有资源的构成情况并对资源利用效率如何。按照企业资源的存在形态,我们把企业资源分为有形资源与无形资源。其中,有形资源是指可以看得见并且可以量化的资产,有形资源容易被识别和评估,许多有形资源可以在企业的各种财务报表上得到反映。具体而言,企业的有形资源包括实物资源、财务资源和人力资源三种。无形资源是指那些根植于企业的历史中,长期积累下来的、不易被识别和量化的资产,具体而言,企业的无形资源包括技术资源和声誉资源两种。企业更多地寄希望于发展和培育企业的无形资源,并努力以无形资源为主打造企业的核心竞争力。

思考题

1. 管理者为什么必须了解企业的环境?
2. 描述你感兴趣的某个企业的外部环境,并找出其机遇与威胁。
3. 描述五种竞争力量如何用于确定一个产业的预期平均利润水平。
4. 以某一产业为对象,分析一下其内部的竞争结构和格局。
5. 解释战略集团概念。它对企业绩效的意义是什么?
6. 什么是企业的有形资源和无形资源?二者有何区别?

参考文献

[1] Michael E. Porter. Competitive Strategy [M]. Free Press,1980.

[2] Hunger J.D., Wheelen T.L., Essentials of Strategic Management [M]. Pearson Education, Inc., 2003.

[3] [美] 弗雷德·R. 戴维. 战略管理(第十版)[M]. 北京:经济科学出版社,2006.

[4] 周三多. 战略管理新思维 [M]. 南京:南京大学出版社,2002.

[5] 吴彬,顾天辉. 现代企业战略管理(第二版)[M]. 北京:首都经济贸易大学出版社,2007.

[6] 刘冀生. 企业战略管理(第二版)[M]. 北京:清华大学出版社,2003.

[7] 陈红星,温兴琦. 论新时期波特竞争理论的局限性 [J]. 商业时代,2006(23).

[8] 邓海涛. 企业战略管理(第二版)[M]. 长沙:国防科技大学出版社,2008.

[9] 胡建绩. 企业经营战略管理(第三版)[M]. 上海:复旦大学出版社,2004.

[10] 李玉刚. 战略管理(第三版)[M]. 北京:科学出版社,2013.

[11] 王迎军,柳茂平. 战略管理(第二版)[M]. 天津:南开大学出版社,2013.

[12] 金占明. 战略管理——超竞争环境下的选择(第三版)[M]. 北京:清华大学出版社,2010.

第四章 环境分析方法

环境分析是一项重要而复杂的系统工程，在具体的环境分析过程中，分析方法和分析工具的选择对企业环境的分析结果具有至关重要的作用。准确地分析和辨识企业环境是战略目标制定和战略选择的基础。因此，了解并掌握必要的环境分析方法和工具是战略管理中必不可少的环节之一。本章将介绍几个企业常用的环境分析工具。

开篇案例

星巴克SWOT分析及战略对策

凭着得天独厚的市场环境，只用了短短几年时间，星巴克就以其独特的经营模式和品牌核心价值在同行业中获得了巨大的成功。然而，市场在竞争中是不断变化的，在激烈的竞争中，素有"咖啡帝国"美誉的星巴克如何在未来继续保持市场的领先地位，成了管理层迫在眉睫的问题。下面借助SWOT分析方法，分析星巴克面临的机会与威胁、优势和劣势，对于制定公司未来的发展战略有着至关重要的意义。

1. 星巴克面临的机会（O）

（1）市场进入的空缺。星巴克进入中国的壁垒很低，而潜在用户的需求已有一定的发展。

（2）时代大背景的契机。全球化给星巴克带来的契机在世界各地，包括中国都是非常显著的。

（3）中国咖啡市场潜力巨大。据专家分析，中国将成为全球最大的咖啡消费国，并且每年以30%的速度上升。

2. 星巴克面临的威胁（T）

（1）现实和潜在的竞争者众多。

（2）替代品的丰富和提升。

（3）原料成本的上升。随着近年来中国CPI的上升，尤其是咖啡原材料和乳制品成本的上升直接挤压了星巴克的利润空间。

（4）地区发展的不平衡性。地区发展的不平衡性形成了各地人们收入的差异，这对星巴克的统一价格提出了挑战，也对星巴克的管理、运营和策略提出了较大的挑战。

3. 星巴克的竞争优势（S）

（1）经营模式的灵活选择：星巴克善于根据世界各地不同的市场情况采取灵活的投资与合作模式。

（2）充分运用"第三生活空间"式的体验：在消费者需求的中心由产品转向服务，在由服务转向体验的时代，星巴克成功地创立了一种以创造"星巴克体验"为特点的"咖啡宗教"。

（3）产品品质和口味的保证：星巴克对原材料十分挑剔与苛求，无论是咖啡豆的运输、烘焙、配制还是最后把咖啡端给顾客的那一刻，一切都必须符合最严格的标准。

（4）新产品的研发与创新：星巴克从卡布其诺、星冰乐、咖啡味啤酒等新创意的巨大成功，到投入巨资对浓缩咖啡萃取技术的研发成功，无不表明了星巴克在创新方面拥有很大的优势。

（5）细致周到的顾客服务：星巴克深知每一个顾客是最直接的消费者，为此星巴克对店员进行了深度的培训，使每个员工均成为咖啡方面的专家。

（6）充分占据有利的商圈：星巴克在店面选址上基本是选择在市中心或繁华的商业人流密集的路段，力求让顾客随时随地能找到星巴克。

4. 星巴克的竞争劣势（W）

（1）组织结构的效率不够。对中国那么多家门店进行整齐划一的高效管理，本身对任何企业都是一种挑战。

（2）供应链的管理压力。改变原来的供应商和运输管理，代之以星巴克统一的物流中心的管理，这对星巴克物流中心是巨大的挑战。

（3）资金链管理的压力。对于选址定位于黄金地段的星巴克来说，过快的开店速度必然会影响星巴克的资金链，从而进一步影响公司的成本控制和财务决策。

（4）体验淡化、服务水平下降。星巴克在扩张的同时，为了获取规模效应和达到其财务目标，接连降低成本，采用流水作业完成其服务流程，导致其核心的星巴克体验的淡化和服务水平降低等问题。

应对策略如下：

（1）SO利用战略。结合星巴克内部的优势以及环境的机会，星巴克可实行产品—市场的密集型发展战略。

（2）ST监视战略。结合星巴克的优势以及环境的威胁，星巴克可实行结合地区情景的差异化战略、本土化策略。

（3）WO改进战略。结合星巴克的劣势以及环境的机会，星巴克可实行相关多元化战略，在饮料和食品领域合理布局。

（4）WT消除战略。结合星巴克的劣势以及环境的威胁，星巴克可实行部分市场产品线收缩策略、关掉不盈利或亏损的店。

资料来源：徐曙虹. 基于核心竞争力的星巴克SWOT分析及战略对策研究[J]. 现代商业，2011（9）.

第一节 外部环境分析方法

企业外部环境总是处在不断地变化之中，随着社会的进步和科技的发展，市场竞争愈加激烈，企业的外部环境因素也更加复杂多变，企业需运用一些模型与技术方法对关键的外部环境因素和这些因素之间的相互关系进行综合分析。外部环境分析的目的是找出外部环境中可以利用的发展机会以及外部环境对企业发展所构成的威胁，并能够以此作为制定战略的出发点、依据和限制条件。

一、外部环境分析过程

每一项成功的管理，都有其适用的程序或手段作指导，同样，分析企业的外部环境亦应有规划、有程序地进行。企业外部环境分析过程具体包括搜索、监测、预测、评估四个方面，如表4-1所示。

表 4-1 外部环境分析的步骤

搜索	找出环境变化和趋势的早期信号
监测	持续观察环境变化的趋势，搜索其中的含义
预测	根据所跟踪的变化和趋势，预测结果
评估	依环境变化或趋势的时间点和重要程度，决定企业的战略和管理

资料来源：迈克尔·A.波特，R.杜安·爱尔兰，罗伯特·E.霍斯基森.战略管理：竞争与全球化（原书第六版）[M].北京：机械工业出版社，2006.

（1）搜索：搜索包含了对外部环境各个方面的调查研究。通过搜索，企业能够了解正在发生的变化，辨认出总体环境潜在变化的早期信号。搜索是一项比较烦琐的工作，要求对各种相关因素都有较强的辨识能力，因为通常企业会面临许多意义不明确、不完整或是毫不相关的资料，需要花费大量的时间来整理。环境搜索对那些处在剧烈变化环境中的企业尤为重要。

（2）监测：监测是在观察环境变化的过程中，对之前搜索到的资料进一步地整理分析，看是否会出现发展或变化趋势。在实际执行过程中，监测的关键在于对不同环境事件敏锐的洞察力。

（3）预测：预测是指通过所获取的信息对未来做出的估计和分析，并得出合理的结论。管理者往往根据公开发布的各种信息来预测外部环境的变化，这一过程是有效地确认外部环境的机会与威胁的基础。环境预测常用的技术和方法大致可以分为定量技术和定性技术两类。常用的定性预测技术有销售人员估计、管理人员评价、德尔菲法、情景法、头脑风暴法、关键事件分析等；常用的定量技术包括回归分析、趋势外推法及动态模型法等。

(4) 评估：评估的目的是判断环境变化及其趋势对企业战略管理的影响程度。通过搜索、监测、预测，战略制定者可以大致了解总体环境，而评估就是要明确这些信息对企业的意义。

二、外部因素评价矩阵（EFE）

外部因素评价矩阵（External Factor Evaluation Matrix，EFE）是现在较通行的一种企业外部环境分析方法，可以帮助企业分析和评价经济、政治、技术、市场以及竞争对手等方面的信息，从中找出影响企业的重要因素。具体而言，它采用通行的观点，把外部因素分为机会与威胁两类（见表4-2）。建立EFE矩阵的五个步骤如下：

(1) 列出在外部分析过程中确认的外部因素。因素总数在10~20个。因素包括影响企业和其所在产业的各种机会与威胁。首先列举机会，其次列举威胁。要尽量具体，可能时要采用百分比、比率和对比数字。

(2) 赋予每个因素以权重。其数值由0（不重要）到1.0（非常重要），权重标志着该因素对于企业在产业中取得成功的影响的相对重要性。机会往往比威胁得到更高的权重，但当威胁因素特别严重时也可得到高权重。确定恰当权重的方法包括对成功的竞争者和不成功的竞争者进行比较，以及通过集体讨论而达成共识等。所存因素的权重总和必须等于1。

(3) 按照企业现行战略对各关键因素的有效反应程度为每个关键因素进行评分，范围为1~4分，"4"代表反应很好，"3"代表反应超过平均水平，"2"代表反应为平均水平，而"1"则代表反应很差。评分反映了企业战略的有效性，因此它是以公司为基准的，而"步骤2"中的权重则是以产业为基准的。要非常注意的一点，威胁和机会都可以被评为1分、2分、3分或4分。

(4) 用每个因素的权重乘以它的评分，即得到每个因素的加权分数。

(5) 将所有因素的加权分数相加，可以得到企业的总加权分数。无论EFE矩阵所包含的关键机会与威胁数量多少，一个企业所能得到的总加权分数（Total Weighted Score）最高为4.0，最低为1.0。平均总加权分数为2.5。总加权分数为4.0，说明企业在整个产业中对现有机会与威胁做出了最出色的反应。换言之，企业现行的战略能有效地利用现有机会并将外部威胁的潜在不利影响降至最小。而总加权分数为1.0则说明，企业现行的战略不能利用外部机会或回避外部威胁。

表4-2是早些年一个UST公司EFE矩阵的例子，该公司是一家生产无烟烟草的公司。请注意，克林顿政府制定的政策被看作是影响该产业最为重要的因素，正如其权重0.20所显示的。UST公司并没有采用可以有效利用这一机会的战略，如评分1.00所示。总加权分数2.10，说明UST在实际利用外部机会和回避外部威胁方面低于平均水平。这里需要注意的是，透彻理解EFE矩阵中所采用的因素比实际的权重和评分更为重要。

表 4-2 外部因素评价矩阵的举例

	关键外部因素	权重	评分	加权分数
机会	①全球无烟烟草市场实际上还没有被开发	0.15	1	0.15
	②禁烟活动导致的需求增加	0.05	3	0.15
	③惊人的网上广告的增加	0.05	1	0.05
	④平克顿（Pinkerton）是折扣烟草市场的领先公司	0.15	4	0.60
	⑤更大的社会禁烟压力使吸烟者转向替代品	0.10	3	0.30
威胁	①不利于烟草工业的立法	0.10	2	0.20
	②对烟草工业的限产加剧了生产竞争	0.05	3	0.15
	③无烟烟草市场集中在美国东南部地区	0.05	2	0.10
	④粮食和药物管理局进行的不利于公司的媒体宣传	0.10	2	0.20
	⑤克林顿政府政策	0.20	1	0.20
	总计	1.00		2.10

资料来源：[美] 弗雷德·R. 戴维.战略管理（第八版）[M].北京：经济科学出版社，2001.

三、竞争态势矩阵（CPM）

竞争态势矩阵（Competitive Profile Matrix，CPM）是用于确认企业跟其主要竞争者战略地位关系的外部环境分析方法，通过竞争态势分析，可以确定这些主要竞争者的特定优势与劣势，得出被分析企业与竞争对手的差异。

（一）竞争态势矩阵分析步骤

应用竞争态势矩阵进行企业外部环境分析可遵循以下步骤：

（1）由企业战略决策者识别产业中的关键战略要素，一般要求 5~15 个要素。常见的关键战略要素有市场份额、产品组合度、规模经济性、价格优势、广告与促销效益、财务地位、管理水平、产品质量等。

（2）对每个要素要确定一个适用于产业中各竞争者分析的权重，以此表示该要素在产业中的相对重要性程度。权重值的确定可以考察成功竞争者与不成功竞争者的经营效果，并从中得到启发。每一要素权重值从 0 （最不重要）到 1.0（最重要），各要素权重值之和应为 1。

（3）对产业中各竞争者在每个要素上所表现的相对强弱进行评价。评价时分数通常为 1 分、2 分、3 分、4 分表示从弱到强（最弱，较弱，较强，最强）。评价中需注意各分值的给定应尽可能以客观性的资料为依据，以便得到较准确的结论。

（4）将各要素的评价与相应的权重值相乘，得出各竞争者在相应要素上相对力量强弱的加权评价值，最后对每个竞争者在每个要素上所得的加权评价值相加，从而得出各竞争者在各要素上的评价值。这一数值的大小显示了各竞争者在总体力量上的相对强弱情况。

表 4-3 是一个竞争态势矩阵的实例①。在这一实例中，广告及全球扩张是最为重要的影响因素，正如其权重 0.20 所表示的。雅芳（Avon）和欧莱雅（L'Oreal）的产品质量是上乘的，正如其评分 4 所表示的；欧莱雅的"财务状况"是好的，正如评分 3 所示的；宝洁公司（Procter & Gamble）从整体上看是最弱的，其总加权分数 2.80 说明了这点。

表 4-3 竞争态势矩阵举例

关键因素	权重	雅芳		欧莱雅		宝洁	
		评分	加权分数	评分	加权分数	评分	加权分数
广告	0.20	1	0.20	4	0.80	3	0.60
产品质量	0.10	4	0.40	4	0.40	3	0.30
价格竞争力	0.10	3	0.30	3	0.30	4	0.40
管理	0.10	4	0.40	3	0.30	3	0.30
财务状况	0.15	4	0.60	3	0.45	3	0.45
用户忠诚度	0.10	4	0.40	4	0.40	2	0.20
全球扩张	0.20	4	0.80	2	0.40	2	0.40
市场份额	0.05	1	0.05	4	0.20	3	0.15
总计			3.15		3.25		2.80

注：①评分含义如下：4=强，3=次强，2=弱，1=次弱。
②总加权分数 2.80 表明，竞争者宝洁公司是最弱的。
资料来源：[美] 弗雷德·R.戴维.战略管理（第八版）[M].北京：经济科学出版社，2001.

除了以上竞争态势矩阵中列举的各项关键因素之外，其他因素往往包括产品品种的多少、销售、配送效率、专利优势、设施布局、生产能力及效率、经验、劳资关系、技术优势以及电子商务技能等。

（二）竞争态势矩阵的相关讨论

在竞争态势矩阵评价中所得的各分值，仅仅表示了各竞争者之间相对竞争力量的地位，这些数字并不具有绝对意义。即它们只是提供了一种分析的手段和参考信息而已，并不能够真如这些数字相对大小所指明的那样，精确指明各竞争者力量之间相对强弱关系。不能仅仅因为在竞争态势矩阵中一家公司总得分为 3.2 而另一家公司总得分为 2.8，便认为第一家公司比第二家公司强 20%。数字反映了公司的相对优势，但它表面上的精确性往往给人们带来错觉。数字不是万能的，我们的目的不是得到一个神奇的数字，而是对信息进行有意义的吸收与评价，以便帮助我们进行决策。

表面上看，CPM 与 EFE 有一定的相似之处，但它们之间的区别是需要我们注意的。区别一在于分析的因素不同，EFE 中的因素都属于企业的外部因素，分为机会与威胁两类，CPM 中的因素属于竞争对手的内部和外部两方面的因素；区

---

① 我们可以假设三公司中有一公司是被分析企业，这样就可以得出被分析企业与主要竞争对手的差异。

别二在于分析的对象及目的不同，EFE 中是以企业自身为分析对象的，分析目的在于了解企业外部环境中存在的机会和威胁。而 CPM 中是以企业自身和竞争对手为分析对象的，是几个企业相关因素比较的结果，它反映了不同企业的某些因素方面的差异，这一比较分析可提供重要的内部战略信息。

第二节　内部环境分析方法

企业内部环境分析的目的在于掌握企业目前的状况，明确企业所具有的优势和劣势，以便确定企业的战略目标。目前而言，企业内部环境分析的方法一般可归纳成两大类：一类是进行纵向分析，即分析企业各个方面（职能）的历史沿革，从而发现企业在哪些方面得到了发展和加强，以及在哪些方面有所削弱，在历史分析的基础上对企业各方面的发展趋势做出预测；另一类是将企业的情况与产业平均水平作横向比较分析，企业可以发现相对于产业平均的优势和劣势，这种分析对企业的经营来说更具有实际意义。本节着重介绍四种比较典型的内部环境分析方法。

一、波士顿经验曲线（BCG Experience Curve）

波士顿经验曲线又称经验学习曲线、改善曲线。1996 年，波士顿咨询集团——BCG（Boston Consulting Group）的布鲁斯·亨德森（Bruce D. Henderson）在研究数千种产品成本时，首先提出了经验曲线效应（Experience Curve Effect）的概念。经验曲线效应即生产成本和总累计产量之间存在一致相关性，当产量积累增加一倍时，产品单位成本将呈现固定比例的下降（见图 4-1）。BCG 在 20 世纪 70 年代研究观察了不同行业的经验曲线效应，发现固定比例在 20%~25%。

经验曲线在现代生产中是一个人们较为熟知的概念。这一发现不仅适用于制造业，同样适用于服务业。如果一家工厂生产某种产品的数量越多，生产者从生产中获得的经验也就越来越多，那么在以后的生产中，工厂可以有目的地并且较为准确地减少该产品的生产成本。每当工厂的累计产量增大一倍时，其生产成本就可以降低一定的百分比（该百分比的具体大小因行业不同而有所差别）。

1. 经验效益的来源

目前已经观察到，经验曲线这一规律存在于许多产品的生产和各种服务中，如汽车制造、半导体生产、石油化工、合成纤维、航空运输、远距离通信服务等。而且经验效益的获得并非与企业规模有必然的联系，任何企业无论规模大小都可以从经验效益中获益。一般说来，经验效益有下列几方面的来源：

（1）劳动熟练程度的提高。当人们重复地操作一项生产任务时，随着操作次数的增加，其熟练程度就会提高，完成一项任务所用的时间就会减少。同时，当

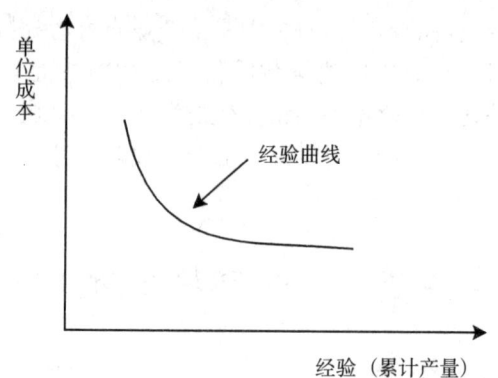

图 4-1 经验曲线

资料来源：杨锡怀，冷克平，王江. 企业战略管理——理论与案例（第 2 版）[M]. 北京：高等教育出版社，2004.

重复地操作时，作业人员可对操作过程进行改进，寻找操作捷径，从而提高集体的操作效率。

（2）劳动分工与重新设计工作方法。劳动分工可提高作业人员完成某特定任务的熟练程度，提高工作效率，而重新设计操作方法亦可提高工作效率，节约时间，从而减少成本。

（3）产品和工艺的改进。对生产工艺进行革新和改进是成本减少的一条重要措施，这对资金密集型的企业（如钢铁企业、石油冶炼等）来说尤其如此。另外，随着对某种产品经验的积累，产品制造者和使用者对产品的性能有了更好的认识和了解。在此基础上可对产品重新设计，以便节约材料消耗或使产品便于生产，提高生产效率，减少产品生产成本。

（4）生产设备效率的提高。新设计的设备投入生产运行过程时，由于其性能的不完善和操作方法不当，可能会有相对较低的产出量。但随着经验的增加，总能找出对其改进或革新的方法，从而提高其生产效率。

（5）有效地利用资源。随着经验的增加，生产厂家可利用不同的或廉价的生产资源（如利用代用品），对生产要素投入进行有效的组合，从而减少产品生产成本。

2. 经验曲线的实践意义

有效地管理企业生产成本直接关系到企业能否实现长期盈利目标。从战略角度出发，成本的意义不只在于它是生产和销售各种费用的总和，而在于它标志着一个企业运用其内部资源在竞争中的盈利能力。企业的长期盈利能力在很大程度上依赖于企业能否生产出比别的企业成本更低的产品来满足用户的需要。经验曲线主要用于评价企业在成本方面的实力。它作为经营战略的一种评价技术，其含义可以从以下三个方面来理解。

（1）经验曲线与市场占有率之间的关系。累计产量的增加将导致单位产品成本下降，这使市场占有率成为在一个产业中确定一个企业的战略地位的突出的因素之一。其因果关系是：高市场占有率（高累计产量）=低单位产品成本=高盈利。

(2) 经验曲线与价格和成本的关系。虽然企业通过经验曲线能合理地预见成本的趋势，但产品或服务的价格却是另一回事。在产品生命周期的引入和成长期中，可以设想价格大体上保持稳定。领先进入这个产业的企业，经验效应导致的成本逐步减少，将享有一定时期内的较优厚的利润，即超额利润。而这种较优厚的利润往往吸引更多的人进入该产业，引起竞争加剧和价格下降的局面。产品从成长期转入成熟期，往往有一个调整阶段，在这个阶段价格下降较快，使一部分企业遭到淘汰（被兼并或退出），剩下一部分效率较高的企业留在成熟期，这时价格又趋向平稳，大体上保持与成本同步下降的趋势。

一个首创某种产品的企业常面临重要的战略性决策，即：在一段时期内把初始的价格定得较高，以便获取较高的利润。但与此同时却招来众多新的竞争者，只得把价格定得较低或在长期内随着成本减少而主动调低价格，以提高进入壁垒，阻碍新竞争者的加入。如果进入壁垒低，引来了强有力的竞争者，则会加剧调整阶段中的竞争，以致首创企业被淘汰的事例也是屡见不鲜的。

(3) 经验效应与价值链。一项生产经营业务通常包括有许多步骤和功能，如研究开发、采购、零件制造、装配、批发、零售等，每个步骤和功能都实施着价值的创造和实现，从而依次地形成一条增值链。在所有的步骤中都有经验效应，但未必是同样的。多样化经营的企业由于经营业务不同而拥有不同的价值链，因而经验效益也不相同。

由于以上原因，增值链上各个不同环节在成本优势上所处的地位是不一样的。因此，在比较不同企业的市场占有率以及相应的成本优势时，不只是简单地对某种最终产品进行比较，还需考虑到增值链中各个环节中的不同状况。对某种产品而言，一个企业可能是一个新进入者，但如果它过去长期经营的业务的营销性质和这种产品是相类似的，则它在营销这个环节的经验曲线上不是处于起始的上端，而是处于远离起始的下端[1]。

经验曲线在企业经营管理中运用非常广泛，如用于产品单位成本的预测，进而为产品报价提供可靠的依据；用于考核生产工人技术熟练程度；作为企业通过横向并购实现规模经济的重要理论依据。但必须指出，过分强调经验效应会给企业带来丧失灵活性的消极后果。即过多地强调增加产量，扩大市场占有率，往往容易忽视技术进步和增加产品品种，忽视外界发生的技术创新信息，只顾眼前利益而忽视长远利益，当前的成功也许包含着长远的潜在危机等[2]。

二、"雷达图"分析法

经营分析用的"雷达图"，是从企业的生产性、安全性、收益性、成长性和流动性五个方面，对企业的财务状况和经营状况进行直观、形象的综合分析与评

---

[1] 陈继祥. 战略管理 [M]. 上海：上海人民出版社，2004.
[2] 张明玉，张文松. 企业战略理论与实践 [M]. 北京：科学出版社，2005.

价的工具。因其图形状如雷达的放射状，而且具有指引经营"航向"的作用，因而得名。"雷达图"能够清楚、直观、形象地揭示出企业的财务及经营状况的优势和劣势，这对于制定正确有效的企业战略具有十分重要的意义。

具体的"雷达图"如图4-2所示，其绘制方法是：首先，画出三个同心圆，并将其等分成五个扇形区，分别代表企业的生产性、收益性、成长性、安全性和流动性。通常，最小圆圈代表同产业平均水平的二分之一或最低水平；中间圆圈代表同产业平均水平，又称标准线；最大的圆圈代表同产业先进水平或平均水平的1.5倍。其次，在五个扇形区中，从圆心开始，分别以放射线形式绘出5~6条主要经营指标线，并标明指标名称及标度，财务指标线的比例尺及同心圆的大小由该经营比率的量纲与同产业的水平来决定。最后，将企业同期的相应指标值用点标在图上，以线段依次连接相邻点，形成折线闭环，即构成雷达图。

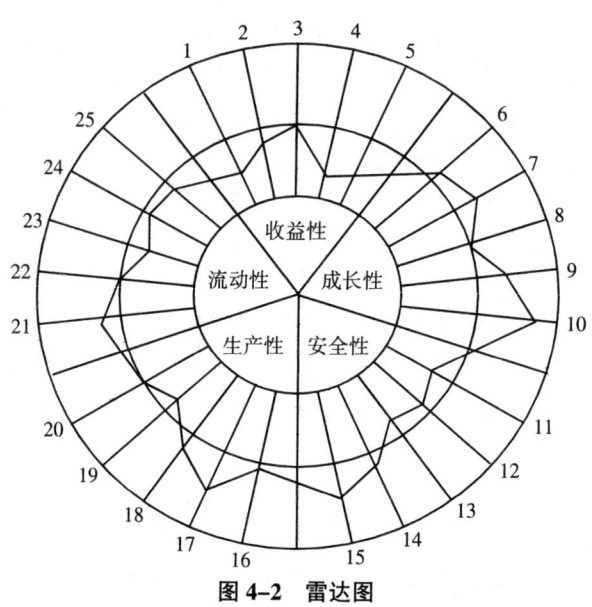

图4-2 雷达图

注：1、2、3……分别为"五性"中各个具体指标的代号。收益性：总资本利润率；销售利润率；成本利润率；产值利润率；资金利润率；销售费用与销售额比率。成长性：销售增长率；产值增长率；人员增长率；总资本增长率；利润增长率。安全性：利息负担率；流动资金利用率；固定资产利用率；自有资金率；固定资本比率。流动性：固定资本周转率；应收账款周转率；盘存资产周转率；流动资金周转率；总资本周转率。生产性：全员劳动生产率；工资分配率；劳动装备率；人均利润；人均销售收入。

资料来源：邓海涛.企业战略管理［M］.长沙：国防科技大学出版社，2005.

从图4-2可以看出，当指标值处于标准线以内时，说明企业该指标低于同产业平均水平，需要加强管理，加以改进；若接近最小圆圈处或处于其内，说明该指标处于极差状态，是企业经营的危险标志，应重点分析，及时改进；若处于标准线外侧，说明该指标处于理想状态，是企业的优势，应采取措施，加以巩固和发展。

三、内部因素评价矩阵（IFE）

内部因素评价矩阵（Internal Factor Evaluation Matrix，IFE）是对内部战略管理分析的有力工具，它概括和评价了企业在管理、营销、生产作业、研究与开发等各职能领域的优势与劣势，并为确定和评价这些领域间的关系提供基础。在建立 IFE 矩阵时应注意，对矩阵中因素的透彻理解比实际数字更为重要。与上一节介绍的外部因素评价矩阵和竞争态势矩阵相类似，IFE 矩阵可以按如下五个步骤建立：

（1）列出在内部分析过程中确定的关键因素。采用 10~20 个内部因素，包括优势和弱点两方面的。首先列出优势，然后列出弱点。要尽可能具体，要采用百分比、比率和比较数字。

（2）给每个因素以权重，其数值范围由 0.0（不重要）到 1.0（非常重要）。权重标志着各因素对于企业在产业中成败影响的相对大小。无论关键因素是内部优势还是内部弱点，对企业绩效有较大影响的因素应当得到较高的权重。所有权重之和等于 1.0。

（3）为各因素进行评分。分值为 1 分代表重要弱点；2 分代表次要弱点；3 分代表次要优势；4 分代表重要优势。评分以公司为基准，而权重则以产业为基准。

（4）用每个因素的权重乘以它的评分，即得到每个因素的加权分数。

（5）将所有因素的加权分数相加，得到企业的总加权分数。

无论 IFE 矩阵包含多少因素，总加权分数的范围都是从最低的 1.0 到最高的 4.0，平均分为 2.5。总加权分数大大低于 2.5 的企业的内部状况处于弱势，而分数大大高于 2.5 的企业的内部状况则处于强势。同外部因素评价矩阵一样，IFE 矩阵应包含 10~20 个关键因素。因素数不影响总加权分数的范围，因为权重总和永远等于 1。

当某种因素既构成优势又构成弱点时，该因素将在 IFE 矩阵中出现两次，而且被分别给予权重和评分。例如，花花公子企业公司（Playboy Enterprises）的标志语既帮助了该公司，又损害了该公司。标志语使《花花公子》杂志吸引了读者，但它同时又使"花花公子"有线电视频道被排除在很多地区的市场之外。

表 4-4 是一个 IFE 矩阵的例子。请注意公司的主要优势在于流动比率、盈利率和员工士气，正如它们所得的 4 分所表明的。公司的主要弱点是缺少一个战略管理系统，日益增加着的研究开发支出和对经销商的激励不够有效。总加权分数为 2.8，表明该公司的内部总体战略地位高于平均水平。

四、企业潜力分析法

在企业进行内部分析时，需要评价企业内部潜力。从企业内部因素来评估企业潜力，可采用以下三种方法。

表 4-4　内部因素评价矩阵举例

	关键内部因素	权重	评分	加权分数
优势	①流动比率增长至 2.52	0.06	4	0.24
	②盈利率上升到 6.94	0.16	4	0.64
	③员工士气高昂	0.18	4	0.72
	④拥有新的计算机信息系统	0.08	3	0.24
	⑤市场份额提高到 24%	0.12	3	0.36
劣势	①法律诉讼尚未了结	0.05	2	0.10
	②工厂设备利用率已下降到 74%	0.15	2	0.30
	③缺少一个战略管理系统	0.06	1	0.06
	④研究开发支出费用过多	0.08	1	0.08
	⑤对经销商的激励不够有效	0.06	1	0.06
	总计	1.00		2.80

注：评分含义：1=重要弱点；2=次要弱点；3=次要优势；4=重要优势。
资料来源：[美] 弗雷德·R. 戴维. 战略管理（第八版）[M]. 北京：经济科学出版社，2001.

1. 结构平衡法

企业运营的各种因素，如人员、机构、设备、材料、销售、资金等，不会长期平衡，经常会出现内部不平衡的现象。如某企业人员相对于设备、材料、销售和资金等其他生产和流通要素较多，如果以人员作为标准进行结构平衡，则其他不足因素都有潜力可挖；如果以设备作为标准，其他因素应与设备能力保持一致，这样人员就会过剩，需要相应地做出调整。

2. 因素介入法

结构平衡法是一种静态的挖潜方法，是将现实的因素进行平衡搭配，使企业满负荷运行。但企业环境本身是一个递增的过程，即需要不断与外界环境进行物质或信息流的交换才能使企业继续生存下去。由于外部环境的变化，处于新环境的企业也需要相应地引进一些新的因素，这时只要从外界引入某些因素，就能激发出巨大的潜力。因素介入法就是利用外界因素的引入来估算企业潜力的动态方法。因素介入法的核心是因素的导入。因为影响企业发展的因素是多种多样的，所以介入的因素也是多种多样的。常见的介入因素有八个，详述如下：

（1）观念介入。新的思想、新的观念的引入，开拓新的思维领域，使企业经营方法和管理制度发生相应的变革，从而促进企业发展。新观念的介入，常常不费企业一分一文，人还是那些人，设备、厂房也还是那样，只是转变了观念，发挥了人的积极性，因此出现了奇迹，干出从前所不能做到的事。海尔兼并"休克鱼"[①]正充分说明了这一点。海尔并购部分国有企业，没有新注入一分钱，也没有更换

[①] 对于"休克鱼"，海尔的解释是：鱼的肌体没有腐烂，比喻企业硬件很好；而鱼处于休克状态，比喻企业的思想、观念有问题，导致企业停滞不前。这种企业一旦注入新的管理思想，有一套行之有效的管理办法，很快就能够被激活起来。

原来的职工,只是派了几个海尔公司的管理人员引进新的管理模式就使这些企业起死回生,这不能不说明观念介入的重要性与有效性。

(2) 知识介入。现在是一个知识爆炸的时代,人的知识如果在3~5年内不进行更新就会出现几乎全部被淘汰的现象,因此知识介入是非常必要的。目前企业倡导的知识管理便是知识介入的真实写照。企业知识介入的方法主要是对员工进行生产技术知识或管理知识培训,这也是一种所费不多、获益甚丰的方法。

(3) 人才介入。就是从外部引进新鲜血液,引进新的技术和管理人才。引进关键人才,可使企业打破原有局面,实现技术和管理的飞跃,取得显著成效。

(4) 技术介入。就是引进生产技术专利,或与科研院所合作共同开发某项技术。这种方法,对于需要不断研发新技术以在激烈竞争中赢得一席之地的高科技企业来说,能达到"一着棋活全盘皆活"的效果。

(5) 设备介入。设备介入是指引进先进的关键设备,或者改造原有设备等。

(6) 资金介入。资金介入是指申请贷款或进行社会集资等,以解决企业资金短缺问题。资金是整个企业运转的润滑剂,许多企业就是由于缺乏资金而导致发展停滞的,因此资金介入对企业是至关重要的。

(7) 信息介入。现代社会是一个信息化的社会,信息是企业生存和发展的关键所在,所有的行动都是基于对信息的正确把握之上的。因此,信息的介入,尤其是市场变化情况、渠道信息的介入,常常能够促进企业流程的转变或是因素的重组而产生新的效果。

(8) 制度介入。企业制度是企业运行的基础机制,企业制度关系到企业中各要素作用的充分发挥。新制度的介入常常可以排除旧制度的弊病,开创新的局面。

3. 比较分析法

将本企业各项影响企业生产运作、管理的因素,如企业制度、设备情况、资金情况、产品成本、产品质量、产品功能、渠道建设、售后服务等各项因素逐项进行对比,把对比的结果填入一个棋盘式的表格中,求得每个因素在评比中的总分,然后排出名次,得分最高者为第一名。

在表4-5中,首先将企业制度、设备状况等诸因素依次在竖列和横行中填上,然后将各个因素的潜力逐一比较,较大者得1,反之得0。例如,第一行是企业制度,将它与设备状况的潜力对比,企业制度的潜力大些,所以在设备状况的竖向与企业制度横向相交处写上1;第二行是设备状况,它与企业制度比,潜力小些,所以在设备状况横行、企业制度竖列的交叉格内写上0,依此类推。对各因素比较后,将各项因素得到的分数加起来即得各要素总分,最后按得分多少排列出名次。在表中,企业制度总分最高,居第一名,其次是产品成本。这说明,该企业的制度改进和成本降低的潜力是最大的,也是该企业潜在的优势所在。

表 4-5　企业潜力比较与评分表

	企业制度	设备状况	资金情况	产品功能	产品质量	产品成本	渠道建设	售后服务	总分	名次
企业制度		1	1	1	1	1	1	1	7	1
设备状况	0		1	1	1	0	1	1	5	3
资金状况	0	0		0	0	0	1	1	2	6
产品功能	0	0	1		0	0	1	1	3	5
产品质量	0	0	1	1		0	1	1	4	4
产品成本	0	1	1	1	1		1	1	6	2
渠道建设	0	0	0	0	0	0		1	1	7
售后服务	0	0	0	0	0	0	0		0	8

资料来源：李福海. 战略管理学［M］. 成都：四川大学出版社，2004.

表 4-5 的比较评分结果所得出的是该企业潜在优势，它与该企业的现实优势（渠道建设与售后服务）不同，表中所示的渠道与服务，在企业中居于领先地位，但潜力排名处于后列，挖掘潜力不大。如果把这些潜力转化为现实的优势，则需要引入新因素。该企业的管理制度尽管目前不是现实优势，但企业管理者的综合素质较好，仅仅思想观念跟不上，对一些先进的管理方法不熟悉，只要引入新观点，同时进行科学管理方法的培训，在这些基础上进行企业管理体制的改革，管理的潜力就会发挥出来，就能成为现实的管理优势。

从以上分析可以看出，比较分析法重点不在企业的现实优势上，相反，它认为要促进企业的发展，不能只孤立地看现实优势，还要看到尚未发掘出来的潜在优势，在保持现有优势的同时注意发掘潜在优势。

第三节　价值链分析

一、价值链的含义

价值链（Value Chain）的概念是迈克尔·波特于 1985 年在他的著作《竞争战略》中提出的。他认为任何一个企业都是其产品在设计、生产、销售、交货和售后服务方面所进行的各项活动的聚合体。这些内容各异的生产经营活动通过它们相互之间的联系，形成了创造价值的一个动态过程，即价值链。价值链分析描述了顾客价值是如何通过一系列可以创造一个最终产品或服务的活动形成的。

价值链分析与竞争优势的获取和维护密切相关。迈克尔·波特认为把企业作为一个整体来考察，无法认识竞争优势，可以通过对企业活动进行分解，考虑这些单个的活动本身及其相互之间的关系来确定企业的竞争优势。企业进行价值链分析的重要意义在于可用价值链活动的各环节进行同类企业之间的比较，可以清楚地展示企业的长处与短处、优势与劣势,并预示解决问题的途径。

具体来讲,企业的价值链分析具有如下特点:

(1) 价值链分析的基础是价值,各种价值活动构成价值链。价值是买方愿意为企业提供用它们的产品所支付的价格,也代表着企业满足顾客需求的实现。价值活动是企业所从事的物质上和技术上的界限分明的各项活动,价值链中的各种价值活动为企业制造对买方有价值的产品提供了一个基础平台。

(2) 价值活动分为基本活动和辅助活动。基本活动是涉及产品的物质创造及其销售、转移给买方和售后服务的各种活动。辅助活动是辅助基本活动并通过提供外购投入、技术、人力资源以及各种公司范围的职能以相互支持。

(3) 价值链的整体性。企业的价值链体现在更广泛的价值系统中。企业的价值链并不是处在一个真空地带,它与外界具有不可分割的价值联系。企业价值链上接供应商价值链,下连客户价值链,同时还受到渠道价值链与竞争对手价值链的影响。供应商价值链、企业价值链、渠道价值链和买方价值链共同构成了一个价值链系统。因此,获取并保持竞争优势不仅要理解企业自身的价值链,而且也要理解企业价值链所处的价值系统。

(4) 价值链的异质性。不同的产业具有不同的价值链。在同一产业,不同企业的价值链也不同,这反映了它们各自的历史、战略以及实施战略的途径等方面存在差异,同时也代表着企业竞争优势的一种潜在来源。

二、价值链分析方法

价值链分析是确认成本和价值驱动的重要工具。通过价值链分析能较为准确地了解企业在各运营阶段创造价值的多少和成本的高低、产生这种价值与成本关系的合理性,并确认企业优势与劣势所在。即可以通过价值链分析来识别哪些因素是价值创造活动的主要因素,哪些价值创造活动对企业竞争优势的贡献更大。

(一) 识别价值活动

识别价值活动要求在技术上和战略上有显著差别的多种活动相互独立。如前所述,价值活动有两类:基本活动和辅助活动。

1. 基本活动

(1) 内部后勤:指与原材料接收、存储和分配相关联的各种活动。

(2) 生产经营:指与将各种投入转化为最终产品相关联的各种活动。

(3) 外部后勤:指与最终产品集中、仓储和将最终产品发送给买方相关联的各种活动。

(4) 市场营销:指与提供一种买方购买产品的方式和引导它们进行购买相关联的各种活动。

(5) 服务:指因购买产品而向顾客提供的、能使产品保值增值的各种服务,如安装、维修、零部件供应等。

在不同的产业情况中,上述各种活动对企业的重要程度有所差别。对批发商而言，进货和发货的内部后勤最为重要；对旅游业中的旅行社而言，外部后勤可能在很大程度上根本不存在，而经营则是关键；对于一个致力于向企业提供贷款的银行而言，市场和销售通过其收款人的工作效率和贷款人的包装与定价的方式对竞争优势起到至关重要的作用；对于一个高速复印机生产企业而言，服务则成为竞争优势的核心来源。

2. 辅助活动

（1）采购：指购买用于企业价值链各种投入的活动，而不是外购活动本身。它不仅包括内部后勤的采购活动，也包括各项活动所需原材料、易耗品、机器设备、办公设备和建筑物等。

（2）技术开发：每项价值活动都包含着技术成分，无论是技术诀窍、程序，还是在工艺设备中所体现的技术。技术开发由一定范围的各项活动组成，这些活动可以被广泛地分为改善产品和工艺的各种努力，技术开发可以发生在企业中的许多部门中。

（3）人力资源管理：指与各种人员的招聘、培训、员工评价以及工资、福利相关联的各种活动。它不仅对单个辅助活动起作用，而且支撑着整个价值链。

（4）企业基础设施：企业基础设施由大量活动组成，包括总体管理、计划、财务、会计、法律、政治事务和质量管理等。它与其他辅助活动不同，它不是通过单个活动而是通过整个价值链起辅助作用。

3. 确立活动类型

在每类基本和辅助活动中，都有三种不同类型：

（1）直接活动：涉及直接为买方创造价值的各种活动，例如零部件加工、安装、产品设计、销售、人员招聘等。

（2）间接活动：指那些使直接活动持续进行成为可能的各种活动，如设备维修与管理，销售管理，工具制造，原材料供应与储存，研究开发等。

（3）质量保证：指确保其他活动质量的各种活动，例如监督、视察、检测、核对、调整和返工等。

这些活动有着完全不同的经济效果，对竞争优势的确立具有不同的作用，应该加以区分，权衡取舍，以确定核心和非核心活动。

（二）价值链确定

一个企业的价值链通常是由上述各种活动所组成，但这些活动只有从彼此的独立状态转变为在经营活动中相互联系并且为企业创造价值时，才表现为价值链。因此，价值链分析不但需要确定出活动单元，更要明确地了解、分析各种活动的联系性。这种联系以整体活动最优化和协同这两种方式给企业带来优势。因此，通过价值链分析就可以发现，企业的优势既来自于构成价值链的单项活动本身，也来自于各项活动之间的联系。从更广泛的角度讲，企业的价值链蕴藏于范围更广的价值系统之中。图4-3即为波特的基本价值链。

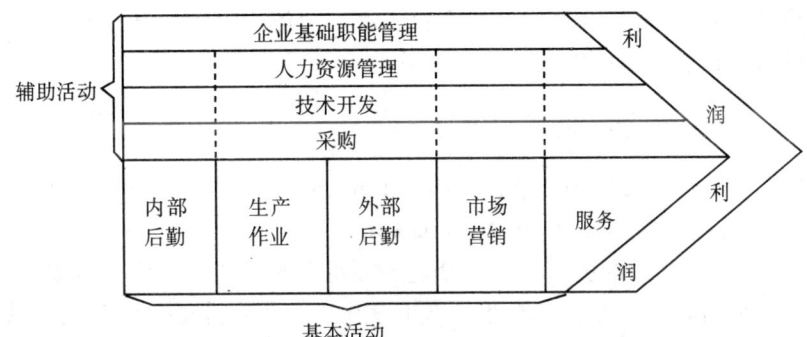

图 4-3 波特基本价值链

资料来源：迈克尔·波特.竞争优势 [M].北京：华夏出版社，2005.

（三）价值链与竞争优势

根据价值链分析的主要理论，企业的竞争优势来自于企业的价值链的以下三个部分：

（1）价值活动本身。它是构筑竞争优势的基石，企业从事各种不同价值活动，虽然所有这些活动对企业的成功都是必需的，但是确认那些支持企业竞争地位的价值活动仍然很重要。因此，对一个企业而言，在关键价值活动的基础上建立和强化这种优势很可能获得成功；同时，由于价值活动已列在企业的价值链中，只要同其他企业对比，就不难发现自身竞争优势之所在。

（2）价值链内部的联系。价值链并不是一些独立活动的综合，而是由相互依存的活动构成的一个系统。价值活动是由价值链的内部联系联结起来的，基本活动之间、不同辅助活动之间、基本活动与辅助活动之间存在着联系，这些联系是某一价值活动进行的方式和成本与另一活动之间的关系，竞争优势往往来源于这些联系。如成本高昂的产品设计、严格的材料规格或严密的工艺检查也许会大大减少服务成本的支出，而使总成本减少。

（3）价值链的外部联系。由于价值链是作为一个系统而存在，所以价值链的联系不仅存在于企业价值链内部，而且存在于企业价值链与供应商价值链、渠道价值链和买方价值链之间。供应商、渠道和买方的各种活动进行的方式会影响企业活动的成本或利益，反之也是如此。供应商拥有创造和交付企业价值链所使用的外购输入的价值链（上游价值）；销售渠道具有企业产品流通的价值链，销售渠道对企业销售价格（波特称之为渠道价值）的抬价在最终用户的销售价格中占很大比例。在许多消费品中，例如酒，它常常占最终用户的销售价格的50%或更多。销售渠道进行的如促销、广告陈列等活动可以替代或补充企业的各种活动；企业产品表示买方价值链的外购投入，企业可通过自己的价值链影响买方的价值链，从而达到减少买方成本和提高买方效益的目的。

企业应对价值链的内部联系、外部联系给予高度的关注。对这些联系进行规划，既可以提供独特的成本优势，又可以此为基础将组织的产品或服务与其他组织区分开来，以实现差异化。而竞争者，常常会仿效组织的某项活动或某个行为，但却很难抄袭到价值链之间的这些联系。

三、产业价值链与企业价值链

事实上，价值链分析为产业价值链分析和企业价值链分析两种情况。

(一) 产业价值链 (Industrial Value Chain)

按照迈克尔·波特的逻辑，一个企业要赢得和维持竞争优势不仅取决于其内部价值链，而且还取决于在一个价值链系统中，一个企业的价值链同其供应商、销售商以及顾客价值链之间的连接。不同的产业拥有不同的价值链（即产业价值链），每个企业都处在产业链中的某一环节。

多数产业的价值链可以分为两段，即上游价值链和下游价值链。例如，石油化工产业，上游包括原油勘探、原油开采、原油输送；下游包括原油精炼、各种精炼产品的运输、向分销商和加油站进行分销等。即使某些产业已经形成了一体化，但它们在价值链的各个部分也都有自己的专长。例如，得克萨斯（Texaco）最大的专长是下游的销售与零售；而许多其他公司，如英国石油则更多地在勘探等上游活动占据主导地位[①]。

产业价值链的主要特征如下：

（1）整体性。构成产业价值链的各个组成部分是一个有机的整体，相互联动、相互制约、相互依存，每个环节都是由大量的同类企业构成，上游产业（环节）和下游产业（环节）之间存在着大量的信息、物质、资金方面的交换关系，是一个价值递增过程。同时，产业价值链之间相互交织，往往呈现出多层次的网络结构。在新的竞争环境下，产业中的竞争不仅仅表现为单个企业之间的竞争，还表现为一条产业链同另一条产业链的竞争，一个企业集群同另一个企业集群之间的竞争，甚至是国与国企业之间的相互竞争。

（2）增值性。增值性是产业价值链的一个主要特征。后面的价值增值环节在前面价值产品的基础上，进一步面向新的客户，生产出新的价值产品。但是，这并不意味着前面环节投入的价值量在后面都能够实现，如果存在价值增值瓶颈，价值链上一部分投入的价值将会损失掉，无法实现增值。

（3）技术关联性。产业价值链的各个环节技术关联性强。以电子信息产业为例，从系统角度看，存在着"标准制定—设备开发—终端产品"的技术层次，三个层次之间技术衔接要求严格。设备和终端产品都是在一定的标准之下进行开发的，每生产一台设备或产品都需要付给标准持有企业一定的标准使用费用。从环节角度看，存在着"芯片—组件—整机组装"的技术层次，芯片技术是产业链技术的核心，组件是根据芯片的性能和参数进行开发，其技术与芯片技术具有上下游关系，整机组装环节技术含量则较低，主要是解决器件的筛选和零部件的匹配

---

① J.戴维·亨格，托马斯·L.惠伦. 战略管理精要 [M]. 北京：电子工业出版社，2002.

问题。

（二）企业价值链

任何一个作为经营单位的企业或组织，都有属于自己的价值活动链。同一企业内的每一类产品，也都有属于自己的产品价值链。随着多样化经营的盛行，大多数企业都提供不同的产品或服务，因此企业内部的价值链分析会涉及一系列不同的价值链。系统地考察每一个现有的价值链，能够更好认识企业的优势和劣势。企业价值链的分析要点如下：

（1）根据企业的产品线或提供的服务种类，辨别每种产品的价值链。同时确定每条价值链中的优势、劣势活动。

（2）分析各产品价值链的内在联系，即一项价值活动（如质量控制）的执行和另一项价值活动（如售后服务）成本之间的关系。

（3）分析不同产品或事业部价值链之间进行融合的可能性。每一项价值活动都有一个规模经济，即单位产品在每一项价值活动上的成本最低。如果某个零部件的产量达不到规模经济，就可以调整可替代或可融合的类似零部件一同进行生产。

四、价值链的整合

基于价值链的战略选择的本质在于价值链内各个环节的选择和组合。表现为分解、整合、共享、外包等类型。

（一）专注于价值链的某个环节做精做强

企业应重新审视自己所参与的价值创造过程，从功能与成本的比较中，研究在哪些环节上自己具有比较优势，或有可能建立起竞争优势，集中力量培育并发展这种优势；从维护企业品牌角度研究哪些是重要的、核心的环节，保留并增强这些环节上的能力，把不具有优势的或非核心的一些环节分离出来，利用市场寻求合作伙伴，共同完成整个价值链的全过程。如我国一些制造企业利用劳动力成本优势，避开技术劣势，专注于制造环节，做"橄榄"环节，与跨国公司的"哑铃型"相契合。

（二）构建新的价值链

在买方市场的态势下，作为企业来说竞争异常激烈，价值链上的少许改善有时依然难以创造出竞争优势，这时可以考虑构建新的价值链，创造出顾客价值，从而获得巨大的收益。一般来说，原有产业的界限、规则都已经确立，且为人们所接受，产业竞争激烈被喻为红海，红海中企业与顾客的思维都已形成定式，企业只有相互争夺市场份额才能满足增长需求，随着市场空间越来越拥挤，利润和增长的前途也越来越渺茫。这就要求企业家勇于创新，扩展原有的产业边界、打破原有的规则创造出新的需求，开创出蓝海。闻名于世的太阳马戏团正是重构价值链取得成功的典型案例①。

(三) 虚拟经营和外包

虚拟经营是企业在网络经济与电子商务环境下的一种重要的经营方式。它有利于增强企业在选择合作伙伴、合作领域、合作方式、组织结构等方面的灵活性,企业之间便于借助互联网快速、高效地发布和接收业务数据和信息,既大大降低了风险,又适应电子商务环境的特点,在资源、技术、人员、物流、配送、安全等多方面发挥协同优势。

外包战略是指将价值链的非核心环节业务外包给其他企业,特别是中小型企业。它可以有效地降低产品成本,引进和利用外部资源,有效地确立企业的竞争优势。从战略上看,业务外包可以给企业提供较大的灵活性,尤其是购买高速发展的新技术、新式样的产品,复杂系统组成零部件方面更是如此。另外,当多个一流的供应商同时生产一个系统的组成部件时,就会降低外包企业的专有资产投资,缩短设计和生产周期。供应商既有相关方面的人才优势,又有专门领域的复杂的技术知识,而且可以不断地更新产品。企业实行价值链的外包战略,把其研制技术和零部件所要承担的风险扩散到每一个供应商身上,从而无须承担零部件的研究与开发计划失败的全部风险,也不必为每一零部件系统投资或不断地扩大配件本身的生产能力。这样,企业就可以全力改善本身核心业务的竞争力。

第四节 SWOT 分析

一、SWOT 分析方法及步骤

迄今为止,SWOT 分析法(也称 TOWS 分析)是战略管理中应用最多的一种分析工具,是设计学派对战略管理做出的巨大贡献之一。设计学派的主要成果就是设计一个战略制定的模型以寻求内部能力和外部环境的匹配。SWOT 的观点起源于哈佛商学院的"通用管理小组"(General Management Group),特别起始于 1965 年由 Learned、Christensen、Andrews 和 Guth 合著的教科书《经营策略:内容和案例》,作为合著者之一的安德鲁斯(Andrews)在该书的不同版本中所撰写的内容被认为是最全面最清晰地表达了设计学派的思想②。安德鲁斯(Andrews, 1971)在《公司战略概念》中明确提出了 SWOT 分析框架。1982 年,韦里克(Weihric)在 "The SWOT Matrix Tool for Situational Analysis" 中又将 SWOT 分析方法表现为构造 SWOT 结构矩阵,并对矩阵的不同区域赋予了不同分析意义。

---

① W.钱·金,勒妮·莫博涅. 蓝海战略 [M]. 北京:商务印书馆,2006.
② 明茨伯格等. 战略历程——纵览战略管理学派 [M]. 魏江译. 北京:机械工业出版社,2004.

SWOT 分析方法是通过对外部环境、内部资源、战略能力以及最有可能影响到战略制定的主要问题进行总结，从而用于帮助企业决定将来拟采取的行动，同时还可用于评估企业是否有机会进一步利用组织已有的独特资源和核心能力而实现新的发展。

SWOT 代表 Strength （优势）、Weakness （劣势）、Opportunity （机会） 和 Threat （威胁）四个英文单词，实际上是将内、外环境分析的内容进行综合和概括，进而分析组织的优劣势、面临的机会和威胁的一种方法。应该指出的是，优、劣势分析主要是着眼于企业自身的实力及其与竞争对手的比较，而机会和威胁分析将注意力放在外部环境的变化及其对企业的可能影响上，但是外部环境的同一变化给具有不同资源和能力的企业带来的机会与威胁可能完全不同。因此，两者之间又有紧密的联系，这也是将它们综合在一起的原因。

该方法基于这样一种假设：有效战略源自企业内部的资源（优势、劣势）和企业外部环境（机会、威胁）的"匹配"。匹配得好可以增加企业的优势和机会，同时减少企业的劣势和威胁。实际上，这个简单的假设对于企业成功战略的设计规划具有重大意义。具体的 SWOT 分析过程分为以下几个步骤：

第一步，确认企业当前执行的战略。公司的管理者必须首先搞清公司目前的战略是什么（这种战略可能是成功的，也可能是有问题的），并运用定性和定量的方法对现行战略进行评估。定性的方法主要是运用几个标准（包括战略的完整性、内部一致性、可行性、可接受性、适应性，以及能否创造或维持优势）评价公司当前执行的战略；定量方法则是认真研究公司最近的战略业绩和财务业绩，从这些数据中挖掘出公司先行战略的运行效果。

第二步，应用前面介绍的外部因素评价矩阵（EFE），确认企业外部环境的关键要素，并把握可能出现的机会与威胁。理解企业的关键机会和威胁可以帮助管理者确定现实的战略方案选择，从中选择出对公司最合适的战略和最有利的细分市场。SWOT 分析中第二个重要因素是企业内部的优势和劣势分析。

第三步，根据企业的资源组合状况，应用本章前面介绍的内部因素评价矩阵（IFE），确认企业的关键能力（优势）和受到的关键限制（劣势）。估量一个公司的优势和劣势如同建立一张战略平衡表，资源强势是竞争资产，而资源弱势则是竞争负债。显而易见，最理想的状况是公司的优势大大超过劣势。

第四步，获得以上输入信息之后，将所得信息填入 SWOT 分析矩阵并进行具体定位，确定企业战略能力，即可以进行 SWOT 综合分析了。

综上所述，SWOT 分析可以通过各种渠道来辅助战略分析。最常见的方式是把它当作一种逻辑分析框架，以指导企业对整个战略规划的探讨。SWOT 分析绝不仅仅是列出四项清单，其最重要的部分是评价公司的强势和弱势、机会与威胁。比如，某些经理认为是机会，但其他经理可能认为是潜在的威胁；同样，某个经理认为是优势，其他经理可能认为是劣势。不同的评定反映了人们对基本力量和企业愿景设想的差别，对这些问题的战略性系统分析有利于形成客观的内部分析。

二、SWOT 分析矩阵

从表现形式上看，SWOT 分析一般有两种类型，一种是形成十字结构的 SWOT 分析战略图，另一种类似矩阵结构。如图 4-4 所示。

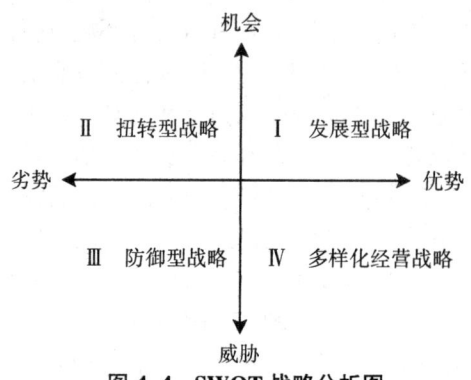

图 4-4　SWOT 战略分析图

资料来源：邵一明，蔡启明，刘松先.企业战略管理 [M].上海：立信会计出版社，2003.

图 4-4 显示了 SWOT 分析的十字结构战略图。具体做法是，用与沟通矩阵类似的方法，对所列出的外部环境和内部条件的各关键因素逐项打分，然后按因素的重要程度加权并求其和，再将上述结果在 SWOT 分析图上具体定位，从而确定企业战略能力。图 4-4 中，在右上角定位的企业，具有很好的内部条件以及外部机会，应该采取发展型战略；处于左上角的企业，面临巨大的外部机会，却受到内部劣势的限制，应采用扭转型战略，充分利用环境带来的机会，设法清除劣势；在左下角定位的企业，内部存在劣势，外部面临强大威胁，应采用防御型战略；处于右下角的企业，具有一定的内部优势，但外部环境存在威胁，应采取多样化经营战略，利用自己的优势，在多样化经营上寻找长期发展机会。

第 I 象限的企业具有众多的内部优势和良好的外部机会，应当采取发展型战略。具体有集中化战略、多样化战略、一体化战略等。总之，企业应增加投资、扩大生产、提高市场占有率的增长性战略。

第 II 象限的企业面临外部机会，却受到自身内部条件的限制，应采取扭转型战略，改变企业内部的不利条件，最大限度地利用外部环境带来的机会。

第 III 象限的企业既面临外部威胁，自身条件也存在问题，应采取防御型战略。此时的企业没有能力也不应该实施战略扩张，应采用保守的方式进行经营。

第 IV 象限的企业尽管具有较大的内部优势，但必须面临严峻的外部挑战，应利用企业自身优势，开展多元化经营，避免或降低外部威胁的打击，分散风险，寻找新的发展机会。

表 4-6 显示的是 SWOT 分析的另一种形式，在这种形式中，将公司所面临的外部环境的机会、威胁，内部条件的优势与劣势分别在纵坐标与横坐标中列

出，然后，根据分析的结果分别以不同的组合制定出 SO、WO、ST、WT 四大战略。

表 4-6　SWOT 综合分析

环境要素 \ 竞争要素	优势——S	劣势——W
	S1 S2 S3 S4	W1 W2 W3 W4
机会——O O1 O2 O3 O4	SO 战略	WO 战略
威胁——T T1 T2 T3 T4 T5	ST 战略	WT 战略

资料来源：J. 戴维·亨格，托马斯·L. 惠伦. 战略管理精要［M］. 北京：电子工业出版社，2002.

在完成环境因素分析和 SWOT 矩阵的构造后，便可以制订出相应的行动计划。制订计划的基本思路：发挥优势因素，克服弱点因素，利用机会因素，化解威胁因素；考虑过去，立足当前，着眼未来。运用系统分析的综合分析方法，将排列与考虑的各种环境因素相互匹配起来加以组合，得出一系列公司未来发展的可选择对策。

本章小结

由于全球市场和产业发展的波动性日益增大，企业环境分析已成为战略管理过程中的一个重要组成部分。本章介绍了在战略管理实践中应用较广的部分环境分析方法。企业外部环境分析有助于识别企业所面临的机会和威胁，从而可以使战略管理者用适当的战略利用机会，回避威胁或减轻这些威胁的影响。本章对外部环境的分析方法中介绍了外部环境分析的流程，以及外部因素评价矩阵和竞争态势矩阵。外部因素评价矩阵（EFE）是分析企业对关键环境反应程度的一种方法；竞争态势矩阵（CPM）是了解企业与竞争对手在某些方面是否存在差距的一种方法。内部环境分析方法一节介绍了经验曲线分析法、"雷达图"分析法、内部因素评价矩阵以及企业潜力分析方法。经验曲线是指企业在生产某种产品或服务的过程中随着累计产品产量的增加,生产单位产品的成本下降;"雷达图"分析法是对企业的财务状态和经营现状进行直观、形象的综合分析与评价。内部因素评价矩阵(IFE)是对企业内部资源和能力进行评价的方法,采用通行的观点将内部因素分为优势和劣势两类。对环境的分析,除各种外部、内部战略分析方法外,在制定战略过程中,还需要将企业内外环境结合起来进行综合分析。价值链分析强调各种价值活动之间联系,可以使我们较为准确地评估企业价值创造的整个过程,清晰而有效地展现企业的现状并制定相应措施。本章最后介绍了SWOT分析方法,SWOT是根据企业面临的机会、威胁以及其自身的优势和劣势进行战略分析的一种战略管理工具。

掌握本章的环境分析方法对实行有效的战略管理有着重要的实践意义。需要指出的是,学习这些环境分析方法的目的是进行有效的战略管理,而真正掌握这些方法的途径是要将它们真正地应用到战略管理实践中去。

思考题

1. 如何通过外部环境各要素的分析,归纳出外部环境的机会、威胁与发展趋势?
2. 外部因素评价矩阵与竞争态势评价矩阵的区别有哪些?
3. 什么是经验曲线?经验效益的来源有哪些?
4. 可以从哪些角度进行价值链分析?价值链分析的步骤是什么?
5. 对你自己和你的职业生涯用SWOT分析方法来进行分析。你的主要优势和劣势是什么?你如何运用对这些优势和劣势的认识来制定你未来的职业生涯规划?

参考文献

[1] 迈克尔·A.波特,R.杜安·爱尔兰,罗伯特·E.霍斯基森.战略管理:竞争与全球化(第十版)[M].北京:机械工业出版社,2014.

[2] J.戴维·亨格,托马斯·L.惠伦.战略管理精要(第五版)[M].北京:中国人民大学出版社,2012.

[3] 项保华.企业战略管理——概念、技能与案例[M].北京:科学出版社,1994.

[4] 弗雷德·R. 戴维. 战略管理（第十版）[M]. 北京：经济科学出版社，2006.

[5] 杨锡怀，冷克平，王江. 企业战略管理——理论与案例（第2版）[M]. 北京：高等教育出版社，2004.

[6] 陈继祥. 战略管理 [M]. 上海：上海人民出版社，2004.

[7] 李福海. 战略管理学 [M]. 成都：四川大学出版社，2004.

[8] 邵一明，蔡启明. 企业战略管理（第二版）[M]. 上海：立信会计出版社，2005.

[9] 刘英骥. 企业战略管理教程 [M]. 北京：经济管理出版社，2005.

[10] 王玉. 企业战略管理教程（第三版）[M]. 上海：上海财经大学出版社，2009.

[11] 邓海涛. 企业战略管理（第二版）[M]. 长沙：国防科技大学出版社，2008.

[12] 约翰·A. 皮尔斯二世，小理查德·B. 鲁宾逊. 战略管理：制定、实施和控制 [M]. 北京：中国人民大学出版社，2005.

[13] 张明玉，张文松. 企业战略理论与实践 [M]. 北京：科学出版社，2005.

[14] 王建民. 战略管理学 [M]. 北京：经济科学出版社，2007.

第五章　企业的资源—能力理论分析

企业战略是指企业在某一段时间内有关经营方向的目标、线路、措施和经营重点的选择，为寻求和维持持久竞争优势而做出的有关全局的重大筹划和谋略。资源—能力理论的发展与完善一直以对企业竞争优势的获得、维持与发展的解释为主线，其演进逻辑从关注有形资源到关注无形资源，从静态分析到动态分析，从纯粹的企业内部分析到企业内外部分析的有机结合。

资源—能力理论是企业环境分析的重要理论基础，资源—能力理论源于企业竞争优势外生论到企业竞争优势内生论的转变。20世纪80年代初期，企业竞争优势外生论的代表是以迈克尔·波特为首的产业组织理论学派，该学派观点是企业竞争优势来源于优势产业，产业结构是企业获利的主要影响因素，并提出了著名的五力分析模型，用以分析产业环境。后来，理查德·鲁梅尔特（Rumelt）在20世纪80年代初期通过实证研究证明：产业内长期利润的分散程度要比产业间利润率的分散程度高3~5倍。因此，最重要的超额利润的源泉是企业内部资源所具有的特殊性，而非产业间的相互关系，企业竞争优势内生论由此产生，资源—能力理论得以形成和发展。资源—能力理论的主要观点：企业的竞争优势来源于企业拥有和控制的有价值的、稀缺的、难以模仿并不可替代的异质性资源。企业资源的异质性将长期存在，从而使得竞争优势呈现可持续性。识别优势资源并对之进行有效的开发、培育、提升和保护是战略管理的重要内容。我们将资源—能力理论的发展分为三个阶段：传统的资源基础理论、核心竞争能力理论、动态能力理论。

开篇案例

顺丰速运

顺丰速运成立于1993年4月，主要经营国际、国内快递及报关、报检、保险等业务，20多年来，顺丰不断投入巨资加强公司基础设施建设，不断提高运营设备和信息处理系统的科技含量，不断提升员工的业务技能和服务意识。经过多年的努力，顺丰在中国快递领域取得了令人瞩目的成绩。

顺丰的优势主要有三点。首先，快捷的时效服务。自有专机和400余条航线的强大航空资源以及庞大的地面运输网络,保障客户的快递在各环节最快发运,在正常情况下可实现快件"今天收明天到"。这是让很多客户纷纷选择顺丰的主要原因。"用速度成就品牌",顺丰速运的快捷服务让更多的客户体验到了速度所带来的方便之感。而顺丰速运也表示,快件的运营速度是客户选择快递公司的最主要的原因,因此只有把速度提上来,才能满足客户的选择需求。其次,安全的运输服务。顺丰速运自营的运输网络,为消费者提供标准、高质、安全的服务。顺丰的快捷空运采用先进的信息监控系统,其中 HHT 手持终端设备和 GPS 技术全程监控快件运送过程,保证快件准时、安全送达。同时建立严格的质量管控体系:设立四大类 98 项质量管理标准,严格管控,这给消费者提供了快件的安全保障。安全的运输是所有快件运输的前提。客户寄快递都希望既快速又有安全的保障,而不是说还要担心其在途中丢失。最后,高效的便捷服务也是顺丰成就其品牌的主要原因。先进的呼叫中心,采用 CTI 综合信息服务系统,客户可以通过呼叫中心快速实现人工服务、自助式下单、快件查询等功能。除此之外,方便快捷的网上自助服务,让客户可以随时登录顺丰网站享受网上自助下单和查询服务。而灵活的支付结算方式,客户可以通过寄方支付、到方支付、第三方支付,现金结算、月度结算、转账结算、支票结算等方式进行方便快捷的自助结算。

顺丰不断加强核心竞争力,以强大自有网络、高效运营速度和优质客户服务为后盾,力图将"顺丰"品牌塑造成为中国民族速运企业的"百年老店",为中国快递行业的发展做出贡献。

资料来源:三大优势奠定顺丰速运品牌质量[EB/OL].中国江西网,http://ce.jxcn.cn/system/2013/05/25/012437523.shtml.

第一节　企业资源基础论

企业内部成长论是企业资源基础论产生的基础,在介绍企业资源基础论之前,我们首先回顾一下企业内部成长论。

一、企业内部成长论

企业内部成长论最早可以追溯到古典经济学家亚当·斯密(Adam Smith)和艾尔弗雷德·马歇尔(Alfred Marshall)。1776 年,亚当·斯密在他的代表性著作《国富论》中阐明了劳动分工能提高生产效率,企业内的劳动分工能促进企业经济增长的观点。1890 年,艾尔弗雷德·马歇尔在他最主要的著作《经济学原理》提出企业内部的差异和企业间的专业化分工都能导致知识的积累,从而促进企业的成长,同时,马歇尔建议应当把源于企业的"内部"经济问题与源于企业间交互作用的"外部"经济问题区分开来。继马歇尔之后的另一位企业能力理论研究者塞尔兹尼克（Phlip Selznick）1957年在《管理中的领导行为》中首次提出"独特能力"（Distinctive Competence）这一概念，提出通过"自我构建"、"自我建立"而积累起来的"特殊能力"的这样一种"特殊的自我创造积累理论"。接着此领域又有一位代表性女经济学家彭罗斯（Penrose）出现，1959年彭罗斯的《企业成长理论》出版，在该书中将企业定义为："被一个行政管理框架协调并限定边界的资源集合"，认为企业应被视为"生产性资源的集合体"，并提出企业增长的力量来自于企业内部的资源。这些观点后来成为资源基础观（Resource-based View，RBV）的基础。

二、企业资源基础论的主要内容

在彭罗斯（Penrose，1959）倡导的"企业内在成长论"的基础上，1984年，沃纳菲尔特（Birger Wernerfelt）在《战略管理杂志》发表的著名论文《企业资源基础论》标志着企业资源理论的形成，该论文是一篇里程碑式的论文，他为企业战略理论提供了一种新的研究范式，标志着Resource-based这一名词的诞生和资源基础学派的兴起。此外，对资源基础论的形成有重要影响的论文还有巴尼（Barney）1986年所写的论文《战略要素市场：远见、运气和企业战略》和1991年所写的《企业资源与持续竞争优势》。具体而言，资源基础理论主要包括以下内容。

（一）企业竞争优势来源于"异质性"（Heterogeneity）的资源

资源基础理论的主要思想是从企业的独特性去观察企业内部的资源及能力，其重点在于识别、澄清、配置、发展企业"异质性"的资源与能力。企业竞争地位的差别要归结为企业所拥有资源形态的差别，竞争优势是构建在企业所拥有的异质性资源上的。企业间的竞争可以看作是异质资源层面的竞争，如何独占某些资源或打破竞争对手对资源的独占成为竞争的焦点。自彭罗斯以来，资源基础理论的研究者们几乎都将企业独特的异质资源指向了企业的知识和能力。

（二）竞争优势的持续性源于资源的不可模仿性

资源在企业之间的"非完全流动性"使企业拥有稀有、独特、难以模仿的资源和能力，亦使不同的企业之间可能会长期地存在差异，那些长期占有独特资源的企业更容易获得持久的超额利润和持续的竞争优势。所谓持续竞争优势，巴尼（Barney）认为是"该公司的潜在竞争对手不仅无法与该公司同步执行公司现在所执行的价值创造战略，同时也无法复制并取得该公司在此项战略中所获得的利益"[①]。资源基础理论的实质就是以企业为分析单位，着眼于分析公司拥有的各种资源，以企业内部资源为分析的基础和出发点，通过探讨独特的资源与特异能力，达到提升企业竞争优势和获取超额利润的目的。资源基础理论的研究者们对这一问题进行了广泛的探讨，他们认为至少有三大因素阻碍了企业之间的互相模仿[②]：

---

① Jay B. Barney. Firm Resources and Sustained Competitive Advantage [J]. Journal of Management, 1991, 1 (17): 99-120.
② 王开明，万君康. 企业战略理论的新发展：资源基础理论 [J]. 科技进步与对策，2001 (1).

(1) 因果关系含糊。企业面临的环境变化具有不确定性，企业的日常活动具有高度的复杂性，劣势企业更不知本企业该模仿什么，不该模仿什么。并且，劣势企业对优势企业的观察是有成本的，劣势企业观察得越全面、越仔细，其成本越高。即使劣势企业能够通过模仿获得少量利润，也可能被观察成本所抵消。

(2) 路径依赖性。企业可能因为远见或者偶然拥有某种资源，占据某种优势，但这种资源或优势的价值在事前或当时并不被大家所认识，也没有人去模仿。后来环境发生变化，形势日渐明朗，资源或优势的价值日渐显露出来，成为企业追逐的对象。然而，由于时过境迁，其他企业再也不可能获得那种资源或优势，或者再也不可能以那么低的成本获得那种资源或优势，拥有该种资源或优势的企业则可稳定地获得利润。

(3) 模仿成本。企业的模仿行为因为存在成本而具有风险，模仿成本主要包括时间成本和资金成本。如果企业的模仿行为需要花费较长的时间才能达到预期的目标，在这段时间内完全可能因为环境的变化而使优势资源丧失价值，使企业的模仿行为毫无意义。在这样一种威慑下，很多企业选择放弃模仿。即使模仿时间较短，优势资源不会丧失价值，企业的模仿行为也会耗费大量的资金，且资金的消耗量具有不确定性；如果模仿行为带来的收益不足以补偿成本，企业也不会选择模仿行为。

(三) 独特资源的获取与管理

资源基础理论为企业的长远发展指明了方向，即培育、获取能给企业带来竞争优势的特殊资源。由于资源基础理论还处于发展之中，企业决策总是面临着诸多不确定性和复杂性，资源基础理论不可能给企业提供一套获取特殊资源的具体操作方法，仅能提供一些方向性的建议。具体来说，企业可从以下几方面着手发展企业独特的优势资源。

(1) 组织学习。资源基础理论的研究人员几乎毫不例外地把企业特殊的资源指向了企业的知识和能力，而获取知识和能力的基本途径是学习。由于企业的知识和能力不是每一个员工知识和能力的简单加总，而是员工知识和能力的有机结合，通过有组织的学习不仅可以提高个人的知识和能力，而且可以促进个人知识和能力向组织的知识和能力转化，使知识和能力聚集，产生更大的合力。

(2) 知识普及。知识只有被特定工作岗位上的人掌握才能发挥相应的作用，企业的知识最终只有通过员工的活动才能体现出来。企业在经营活动中需要不断地从外界吸收知识，需要不断地对员工创造的知识进行加工整理，需要将特定的知识传递给特定工作岗位的人，企业处置知识的效率和速度将影响企业的竞争优势。因此，企业对知识微观活动过程进行管理，有助于企业获取特殊的资源，增强竞争优势。

(3) 建立外部网络。对于弱势企业来说，仅仅依靠自身力量来发展它们需要的全部知识和能力并不见得是明智之举，通过建立战略联盟、知识网络来获取优势企业的知识和技能则要便捷得多。来自联盟中不同企业的员工在一起工作、学习还可激发员工的创造力，促进知识的创造和能力的培养。

三、企业资源基础论的拓展

传统的企业资源基础论主要强调单个企业所拥有和控制的那些能够产生竞争优势的资源和能力，相应地，其研究视野也局限于企业的内部，并以此作为企业内部环境分析的理论基础，但企业的资源应该由企业的内部资源和企业的外部资源共同构成。并且，一个企业的关键性资源可以从企业的外部来获得，企业所具有的竞争优势也是与它所嵌入的关系网络相关联的。企业在发展过程中，不可能作为孤立的个体存在，为了相互获取资源与信息，必须身处纷繁复杂的网络关系之中，企业自身只是网络中的一个节点。关于企业网络，目前并没有一个明确的定义，黄泰岩等（1999）根据众多西方学者在运用这一概念时所赋予它的基本含义，认为其具有狭义和广义之分。广义观点指那些与企业活动有关的一切相互关系以及由所有信息单元所组成的 n 维向量空间，它构成了企业生存和发展的基础。狭义观点只界定为企业和市场相互作用与相互替代而形成的企业契约关系或制度安排。司徒达贤（2003）提出网络关系是指各种企业活动，或从事各种企业活动的组织，除以所有权来彻底联结，或以纯粹的市场交易来分工合作的两种做法之外的活动。同时较为全面地归纳了企业网络的类型，如直接的网络关系是常见的产销关系（企业与供应商、分销商）、中心卫星工厂体系、加盟连锁、集团企业、战略联盟以及确保商业活动正常进行的企业与金融机构、媒体、工会等之间的关系，间接的还有政商关系与家族关系等。刘东（2003）结合新经济背景，在其所著《企业网络论》中把企业网络分为如下几种类型：虚拟企业、战略联盟、供应链协调、企业集群外包或下包、企业集团及企业集群等。

结合上述学者的研究，我们所界定的网络关系是一个较广义的概念，指融入社会人际关系的企业网络关系，是人与人、人与组织、组织与组织之间的关系的总称，包括企业间的契约关系和非契约关系，企业内部的部门与部门之间的关系。由于任何组织或机构都是由"人"所组成的，组织与组织之间的联系是靠"人"来实现，因此企业网络关系还包括人与人之间的关系及组织内人员与组织的关系等。在此基础上我们认为，企业资源应包括内部资源、外部资源及交织于内外部资源内的企业网络资源。本部分内容会在本书第十六章详细介绍。

第二节 企业的能力与核心竞争力

随着企业资源基础理论研究的深入，人们发现资源禀赋相似的企业竞争优势并不相同，隐藏于资源背后的能力或者说运用资源的能力才是企业竞争优势的来源，由此产生企业能力基础理论，其中企业核心竞争力（简称核心能力）的研究是能力理论中最有影响力的理论。

一、企业的能力

(一) 企业能力的概念

人们能够容易地找到市场上同时存在的许多拥有类似资源的企业,然而这些拥有类似资源的企业的生存现状却表现得千差万别。是什么使这种现象得以发生呢?企业管理者们在复杂多变的市场环境和日益明显的差异化的需求中逐渐认识到,企业的竞争优势越来越依赖于另一种力量——企业能力。可以认为,企业能力(Capability)是企业协调资源并将其发挥作用的技能和力量,是资产、人员和组织投入产出过程中的复杂结合。企业能力是将一组资源组合起来使用的方法与技能,它是无形的,产生于各种有形资源和无形资源的相互作用中。这种能力包括人与人之间、人与资源之间的协调。如果企业拥有独特的、优异的能力,它就能够比竞争对手做得更好,快速地对市场做出反应,迅速、持久地增加企业的价值。从本质上来讲,未来的企业是一个能力体系,因此从能力角度来认识、理解企业,更能体现现代企业的本质。

单个企业中的某一种资源并不具有较高的生产价值,也不能成为企业实际的生产能力。真正的生产能力来自于对各种资源进行的整合,有效地整合使企业具有实现既定目标的能力,这种企业能力在战略的制定和执行中具有重要的作用。因此,企业能力具体表现为整合一组资源以完成任务或者从事经营活动的有效性和效率,这些能力存在并作用于企业的日常生产经营活动和企业内部管理,以促进战略目标的实现。

经济学家理查德森(Richardson,1972)认为企业能力反映了企业积累的知识、经验和技能,是企业活动的基础。20世纪80年代以来,企业能力理论不断发展并走向成熟,其对现实的解释力也在不断提升。

(二) 企业资源与能力的关系

企业资源不等同于能力,虽然资源有重要价值,但仍不是能力[①]。对能力的理解应重在"企业若干资源间"有机地整合。

资源的配置和融合产生企业能力。配置和融合结构越好、效率越高,所形成的能力就会越强。一般来说,一个企业对市场机会的创造和把握会随着企业能力的发展而得到提升。同时,企业的能力在战略的制定和执行以及市场竞争中也表现出重要的作用。例如,一项好的技术必须与其配套的资金、设备和人员相结合,才能发挥作用,产生实际的生产能力,也才有可能形成企业的竞争优势(见图5-1)。因此,企业不仅要获取所需稀缺资源,还要着力于培养组织协调各种资源并能发挥其潜在价值的能力。

目前对企业资源和能力的定义存在许多不同的说法,关键是如何对它们进行

---

① 黄旭. 战略管理:思维与要径 [M]. 北京:机械工业出版社,2007.

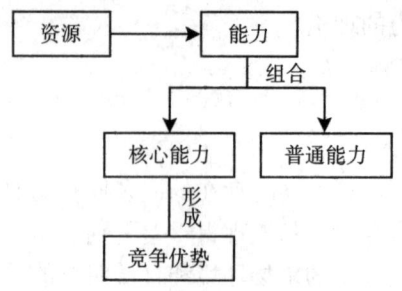

图 5-1 企业资源与能力的关系

区分,并找出它们之间的联系。通常,人们在谈论资源时指的总是那些由管理者所完全掌控的外显、静态、有形、被动的"使役对象";而谈到能力时,指的总是最终会体现在具体个人或群体身上的潜在、动态、无形、能动的可以胜任某项工作或活动的"主观条件"(见表 5-1)。所以相对来说,资源在投入使用前比较容易衡量其价值,而能力在投入使用、发挥作用前往往不容易事先估量其价值;资源需要通过能力去实现增值,能力只有通过使用资源为顾客提供了价值才得以表现[①]。

表 5-1 资源与能力的关系

概念	资源:外显、冷静、有形的客观使役对象
	能力:潜在、动态、无形的主观能动对象
资源与能力的关系	当能力必须依附于特定资源才发挥作用时,人就会丧失自我,变成资源的附庸和奴隶
	当能力几乎不需要任何资源就能充分发挥作用时,人就能找到自我,变成独立于资源的生命主体
	当人是资源的附庸和奴隶时,拥有资源的企业才能持续发展;当人成为独立于资源的生命主体时,留得住人的企业才能长期发展

资料来源:项保华.战略管理——艺术与实务[M].北京:华夏出版社,2005.

(三)企业能力的层次

企业的能力既是多种多样的,又是多层次的。它不仅表现在企业各种生产经营环节或各职能领域内,而且还存在于企业内部各管理层次上。对企业能力进行分析,可以预知企业现有能力与将来环境的适应程度,明确企业的优势和劣势,做到"知己知彼",从而使企业的发展战略和新业务计划建立在可靠的基础上。因此,企业资源和能力的分析是制定战略的基础,也是企业内部环境分析和新业务发展战略的重要前提之一。

企业基本能力的分析是在对企业能力结构的系统划分基础上进行的。首先,企业要根据自己的实际情况,对企业能力进行分类,便于系统地掌握企业的能力

---

① 项保华.战略管理——艺术与实务[M].北京:华夏出版社,2005.

现状。其次，在分类的基础上，切实掌握企业现有能力的实际情况，这关系到下一步制定企业发展战略的合理性。有学者将企业能力分为先天部分和后天部分，包括资源禀赋能力、组织结构能力、环境制度能力、学习能力和创新能力五个层次[①]，如图 5-2 所示。

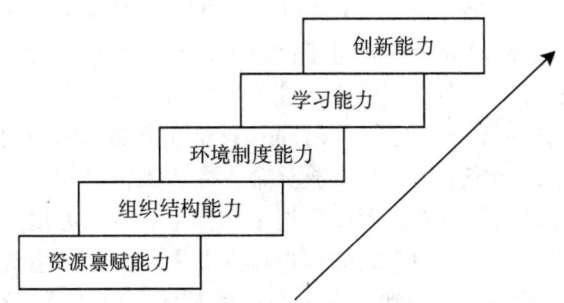

图 5-2　企业能力的来源与层次

资料来源：史东明. 核心能力论：构筑企业与产业的国际竞争力 [M]. 北京：北京大学出版社，2002.

由图 5-2 可知，企业能力的第一层次为资源禀赋能力。每个企业从创立伊始，由于所处的地区不同和行业性质的差异，天然地在资源禀赋能力上存在差异。这类能力甚至直接决定着企业战略的制定和实施。通常表现为企业所处的地理位置、企业与资源供应者（包括金融、科研和情报机构）的契约和信誉关系、资源供应者与企业讨价还价的能力等，例如，靠近原材料产地的企业能够以相对较低的价格购入原料；地处高新技术开发区、大学城的企业或科研机构能够容易地获得人才和技术信息。这类资源禀赋能力使得一些企业具有某种竞争优势或企业"能力"。但企业的资源禀赋能力的优势并非长久不变，可能会很快被其他企业通过努力或市场发展取而代之。

第二层次为组织结构能力。这种能力可以认为是企业通过流程再造提高了企业生产、运营效率的结果。在大多数企业中，生产、运营效率影响着企业的运行成本。可以说，组织结构能力的高低影响着公司战略的成败。随着社会节奏的加快和企业规模的扩大，传统的直线制或直线职能已经成为部分企业发展的阻碍。越来越多的企业或企业集团转向扁平的组织结构，这不但加强了企业内部沟通的效率和效果，还将增加组织的柔性，以便能够对快速变化的市场和社会做出反应。显而易见，世界上的众多跨国公司或企业集团都采用事业部制或矩阵制的组织结构，它们的快速成长与这种灵活地组织生产和管理的组织结构能力是分不开的。

第三层次为环境制度能力。环境制度能力是指企业在竞争、生态、社会、经济和制度等环境下形成的能力。其中，竞争环境对企业成长和企业能力的形成与提高具有直接作用。企业竞争力不仅因自身条件不同而异，而且因竞争的激烈程

---

① 史东明. 核心能力论：构筑企业与产业的国际竞争力 [M]. 北京：北京大学出版社，2002.

度和对手能力的消长会表现出不同的反应和强度。大多数情况下，竞争会促进企业能力的提高。

企业实行的制度以及执行的强度决定了企业的制度能力，这种能力也会对企业的发展产生制约或促进的作用。例如德国 MBB 公司著名的灵活上下班制度。在德国的主要航空和宇航企业 MBB 公司，你可以看到这样一种情景：上下班的时候，职工们把自己的身份卡放入电子计算器，马上就显示到当时为止该职工在本星期已经工作了多少个小时。原来，该公司实行了灵活上下班制度，公司对职工的劳动只考核其成果，不规定具体时间。只要在所要求的期间内按质量完成工作任务即照付薪金，并按工作质量发放奖金。由于工作时间有了一定的机动，职工不仅免受交通拥挤之苦，而且可以根据工作任务和本人方便，与企业共同商定上下班时间。这样，职工感到个人的权益得到尊重，因而产生责任感，提高了工作热情，企业也受益匪浅。当然，每个企业的具体条件各异，不能一味地效仿。但每个企业都有必要进行适时地调整，以提高自身的环境、制度能力。

第四层次为学习能力。同个人能力获取和提升来源于学习一样，企业能力的产生和提高也依赖于学习。首先，企业可以通过学习增加技术知识、获取新的价值观和管理方法，以更好地参与市场竞争。组织学习有利于打破固有、僵化的"心智模式"，创造新的适用于竞争需要的"心智模式"。其次，通过标杆学习，即将竞争对手或行业领导者作为对象进行比较，设立合理的学习目标，将对方的先进之处"移植"到本企业当中。最后，通过建立战略联盟进行知识学习，可以在互动式学习中更快、更有效地增加外部知识。很多国外企业早已认识到学习能力的重要性，英国罗弗公司在 20 世纪 80 年代末陷入困境，每年亏损超过 1 亿美元。集团董事会主席 Day 先生临危受命，于 1990 年 5 月成立了专管学习的机构——学习事业部，同时向社会公开宣布："组织学习将成为罗弗公司生存与复兴的基石。"

第五层次为创新能力。将创新能力划分为较高的层次是因为该类能力可以体现出企业难以模仿、难以超越的竞争优势，已经接近我们下一部分将要讨论的核心竞争力。创新能力表现为科研与开发能力，可以从企业科研成果与开发成果、科研与开发组合、科研与开发能力、科研经费等几个方面对这一能力进行评估。

二、企业的核心竞争力

早在 20 世纪 80 年代日美管理比较研究盛行之时，许多人就已经注意到日本企业所奉行的技术战略与美国企业大不相同：日本企业能够不受市场短期变化的干扰，致力于发展主要的产品和工艺的技术，而美国企业"只注意自己的刹车和外观装饰，却忽略了发动机"。这些对比较竞争优势的关注引起了后来人们对核心竞争力的探讨。今天，建立和发展企业的核心竞争力已经成为了东西方企业普遍追求的战略目标，也是各种企业发展战略有效运用与执行的根本。

(一) 企业核心竞争力的概念和起源

核心竞争力（Core Competitive Forces; Core Competence）是组织的战略资源。具体而言，核心竞争力是指能够为组织带来比较竞争优势——相对于竞争对手的优势——的资源和能力，以及资源和能力的配置与整合方式[①]。这种竞争能力是本企业独创的，也是企业最根本、最关键的经营能力。可以说，核心竞争力对企业的影响巨大，一个企业可能凭借着核心竞争力产生的动力在激烈的市场竞争中脱颖而出，使产品或服务质量在一定时期内得到提升。

1990年，美国著名管理学家普拉哈拉德（C. K. Prahalad）和哈默尔（Gary Hamel）共同在《哈佛商业评论》上发表文章"The Core Competence of the Corporation"，提出了"核心竞争力"的概念。自此，有关企业核心竞争力的观点和著作愈来愈多，研究也在不断深入和细化。他们把核心竞争力定义为"能使公司为客户带来特别利益的一类独有的技能和技术"。并指出，组织中的积累性知识特别是关于如何协调不同的生产技能和有机结合多种技术流派的知识是核心竞争力的主要来源[②]。

普拉哈拉德把核心竞争力当作"组织中的积累性学识，特别是如何协调不同的生产技能和有机结合多种技术流派的学识"，并把判别这种能力的标准归纳为三个方面：第一，核心竞争力是向顾客传递基本利益的技术群体，企业生产并销售产品的目的是为了给顾客带来某些利益，核心竞争力正是这一过程中的关键，应当对最终产品中可见的消费者收益具有明显贡献。第二，核心竞争力是企业叩开新市场之门的法宝，为企业提供了进入多样化市场的潜能，它必须能够投入范围广阔的领域中去、为企业在新市场上打下坚实的竞争基础。第三，与人们认识中的一般能力不同，核心竞争力是竞争对手难以模仿的能力。

普拉哈拉德在文章中提出了一个非常形象的"树形理论"（见图5-3）来描述核心竞争力。他认为，企业就像一棵大树，企业的最终产品是果实，最终服务是叶子，结合产品和服务的战略事业单位是树枝，核心产品是树的主干，而核心竞争力是树根，它起到提供养分、维系生命、稳固树身的作用。例如，美国可口可乐公司，其可口可乐的配方就是企业的核心竞争力之一，因此曾有传闻说，如果把全世界的可口可乐公司全部烧光，但是只要配方还在，可口可乐公司在3~5年之内还可以在全世界东山再起，这就是企业的核心竞争力的力量。而树干，就相当于可口可乐的浓缩液，这是可口可乐公司的核心产品，要把可口可乐浓缩液运到各地瓶装厂，最终制成可口可乐产品就是最终产品。可以看出，企业当前的任何优势（如成本优势、技术优势等）都是暂时的，企业不断创造优势的能力比企业当前的优势还重要，这个不断创造优势的能力就是企业核心竞争力。因此，

[①] 王建民. 战略管理学 [M]. 北京：经济科学出版社，2007.
[②] Praharad C. K., Hamel Cary. The Core Competence of the Corporation [J]. Harvard Business Review, 1990 (5-6)：79-91.

企业战略是要达到"不断创造新的竞争优势"的目的，这个不断创造新的竞争优势的能力就是指企业核心竞争力。尽管这个"树形理论"不够严密，但它确实非常形象、贴切地描绘出了核心竞争力的发展在企业中的重要作用。

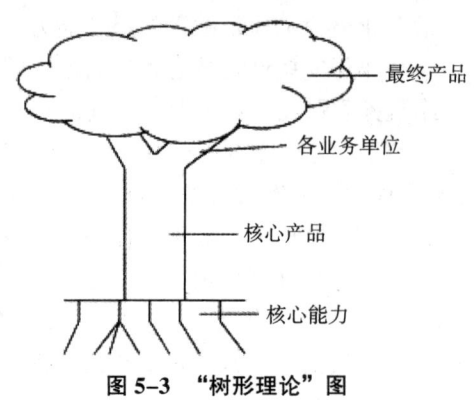

图 5-3　"树形理论"图

（二）对核心竞争力的认识

自核心竞争力理论提出以来，学术界和企业家一直试图通过以竞争力为基础的努力来获得企业的可持续竞争优势。虽然核心竞争力这一概念以及它作为竞争优势的源泉都已被广泛接受，但研究者们对核心竞争力概念本身的认识和界定却存在一定的差异，甚至可以说是百家争鸣。但经过几十年的努力，对于核心竞争力的内涵已经在以下几个方面达成了共识。

1. 核心竞争力是竞争优势的源泉

竞争优势是指企业在为顾客提供所需的产品和服务的过程中，能够比竞争对手更好地创造顾客所需的价值。如何在竞争中形成、经营并积累企业自身的竞争优势，已经成为企业在激烈的市场竞争中追求的战略目标。

核心竞争力是企业竞争优势的源泉。竞争优势内生论认为竞争优势来源于企业资源和能力；以迈克尔·波特为代表的企业优势外生论认为竞争优势来源于行业结构和市场机会。核心竞争力是具有异质性资源和能力的整合，或为本企业所独有，或相对其他企业具有更高的效率，因此能更好地为顾客创造价值，为企业带来竞争优势。需要我们注意的是：核心竞争力虽是企业竞争优势的源泉，但它本身并不会自动转化成竞争优势，如果没有相应的机制和条件加以支持，核心竞争力便难以体现出它的价值。

同时，核心竞争力又是企业持续竞争优势的源泉。对于一个企业来说，持续竞争优势是竞争优势中最为关键和重要的部分，它解释了在同一行业中（无论这个行业处于何种竞争结构），某些企业能够在相对较长的时期获得稳定的超额利益的原因。为了获得持续竞争优势，企业必须在自身所拥有的独特竞争力中寻找那些难以模仿又难以替代的部分，只有建立在这部分能力基础上的竞争优势才能长期持续。

2. 核心竞争力是多种资源的组合体

核心竞争力的本质是知识,是作为企业竞争优势的知识集合,其内容蕴含于员工的知识与技能、技术系统、管理系统、价值与规范之中。特别是当这些资源被组合在业务流程之中时,组合的复杂性往往使得竞争对手难以模仿。也就是说,核心竞争力兼有资源的难以模仿性和组合的难以模仿性。从这个意义上讲,尽管有些企业凭借单项技术也可以在一定时期内形成自己特有的优势,但单项技术不能被称为核心竞争力。例如,一个制造业企业以大量的资金购入一台最先进的精密加工设备,它可能使产品质量领先于竞争对手,但这种加工技术还不构成核心竞争力。即使竞争对手出于对经营收益的考虑,不肯采取同样的行动,这种难以模仿性也只能是暂时的。将多种资源有机地组合在一起,才是核心竞争力的根本特征。

3. 核心竞争力是企业实现高收益、高成长的基础

核心竞争力的概念来自人们对高成长、高收益企业内部结构的解析和归纳,它实际上是一些这类企业所共有的结构性特征。首先,这意味着并不是每个企业都已经拥有了核心竞争力,对更多的企业而言,这种能力还只是处在萌芽状态。过早地断言已经拥有了这种或那种核心竞争力对企业的战略决策未必有益。其次,核心竞争力作为高收益的基础,不能仅靠投入巨额资金来获得。核心竞争力的投入和产出之间应该呈现出非线性关系,从而保证拥有该种核心竞争力的企业可以利用它开展高收益的经营活动,而其他企业只能望尘莫及。

4. 核心竞争力是通向未来市场的重要途径

有关核心竞争力的研究为范围经济这一概念提供了最好的注释。范围经济的前提是企业在不同领域的活动存在着内在的联系,这些联系可以使企业确立某种资源共享或能力共享机制,使资源或能力的作用得到放大,从而创造出多样化经营的竞争优势。由于当代科学技术的广泛结合冲淡了技术的产业界限,几乎每一种技术的应用领域都在扩大,技术特别是组成核心竞争力的关键技术自然成为多样化经营的重要基础,或者说是范围经济的重要来源。例如,佳能公司将战略核心放在能力而非产品上,可以从发展中看到,佳能公司的最突出的核心竞争力只有三项,它们却为该公司在几个领域的十几种产品提供了有力的支撑,如表5-2所示。为了扩大范围经济,企业应该超越传统的基于产品的观点,努力把握潜在的机会,充分发挥核心竞争力的杠杆作用,通过把现有产品或业务中的核心竞争力应用于新的市场机会,以降低企业进入新市场的成本。

表 5-2 佳能公司的核心能力与产品

产品 \ 核心能力	精密加工	光学	微电子技术
照相机	◆	◆	
传真机	◆	◆	◆

续表

产品 \ 核心能力	精密加工	光学	微电子技术
光影器	◆	◆	
……			

资料来源：Prahalad C.K. and Hamel G. The Core Competence of the Corporation[J]. Harvard Business Review, 1990 (5-6): 79-91.

三、核心竞争力的识别与判断

（一）核心竞争力与一般能力的区别

一个企业现有的资源和能力有强有弱，并不是所有的资源和能力要素都能对竞争优势的形成有所帮助。对竞争优势贡献最大的要素是具有比较竞争优势或特殊性的资源和能力。在众多的企业能力中，有的能力是一般能力，有的能力是核心的竞争能力。

核心竞争力与一般能力是有区别的。本节开头提到的企业的技术能力、设计能力、制造能力、营销能力等企业所具有的能力，对于企业生存是至关重要的，是不可或缺的，是企业生存发展的必要条件，但这些并不是核心竞争力。能力如同单独存在的技能一样，最多只能是核心竞争力的构成要素。核心竞争力体现在整体组织中，是战胜竞争对手的基础，并能帮助企业获取商机。也就是说，核心能力能给企业带来竞争优势，而非一般意义的帮助。企业间的竞争最终将体现在核心能力上。因此，企业有必要对自身的核心能力进行正确的认识和分析。

核心竞争力与一般意义上能力的区别，如表5-3所示：

表5-3 核心能力与一般能力的区别

	核心能力	一般能力
特征	竞争优势的根源	经营的必要条件
特性	难以明辨	可以单独存在
范围	体现在整个组织中	表现为一系列技能
形成	长期累积	短期累积
学习	体现在整个组织中	体现在某一方面的默契
模仿	不易	较易

资料来源：邓海涛. 企业战略管理 [M]. 长沙：国防科技大学出版社，2005.

（二）企业核心竞争力的判断标准

要分析企业的核心竞争力，首先应建立对核心竞争力的判断标准。判断企业的资源和能力是否为核心竞争力的唯一标准，应看其能否产生持久性竞争优势。而要产生持久性竞争优势，它应符合四项具体标准，即它应是有价值的（珍贵）能力、独特（异质）的能力、难以模仿的能力和不可替代的能力。不能满足这四项标准的能力就不是核心竞争力。在实际操作中，一种能力要想成为核心竞争力，必须是"从客户的角度出发，是有价值并不可替代的，从竞争者的角度出发，是独特并不可模仿的"。只有同时符合这四项标准的企业资源和能力，才能够具有一种潜力，这种潜力可为企业创造一种持久性的竞争优势。

（1）有价值的能力。核心竞争力是为顾客创造顾客所重视的价值的能力。普拉哈拉德和哈默尔认为，核心竞争力给顾客带来的价值应是核心的价值。例如本田公司在发动机方面的领先技能可以称为核心竞争力，而本田的经销网络并非其核心竞争力，因为顾客购买本田汽车更看重的是本田发动机可以提供诸如省油、低噪声、易加速等对顾客特别有意义的价值。因此从某种意义上讲，顾客才是决定什么是核心竞争力的最终裁判。企业在确定其核心竞争力时，必须判断该项能力是否对顾客看重的价值起重要作用。

（2）独特的能力。主要是指那些现有和潜在竞争对手极少能拥有的能力。从竞争角度看，一项能力要成为核心竞争力必须有一定的独特性。如果某种能力被整个产业普遍掌握，就不能称为核心竞争力，除非这家企业的能力水平远远高出其他企业，例如发动机一直是本田公司的核心竞争力，而不是福特公司的核心竞争力。这种能力是靠企业自身通过不间断的学习、创造而逐步建立起来的，具有与众不同的独到之处，竞争对手无法靠简单模仿而获取，因而能给企业带来持久的竞争优势。

（3）难以模仿的能力。主要是指其他企业不能轻易模仿建立的能力。一般能力是可以被竞争对手模仿的，只有那些不易模仿的能力与技能才是有价值的核心竞争力。基于以下一种或三种因素的混合，有可能产生难以模仿的能力。①体现历史。悠久、独特而有价值的企业文化和品牌。例如竞争对手、顾客、分析家都认为，麦肯锡的竞争优势的首要来源是其高深莫测的文化。麦肯锡的文化创造出一种苛刻然而积极的工作态度，使得在麦肯锡工作的人永不满足，不断地挑战自己，为客户创造更高的价值。②体现模糊性。竞争能力的成因和应用模糊化，从而使竞争对手难以理解和学习。③体现社会复杂性。社会复杂性意味着有些竞争能力是复杂社会的产物。如经理与员工之间，企业与供应商、分销商、客户之间的人际关系、信任和友谊等。它们构成企业的竞争优势，且难以模仿。

（4）不可替代的能力。主要是指那些不具有战略对等资源的能力。如果两种不同的企业资源和能力，在执行相同战略的情况下，能分别产生价值，那么它们就称作战略对等资源。总的来说，一种能力越难被替代，它所产生的战略价值越高。能力越是不可见，就越难找到它的替代能力，竞争对手就越难以模仿。

综上所述，只有符合有价值的、独特的、难以模仿的和不可替代的这四项标准的能力才是核心竞争力，而只有核心竞争力才能帮助企业获得持久的竞争优势。四项标准的具体组合决定企业竞争的结果和竞争中的表现。企业的核心竞争能力是企业保持持续竞争优势的源泉。从短期来看，企业产品质量、性能和服务质量决定了企业的竞争优势；从长期来看，以企业资源为基础的核心竞争能力则是企业保持持续竞争优势的决定性源泉。因此，企业如何将自身资源、知识和潜在能力这些重要因素加以协调和结合是形成核心竞争能力关键中的关键。下面提供的分析工具也可以帮助企业识别核心竞争能力，从而长期在市场上保持竞争优势。

四、核心竞争力的培育

（一）关键因素的选择

企业要实施核心竞争力战略，建立起适合自身发展的核心竞争优势，就必须在核心竞争力上做出自己的选择，然后全力进行培育和保护。核心竞争力不是一项孤立的资源，而是一个相辅相成的整体，是一个密不可分的系统。选择关键因素和培养核心竞争力是一项系统工程，需要经过长时间的孕育，并付出巨大的努力才可能实现。核心竞争力系统包括核心技术、核心人才、组织整合能力、学习能力，尽管这四项内容对实施核心竞争力战略来说缺一不可，但是没有一个企业能够在每一项上都做得非常出色。通常成功实施核心竞争力战略的企业，将会在上述四项内容之中，选择其中的一项或几项作为战略的核心部分加以重点培养，而其他各项则作为辅助因素。

一个试图实施核心竞争力战略、建立自身核心竞争优势的企业，其战略实施的首要内容，就是选择适合于自身发展和培养的核心竞争力。核心竞争力的选择，不外乎就是在构成核心竞争力系统的四要素中，根据企业自身现有的状况、所处的环境、将来的发展战略等，选择最适合自身发展和战略实现的某一项要素作为核心竞争力开发和培养的重点。

影响和决定核心竞争力选择的因素主要有企业所处的产业、企业的组织结构、企业的规模、企业的历史和企业文化五项，如图5-4所示。

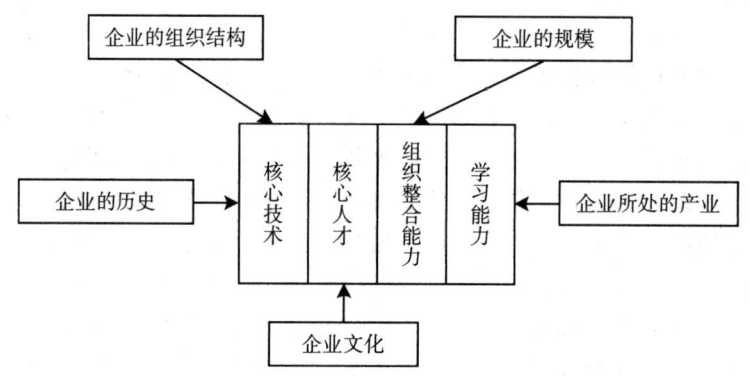

图 5-4　影响核心能力选择的因素

资料来源：胡建绩.企业经营战略管理（第三版）[M].上海：复旦大学出版社，2004.

（1）企业的组织结构。企业的组织结构对核心竞争力的选择亦具有重要的影响。不同企业的组织结构大相径庭，比如在垂直、集权化的组织结构中，良好的组织整合能力等要素有助于核心竞争力的形成；在扁平、分权化的组织结构中，依赖核心人才、学习能力等要素的核心竞争力更易于形成。

（2）企业的规模。企业的组织规模将会影响到一个企业内部沟通的效率和效果，组织规模越大，形成卓越的组织整合能力和优秀的学习能力的难度越大，而依靠核心技术建立核心竞争力的可能性则较大。

（3）企业所处的产业。处在不同产业的企业所能选择的核心竞争力是不同的，因为每个产业都具有自身的产业特征，处在某一产业中的企业必须根据其产业特征选择和培养核心竞争力。例如，核心技术可以构成高新技术企业核心竞争力的主要部分；服务产业中，核心人才则是构成核心竞争力的关键要素；传统产业中，拥有良好的组织整合能力有助于核心竞争力的形成。学习能力对各个产业的企业都极为重要，但一般情况下只在新兴的产业中能形成核心竞争力。

（4）企业文化。高新技术企业中鼓励创新的企业文化有利于核心技术的开发和培养；尊重人才、依赖人才的企业则可选择核心人才作为形成核心竞争力的依托；崇尚企业员工发展和价值实现的企业可将学习能力加以选择和培养。

（5）企业的历史。企业的历史状况对核心竞争力的选择也有较大的影响。在企业过去就已经形成了以某一种要素作为核心竞争力的基础时，企业在大多数情况下都会选择保持原有的核心竞争力。

（二）核心竞争力的培育方法

企业进行了核心竞争力的选择，接下来就需要对本企业所看重或有意发展的核心竞争能力进行培育和建设。有效地培育和应用企业核心竞争力，使企业在市场竞争中获取和保持竞争优势，是核心竞争力理论研究的最终目的和意义所在。结合我国企业当前的具体情况，可以通过以下三种途径培育和提升企业核心竞争力。

（1）内部培育。内部培育的途径是仅仅依靠企业自身力量来发展其所需要的所有知识和能力来培养企业的核心能力。具体可采用的方法很多，如可通过技术创新、制度创新、文化创新、管理创新等活动提升企业的创新能力，从而达到提高企业核心竞争力的目的。企业核心能力的培养是一个长期积累的过程，它有明显的路径依赖性，并且知识的获取需要大量的投入。内部培育的方式优点是稳健、有序、控制程度高，也是最直接最可靠的路径之一，但选择这种方式的同时需要企业具备一定的知识和资源，并且需要相当长的时间。一个企业特别是知识存量不足的企业想完全依赖自己的力量而获得核心能力几乎是不可能的。

当然，通过内部培育来建立核心竞争力并不排斥企业外部人士，可以根据企业的情况和需要，从外部引进适当的人才，以促进本企业核心竞争力的形成。

（2）外部并购。外部并购的途径是企业首先挑选心目中理想的核心竞争力，然后向拥有这一能力的公司进行并购策略。许多企业没耐心花很长时间内部培育，而是纷纷采用更方便的方法——并购。外部并购是通过产权交易迅速获得和强化核心竞争力的有效途径，具有速度快、风险易控制、选择空间大等优点。但是，并购必须通过内部资源和能力的整合，将被并购企业的优势吸收并予以发展，才能成为真正的企业核心竞争力。

（3）联合开发。联合开发的途径是指以建立合资企业或战略联盟的方式来实现联合开发企业的核心竞争力。企业通过联盟从其他组织学习和吸收内隐知识或者与其他组织合作创造内隐知识来培育企业的核心竞争力。建立联盟的动因主要是基于企业资源和能力的互补性，实现联盟伙伴的共同受益。随着经济全球化进程的加快，这将成为企业培育核心竞争力越来越重要的一种方式，其操作性也会越来越强。对于处于分散产业结构之中的小企业来说，通过联盟建立来提高核心竞争力尤为重要。

第三节 动态能力理论

相对于资源—能力理论的前两个阶段传统的资源基础论和核心能力理论来说，正在发展中的动态能力理论还并不完善，但作为资源—能力理论的前沿，有必要对读者作一简要介绍。

一、动态能力理论的兴起

20世纪90年代以后，随着社会经济的迅速发展、科学技术水平的迅猛发展，市场竞争日趋激烈，企业的经营环境发生了很大的变化，昔日的竞争优势很可能转瞬即逝，在动荡的环境中，竞争优势的来源正以逐渐加快的速度被创造出来和侵蚀掉，美国管理学家理查德·达文尼（Richard D'Aveni）1994年称中称这种现象为超竞争（Hypercompetition）[①]。

在上述背景下，随着核心能力理论的快速发展，核心能力的一些局限性也浮现了出来。巴顿（Leonard Barton）于1992年提出了核心能力存在核心刚性的问题，它使企业无法适应环境的变化。核心刚性，是来自于核心能力的惯性，当企业经过多年的资源与能力的整合积累形成核心能力时，它可能会不自主地排斥企业其他的能力，从而阻碍企业的发展。导致超竞争环境中企业核心能力的矛盾出现了，一方面企业核心能力是企业竞争优势的源泉，另一方面企业原有的核心能力有可能成为阻碍企业发展的一个包袱。动态环境中企业如何获取竞争优势？企业怎样才能获取持久竞争优势？在超竞争的环境中静态的资源—能力理论已不能满足企业获取持久的竞争优势的需要，企业迫切需要有一种新的理论来予以指导。

---

① Richard.D'Aveni. 超优势竞争——新时代的动态竞争理论与应用 [M].许梅芳译.台北：远流出版事业股份有限公司，1999.

基于以上原因，许多学者从静态的能力理论的研究转向对动态的能力理论的研究，动态能力（Dynamic Capabilities）理论得到了发展和重视。提斯等（Teece & Pisano，1994）提出了动态能力的概念，并在1997年提出了著名的动态能力框架。动态能力理论主要是在继承和发展资源基础理论的基础上发展起来的，随着外部环境动态性特征的日益增强而获得了学术界乃至企业界愈来愈多的关注。

二、动态能力的定义

对于动态能力的概念国内外学者有多种不同的提法[1]，我们这里介绍几种有代表性的定义。

提斯等（Teece & Pisano）1994年提出动态能力是"企业整合（Integrate）、建立（Build）以及重构（Reconfigure）企业内外能力（Competence）以便适应快速变化的环境的能力（Ability）"[2]；艾森哈特（Eisenhardt）和马丁（Martin）2000年提出动态能力是"一种流程（Process）或战略惯例（Routiness），企业通过获取、释放、整合或重置自己的资源来应对或创造市场变化，或者凭借战略惯例不断更新资源配置，以满足环境变化的需要"[3]；左罗（Zollo）和温特（Winter）2002年提出动态能力是"一种稳定的集体活动的学习模式，动态能力能使企业通过系统创造或调整运营规则来提升企业自身的效率"[4]；温特（Winter）于2003年又提出"动态能力是企业扩展、调整或创造常规能力的能力，是一种创造能力的能力"[5]。

从上述这些定义中可以看出，尽管各位学者的角度不同，但环境的动态性是动态能力概念的出发点，企业中的变革、学习、创新成为应对环境变化的基础。动态能力理论，秉承了熊彼特的创造性毁灭的思想，认为企业只有通过其动态能力的不断创新，才能获得持久的竞争优势。

三、动态能力的分析框架

Teece等（1997）认为动态能力分析框架（Dynamic Capabilities Framework）由位置（Positions）、过程（Processes）和路径（Paths）三个要素组成[6]。

"位置"是由企业内部位置和企业外部位置共同决定的。企业内部位置与一

---

[1] 孟晓斌，王重鸣，杨建锋. 企业动态能力模型研究综述[J]. 外国经济与管理，2007（10）.
[2] Teece D.J., Pisano G. The Dynamic Capabilities of Firm: An Introduction [J]. Industrial and Corporate Change, 1994, 3（3）: 537-556.
[3] Eisenhardt K.M., Martin J.A. Dynamic Capabilities: What are They [J]. Strategic Management Journal. 2000, 21（4）: 1105-1121.
[4] Zollo M., Winter S.G. Deliberate Learning and the Evolution of Dynamic Capabilities [J]. Organization Science, 2002, 13（3）: 339.
[5] Winter S.G. Understanding Dynamic Capabilities [J]. Strategic Management Journal, 2003, 24（10）: 991.
[6] 郑胜华. 透视企业联盟能力[M]. 北京：中国社会科学出版社，2007.

个企业可获得的与众不同的资源相关,包括财务资源、技术资源、声誉资源等内部资源;外部位置与企业的市场资产(Assets)相关。企业所处的位置即企业的现行状况或称企业资源组合的结构和存量的状况,从企业的现行位置可以看出企业的潜力。

"过程"是一个组合的概念。一方面,过程是用于协调和整合有用的内外部资源的过程,这通常是静态要素;另一方面,过程意味着重组和转化内外部资源的过程,即组织学习和知识的转换,该过程代表了被用来确保组织持续的适应和变化的动态要素。

"路径"代表了企业的历史。例如企业现在的位置取决于过去演化形成的模式,同时表明能力的演化遵循一定的路径和步调。

动态能力分析框架的主导逻辑(郑胜华,2007):动态能力是静态和动态要素的聚合,在动态环境下,企业的竞争优势来源于企业内部运行的、由过程和位置决定的惯例,其演进的方向受路径依赖的影响。

四、动态能力的特征

(一)动态能力具有开拓性特征

由于动态能力从企业的资源—能力理论演化而来,因此它吸收了核心能力理论的价值性、独特性等特征,并具有开拓性。黄江圳、谭力文(2002)认为动态能力论尽管与核心能力的特征相似,但动态能力将焦点放在创新的开拓性动力上,强调以开拓性动力克服企业核心能力中的惯性。它更加关注企业的动态效率,而将静止效率放在次要的地位。开拓性动力通过促进创新和创造新的规则与能力为企业的竞争优势提供了长期基础。在超竞争环境中,动态能力崇尚建立开拓性学习能力。开拓性学习能力是为了在长时间内向企业提供新的战略观念而进行的侧重于变革的学习。开拓性学习显示了对路径的较少依赖,也显示了以试错法为基础和以建立新能力、新规则为特征的研究过程。建立在开拓性动力之上的企业动态能力呈现出开放性的特征。企业动态能力是企业内部学识、吸收性学识或引进性学识有机结合的产物。动态能力论强调建立从外部途径吸纳知识(一方面是资源与能力,另一方面是机会)的特殊能力[①]。

(二)动态能力具有复杂性特征

Eisenhardt 和 Martin(2000)认为不同的环境下动态能力的特征不同。在一般动态市场中动态能力的特征是复杂的,有效的动态能力依赖于现存的知识,可以促进流程的可预见性,在高速变化的市场中动态能力的特征是简单的,简单的常规惯例是经理们广泛关注重要的问题,而不是将自己锁定在具体行为或过去经验的运用之中,有利于迅速地做出决策以适应环境。学习机制和获得经验的速度引导动态能力的进化。

---

① 黄江圳,谭力文. 从能力到动态能力:企业战略观的转变[J]. 经济管理,2002(2).

动态能力的研究虽然是当前资源—能力理论领域中的热点，但研究的内容还不够深入，对动态能力运作机理的研究还停留在浅层次上，特别是对企业动态能力如何识别、评价、保持、积累、更新等都没有给出可行的可操作的方法。这需要我们加以关注和努力。

本章小结

资源能力理论源于企业竞争优势外生论到企业竞争优势内生论的转变，其演进逻辑从关注有形资源到关注无形资源，从静态分析到动态分析，从纯粹的企业内部分析到企业内外部分析的有机结合。资源—能力理论成为企业环境分析的重要理论基础。本章按资源—能力理论发展的三个阶段：传统的资源基础理论、核心竞争能力理论、动态能力理论来展开论述。资源基础理论的实质就是以企业为分析单位，着眼于分析公司拥有的各种资源，以企业内部资源为分析的基础和出发点，通过探讨独特的资源与特异能力，达到提升企业竞争优势和获取超额利润的目的。核心竞争力是"组织中的积累性学识，特别是如何协调不同的生产技能和有机结合多种技术流派的学识"，是企业资源与能力整合提升所形成，"从客户的角度出发，是有价值并不可替代的，从竞争者的角度出发，是独特并不可模仿的"。它的培养途径：内部培育、外部并购、联合开发，它是企业竞争优势的源泉。在超竞争的环境中，动态能力理论应运而生，它是"一种流程（Process）或战略惯例（Routiness），企业通过获取、释放、整合或重置自己的资源来应对或创造市场变化，或者凭借战略惯例不断更新资源配置，以满足环境变化的需要"，其分析框架包括位置、过程、途径三要素。

思考题

1. 试述资源—能力理论的演进过程。
2. 传统的资源基础理论的缺陷是什么？
3. 什么是企业能力？如何对企业能力进行划分？
4. 什么是核心竞争力？如何判断核心竞争力？
5. 如何培育企业的核心竞争力？
6. 试述动态能力的内涵及理论分析框架。

参考文献

[1] 亨格，惠伦.战略管理精要（第5版）[M].北京：电子工业出版社，2012.

[2] Wernerfelt. A Resource-based View of the Firm [J]. Strategic Management Journal, 1984, 5 (2): 171-180.

[3] Barney Strategic Factor Markets. Expectations, Luck, and Business Strategy [J]. Management Science, 1984 (32): 1231-1241.

[4] Barney. Firm Resources and Sustainable Competitive Advantage [J]. Journal of Management, 1991, 17 (1): 99.

[5] Leonard Barton, D. Core Capabilities and Core Rigidities: A Paradox in Managing New Product Development [J]. Strategic Management Journal, 1992, 13 (2): 111-125.

[6] 彭罗斯.企业成长理论 [M].赵晓译.上海：上海人民出版社，2007.

[7] 尼古莱·J. 福斯，克里斯第安·克努森.企业万能：面向企业能力理论 [M].李东红译.大连：东北财经大学出版社，1998.

[8] 张明玉.企业战略理论与实践 [M].北京：科学出版社，2010.

[9] 黄泰岩，牛飞亮.企业网络理论述评 [J].经济学动态，1999 (4).

[10] 司徒达贤.战略管理新论——观念架构与分析方法 [M].上海：复旦大学出版社，2003.

[11] 刘东等.企业网络论（第2版）[M].北京：中国人民大学出版社，2014.

[12] 胡建绩.企业经营战略管理（第三版）[M].上海：复旦大学出版社，2004.

[13] 邓海涛.企业战略管理 [M].长沙：国防科技大学出版社，2005.

[14] 王丰，宣国良，范徵.资源基础观点及其在企业理论中的应用 [J].经济理论与经济管理，2002 (4).

[15] 王开明，万君康.企业战略理论的新发展：资源基础理论 [J].科技进步与对策，2001 (4).

[16] 李玉刚.战略管理研究 [M].上海：华东理工大学出版社，2005.

[17] 宝贡敏.企业成长与竞争战略管理 [M].太原：山西人民出版社，2004.

[18] 安德鲁·坎贝尔，凯瑟琳·萨默斯·卢斯.核心竞争力战略 [M].大连：东北财经大学出版社，1999.

[19] 黄旭.战略管理：思维与要径 [M].北京：机械工业出版社，2007.

[20] 金占明. 战略管理——超竞争环境下的选择（第三版）[M]. 北京：清华大学出版社，2010.

[21] 王迎军，柳茂平. 战略管理（第 2 版）[M]. 天津：南开大学出版社，2013.

[22] Prahalad C.K., Hamel G. The Core Competence of the Corporation [J]. Harvard Business Review，1990（5-6）：79-91.

[23] 迈克尔·波特. 竞争优势 [M]. 北京：华夏出版社，2005.

[24] 赵国浩. 企业核心竞争力理论与实务 [M]. 北京：机械工业出版社，2005.

[25] 张新华，范宪. 识别、构建和保持企业核心竞争力 [J]. 复旦大学学报（社科版），2002（5）.

[26] 王建民. 战略管理学 [M]. 北京：经济科学出版社，2007.

[27] 史东明. 核心能力论构筑企业与产业的国际竞争力 [M]. 北京：北京大学出版社，2002.

[28] 黄江圳，谭力文. 从能力到动态能力：企业战略观的转变 [J]. 经济管理，2002（2）.

[29] 孟晓斌，王重鸣，杨建锋. 企业动态能力模型研究综述 [J]. 外国经济与管理，2007（10）.

第六章　企业使命与战略目标

实践证明,那些继往开来一代代走向辉煌的企业,那些经历人事变更成员依然紧密团结的企业,都有一个全体员工共同高举的战略旗帜——企业使命。当大家齐心协力认准方向,拥有共同的信念和意志时,将会爆发出极大的能量,足以克服很多意想不到的困难。

正如管理大师彼得·德鲁克所说,使企业遭受挫折的唯一最重要的原因,恐怕就是人们很少充分地思考企业的使命是什么。

开篇案例

苏宁的使命与愿景

苏宁云商 1990 年创立于中国南京,是中国商业的领先者,国家商务部重点培育的"全国 15 家大型商业企业集团"之一,中国最大的商业零售企业。

2004 年 7 月,苏宁云商(苏宁电器,002024)在深圳证券交易所上市,成为国内首家 IPO 上市的家电连锁企业,连锁网络覆盖海内外 600 多个城市,中国香港和日本东京、大阪地区,拥有 1600 多家店面,海内外销售规模 2300 亿元,员工总数 18 万人,先后入选《福布斯》亚洲企业 50 强、全球 2000 大企业中国零售业第一,中国民营企业前三强,品牌价值 1052.35 亿元。

在 2010 年发布的企业社会责任报告中,苏宁首次开发了具有行业特征和企业特质的社会责任战略模型,形成了以阳光使命为核心,价值使命、共赢使命、服务使命、员工使命、环境使命、和谐使命六大模块为分支的社会责任价值体系。"阳光的概念从单一对企业服务的追求延伸到了苏宁对整体社会责任的追求",张近东表示,苏宁已是行业的领先企业,更重要的责任是推动行业和社会的进步。

此外,苏宁云商以"人品优先,能力适度,敬业为本,团队第一"为人才观,以"至真至诚,苏宁服务;服务是苏宁的唯一产品,顾客满意是苏宁服务的终极目标"为服务观,以"做百年苏宁,国家、企业、员工、利益共享;树家庭氛围,沟通、指导、协助、责任共当"为价值观,以"整合社会资源,合作共赢,满足顾客需要,至真至诚"为经营理念,以"制度重于权力,同事重于亲朋"为管理理念,还有"执着拼搏,永不言败"的苏宁精神。苏宁云商企业文化的基本法为"以市场为导向,持续增强企业盈利能力,多元化,连锁化,信息化，追求更高的企业价值；以顾客为导向，持续增强企业控制能力，重目标，重执行，重结果，追求更高的顾客满意；矢志不移，持之以恒，打造中国最优秀的连锁服务品牌"。

苏宁云商还有着美好的企业愿景：未来十年，苏宁云商将立足国内，开拓国际，继续保持稳健、高速发展，实体网络与虚拟网络同步推进，运用云服务模式，实现科技转型，打造智慧苏宁。到 2020 年，连锁店总数将达 3500 家，销售规模将达 3500 亿元，网络销售规模将达 3000 亿元，并以香港与日本市场为桥头堡，探索海外市场发展，跻身世界一流企业行列！

资料来源：苏宁云商官网，http://www.suning.cn/.

第一节 企业使命

通用电气、惠普、IBM 等著名公司也有着和苏宁云商类似的故事。大家不禁要问：一个《企业成立宗旨》竟有这么强大的力量？这些出类拔萃的公司究竟有何不同？

美国学者詹姆斯·柯林斯和杰里·波拉斯告诉了我们这些世界级企业成功的秘诀，他们收集了全球 36 家公司平均 90 多年的历史资料，进行了长达 6 年的跟踪研究，撰写了《企业不败》。研究发现，这 36 家企业中的 18 家非常优秀。这些企业都有成功经营近百年的历史，有其独到的经营优势，它们是同行业中首屈一指的经营机构，受到同行业中其他公司的普遍钦佩，长期以来一直对世界经济产生着重大影响[1]。而促使它们成功的重要因素之一就是建立有效的并能长期坚持的企业使命。

一、企业使命的内涵

每一个组织客观上都应该有其独特的不同于其他组织的存在理由，即企业的特殊使命，企业使命将利益相关者和公司的最终目标连接在一起，并明确地指出组织通向成功的道路。企业使命阐明了企业的基本性质和存在理由，说明其宗旨、经营哲学和信念等，它是企业开展各种经营活动的依据，是构成企业理念识别的出发点，也是企业行为的原动力。

彼得·德鲁克说过，定义一个企业不是用它的名称、规章制度或公司章程，而是用它的使命。只有那些清晰界定了使命和组织目的的企业，才能制定出明确、现实的经营目标，最后走向成功。而很多企业失败的原因归结起来就是缺乏对企业使命的充分思考。

---

[1] 刘莉. 战略管理启示录 [M]. 深圳：海天出版社，2000.

二、建立企业使命的意义

任何企业的存在都有其特定的使命。企业使命是企业对自身生存发展目的的定位，即体现出它对社会的职责及其所扮演的"个性"角色。这种定位是企业全体员工的共识，是区别于其他企业而存在的原因或目的，也是企业胜利走向未来的精神法宝。建立企业使命的意义主要在于以下几个方面：

（一）明确企业发展方向和业务主题

企业使命说明了企业目前是怎样的一个组织，明确指出将来希望成为怎样的组织，以及体现区别于其他组织的显著特征。

首先，它规范企业的发展思路，同时在企业战略方案选择时帮助界定边界，排除某些可能导致企业发展方向和业务主题偏离的投资领域或项目，做到发展目标明确、资源投入集中。

其次，它使经理人开阔思路，在基本符合企业发展方向与业务主题的前提下，选择适合企业的可行方案，勇于创新，不拘泥于某一特定发展套路，为企业的发展奠定基础。

（二）协调企业利益相关者之间的矛盾与冲突

企业使命是对有关经营理念、经营原则的整合，以促使所有人员明确方向与对重大问题形成共识，从而为企业运行营造良好氛围与提供有效激励。由于企业各利益相关者所追求的目标之间存在一定的冲突，企业使命可以用以说明满足各方利益相关者的程度，协调好各种目标之间的关系，从而被员工、股东、顾客、社会等理解和接受，使各主体形成共享的价值观与协同的行动。

（三）有助于企业共同愿景的建立

企业愿景，就本质而言，是先进的文化理念，是企业在未来期望达到的一种状态。愿景是人们意愿的表达，体现了企业的核心理念，它概括了企业的未来目标及核心价值。一般来说，企业愿景被看作是企业的一种远大的目标或追求，它明确界定公司在未来是什么样子。

1. 企业愿景的表述

企业愿景主要包括：企业长期的发展方向、目标及自我设定的社会责任和义务。企业愿景要素的描述主要是通过以下三个方面来体现的：

（1）企业对社会（包括具体的经济领域）的影响力、贡献力。例如，加多宝的愿景是：拥有行业领先的优秀团队，创造高效共赢的经营价值，成为世界知名的饮料企业。

（2）在市场或行业中的排位。例如，双汇集团的愿景是：开创中国肉类第一品牌。

（3）与企业利益相关者（股东、客户、员工、公众等）之间的经济关系。例如，索尼公司的愿景是：为包括我们的股东、顾客、员工，乃至商业伙伴在内的所有人提供创造和实现他们美好梦想的机会，"Dream In Sony"。

2. 企业愿景的作用

企业愿景主要考虑的是那些与企业的投入产出等有经济利益关系的群体，让直接对企业有资金投入的群体（如股东）、有智慧和生命投入的群体（如员工）、有环境资源投入的机构（如政府）产生长期的期望和现实的行动，让这些群体、主体通过企业使命的履行和实现感受到实现社会价值的同时，自己的利益的发展也得到保证和实现。

企业使命的确立，为企业中每个员工的工作指明了方向，有利于企业愿景的建立，同时更好地激励每一位员工。

三、企业使命的内容和界定标准

企业使命指出企业在社会中存在的根据，或者是企业在社会中所应担当的角色和责任。确定企业使命就是决定了企业的发展方向，是企业战略目标制定的前提，是企业战略方案制定与选择的依据，是企业分配资源的基础。

（一）企业使命的内容

企业使命主要包括企业哲学、企业宗旨、企业形象三个方面的内容。

1. 企业哲学

企业哲学是在企业建立之初建立的一种价值观、态度和行为准则，是企业在社会活动中所起的作用以及作用方式的抽象表述，它具有持久性的特点。企业哲学是对企业经营活动本质性认识的高度概括，包括企业的基础价值观、企业内共同认可的行为准则及企业共同的信仰等在内的管理哲学。大多数企业都在其企业哲学中表达其对于人、诚信等这些根本性问题的看法。此外，客户、社会责任、创新、团队精神等也是常常包括的主题。例如，松下电器公司的经营哲学是：作为工业组织的一个成员，努力改善和提高人们的社会生活水平，要使家用电器像"自来水"那样廉价和充足。而莲花超级购物中心的经营哲学是：吸收、培训和发展各个层次的高素质人才，与供应商建立良好关系，坚持公司内每个员工高度的正直和诚实等。

2. 企业宗旨

企业宗旨明确界定了企业经营活动的内容，以及企业的性质和组织类型。如果没有具体的宗旨，就不可能制定出清晰的战略目标。确定企业宗旨应避免两种情况：

一是将企业宗旨确定得过于狭隘。狭隘的宗旨会束缚员工的思路，导致企业丧失很多可能的机会。例如生产空调的企业如果只是将经营空调作为其企业宗旨，则不会开发出一系列相关的家电产品。

二是将企业宗旨定得过于空泛。空泛的宗旨不能给员工带来实际的激励作用。一个出版商如果将自己的宗旨定为语言交流公司的话，则对企业发展方向的决策没有什么实际意义，因为这样的宗旨远远超过了企业的实际业务范围和能力，变得虚无缥缈，不可辨识。

确定企业宗旨必须看企业与顾客的关系，在此方面，彼得·德鲁克在其1973年出版的《管理：任务、责任和实践》中认为，要确定一个企业的宗旨，就得回答两个大问题：我们现在的企业是什么，即分析现在的顾客；我们的企业将来应该是什么，即要分析和确定潜在的顾客。

一个企业的宗旨不仅要在创业之初加以明确，而且在遇到困难或企业繁荣之时，也必须经常地再予以确立。一般来说，一个企业的哲学应保持稳定，然而企业宗旨应定期进行分析，以决定它是否需要改变。因为竞争地位、高级管理层、新技术、资源的供给和消耗、人口统计特征、政府法规及消费者需求等方面的变化，都会导致企业宗旨的改变[1]。英特尔公司在20世纪80年代中期以前，其经营宗旨定位于储存器上。而在80年代中期之后，它放弃了储存器业务，而选择了新的经营宗旨：成为个人计算机行业的著名的微处理器供应商，使得个人计算机成为工作场所和家庭的重要工具，成为驱动个人计算机技术发展的领导者。

3. 企业形象

企业使命内容的第三部分是企业公众形象的定位，特别是对于一个成长中的企业，对公众形象的重视反映了企业对环境影响及社会责任的认识。

企业形象是指一个企业在社会公众心目中的总体印象和综合评价。它是衡量企业经营管理优劣的一把尺子，也是展现企业精神风貌的一面镜子。例如，提到精工，代表的就是高级电子表；提到奔驰，代表的就是豪华型轿车。

企业试图建立一个怎样的社会形象，是企业使命的一项重要内容，它直接反映了企业在社会上扮演的角色，同时也在很大程度上影响了顾客对企业所提供产品和服务的印象。

表6-1是若干企业使命与愿景的实例，可以帮助我们更好地理解使命和愿景的内容：

表6-1 企业使命与愿景实例

企业名称	公司使命	公司愿景
中国移动	创无限通信世界，做信息社会栋梁	成为卓越品质的创造者
青岛啤酒	用我们的激情酿造出消费者喜好的啤酒，为生活创造快乐	成为拥有全球影响力品牌的国际化大公司
小米公司	让每个人都能享受科技的乐趣	让中国的科技创新赢得全球的赞誉
微软公司	为能够强化和丰富人们工作、学习和生活的个人计算机编制软件	帮助全球的个人用户和企业展现他们所有的潜力
通用电气	使世界更光明	以科技及创新改善生活品质；在对顾客、员工、社会与股东的责任之间求取互相依赖的平衡
顺丰速运	成就客户，推动经济，发展民族速递业	成为最值得信赖和尊敬的速运公司

---

[1] 邵一明，蔡启明. 企业战略管理（第二版）[M]. 上海：立信会计出版社，2005.

（二）企业使命的界定标准

企业使命的界定，必须包括客户的需求、顾客、技术和活动。企业使命的任务主要是明确企业的未来发展方向，确定企业未来的经营地位，增强企业的识别度。在确定企业的使命时，需要综合考虑到与企业有利益关系的各方面力量的要求。除了内部关系（包括董事会、各管理阶层、股东及员工），还要考虑企业的外部关系，即企业客户的要求及满足客户需求的方法。

企业使命内容的界定需要体现在以下三个方面：顾客、客户的需求、技术和活动。

（1）顾客。明确为哪些客户提供服务。麦当劳的使命：在全球范围内向一个广泛的快餐食品客户群，在气氛友好卫生清洁的饭店里，以很好的价值提供有限系列的、美味的快餐食品。

（2）客户的需求。明确需解决客户的哪些方面的需求。比如英特尔公司的使命是：设计、制造、销售和支持高精密电子产品和系统，以收集、计算、分析资料，提供信息作为决策的依据，帮助全球的用户提高其个人和企业的效能，创造信息产品以便加速人类知识进步，并且从本质上改善个人及组织的效能。又如，波士顿咨询公司的企业使命是：协助客户创造并保持竞争优势，以提高客户的业绩。

（3）技术和活动。明确提供怎样的技术、产品和服务活动。微软公司的使命是：每个家庭、每台桌子上都有一台计算机，使用着伟大的软件作为一种强大的工具。上海家化公司的使命是：奉献优质产品，帮助人们实现清洁、美丽、优雅的生活。

因此，使命的确立要求企业的高层领导者必须具备相当的远见卓识，特别强调以下方面：

（1）一个有效的使命表述必须清楚准确，具有感召力。能为全体员工及社会广泛理解和接受；有助于激发大家的积极性和创造力，在企业内部形成一种强大的凝聚力、向心力。

（2）使命应该富有想象力，并且可以持续很长时间。这是企业持续稳定发展的基础，在此基础上，企业的具体目标与战略方案可随时间与环境的变化进行相应调节。

（3）企业使命要致力于满足企业的不同利益相关者（股东、客户、员工、其他相关公众）的需要，协调可能出现的利益矛盾，为企业资源配置提供标准或根据。

一个企业如果不能开发出令人充满信心、深受鼓舞的使命，将会失去为社会尽责、为公众尽力、为员工尽心的机会，那么，企业将很难形成自身的整体实力，其持续发展也只能化为泡影。

四、企业使命与企业愿景的关系

企业愿景和企业使命都是对一个企业未来的发展方向和目标的构想与设想，都是对未来的展望与憧憬，也正是因为两者都是对未来展望的共同点，人们很容易把两者理解为一个意思或一个概念。因此，在很多不同的企业之间或在一个企业内部经常出现企业愿景和企业使命互相通用的现象。对于两者的关系，我们做以下具体分析。

（1）企业使命是比较抽象而长期的，往往代表企业终其一生所追求的远大理想；而企业愿景是比较具体的，往往指出一段期间内企业所希望能够变成的状态。

（2）企业使命说明的是企业的根本性质和存在的理由，而企业愿景说明的是在这种企业使命下企业如何做才能做得最好，或者说，企业应该怎样做才能实现企业的使命。

（3）企业使命决定了企业的愿景，而企业愿景又决定了企业战略，先有使命，才有愿景，再有战略。可以说，企业愿景是以企业使命为基础的，企业愿景同时又是企业战略的纲领性文件。在制定企业战略的实际操作中，在确定企业使命时往往会把企业愿景一起确定下来，而在确定企业愿景时又不可避免地会首先确定企业使命，所以更多是将其结合使用。

第二节　战略目标

欲制定正确的企业战略，仅有明确的企业使命还不够，必须把这些共同的愿景和良好的构想转化为企业战略目标，企业战略才具有可操作性。

战略目标是企业在一定时期内，根据其外部环境和内部条件，沿其经营方向所预期达到的成果。战略目标是企业战略的重要内容，它指明了企业的发展方向和操作标准。

一、战略目标的性质与内容

企业战略目标是指企业在一定时期内沿其战略经营方向所预期达到的成果。在企业战略管理过程中，目标的制定及其合理与否具有十分重要的作用。彼得·德鲁克认为，企业的使命必须转化为目标。他说，并非先有工作，后有目标；相反，正是因为有了目标，才能确定每人应做的工作。企业使命是对企业总体任务的综合表述，一般没有具体的数量特征及时间限定；而战略目标则不同，是为企业在一段时间内所需实现的各项活动的成果界定。目标可以是定性的，也可以是定量的，如企业获利能力目标、生产率目标或竞争地位目标等。战略目标必须是具体的和可衡量的，以便对目标是否最终实现进行比较客观的评价考核。对企业战略目标一般有如下要求：

（1）要有挑战性。目标本身是一种激励力量，特别是当企业目标充分体现了企业成员的共同利益，使战略大目标和个人小目标很好地结合在一起时，就会极大地激发组织成员的工作热情和奉献精神。一方面，企业战略目标的表述必须具有激发全体员工积极性和发挥潜力的强大动力；另一方面，战略目标必须是经过努力可以达到的，因而员工对目标的实现充满信心和希望，愿意为之贡献自己的全部力量。

（2）要有现实性。在制定企业战略目标时，必须在全面分析企业内部条件的优劣和外部环境的利弊的基础上，判断企业经过努力后所能达到的程度。既不能脱离实际将目标定得过高，也不能把目标定得过低。过高的目标会挫伤员工的积极性，而过低的目标也不能起到有效的激励作用。也就是说，战略目标必须适中、可行。

（3）要有可度量性。只有可衡量的目标才有助于评价目标完成的程度。如果无法明确衡量，则对于目标完成程度的评估便会含混不清，不能查找原因，对症下药。相反，如果每个员工都明确每年的年度目标及自己应该完成的任务目标，便更能激发起工作的创造性和主动性。

（4）要有一致性。战略目标组合中的各个分目标之间应相互协调、相互支持，形成一个系统。同时，总公司的长期战略目标和短期战术目标要与战略经营单位和职能部门的短期战术目标协调一致，形成系统，而不能互相矛盾。

（5）相对稳定及动态性。企业的战略目标一经制定和落实，就必须保持相对稳定，不可朝令夕改引起企业战略的变更。当然，如果经营环境发生了变化，战略目标调整后，所有的经营单位及职能部门的短期战术目标也要做出相应的调整。

二、战略目标的内容

由于企业战略目标是企业使命的具体化，一方面，有关企业生存的各个部门都需要有目标，从不同侧面反映了企业的自我定位和发展方向；另一方面，目标还取决于个别企业的不同战略。因此，企业的战略目标是多元化的，既包括经济性目标，也包括非经济性目标；既包括定量目标，也包括定性目标。

彼得·德鲁克认为各个企业需要制定目标的领域都是一样的，所有企业的生存都取决于同样的一些因素。他在《管理实践》中提出企业战略目标的内容主要在八个关键领域：市场方面、技术改进和发展方面、提高生产力方面、物质和金融资源方面、利润方面、人力资源方面、职工积极性发挥方面、社会责任方面。

为了便于衡量及提高可操作性，我们将战略目标分为以下几类：

（1）生产。用工作面积、固定费用、设备自动化水平和生产量来表示，有时也用产品质量、废品率等指标作为评价的指标。

（2）市场竞争地位。用市场占有率、销售额、销售量、企业形象地位和顾客满意度来表示。

(3) 盈利能力。用利润、投资收益率、每股平均收益、销售利润等来表示。

(4) 研究与开发。用花费的货币量、完成的项目、新产品开发费用占销售费额的百分比等指标来表示。

(5) 产品结构。用产品线或产品的销售额和盈利能力、开发新产品的完成期来表示。

(6) 资金。用资本构成、新增普通股、现金流量、流动资本、回收期来表示。

(7) 人力资源。用缺勤率、迟到率、人员流动率、培训人数或将实施的培训计划数来表示。

(8) 社会责任。用活动的类型、服务天数或财政资助来表示。

以上八项指标并没有把企业战略目标的全部内容都包括进来，每个企业仍可根据自己的具体情况列出适合于本企业的战略目标。并非每个企业都需要按照上述八个方面的问题列出自己的战略目标，而应该根据企业的具体情况有重点地突出几项对企业未来发展具有关键作用的战略目标予以确立。

三、战略目标的制定原则及制定过程

(一) 战略目标的制定原则

企业在制定战略目标的过程中，应遵循下列基本原则：

(1) 可行性原则。制定的战略目标应通过努力能够如期实现。因此，在制定战略目标时，必须全面分析企业的资源情况和主观努力所能达到的程度，既不能脱离企业的实际情况把目标定得过高，也不可不求进取把战略目标定得过低。

(2) 关键性原则。这一原则要求企业制定的战略目标要反映与企业经营活动有重要关系的问题，甚至是有决定性作用的事项，不能过分强调次要的战术性问题，以防浪费资源而因小失大。

(3) 一致性原则。又称平衡性原则。要求：第一，战略目标组合中的各个分目标之间应相互协调，相互支持，在横向上形成一个系统；第二，总公司的长期战略目标和短期战术目标要与战略经营单位和职能部门的短期战术目标协调一致，形成系统，而不能互相矛盾，互相脱节。

(4) 定量化原则。只有清晰的战略目标才会有效地激励到每一位员工，这需要定量化目标，让它可供测量，以便检查和评价其实现的程度。因此，战略目标必须用数量指标或质量指标表示，而且最好具有可比性。

(5) 激励性原则。可行性是战略目标的一个基本特点，同时激励性也是重要的一条。没有难度的目标称不上目标，只有通过企业所有人通力合作，一起努力能够实现的目标才会起到激励和挑战作用，才能挖掘出人的巨大潜能。

(6) 稳定性原则。企业的战略目标一经制定和落实，就必须保持相对稳定。如果经常改动，会困扰员工，不能起到良好的激励作用。但是也不是一成不变的，如果经营环境发生了变化，所有的经营单位及职能部门的短期战术目标也要及时做出相应的调整，以适应具体的环境变化。

由于企业内部不同利益团体的存在，战略目标之间不可避免地会出现某些冲突和矛盾。因此，制定战略目标的有效方法是构造战略目标体系，使战略目标之间相互衔接、相互制约，以达到目标体系的整体优化。

（二）战略目标的制定过程

1. 战略目标属性体系

战略目标"树形体系"是在企业使命定位的基础上，制定企业的总体战略目标，然后，将其层层分解，规定保证性职能战略目标。也就是说，总战略目标是主目标，职能战略目标是保证性目标。如图 6-1 所示。

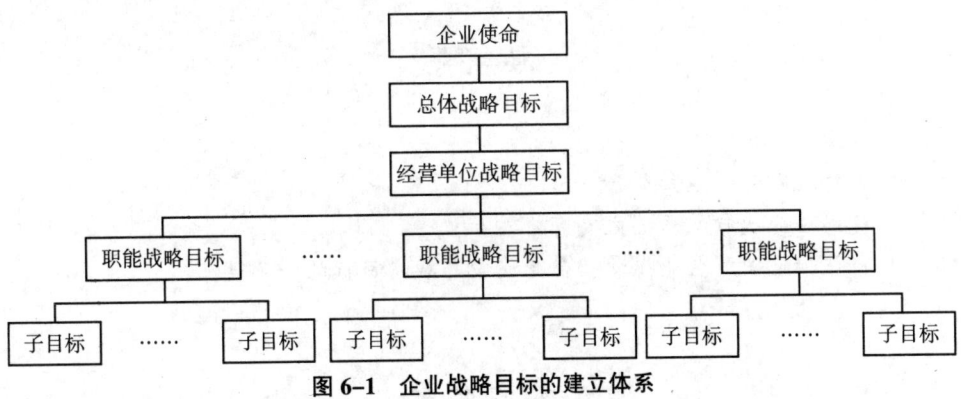

图 6-1　企业战略目标的建立体系

2. 战略目标的制定

在一个具有多项经营业务的公司内，不仅公司最高管理层制定全公司的长期战略目标和短期战术目标，而且在此之后，各战略经营单位或职能部门也必须确立自己的目标。通常这个企业目标的制定过程包括如下几个步骤：

（1）首先由企业最高管理层宣布企业使命，这是目标制定的基础。

（2）在企业使命的基础上确定企业的长期战略目标。

（3）根据整个长期战略目标，建立企业的短期执行性的战术目标。

（4）在整个公司短期战术目标确立后，各个战略经营单位、主要事业部建立自己的长期和短期目标。

（5）每个战略经营单位或主要事业部内的职能部门（如市场营销、财务、生产等）制定自己的长期和短期目标。

（6）这个目标的制定程序要通过组织结构层次一直向下继续进行下去，直到个人。

本章小结

本章主要介绍了企业使命的内涵、建立企业使命的意义、企业使命的内容、企业使命与企业愿景的关系等与企业使命相关的一些内容。简要描述了企业战略目标的性质与内容、战略目标的体系与类型、战略目标的制定过程及制定原则等。传统企业会在计划规划方面花比较多的时间，而在战略思考和使命定位方面则相对缺少认真思考。现代企业必须在战略思考、使命定位方面多用些心思，因为它是企业长远发展的纲领和灵魂，是成功的立身之本。而想要制定正确的企业战略，仅有明确的企业使命还不够，必须把这些共同的愿景和良好的构想转化为企业战略目标，企业战略才具有可操作性。

思考题

1. 怎样理解企业使命？
2. 建立企业使命的意义主要有哪些？
3. 应该如何理解企业愿景、企业使命与战略目标的一致性？

参考文献

[1] 王玉. 企业战略管理教程（第4版）[M]. 上海：上海财经大学出版社，2013.

[2] 彼得·德鲁克. 管理：任务、责任和实践 [M]. 北京：华夏出版社，2008.

[3] 詹姆斯·柯林斯，杰里·波拉斯. 企业不败 [M]. 北京：新华出版社，1996.

[4] 解培才. 企业战略管理 [M]. 上海：上海人民出版社，2002.

[5] 刘翼生. 企业战略管理 [M]. 北京：清华大学出版社，2003.

[6] 魏江. 企业战略管理——理念、方法与案例 [M]. 杭州：浙江大学出版社，2003.

[7] 彼得·德鲁克. 管理的实践 [M]. 机械工业出版社，2009.

[8] 陈继祥，黄丹，范徽. 战略管理（第2版）[M]. 上海：上海人民出版社，2008.

[9] 徐二明. 企业战略管理（修订版）[M]. 北京：经济科学出版社，2003.

第三篇 战略制定

第七章 公司层战略

> 上兵伐谋,其次伐交,其次伐兵,其下攻城。
>
> ——《孙子兵法·谋攻篇》

企业越要掌握自己的前途命运,它的经营战略就越显得重要。如果把企业比作一条航船,那么企业战略就好比是船上的罗盘或指南针,它使企业这条船在市场大海的惊涛骇浪中不致迷失航向。真正大企业的主要负责人,是用40%的时间和精力花在考虑和研究本公司的经营战略上的。在兵战中,战略的正确与否决定着战争的胜负;在商战中,战略同样决定着企业的成败。就是说,第一流的将帅是用谋略来战胜敌人的。企业在市场竞争中也正是这样,要靠战略、靠智慧去战胜你的竞争对手。本章公司层次战略所要解决的问题是确定经营范围和公司资源在不同的经营单位之间的分配事项,以及企业的发展方向。

开篇案例

法尔胜打造"魔绳三部曲"

江苏法尔胜泓昇集团有限公司(简称法尔胜泓昇集团)是一家以金属制品为主,产业涉及光通信、新材料、现代服务业的多元化生产经营企业集团。作为苏南地区首批国家级创新型企业,公司自1990年以来,综合实力一直位居全国金属制品行业第一。法尔胜的发展史充满了曲折和奋斗,它采取多样化的发展战略,涉及了多个生产领域,主业覆盖了金属制品、光通信和新材料三大领域。它以准确的市场眼光不断发展,打造了"魔绳三部曲"。

一、"麻绳"起家走向全球"钢丝绳"基地

1951年,法尔胜还只是"江阴县专业生产组",主要自产自销毛刷,后来因其优越的地理位置,交通运输业发展迅速,船用及打包用的麻绳、麻布需求量很大,于是它将产销范围扩大到了手摇麻绳和打包麻布,"专业生产组"也改名为"麻纺生产组",并在1964年转成独立核算、自负盈亏的"澄江制绳生产合作社"。随着生产方式的变化,为应对麻制绳索日趋滞销的市场变化,企业决定转产钢丝绳,并且从1966年开始定期派员到全国各地学习钢丝绳制造工艺。企业在引进部分钢丝绳生产设备的同时,因陋就简,废物利用,自行拼装一些设备,

经过其不懈努力，于1971年正式更名为"江阴钢丝绳厂"，生产逐步进入正轨，其固定资产从1964年的1400元增至1977年的104万元。企业以转产钢丝绳为突破口，打造了一条属于自己的道路。当时领导人凭借着敏锐的市场洞察力，参照国外相关技术标准，大胆改进工艺，经反复试验，生产出一条填补国内空白、替代进口的胶带钢丝绳，打破了国外胶带钢丝绳的垄断地位。与此同时，企业还开始向东南亚市场出口第一批钢丝绳，迈出了发展外向型经济的第一步。1978年到1983年，企业相继开发了一系列新产品，跻身全国金属制品行业的前列。20世纪90年代中期，企业又抓住了国内外建设大型桥梁的契机，研发生产了大型桥梁用钢丝和缆索，结束了国内大桥钢丝依赖进口的历史。到90年代后期，企业先后建成亚洲最大的子午线轮胎用钢帘线生产基地、中国最大的桥梁用缆索生产基地。

二、"钢丝绳"进入最前沿"光绳"

2001年法尔胜公司利用上市的契机，再次进行产业升级，进入到具有更高技术含量的光通信领域。先后承担了国家多个重大科研项目，五年内构建了包括光纤预制棒、通信用光纤、特种光纤、光缆、光器件在内的光通信产业链。光纤预制棒的成功开发和产业化，解决了多年来制约我国光通信产业发展的瓶颈问题，大幅度提高了我国在国际光通信领域的竞争实力。

三、"做强主业"走向"高新技术领域"

近几年，法尔胜公司在做强、做大金属制品和光通信产业的同时，把科技创新的触角伸向了新材料领域，先后开发了复合管材、形状记忆合金、易切削材料和超导线材等，产品技术水平居于国内领先地位。公司研发的形状记忆合金材料获国家科技进步二等奖，并以该项目为基础，通过引进外资，建成国内一流的形状记忆合金产品生产基地。

法尔胜公司根据所涉及的金属制品、光通信和新材料三大领域不同情况确定了不同创新重点。由于科技创新的重点突出，法尔胜公司不仅在金属制品主业内的领先地位更加巩固，而且在光通信、新材料领域里塑造了新的行业优势。在法尔胜，科技人员经常下到生产一线与工人们接触，在实际生产中寻找改进和创新产品的灵感。法尔胜的销售人员与工厂也有着亲密的接触，融入工厂中去，了解工厂的生产现状、未来发展方向。法尔胜建立了自己的科技创新体系，包括企业职工的"小改小革"，企业外部创新孵化平台的建立和社会层面创新合作框架的构建。法尔胜发展壮大的秘诀就是采取了多样化发展战略，始终围绕客户需求持续创新产品，依靠技术进步，不断巩固和扩大市场，走出了一条自主创新之路。

资料来源：刘新艳，沈忠芹. 法尔胜：从"江阴制造"走向"江阴创造"[J]. 科技创新案例与研究，2013（1）.

第一节 公司战略的分类

制定战略是战略管理的核心部分,它是在战略分析的基础上完成的。对于一个企业来说,达成战略目标的战略方案可能有多个,战略决策者必须对这些战略方案进行评价和比较,从中选择最合适的战略。对于具有多样化经营业务的公司来说,战略存在于不同的管理层次,战略按其所涉猎的影响层面可以划分为公司层次战略、业务层次战略和职能层次战略。公司层次战略所要解决的问题是确定经营范围和公司资源在不同的经营单位之间的分配事项,以及企业的发展方向;业务层次战略所要解决的是如何在一个确定的、细分的市场上取得行业竞争优势,是对公司战略的细分执行;职能层次战略实际上属于战术的范畴,制定出职能领域中所要采取的有效行动,是公司层次战略和业务层次战略的实际执行方案。

本章内容按企业管理层次的高低首先介绍公司战略的各种选择方案。一般来说,公司层次战略可以归纳为发展战略、稳定战略和收缩战略三类(见表7-1)。在确定了公司层次战略之后,公司管理者还可以进一步选择具体的战略形式,如集中于单一的竞争行业,或是多元化进入相关或非相关的产品和行业中。这些战略的选择不论是对单一产品的小企业,还是对经营若干产品的大企业或跨国企业都是适用的。

表 7-1 公司层次战略

战略类型	含义
发展战略	企业为了求得更大的发展速度和发展规模,扩展公司的经营活动,对产品、市场等方面采取进攻手段,以企业的快速发展为宗旨的一种战略
稳定战略	企业遵循与过去相同的战略目标,保持一贯的成长速度,同时不改变基本的产品或经营范围。它是对产品、市场等方面采取以守为攻,以安全经营为宗旨,不冒较大风险的一种战略
收缩战略	收缩战略是指企业从目前的战略经营领域和基础水平上,通过缩小经营规模、剥离部分业务或对企业进行重组,采用的抽资转向或撤退的一种战略

一、发展战略

发展战略即增长战略,要求企业在现有战略的基础水平上向更高一级的方向发展。尽管有三种公司层次战略可供公司选择,但就大部分公司来说,发展战略仍然是公司的首选战略。发展的核心是变革。在动态的竞争环境中,变革是一种求生的手段。不断的变革能够使企业不断地创造更高的生产经营效率和效益,从而能在不同的环境中适应并生存。寻求发展是企业的本性,并且扩大规模和销售可以使企业利用经验曲线或规模经济效益降低生产成本。发展战略作为公司的首要战略还有一个重要的原因是公司最高层管理者所持有的价值观。许多高层经理人员将发展等同于他们个人事业的成功，企业家强烈的成功欲望成为了企业发展的第一推动力。企业增长得越快，企业管理者就越容易得到升迁或奖励，所以这是由最高管理者或最高管理集体所持有的价值观决定的。

企业实施发展战略以企业的快速发展为宗旨。市场的占有、利润的空间、竞争能力的强弱等一系列衡量企业发展的指标会伴随企业发展战略的实施而出现一些特征。

（1）实施发展型战略的企业不一定比整个经济增长速度快，但它们往往比其产品所在的市场增长得更快。市场占有率的增长可以说是衡量增长的一个重要指标，发展型战略的体现不仅应当有绝对市场份额的增加，更应有在市场总容量增长的基础上相对份额的增加。

（2）实施发展型战略的企业往往取得大大超过社会平均利润率的利润水平。由于发展速度较快，这些企业更容易获得较好的规模经济效益，从而降低生产成本，获得超额的利润率。

（3）采用发展型战略态势的企业倾向于采用非价格的手段同竞争对手抗衡。由于采用了发展型战略的企业不仅仅在开发市场上下功夫，而且在新产品开发、管理模式上都力求具有竞争优势。一般来说，企业采取此种战略，总是以相对更为创新的产品和劳务以及管理上的高效率作为竞争手段。

（4）发展型战略鼓励企业的发展立足于创新。这些企业常常开发新产品、新市场、新工艺以及产品的新用途，以把握更多的发展机会，谋求更大的风险回报。

（5）与简单地适应外部条件不同，采用发展型战略的企业倾向于通过创造本身并不存在的某物或对某物的需求来改变外部环境并使之适合自身。这种去引导或创造合适的环境是由其发展的特性决定的：要真正实现既定的发展目标，需有特定的合适的外部环境。

企业发展战略的实施可能会促成市场份额的扩大、超额利润的获得、竞争力的提升和持续的创新这些特征的全部显现，也可能只是一到两个特征的显现，但最终结果都能使企业达到快速发展的目的。

二、稳定战略

稳定型战略是指在内外环境的约束下，企业准备的资源分配和经营状况在一定时期内基本保持在目前状态和水平上的战略。按照稳定型战略，企业目前所遵循的经营方向及其正在从事经营的产品和面向的市场领域大致不变，企业在其经营领域内所达到的产销规模和市场地位也都大致不变或以较小的幅度增长或减少。从企业经营风险的角度来说，稳定型战略的风险是相对较小的，对于那些曾经成功地处于上升趋势的行业和不大变化的环境中活动的企业会很有效。由于稳定型战略从本质上追求的是在过去经营状况基础上的稳定，它具有如下特征：

（1）企业对过去的经营业绩表示满意，决定追求既定的或与过去相似的经营目标。比如说，企业过去的经营目标是在行业竞争中处于市场领先者的地位，稳定型战略意味着在今后的一段时期里依然以这一目标作为企业的经营目标。

（2）企业战略规划期内所追求的绩效按大体的比例递增。与增长性战略不同，这里的增长是一种常规意义上的增长，而非大规模的和非常迅猛的发展。例如，稳定型增长可以指在市场占有率保持不变的情况下，随着总的市场容量、企业的销售额而增长，而这种情况则并不能算典型的增长战略。实行稳定型战略的企业，总是在市场占有率、产销规模或总体利润水平上保持现状或略有增加，从而稳定和巩固企业现有竞争地位。

（3）企业准备以过去相同的或基本相同的产品或劳务服务于社会，这意味着企业产品创新较少。

从以上特征可以看出，稳定型战略主要依据于前期战略。它坚持前期战略对产品和市场领域的选择，它以前期战略所达到的目标作为本期希望达到的目标。因而，实行稳定型战略的前提条件是企业过去的战略是成功的。对于大多数企业来说，稳定型增长战略也许是最有效的战略。采用稳定战略的公司能够保持战略的连续性，不会由于战略的突然改变而引起公司在资源分配、组织机构和管理技能等方面的变动，保持公司的平稳发展。但采用稳定战略也存在一些缺点，主要包括：

（1）稳定型战略的执行是以市场需求、竞争格局等内外条件基本稳定为前提的。一旦企业内外条件基本稳定的判断是错误的，就会打破战略目标、外部环境、企业实力之间的平衡，使企业陷入困境。因此，如果环境预测有问题的话，稳定型战略也会有问题。

（2）稳定型战略会使企业的风险意识减弱。稳定型战略有可能会形成害怕风险、回避风险的企业文化，这会大大降低企业对风险的敏感性和适应性，减少企业冒风险的勇气，从而增加了风险的危害性和严重性。

稳定型战略存在的优点和缺点是相对的，企业在具体的执行过程中必须权衡利弊，准确估计风险和收益，并采取合适的风险防范措施。只有这样，才能保证稳定型战略的优点的充分发挥。

三、收缩战略

收缩战略是指企业从目前的战略经营领域和基础水平上，通过缩小经营规模、剥离部分业务或对企业进行重组，采用的抽资转向或撤退的一种战略。总体上看，收缩型战略是一种消极战略，在很多情况下，是一种迫于情势的选择，也是经营者不太情愿采用的一种方式。

但是经营者们必须认识到，市场和资源都是有限的而且在动态变化，经营者可能面对各种情形。企业和事业的发展不可能总是一帆风顺。成熟的企业家，既能面对顺境，更能面对逆境，知攻守、懂进退。当企业的某些产品或全部产品线都缺乏竞争性，企业的经营业绩下降，销售额降低，从盈利变为亏损时，需要采用收缩战略。收缩型战略包括了转向战略、调整战略和清算战略三种类型。

（1）转向战略是指减少企业在某些亏损领域的投资，这个领域可以是市场、产品线，或是经营单位。采用这种战略的目的是改变企业中资源的流向，把通过这种战略获得的资源投入到企业中更需要资金的或发展潜力大的领域。

（2）调整战略是指提高运营效率，企图扭转企业财务状况欠佳的局面。在实施调整战略时，企业会采用诸如更换管理层、加强成本控制和预算、出售不良资产，降低管理成本或者裁减雇员等方式。

（3）清算战略是企业发现自己在产业中的竞争地位非常弱，企业无法取得必要的生存机会，只能通过拍卖资产或停止经营业务来终结企业的存在。对企业的管理者来说，清算无疑是痛苦的战略选择。然而，尽早进行清算较之追求无法挽回的事业，对企业来说可能更适宜。

企业采用收缩型战略，应该是面对情势的合理选择，不是"逃跑主义"，更不是"溃不成军"，更多的是一种调整行为，是企业的一种明智选择。收缩型战略应该有张有弛，是文武之道，也是经营之道。因此尽管不被企业看好，但收缩型战略也有其存在的必要性。

第二节　一体化战略

当一个企业采用了发展战略来推动企业快速发展时，很常见的做法是集中或整合资源于有发展潜力的产品或市场。这就使得很多企业会优先考虑一体化战略，然后才会考虑多元化战略。所谓一体化战略是指企业充分利用自己在产品、技术、市场上的优势，根据价值链的方向，使企业不断地向深度和广度拓展的一种战略。对一条产业价值链上的若干经济活动的组合，称为纵向一体化（Vertical Integration）；对一条价值链上的同一部位的多个地理区域的经济活动的组合，称为横向一体化（Horizontal Integration）。

一、纵向一体化战略

纵向一体化战略是指企业充分利用自己在产品、技术、市场上的优势，根据价值链的方向，使企业新的经营业务在其原有业务产业链的上游或下游（或上下游同时展开）发展的一种一体化战略。纵向一体化战略可以使得企业通过接替原来由供应商或销售商从事的经济活动而获得企业的快速发展。纵向一体化战略的目的是为了降低成本、取得对稀缺资源的控制，从而保证关键投入资源的确定，或能更清晰地把握市场的动态等。这一战略既可以通过内部扩展现有的业务来实现,也可以通过外部兼并来实现。例如,钢铁公司自己拥有矿山和炼焦设施,纺织厂自己纺纱、洗纱等。

(一)纵向一体化战略的分类

纵向一体化包括前向一体化战略和后向一体化战略两种具体模式。

(1)如果企业采用纵向一体化战略发展的是原先由供应商提供的业务,这种纵向一体化就称为后向一体化。企业获得供货方公司的所有权或增强对其控制,比如自行组织生产所要的原材料、能源、包装器材等而不再向外采购。

(2)如果企业采用纵向一体化战略进入的是过去由其销售商从事的业务,这种纵向一体化就称为前向一体化。企业获得分销商或零售商的所有权或加强对他们的控制。比如将自己的产品进行深度加工、提高其附加值再出售或组建销售产品的网点,直接面对消费者等。特许经营是实施前向一体化战略的一种有效方式。

颇具吸引力的产业,特别是可以预见的、市场正在扩展的产业,对位于强竞争地位的企业来说,纵向一体化是符合逻辑的战略。为了保持甚至提升自己的竞争地位,公司会进行后向一体化,以使获得资源的成本最小化,并尽可能地减少无效运作;公司也会采用前向一体化战略,以获得对产品销售的更大的控制权。事实上,企业可通过沿着产业价值链的扩展来建立自己独特的竞争力,并取得更大的竞争优势。

(二)纵向一体化战略的益处

纵向一体化战略之所以为许多公司所青睐,因为其具有其他战略所不具有的优势:

(1)增强了原材料的控制权。后向一体化战略可使企业对所用原材料的成本、可获得性以及质量等具有更大的控制权。

(2)可将成本转化为利润。如果一个企业的原材料供应商能获得较大利润时,通过后向一体化企业可将成本转化为利润。当企业产品或服务的经销商具有很大毛利时,通过前向一体化战略企业可制定更有竞争力的价格,增加自己的利润,从而使总投资回报率上升。

(3)有助于控制销售和分配渠道。前向一体化战略可使企业能够控制销售和分配渠道。这有助于消除库存积压和产量不足的局面。

(4)可以节约交易费用。交易费用是指市场交易中的寻找交易对象、签约交易合同、监督合同的履行、保障合同履行等能使市场交易顺利进行所需要的费用或付出的代价。按照科斯对企业的解释,他认为市场交易存在着巨大的交易成本,如企业在市场交易中寻找交易对象,签订交易合同,监督、执行和履行合同等都要付出代价和发生费用。实行纵向一体化使得这些市场化行为转变成企业内部间的行为,从而节约了交易费用。

(5)达到一定程度的垄断控制。一些企业采用前向或后向一体化战略来扩大它们在某一特定市场或行业中的规模和势力,从而达到某种程度的垄断控制。

纵向一体化正是通过上述优势达到了降低成本、取得稀缺资源的控制、保证关键投入物的质量或接近潜在客户的目标。

（三）纵向一体化战略的风险

在一定的情况下，纵向一体化战略是一种恰当和合理的战略。然而，纵向一体化战略也存在着风险，这主要表现在：

（1）退出壁垒增高。由于纵向一体化使企业规模变大，要想脱离这些行业就非常困难。此外，由于规模大，要使企业的效益有明显的改善，就需要大量投资于新的经营业务。

（2）管理复杂化。由于公司纵向规模的发展，不仅需要较多的投资，而且要求公司掌握多方面的技术，从而带来管理上的复杂化。

（3）一定程度上不利于新技术和新产品的开发。由于前向、后向产品的相互关联和相互牵制，不利于新技术和新产品的开发。

（4）可能产生生产过程中各个阶段的生产能力不平衡问题。因为各个生产阶段的最经济的生产批量或生产能力可能大不相同，从而导致有些阶段能力不足而有些阶段能力过剩。

由上述可见，退出的壁垒、管理的复杂性、产能的均衡性是企业在采用纵向一体化时要慎重考虑的要素。

（四）纵向一体化战略的理论依据

节约交易费用是实行纵向一体化的重要动机。企业从市场购买原材料或零部件时，如果寻找该产品很困难，或者该产品的生产厂家违背合同的可能性大（包括不按合同规定的交货期供货、不保证产品的质量等行为），或者为了使生产厂家遵守合同得付出很大的代价，或者对该厂家违背合同后的诉讼费用也很高的话，企业就会将该产品收归自己生产，即实行纵向一体化，以此来节约交易费用。交易费用指市场交易中的寻找交易对象、签订交易合同、监督合同的履行、保障合同履行所需要的费用或付出的代价。交易费用的大小主要受交易依赖程度的影响，企业对某一项交易的依赖程度越高，该交易的交易费用越高。威廉姆森（O.E.Williamson）将企业对某一交易的依赖性称为"资产专用性"，它包括设备专用性、人力资源专用性、厂址的专用性等[①]。一个企业对某一个交易关系的资产专用性 K 或者依赖程度越高，该交易费用 M 也越高。资产专用性和企业一体化选择的关系如图 7-1 所示。

实行纵向一体化以后，企业为了有效地管理新增加的生产部门要付出一定的管理费用。因为该部门被合并后，失去了市场竞争所带来的压力和利益，所以它对经营的紧迫感会减少一些。企业为了避免这种问题的发生，在内部管理上要多花一定的功夫，即管理费用 B。此外，如果该部门生产的产品具有显著的规模经济性的话，被一体化后专门为本企业生产的该部门往往因为规模太小而不能实现

---

① 威廉姆森.资本主义经济制度（中译本）[M].北京：商务印书馆，2002.

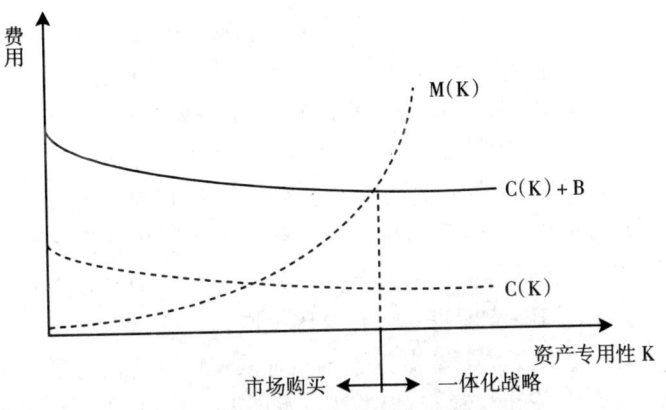

图 7-1 资产专用性与企业战略选择的关系

注：M 表示交易费用，K 表示资产专用性，B 表示管理费用，C 表示实行一体化后的费用和市场购买价之间的差异。

资料来源：杨锡怀，冷克平，王江. 企业战略管理：理论与案例（第三版）[M]. 北京：高等教育出版社，2010.

规模经济，其产品要比从外部市场购买的产品更贵一些，即一体化后会带来成本的增加 C。

一体化以后新增的管理费用是由原来的企业规模和一体化以后的企业规模的差距程度所决定的。一般来说，合并职工人数 1000 人的企业要比合并职工人数 100 人的企业付出更多的管理费用。但如果原企业的规模有几十万人的话，两者之间的差别则是甚微的。管理费用 B 与资产专用性 K 之间没有什么关系。

实行一体化后的生产成本和市场购买价格之间的差异 C 是由该产品的生产是否有规模经济性以及该产品的特殊性程度所决定的。就是说，从生产成本的角度来看，专门为本企业生产不如集中生产并通过市场销售给各企业，因为后者可以至大规模地进行生产。但是，企业对某一交易的依赖程度（资产专用性）高的话，意味着该企业所交易的产品比较特殊，因此专门为本企业生产而失去规模经济所带来的成本增加也不是很大，K 增大，C 减小。由图 7-1 可见，企业的市场购买和纵向一体化的战略选择是通过比较市场的交易费用 M 与一体化以后的管理费用加新增成本（B+C）的大小所决定的。所以实行纵向一体化后就意味着可节省很多交易费用。但实行一体化后也同样会带来管理费用的增加等不利因素，所以企业需做出权衡，理性对待纵向一体化。

二、横向一体化战略

企业可以通过将公司产品或者业务扩展到其他地区，或增加提供给目前市场的产品及服务种类来实现发展。此时，公司运营于多个地点，但运营都处于某产业价值链上的同一点。这种发展的结果就是横向一体化。横向一体化战略也叫水平一体化战略，是指为了扩大生产规模、降低成本、巩固企业的市场地位、提高企业竞争优势、增强企业实力而与同行业企业进行联合的一种战略。例如，联邦快递公司采取横向一体化战略，将邮件订货业务扩展到中国。企业可以通过内部开发来实现横向一体化战略，也可以通过兼并同产业中的另一企业或是与同一产业的另一企业建立战略联盟，从外部实现横向一体化战略。

横向发展的典型企业有美国的麦当劳公司。1948年，迪克·麦当劳和莫里斯·麦当劳兄弟俩合伙开了一个叫麦当劳的餐馆，主要出售汉堡包、炸薯条和饮料及冰激凌。当时兄弟俩并无太大的雄心，对在其他地方开设类似的餐馆无多大兴趣。但在1954年，瑞·克罗克建议在全国范围内设立餐馆，麦当劳兄弟俩采纳了克罗克的建议，随即成立了麦当劳公司。时至今日，麦当劳公司的主要产品仍是汉堡包，辅以炸薯条和饮料或冰激凌。多年来，它也增加了早餐食品、炸排骨、炸鸡块和其他的快餐食品。然而，它的发展是通过区域扩张、维持高质量和优质服务以及洁净的名望等手段。

很明显，实现纵向一体化战略，企业一般都要跨产业经营，而实现横向一体化战略，企业不会跨出原来的产业范畴。因此，从促进公司发展过程来看，横向一体化战略成为公司扩大规模、实施发展战略选择的一个显著的趋势，竞争者之间的合并、收购和接管提高了规模经济，便于企业资源与能力的流动。我国实行横向一体化战略的企业也日益增多。在市场经济的导向下，很多产业内先前的力量分散、布点过多、达不到规模经济的状况得到了改变。产业内部的优势企业去兼并收购劣势企业的案例屡见不鲜，如电视机产业中，长虹、康佳等大型龙头企业兼并了很多家小型电视机厂等。这些都是横向一体化战略的实际运用。

然而，实施横向一体化企业还面临一个主要的危险，即如果企业的产品或服务的市场需求下降，该企业会遇到麻烦。一些非企业所能控制的因素可能会引起对企业产品或服务需求的下降。顾客偏好的不稳定性增加，竞争的激烈程度和复杂性的增强，以及技术变革、政府政策的改变等都对实行集中生产单一产品或服务战略的企业构成主要的威胁。

第三节 多样化发展战略

居于全球500强前列的GE公司的成功是多元化发展的一个成功典范。多元化战略可谓是GE的一种"传统"，而韦尔奇则把这种传统发挥到淋漓尽致——从电力系统到航空引擎，从塑料到照明，从金融服务到电子商务，韦尔奇时代的GE几乎成了无所不包的巨无霸。GE的13个业务集团：8个工业产品集团、4个金融产品集团和1个新闻媒体，每个业务集团都是全球市场的佼佼者，每年都能创造120亿美元以上的收益，这的确让人羡慕。以至于国内的许多企业如海尔、春兰、联想、TCL、长虹、方正、奥克斯等都争先恐后地以GE为师，实施其多元化战略。但时至今日,这些企业并没有做得像 GE 一样成功;反而有不少的企业陷入了多元化的陷阱,以失败而告终[①]。

一、多元化战略的含义和分类

多元化战略(Diversification Strategy)是指企业在原主导产业范围以外的领域从事新的生产经营活动,通过进入新的行业、开发新产品或开展新业务来扩大产品品种或服务内容,从而取得企业的进一步发展或提高盈利水平的战略。多元化战略的企业会有几个并行的发展方向,企业会将所有的资源按比例地分配到所拥有的多个产品或市场上。多元化战略作为企业成长的战略,被国内外很多企业所采用。

在多元化的过程中,企业进入与现有产业相关或相近的产业范围,这种多元化战略就称为相关多元化战略(Related Diversification Strategy)。通过相关多元化,企业可将在原来的产业中行之有效的产品知识、制造能力和营销技巧等运用于与之相符的新产业,实现协同效应,即两项业务共同产生的利润要高于它们各自产生的利润之和。而当企业在多元化过程中进入了与现有产业不相关的产业范围中时,这种多元化战略称为不相关多元化战略(Unrelated Diversification Strategy)。企业在采用不相关多元化战略时,会更注重财务方面的现金流量或风险的降低等,重点考虑的是财务方面的协同,而不再是产品—市场的协同。

二、相关多样化战略

当企业的竞争地位牢固,并且当前的产业并不能满足企业的发展时,通过相关多元化进入相关产业就成为企业优先选择的发展战略。多元化意味着企业要进入一个新的产品领域,相关多元化战略表示现在的企业和进入的产品领域之间有些关联,这些关联可以是产品技术上的关联,也可以是营销技术和管理技术上的关联,或者是在消费者基础上的关联。

(一) 相关多元化表现形式

(1) 技术相关型,指企业生产的各类产品虽然在用途方面各不相同,但是在研究开发、制造生产过程中却存在某种技术上的联系。例如,船舶、飞机制造企业以机械制造技术为中心,开发生产重型车辆、工程机械、海上采油平台等产品。

(2) 市场相关型,指企业生产的产品在技术上没有什么联系,但在销售市场方面却有较密切的联系,例如某企业既生产照相机,又生产感光胶片、冲印设备和溶剂等。

(3) 技术/市场相关型,指企业的产品在技术和市场两方面都有联系,这类企业最典型的是消费电子企业,其生产的产品在电子技术领域相关,而市场主要针

[①] 黄国辉,温荣辉. 都是韦尔奇惹的祸 [EB/OL]. 博锐管理在线, http://www.qg.com.cn/articles/caijingyaowen/2007-3-10.

对家庭和个人消费者，也存在较多的联系。

（二）企业实施相关多元化的原因分析

企业选择相关多元化的原因主要是发挥协同效应，以达到降低成本，取得更大收益的目的。协同效应是指企业在其生产、营销、管理的不同环节、不同阶段、不同方面共同利用同一资源而产生的整体效应，具有"1+1>2"的效果。公司开展相关多样化战略进入技术、生产、职能活动或销售渠道能够共享的经营领域，可以实现规模经济、范围经济所带来的益处而使成本降低，达到战略协同性的目的，发挥"1+1>2"的效果。具体可以归结为以下几点：

（1）市场相关协同，即不同产品用于同样的消费者、借助共同的批发商或零售商、拥有相近的市场或激励方式，使不同活动的成本链重叠，进而表现出市场相关的战略协同性。如共同采购、共同营销，在营销上也可以互相搭配，进行交叉销售，甚至使用共同的品牌，公司的商誉、商标、广告技能可以从一个产品（业务）转移到另一个产品（业务）。如蒙牛公司进入雪糕和冰激凌领域。

（2）操作或技术协同，不同业务之间存在着操作协同：生产中使用共同零部件产生的规模经济性；公司技术的共享及核心能力的交互延伸带来的范围经济性，日本的 Brother 公司在推动相关多元化的进程中使用了"技术树"，即把某行业中开发的技术（小型马达技术）应用于另一个行业（小型电器和电动打字机业）。

（3）管理协同，不同业务单元的经营管理和操作层次具有一定的相通性，如共享公司的管理信息系统，并且管理层在相关领域内的管理经验也可充分发挥作用。

整体来说，相关多元化促使企业扩展其产品或服务，以进入新的地理或市场区域。相关多元化主要是利用价值链中不同事业单位间可能存在的战略性配合或借助彼此之间的协同。这种战略性配合或协同，可能存在于研发与技术、供应链、制造、分销、销售和营销等活动中。

三、非相关多样化战略

（一）采用非相关多样化战略的原因

在当今众多的大型企业中，实行非相关多元化经营已成为一种发展趋势。为什么企业采取非相关多样化战略？其根本的原因可归结为外部因素和内部因素两个方面。外部因素主要表现为：

（1）企业原有的产品市场需求增长处于长期停滞甚至下降趋向时，企业就可以考虑进入新领域开展多样化经营。

（2）所处产业集中程度高，企业间互相依赖性强，竞争激烈。企业想要追求较高的增长率和收益率，只有进入本产业以外的新市场，才会出现有利的局面。

（3）外部因素的多变性和不确定性迫使企业不仅要考虑收益性，更要注意长期收益的稳定性。这要求企业采取非相关多样化战略，使企业处于求变和应变状态之中。

内部因素主要表现为：

（1）企业存在潜力资源。有些公司在任一特定时刻，会存在一些剩余的资源，即未被企业充分利用的资源，因此企业会有较强的开发能力、销售能力、生产能力等，使得它有开拓新领域的实力。

（2）企业在原业务领域中的竞争处于劣势。如果企业意识到自己在原有业务领域中处于劣势，自己的技能不能与当前的市场需求较好地匹配，那么企业就会寻找另外的发展路径，也就是采取防御性的多样化战略。

（二）采用非相关多样化战略的风险分析

非相关多元化战略选择意味着企业难以取得原材料、设备、技术、管理、市场、信息、人才协同效应。具体来说，存在着以下问题：

（1）系统风险。企业进行多元化经营时，不可避免地要面对多种多样的产品和各种各样的市场。企业的管理、技术、营销、生产人员必须重新熟悉新的工作领域和熟悉新的业务知识。另外，由于企业采用多元化经营，机构逐渐增多，企业内部原有的分工、协作、职责、利益平衡机制可能会被打破，管理、协调的难度大大增加。

（2）资产分散化。企业在一定条件下，一定时期内所拥有的资源是有限的，如果企业内生产经营单位过分分散，就容易失去原有主导产品、主营业务的竞争优势，最终导致企业在原有主导产品或主营业务竞争中失去市场和优势。

（3）成本风险。对于互不相关的多元化或跨行业经营发展方式，人们不能夸大"把鸡蛋放在不同篮子里最安全"。因为，从更深层次考虑，放鸡蛋的篮子也是用钱买的，是有成本的。如果把造篮子或买篮子的成本考虑进去，可能许多企业还是选择把鸡蛋放在一个篮子里。

近年来，我国多元化经营失败的例证很多，巨人集团总裁史玉柱反省其失败的重大失误之一，就是盲目追求非相关多元化经营。巨人大厦的建设导致财务危机，几乎拖垮了整个公司。广州太阳神公司的战略一直是"以纵向发展为主，以横向发展为辅"，即以保健品发展为主，多元化发展为辅。但1993年开始，太阳神改企业原有的战略为"纵向发展与横向发展齐头并进"，一年内上了包括石油、房地产、化妆品、电脑、酒店等在内的20个项目，结果远未达到预期效果，导致企业蒙受巨大损失。

四、多样化战略的理论依据

企业多元化经营是指企业在原主导产业范围以外的领域从事生产经营活动，即企业将从现有的产品和市场中分出资源和精力，投入到企业不太熟悉或毫不熟悉的产品和市场上。企业之所以实施多元化经营，主要是因为多样化战略能够给企业创造价值。采取多样化战略存在一定的弊端，有些可能是非常严重的，那么究竟采取多大程度的多样化才能达到企业利益的最大化呢？

任何战略创造的价值都遵循经济学中的"收益递减规律"，就是说，每一次多样化战略的实施或企业增加的每一项新业务所创造的价值都较前次所增加业务所创造的价值要少。因为企业总是寻求和利用最有利润前景的多样化机会,剩余的是那些不具最诱人的多样化机会。简单地说,收益递减规律意味着,每一次业务的增加或多样化所产生的边际附加值(Marginal Value-Added,MVA)趋于减少。如图 7-2 所示,MVA 曲线是一条负斜率曲线。

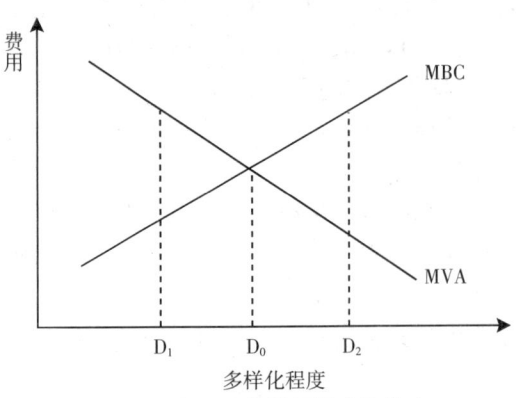

图 7-2　企业业务扩展的边际效应

资料来源:杨锡怀,冷克平,王江.企业战略管理:理论与案例(第三版)[M].北京:高等教育出版社,2010.

另外,随着多样化程度的提高,所伴随的管理成本也会升高。这种管理成本来自两个方面:

(1)信息不准确或不及时所造成的损失。这是由于随着多样化程度的提高,企业业务数量增加,信息量也增加。企业管理人员不可能有足够的时间去处理涉及每一战略经营单位及其相互关系的信息。也就是说,企业高层管理人员不可能掌握企业不同业务的全面情况。信息的不充分可能使企业高层管理人员在资源分配时做出错误的决策,使应得到资源而发展的经营单位得不到资源,相反应放弃的经营单位却得到了资源。

(2)随着多样化程度的提高,协调和控制不同经营单位的费用也随之增加,尤其是当多个经营单位共享生产技术、设施和营销渠道等资源时,协调和控制更加复杂,费用更高。总之,随着多样化程度的提高,总边际管理成本(Marginal Bureaucratic Cost,MBC)趋向升高。如 7-2 所示,MBC 曲线是条正斜率曲线。

综合考虑边际附加值曲线 MVA 和边际管理成本曲线 MBC,从图 7-2 中可以看出,企业采用多样化战略会有一个临界点 D_0。在此点上,MVA = MBC,即两条曲线交会处。当企业多样化程度到 D_1 时,多样化所产生的边际附加值超过伴随的边际管理成本(MVA > MBC),此时,继续寻求多样化是有利可图的。然而,当多样化程度达到 D_2 点时,多样化所产生的边际附加值小于所带来的边际管理成本(MVA < MBC),此时说明,企业采取多样化战略已经过了头。而正是 D_0 点时,边际附加值恰等于边际管理成本(MVA = MBC),此时企业的多样化战略达

到它的最佳状态。

当然，在实际的管理活动中，寻找出最佳的多样化程度 D_0 点是困难的，但企业可通过摸索和实践逐渐向这个最佳点靠近。

要说明的一点是，边际管理成本曲线不是一成不变的。随着企业管理技术的不断创新和信息技术的发展，可以大大减少管理一个复杂组织所产生的管理费用。也就是说，边际管理成本曲线 MBC 尽管仍是条正斜率曲线，但它的位置要下移，即从以前的 MBC_1 下移到 MBC_2，如图 7-3 所示。其结果是企业的最佳多样化程度点就从 D_1 提高到 D_2。也就是说，由于管理技术的创新和信息技术的发展，企业可以有效地实行更高程度的多样化战略，管理更多个业务。但是，多样化战略终归有一个限度或极限，超过这个限度，多样化战略得不偿失。

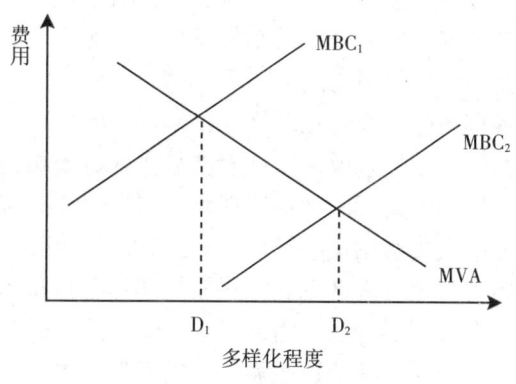

图 7-3　管理创新的效应

资料来源：杨锡怀，冷克平，王江. 企业战略管理：理论与案例（第三版）[M]. 北京：高等教育出版社，2010.

第四节　公司发展战略的实施方法

在企业的总体战略上，有纵向一体化战略、横向一体化战略、多元化战略等发展战略。当企业选择了既定的发展战略之后，就要着手确定实施发展战略的方式。这种实施方式大体上可以分为公司内部发展和外部发展两种方式。

一、公司内部发展

公司内部发展主要依靠自身的人力、物力和财力，进入新的经营领域。通常，当一个企业本身已具有相关的技术基础时，会偏向采用公司内部发展。另外，当企业所欲进入的产业或市场属于一个全新的产业，外部并没有具有相关竞争能力的企业时，企业内部发展也就可能是唯一的选择。

内部发展能否成功，很大程度取决于能否管理好新、老业务活动的"分离"

即新、老业务的互不影响与干预,因为新业务的出现往往会遭到老业务的抵制。这里所说的"分离"是为了建立一种边界,从而保障新业务能另成一套格局。"分离"失败的典型例子是柯达公司。20世纪70年代起,人们逐渐认识到电子成像势必取代化学成像(摄影胶卷),于是柯达公司成立了一个部门来开发和推广电子相机。但当负责胶卷业务的经理们发现自己的客户基础可能受到威胁时,他们开始对新项目横加阻挠起来。同时,新部门与柯达的其他机构一样,也设在美国纽约州的罗切斯特(Rochester),人力资源部认定公司内所有工程师的收入都应保持同一水平,而当时业界化学工程师的薪酬和福利一般都比电气、电子工程师的低不少,公司因此无法吸引到电子工程师,缺乏所需人才。分离的失败导致了柯达的没落,时至今日,市场上再也没有看到柯达产的录像机和摄像机。时间、地域和组织上的分离一直以来都在阻碍着经营新思想的传递,必须跨过分离带,对想法、人力的转移善加管理,否则阻碍将大到无法发展任何新的业务。经理人必须处理好创新与创新阻力之间的矛盾。

企业内部发展具有一些显而易见的优点:

一是资源共享性强。一般来说,内部发展是实现将公司的无形资源移植到新业务之中一种比较容易的方式。因为那些理解公司文化并拥有隐性的集体知识的员工可以在新的环境中直接运用这些知识,并从头开始塑造这一业务。

二是积累学习能力。通过内部发展而积累的学习能力和知识这种隐性的技术诀窍可能成为公司很有价值的资源,为公司进一步的扩张提供指导。

然而,内部发展也存在一些缺点。通常,内部发展受限于企业本身既有的资本,因此进入的规模可能很小,其发展是一个很缓慢的过程。在这个过程中,可能会错过市场机会。此外,在产业内部,公司通过内部发展扩大了生产量,增加了产业中的竞争强度。很多采用内部发展方式的企业,往往是以科技为导向的公司,技术上的辉煌创新,反而使得企业看不清楚真正的市场机会,忽略了市场的真正需求,产生自身的盲点,从而误导企业投资于发展一些缺乏商业化价值与市场化价值的技术。同时,公司对不能成功的内部发展所进行的投资却很难得到补偿,不像并购活动可以通过出售被收购公司来挽回败局。

公司内部发展会比较迁就既有的管理经验与模式,但有时一个新的事业需要完全不同的管理模式。例如,新事业对于公司资源的需求,以及管理层在时间和精力上的需求,可能会远远超出原先管理模式的能力范畴,从而导致资源供给不足。

二、公司外部发展

当大型企业尝试拓展国际市场时,包括收购其他公司等外部发展方式往往会成为首要的考虑方式。当企业所欲进入的产业或市场属于一个全新的领域时,企业外部发展也就可能是很好的选择。公司的外部发展目前主要有并购和合资经营这两种发展方式。

(一) 并购

兼并和收购 (Mergers and Acquisitions, M&A) 往往作为一个固定的词组来使用,简称并购。因为兼并和收购都是一种企业产权的交易,其产生的动因以及在经济运行中所起的作用基本是一致的。而且在许多企业兼并与收购的实践操作过程中,它们的区别是很难划分的。概括起来,并购指一个企业通过购买另一个企业全部或部分的资产或产权,从而达到控制、影响被购并企业,以增强企业竞争优势、实现企业经营目标的行为。

西方公司法把企业并购分成三种基本形式:吸收合并 (Merger) 即兼并;新设合并 (联合统一);收购 (Acquisitions)。吸收合并 (Merger) 即兼并是指两个或两个以上的公司合并中,其中一个公司因吸收 (兼并) 了其他公司而成立为存续公司的合并形式;新设合并 (联合统一) 是指两个或两个以上的公司通过合并同时消亡,在新的基础上形成一个新的公司;收购 (Acquisitions) 是指一家企业收购另一家企业时达到控股百分比股份的合并形式。美国著名经济学家乔治·斯蒂格勒曾说过:"没有一个美国的大公司不是通过某种程度、某种方式的兼并而成长起来的,几乎没有一家大公司主要靠内部扩张成长起来的[1]。"

企业寻求并购的动力来源于并购能给企业带来的优势,诸如企业的成长、进入新的行业、提高股东的收益等。企业并购有如下一些优点:

(1) 双方公司的股东们可能从并购中获得潜在的利益。理性的扩张是企业寻求增长的重要途径之一,理性的并购会提高资本的运营质量,加快资本的循环和周转,为企业带来利润,作为双方公司股东自然可从企业的增长中获利。

(2) 增加企业的核心竞争力。企业的核心竞争能力有赖于企业能否创造更高的价值,或以更低廉的成本提供相同的价值。不同的企业都有其一定量的核心竞争力,但是却可能缺乏运用其资源及能力的规模与经营领域。因此,通过购买竞争者、供应商、经销体系的成员,或相关产业的厂商,可以使它们更容易发挥其核心竞争力,以获得更大的核心竞争力。

(3) 能较快速进入一个新的和发展中的领域。因为大部分新的行业或市场都有较高的行业壁垒,企业要想后来加入必须付出相当大的代价,这时企业往往可以通过并购该产业中的现有厂商来更便捷和有效地进入该行业,特别是对于一个受保护、进入障碍大的行业来说,并购能降低进入新产业或新市场的门槛,能带来直接的进入授权。

(4) 并购有着比自行创业低的风险。在进行并购的当时,并购公司可掌握被并购公司的经营绩效、资产、获利性、收益和市场占有率等信息。因此,在预估其可能的绩效与报酬上也比较准确,这样其隐含的风险可能要比内部发展的方式低。

此外,并购还有诸如发挥生产协同、经营协同、人才与技术协同等协同效

---

[1] 郭元晞. 资本扩张 [M]. 成都:西南财经大学出版社,1998.

应；更好地利用现有的生产设施；利用同一销售渠道进行销售，使现有的销售系统更有效率；得到富有经验的管理队伍的帮助，以加强或继承现有的管理人员；缓解现有产品或服务周期性或季节性的趋势；提供新的产量以改变现有产品或服务生产停滞或下降的局面；提供新产品或服务，提高利润率，以补充虽有好市场但竞争日益激烈的老产品或服务；实现低成本扩张和降低多样化经营风险；获得和保护生产制造过程中（纵向一体化情况）所需要的原材料和零部件的来源；促进企业的跨国发展；加强对市场的控制能力；获取价值被低估的公司；等等。

尽管并购存在上述的优点，但同时它也存在了一些缺点：

（1）并购后不能达到预期的整合。并购之后的两家公司达不到预期的整合效果是并购方式的最大诟病。因为两家公司的文化、制度、员工类型、价值观、作业方式不同，整合困难较大，甚至双方的怀疑和猜忌都不容易短时间消除。整合成功对于企业未来的绩效具有相当重要的意义，越是能够在较短的时间内整合成功，则企业的绩效越佳。

（2）并购的代价可能很高。为了完成一项收购交易活动，收购方有可能会支付超出公司价值的价格，在这种情况下，就使得购买成为一种相对昂贵的市场进入方式，而且并购可能伴随着不必要的附属业务。许多目标公司都拥有好几种资产和能力，但其中只有一部分对收购公司有用，如果剔除多余资产或使它们成为公司业务组合的一部分，收购公司常常就要付出高昂的代价，其中既包括实际发生的费用，也包括管理者的时间。

（3）并购的惯性会侵蚀企业真正的能力。当企业经常借助并购来实现成长时，则会丧失其真正的能力。特别当企业习惯性地以事业的并购来替代组织的创新，长期以来，可能无法完全借助事业的并购来取得竞争优势，因此以事业的并购来替代创新，最终会导致绩效下降。当高层管理者对于并购过度关注时，则会导致管理者过度集中注意力于并购相关的活动，如寻找并购的标的、并购的可行性评估以及并购的谈判等。由于花费太多的时间在并购活动上，反而使管理当局无法集中注意力在正常事业的经营上，最后会影响长期的战略竞争力。

（二）合资经营

除了并购以外，合资也是一种常见的外部成长方式。合资是指一个独立的公司实体为两个或两个以上的母公司联合所有。企业合资的动机有多种原因：

（1）资源动机。一个企业可能得不到一定的资源和市场，在这种情况下，通过合资经营就可拥有这些资源和市场。

（2）市场动机。许多国家对在其国内做生意的外商实行正式的或非正式的限制。为了应对这些限制，外国公司就会与本地企业成立合资企业，进行合资经营。在许多行业中存在着与经营规模相连的优势，规模经济存在于制造、销售、研究与开发等环节。合资经营可以使企业从这些规模经济中获益。

（3）风险动机。在某些项目中，由于存在巨大的风险，因此许多公司认为在这些情况下进行合资经营对于规避风险是合适的。

合资经营战略有利于改进企业与外部的交流并扩大经营网络；有利于实现全球化经营；有利于降低经营风险。但是合资企业也存在一些显而易见的缺点如下：

（1）对合资企业的控制。对合资企业的控制和领导是最受关注的一个问题，尤其是对于少数股权的股东来说，可能会丧失对合资企业的控制力。

（2）对合资企业的管理。合资经营过程中，可能在多方面援助着或培养潜在的竞争对手。如果合作伙伴能够以更快的速度提高自己的能力或成功地创造出自己最缺乏的资源，则合资经营分裂的可能性更大。

合资伙伴公司的需要和愿望在合资经营的不同阶段会发生变化，并且有可能以存在分歧的方式而发生变化，因此，合资经营企业能否长期有效地存在下去是一个问题。

本章小结

制定战略是战略管理的核心部分，它使企业这条船在市场大海的惊涛骇浪中不致迷失航向。公司战略可以归纳为发展、稳定和收缩战略三类。发展战略是指企业为了求得更大的发展速度和发展规模，扩展公司的经营活动，对产品、市场等方面采取进攻手段，以企业的快速发展为宗旨的一种战略，是大部分发展中企业的首选战略。稳定战略是指企业遵循与过去相同的战略目标，保持一贯的成长速度，同时不改变基本的产品或经营范围。它是对产品、市场等方面采取以守为攻，以安全经营为宗旨，不冒较大风险的一种战略。收缩战略是指企业从目前的战略经营领域和基础水平上，通过减少成本与资产对企业进行重组，采用转向或撤退的一种战略。发展战略又可以细分为一体化战略、多元化战略、国际化战略等。其中的一体化战略又可再分为横向一体化战略和纵向一体化战略，多元化战略可以分为相关多元化战略和非相关多元化战略。

为了实现不同的战略目标，企业可以选择前几节所述的一种战略单独使用，也可以将几种战略组合起来使用。由于企业环境的复杂性，实现企业战略目标途径的多样性以及企业内部组织结构的差异性，在实际的战略选择中，企业多侧重于运用战略组合来实现自己的战略目标。总之，对大多数企业来说，可采用的战略方案是多种多样的。管理者既可以采用一种战略方案，也可以同时采用多种战略方案，形成一套战略组合。但鉴别出可用的战略方案，则是企业选择最适宜战略的前提条件和基础。

思考题

1. 以一个实际企业为研究对象,鉴别出它所采取的战略。
2. 为什么大多数企业倾向于采取发展战略?
3. 试比较一下企业实行发展战略不同方式的优缺点。

参考文献

[1] 迈克尔·库苏曼诺,康斯坦丁诺斯·马凯斯. 下一波经济的战略思考 [M]. 北京:华夏出版社,2003.

[2] 亨利·明茨伯格等. 战略历程:纵览战略管理学派 [M]. 北京:机械工业出版社,2001.

[3] 罗伯特·格兰特. 公司战略管理 [M]. 北京:光明日报出版社,2001.

[4] 加斯赛隆纳等. 战略管理 [M]. 北京:机械工业出版社,2004.

[5] 杨锡怀,冷克平,王江. 企业战略管理:理论与案例(第三版)[M]. 北京:高等教育出版社,2010.

第八章 业务层战略

公司层次战略所要解决的问题是如何确定经营范围和公司资源在不同的经营单位之间如何进行分配事项,指出了企业的发展方向。业务层次战略所要解决的问题是如何在一个确定的、细分的市场上取得行业竞争优势,是对公司层次战略的细分执行。业务层战略是企业生存、发展的基础,具体表现为竞争战略和合作战略。

在 20 世纪 80 年代,被最广泛阅读的竞争分析方面的三本书是迈克尔·波特的《竞争战略》(Competitive Strategy,1980)、《竞争优势》(Competitive Advantage,1985) 和《国家竞争优势》(Competitive Advantage of Nations,1989)。根据波特的理论,企业获得竞争优势的三个基点是成本领先、差异化和专一经营,由此他将竞争战略具体分为三种:成本领先战略、差异化战略和集中化战略,这三种战略又被称为通用的竞争战略或者一般的竞争战略。

开篇案例

小米手机的差异化

北京小米科技有限责任公司(以下简称"小米")成立于 2010 年 4 月,是一家专注于高端智能手机自主研发的移动互联网公司。小米手机是小米公司旗下三大核心业务之一。

小米手机自 2011 年 8 月 16 日正式发布以来,销量一路高歌猛进。2012 年共售出了 720 万台智能手机,成为中国增长最快的智能手机商之一,在几乎被苹果和三星垄断的智能手机市场占据一席之地。根据市场调查公司 Gartner 的数据,小米 2013 年第一季度在中国智能手机的市场份额为 2.6%,相比之下,三星的市场份额为 17.7%,苹果 iPhone 为 9.7%。显然小米在市场占有率上距离国际大厂商还有较大差距,然而它作为国产智能手机中一颗耀眼的明星,已经做得相当成功了。

小米科技自其第一款手机发布以来,取得了令人瞩目的销售成绩,那么是什么造就了小米的销售神话?作为一家专注国产智能手机的公司,小米的成功得益于其营销对消费者需求的准确把握。小米的营销在战略、策略与战术方面紧密配合、协调统一。在小米公司发展的过程中,其营销战略、策略与战术一直被广泛关注。

在营销方式方面，相对于一般手机厂家采用诸如电视宣传户外广告等常见的营销方式，小米手机主要针对手机发烧友，综合采用了多种营销手段。

（1）口碑营销。小米手机以高配置、低价格，留住了相当多的消费者，并创造了良好的口碑，吸引了众多"米粉"口口相传，取得了不错的效果，并为公司节省了大笔的广告费用。

（2）事件营销。小米手机的宣传非常成功，其会在每次新品推向市场前召开发布会，利用小米手机的高配低价吸引媒体关注。并且，关于小米手机的信息一经发布，就"窜至"各大网站手机版面的头条。

（3）微博营销。由于小米团队是先做系统后做手机，在做手机之前已经拥有百万客户，这些客户是小米手机的潜在客户。小米科技通过微博、论坛等新型互联网信息传播渠道宣传小米手机，并让这些客户参与了小米手机的开发环节，为小米手机的开发提出了大量中肯的意见。

（4）饥饿营销。尽管董事长雷军否认小米采用类似于苹果的饥饿营销，解释其定期开放购买的原因是产能不足。但实际上，小米科技通过这种销售方式赢得了国内市场。

于是，在其独特的营销手段下，小米创造了一个个"秒杀"、"售罄"的神话，并造就了大量具有高忠诚度的"米粉"。

同时，小米手机开创了互联网手机品牌：互联网模式开发，利用互联网销售，商业模式也将是"互联网化"。作为纯互联网的手机品牌，小米手机采用了互联网的销售模式，在不设线下渠道的情况下，最大规模地减少中间的渠道成本，从而降低成本。

在产品质量方面，小米手机质量好、性价比高，定位于中档机市场，价格向下看、配置向高端机上靠齐甚至领先。并且，小米手机上搭载的基于Android系统深入优化开发的MIUI系统更符合国人的使用习惯。

在客户服务方面，小米力争离客户近一点，服务更细一点，体现了其"为用户省一点心"的服务理念。小米现在采用的是互联网销售模式，其绝大部分商品使用凡客诚品如风达的配送体系进行配送，在如风达不能到达的偏远地区则通过顺丰或EMS，让广大客户放心购买。并且，各大论坛及微博为网友们提供了很好的交流平台，客户可以及时反馈意见，让小米的服务尽量做到完美。

在顾客情感方面，小米采用情感差异化策略，从不同的消费人群的不同情感出发提供产品。每个人都有自己的情感世界，当一个人买一件产品时往往除了理性，还有情感控制。很多时候个人的情绪会影响是否去购买产品。因此，小米通过微博、论坛互动等多种交流形式了解消费者的不同情感，从而有针对性地设计产品以满足用户的各种需求。

此外，小米通过"米聊"和MIUI锁定顾客群进行差异化竞争。他通过统一"米聊"和MIUI的账户，吸引原"米聊"和MIUI的使用者了解和购买小米手机。小米同时采用手机与移动互联网混合的模式，其所有Android开发的竞争对手都不是其做手机的竞争对手，所有做手机的竞争对手又都不是其做 Android 开发的竞争对手。而且就算有其竞争对手模仿跟进，他们将遇到难以想象的困难和挑战。

相对于竞争对手，小米的另一个很大的优势就是拥有一批关联公司（金山、多玩、凡客、乐淘等）。只要小米和这些公司进行服务对接，就有了其他手机厂商都不具有的优势——成本低、效率高、整合速度快，可以形成一个以小米手机为纽带的移动互联网帝国。

资料来源：丁利民，孙丁力.浅析小米手机营销策略[J].河北企业，2012(8).

第一节 成本领先战略

一、成本领先战略的竞争定位

成本领先战略也称低成本战略，是指企业在提供相同的产品或服务时，通过在内部加强成本控制，在研究、开发、生产、销售、服务和广告等领域把成本减少到最低限度，使成本或费用明显低于同行业平均水平或主要竞争对手，从而赢得更高的市场占有率或更高的利润，成为行业中成本领先者的一种竞争战略[1]。实施成本领先战略，要求企业较竞争者有明显的成本优势，具有防止竞争对手模仿成本优势的能力，即具有持续的成本优势。

成本领先战略指导着公司不同职能领域策略的选择，例如公司的营销、生产、研究开发等工作的开展都要符合成本领先战略的竞争定位，表 8-1 表示成本领先战略在不同管理职能领域的竞争定位。

表 8-1 成本领先战略在不同管理职能领域的竞争定位

管理职能领域	竞争定位
市场营销战略	——标准化的产品 ——价格低于竞争者 ——减少或节约促销广告 ——减少售后服务或产品保养
财务战略	——强调成本控制
生产战略	——适合批量生产的设备 ——依据需求扩大生产能力 ——控制存货，依据存货量生产
人力资源战略	——"传统"的管理风格，以正式的程序和严格的等级制为特征 ——对工人有强硬的讨价还价地位

---

[1] 邓海涛.企业战略管理[M].长沙：国防科技大学出版社，2005.

续表

管理职能领域	竞争定位
研究与开发战略	——强调过程创新，而不是开发新产品或者进行基础研究 ——在设计上强调可制造性

资料来源：戴维·贝赞可，戴维·得雷诺夫，马克·尚利.公司战略经济学 [M].武亚军等译.北京：北京大学出版社，1999.

二、实施成本领先战略的优势及风险

实施成本领先战略，一方面会给企业带来领先于竞争对手的战略优势，另一方面也使企业面临一定的风险。

（一）成本领先战略的优势

（1）获得更多的产业利润。在与竞争对手的竞争中，由于成本领先，企业可用低价格优势从竞争对手手中夺取市场占有率，使购买竞争对手同类产品的顾客转向购买本企业的产品。而且，由于价格较低，也会使原先没有使用该产品的顾客也开始使用。这样，企业可以通过成本优势扩大市场占有率，获得相对于竞争对手更多的产业利润。

（2）增强议价能力。处于成本领先地位的企业可以更好地面对买方要求降低产品价格的威胁，在交易时拥有更大的主动权。换言之，企业拥有成本领先地位，能有效地抵御买方的讨价还价能力。

（3）形成进入障碍。无论是在规模经济还是在其他成本优势方面，那些导致成本领先的因素往往同时也是潜在进入者需要克服的进入障碍。低成本企业由于采取了低价格而提高了进入壁垒，使新进入者不能构成对低成本企业的威胁。例如，在加工制造产业，大规模生产在降低了产品成本的同时，也提高了产业的进入壁垒。

（4）降低替代品威胁。企业具有成本领先优势时，可以有效地抵御来自替代品的威胁。当替代品进入市场时，企业仍可凭其产品的成本优势占领一部分对价格更加敏感的细分市场，替代品以低价格进入市场时，成本领先企业也可通过进一步降价来抵御替代品的威胁。

（二）成本领先战略的风险

成本领先战略可以为企业获得竞争优势，但是，采用成本领先战略，企业会面临一定的风险。

（1）设备的淘汰。技术的迅速发展和变化可能导致过去投资于大规模生产的大型生产设备的失效，而使企业遭受巨大的损失。例如，晶体管的发明和投产使原来大规模生产电子管的企业蒙受了重大的经济损失。

（2）消费者偏好的变化。成本领先战略的实施可能会使公司的高层管理人员和营销人员过多地专注于成本控制而忽略了消费者偏好的变化。例如，19世纪20年代，福特公司通过对汽车型号和品种的限制，以及通过各种措施严密控制成本，平稳地取得了成本领先地位。然而，随着美国人收入的提高，时髦的式样和多变的型号成为消费者考虑的焦点，通用汽车公司注意到这种变化，并迅速开发出型号齐全的各种汽车。在这种情况下，福特公司要想对其生产线进行调整，不得不花费巨额费用，因为以前的生产线是为降低成本而设计的大规模生产线。

（3）资产专用性强。为降低成本而采用的大规模生产设备和技术过于专一化，适应性差。市场环境瞬息变换，生产设备和技术的专一化虽然在一定程度上提高了生产力，降低了产品成本，但是却使得企业很难适应市场需求的波动、产品结构和技术的变化。

（4）监督成本的增加。企业通过大规模生产来降低成本时，员工的激励和部门之间的合作问题往往成为重要的制约因素。劳动关系紧张的同时企业的监督成本也会随之增加，这往往成为企业的棘手问题。

三、成本领先战略的制定

迈克尔·波特认为价值链是企业进行成本分析的基本工具，并认为企业的相对成本地位取决于以下两点：一是企业相对于竞争厂商的价值链的构成；二是价值链中包含的每一项价值活动的成本驱动因素的相对低位[①]。企业获取成本优势的途径：一是进行价值链重组，提高价值链的内在效率；二是控制成本驱动因素控制下的价值活动的成本。

（一）价值链重组

价值链的重组表现在企业对现有价值链进行大幅的调整或重新设计，使企业以不同于竞争对手的方式更高效地进行产品的设计、生产和销售。价值链的重组随时都可以发生。一方面，企业改善成本结构的内在动力会引发价值链重组；另一方面，不断变化的技术或市场环境也会给企业施加压力，迫使其进行价值链重组。

与单个价值活动的局部改善相比，价值链的重组具有两个关键的优势：首先，价值链的重组可以帮助企业从根本上改善其成本结构，企业相对成本低位的显著提高来自采用与众不同的价值链；其次，体现企业资源与能力特色的价值链可以使成本优势植根于企业最为擅长的领域。

（二）控制价值成本行为

在企业的总成本结构中，各价值活动的地位有所不同。企业控制价值活动的成本行为，应从占总成本比例较大或比例不断增加的价值活动入手，而价值活动的成本取决于一些影响成本的结构性因素，即成本驱动因素。因此，控制价值活动成本行为的实质是控制相关成本驱动因素。

---

① 迈克尔·波特.竞争优势［M］.陈小悦译.北京：华夏出版社，1997.

1. 成本驱动因素

影响价值活动的成本因素有很多,其中主要的成本驱动因素有以下十个。

(1)规模。规模是影响价值活动经济性的关键因素。生产规模的大小影响生产成本,同样,销售规模也会影响销售活动的成本。

(2)学习。企业在从事价值活动的过程中会积累相关的提高效率的方法,从而降低成本。在不同的活动当中,虽然企业学习的速度有所不同,但是总会有学习效应。

(3)产出能力利用模式。当一项价值活动与大量固定成本相联系时,活动的成本就会受到生产能力利用率的影响。生产能力利用率低,意味着更高的固定成本。

(4)活动之间的联系。一项价值活动的成本经常受到其他价值活动效率的影响。当不同的价值活动之间存在联系时,改善一项价值活动的实施方式,可能降低多项价值活动的总成本。

(5)同其他经营单位的联系。企业内部各经营单位之间可通过价值活动的共享与协同来提高价值活动效率,从而在企业范围内降低与分摊某价值活动的总成本。

(6)纵向联合程度。企业随时与供应商、买方发生纵向联系,企业与它们之间的联合方式可影响企业的成本。

(7)时机选择。时机的选择会影响价值活动的成本。率先行动可以赢得先发优势,追随行动则可获得追随效益。具体的时机选择要视产业特点、企业资源、竞争情况等因素而定。

(8)企业内部政策。企业的内部政策反映了其战略意图,它直接影响着企业的决策与行动,从而间接地影响着价值活动的成本。

(9)地理位置。生产与经营布局的变化不仅会改变运输成本,而且会因不同地区生产要素价格的差异而为企业带来降低成本的机会。

(10)国家政策、法规。国家政策、法规以及其他一些规定也会影响企业的成本。

2. 控制成本驱动因素

一项价值活动往往受到多个成本驱动因素的影响,控制成本驱动因素,要从对价值活动的成本行为影响较大的驱动因素入手,减少这些因素的不利影响。

(1)控制规模。活动规模的不当会导致规模的不经济,控制企业的活动规模,主要在于两点:一是在权衡某一价值活动的规模经济性时,应兼顾其他价值活动,保证不同价值活动的各个环节能够相互匹配;二是检验价值活动的规模是否符合企业的资源能力与特点,保证规模的相对适合程度。

(2)控制学习。学习在很大程度上依赖于企业管理层与员工的努力及重视程度。管理层必须倡导学习并制定学习目标,努力促使企业向学习型组织发展。学习的内容应贯穿于企业价值链的各个环节,学习的领域也不可仅限于企业内部,还可以向其他企业学习尤其是向竞争对手学习。

（3）提高产出能力利用率。企业可以通过两种途径提高其产出能力利用率：一是均衡需求，减少波动；二是提高产出的柔性，加强企业对需求波动的适应能力。

（4）控制活动之间的联系。企业的价值链由一系列相关的价值活动构成，价值活动的成本必然相互影响。正确地识别与控制价值活动间的相关成本是企业保证整条价值链成本最低的关键环节。

（5）控制同其他经营单位的联系。经营单位之间的价值活动共享可以在多个领域展开，如技术开发共享、采购共享、生产作业共享、市场销售共享等。价值活动共享为企业提供了降低原有成本的机会，同时也带来了增加新的成本的可能。

（6）控制纵向联合关系。企业与供应商、买家之间的纵向联合可以有效地促进彼此之间的信息沟通，以降低企业间合作的盲目性和不确定性，进而影响企业的成本。

（7）控制进入时机。有研究表明，企业进入市场的时机与企业获得成本优势的能力密切相关。究竟是率先进入市场更有利，还是跟随进入更容易获得优势，因产业而异。时机的选择不仅包括市场进入时机的选择，还包括购买时机、生产时机的选择。

（8）控制企业内部政策。企业内部政策是企业战略意图的集中反映。例如，选择成本领先战略的企业，其内部政策的制定和修改应以低成本为出发点。

（9）控制地理位置。价值活动发生的位置及企业与买方、供方之间的相对地理位置对企业的工作效率，如后勤效率和货源供应等有很显著的影响。例如，一些企业为了降低物流成本，重新安排自己的仓储运输系统，缩短物流路线，加快物流速度，从而减少了成本。

（10）控制国家政策与法规。面对国家的政策与法规，企业并不是完全被动的，从一定程度来说，国家的政策与法规也是一项可控的因素。例如，美国的枪支泛滥已成一大公害，控制枪支的生产与销售乃民心所向，但美国国会却迟迟无法通过该类法案，军火生产商对国家法规的控制力可见一斑。

第二节 差异化战略

一、差异化战略的竞争定位

差异化战略又称标新立异战略，它是指一个企业应力求使自己的产品或服务在行业内独树一帜，有一种或多种特质，从而赢得用户，赢得市场，取得高于竞争对手的收益。当一个企业为买方提供某种独特的、对买方来说其价值不仅仅是价格低廉的东西时，它就把自己同竞争对手区别开来，获得了经营的差异化[①]。企业可以在多方面寻求差异化，例如创造企业在产品设计、品牌形象、技术特点、外观特点、客户服务、经销网络及其他方面的独特性等。最具吸引力的差异化方式是那些竞争对手模仿起来难度很大或者代价高昂的方式。差异化战略寻求的是持久的差异化优势，但并不意味着企业可以忽视成本因素，只不过成本在此时不是主要战略目标而已。

同成本领先战略一样，差异化战略的实施也指导着企业不同管理职能领域运营策略的选择，表 8-2 为差异化战略在不同管理职能领域的竞争定位。

表 8-2 差异化战略在不同管理职能领域的竞争定位

管理职能领域	竞争定位
市场营销战略	——强调通过品牌、广告和产品促销来塑造产品形象 ——价格高于竞争者 ——广泛的售后服务和保养 ——广泛的信誉、质量保证
生产战略	——为迎合顾客需要和对不可预测的顾客需求做出灵活反应，愿意牺牲规模 ——依据预期保证产品的供应和最小化缺货的需要，扩大产能 ——依订货生产产品
人力资源战略	——管理风格较不正式，减少正式程序以及严格的等级划分，促进创新和企业家精神 ——为吸引更有技术的工人而付出高于平均工资的报酬
研究与开发战略	——研究开发强调产品创新和基础研究，而不是过程创新 ——产品设计强调增加消费者的收益或降低成本

资料来源：戴维·贝赞可，戴维·得雷诺夫，马克·尚利. 公司战略经济学 [M]. 武亚军等译. 北京：北京大学出版社，1999.

通过对表 8-1、表 8-2 的对比，我们可以看出成本领先战略和差异化战略在不同管理职能领域战略特征的不同。

生产和操作方面，追求成本优势的企业在制造和后勤方面追求规模经济，同时也追求存货管理的效率。然而，追求差异优势的企业由于希望通过更好的价格获得更高的收益，因而更愿意放弃这些优势。

工程和设计方面，追求成本优势的企业会使设计的产品符合多个市场最低的操作标准，例如一些号称"全球性"的公司为多国市场生产标准化产品。追求差异化的企业会使设计的产品符合重要的消费者或细分市场的需求，即使这样做会增加产品设计和服务的难度。

研究和开发方面，追求成本优势的企业更可能依赖于已建立的常规性技术，因此比追求差异优势的企业在 R&D 活动方面投入较少。竞争方式上，追求成本

[①] 邓海涛. 企业战略管理 [M]. 长沙：国防科技大学出版社，2005.

优势的企业，尤其是在有稳定技术的低增长产业中，企业的特点是拥有更加具体和更少自由度的工作，技术较差但数量更多的工人，以及采取更严格的控制。相反，追求差异优势的企业更可能将决策任务授予更接近顾客的较低层雇员，在决策时更多地听取雇员的意见，实行更广泛却较不正式的监督。

二、实施差异化战略的优势和风险

（一）差异化战略的优势

（1）取得更高的产业利润。成功实现差异化，可以给企业的产品带来较高的溢价，溢价的实现不但可以弥补由于差异化增加的成本，还可以为企业带来很高的利润。产品的差异化越大，所具有的特性或功能越难以替代和模仿，顾客越愿意为这种差异化支付较高的费用，企业的利润也越高。

（2）避免竞争。取得差异化的产品和服务能够满足消费者的特定需求，当这种差异化难以模仿时，消费者就会对差异化产品产生品牌忠诚，并且降低对这些产品价格变化的敏感性，差异化战略使得企业处于产业竞争中的隔离地带，免于竞争对手的侵害。

（3）减弱顾客的议价能力。由于顾客缺乏可以选择的对象，因此获得差异化优势的产品或服务不但可以使顾客对这些产品产生品牌忠诚，还可以显著地削弱顾客的讨价还价能力。这是很多著名产品售价虽高却拥有稳定消费群体的重要原因。

（4）降低替代品威胁。采用差异化战略的企业在应对替代品竞争时比其竞争对手处于更有利的地位。这同样是由于购买差异化产品的顾客对价格的敏感性较低，更注重品牌和形象，一般情况下不愿意接受替代品这一事实。而事实上，很多替代品生产企业也总是选择那些对价格比较敏感的消费群体作为自己的目标市场。

（二）差异化战略的风险

企业实施差异化战略也会面临一定的风险，这些风险的存在将影响企业经营业务的正常发展。存在的风险可能体现在以下几个方面：

（1）无价值的独特性。企业在某些方面具有独特性并不意味着这种独特性适于用来经营差异化战略。一般的独特性如果不能降低买方成本或提高买方所认同的价值，这种独特性就不可能形成真正有效的差异化战略。有说服力的差异化通常来自买方可以看到的和可以衡量的价值来源，或来自不能衡量但已经得到广泛了解的价值来源。关于独特性价值的一个很好的检验方法就是看一个企业在向了解其产品的买方推销时是否能够控制和维持溢价。

（2）过度差异化。如果一个企业无法识别买方所认同的价值，那么企业可能会进行很多过度的差异化经营。例如，产品质量或服务水平超出买方需要，那么这个企业相对于产品质量适当、价格便宜的竞争对手的竞争地位就很脆弱。出现过度差异化可能是因为企业在判断买方购买标准或分析企业收益临界点时产生了失误，也就是说，企业可能缺乏对企业自身活动与买方价值链相关联的认识。

（3）溢价太高。从经营差异化中获得的溢价是经营差异化的价值和持久性的函数。如果溢价太高，买方将摒弃已形成经营差异化的竞争者。如果企业不能以一种更为合理的价格方式与买方共同分享一些价值，则可能会使买方流失。适当的溢价不仅取决于企业经营差异化的程度，而且取决于企业总体相对成本位置。如果一个企业不能把其成本保持在与竞争对手大体相近的水平，即使企业能够维持经营差异化，因溢价的成本可能会增加，从而难以维系企业经营。

（4）不了解经营差异化成本。除非经营差异化实现的买方价值超过成本，否则经营差异化并不能带来显著的效益。企业经常不将它们创造经营差异化的活动成本分离出来，而是假定差异化具有经济意义。因此，企业可能不会通过对成本驱动因素的控制来削减经营差异化的成本，甚至承担大于溢价的成本。

（5）只重视产品而忽视整个价值链。有些企业只从实物产品的角度看待差异化，而没有从价值链的其他部分发掘形成经营差异化的机会。然而事实上，整个价值链都在为企业提供实施持久的差异化的机会，尽管最终产品只有商品。

三、差异化战略的制定

为了成功实现差异化，企业可以依据以下几个步骤制定自己的差异化战略，尽可能避免实施差异化时所带来的风险。

（一）确定谁是真正的买方

制定差异化战略的第一步骤是确定谁是真正的买方。企业、机构或家庭并非真正的购买商，真正的购买商是买方实体中一个或多个具体的决策个人，他或他们将对使用标准进行解释并定义价值信号标准。其中，使用标准是用户衡量企业产品为自身创造价值大小的尺度，包括产品的质量、功能、技术特性、价格和服务内容等；信号标准是显示使用标准的尺度，包括企业的信誉和形象、累计的广告效应、商标和包装、产品的外观和尺寸等。确定了真正的买方，对买方价值链的分析才能顺利进行。

（二）确定买方价值链

必须对顾客有价值，否则它不会成功，而要弄清什么对顾客有价值，必须从分析买方价值链入手。企业提供的产品或服务是买方价值链的一种外购投入。买方价值链决定企业的产品实际被使用的方式以及对买方活动的其他影响。企业应该清晰地认识到影响或可能影响买方价值链的所有方式，以及买方价值链中的可能变化会对企业产生的影响。

（1）确定买方购买标准。买方的购买标准有两种形式，分别为使用标准和信号标准。符合使用标准的独特性可以创造买方价值，而符合信号标准的独特性可以实现价值。购买标准的确定来自对买方价值链的分析和对与买方面谈以及对其内部状况的分析，程序是反复进行的，而且买方购买标准的清单也随着分析的不断进行而不断得到重新的定义。

（2）评价企业价值链中现存和潜在的独特性来源。差异化可以从企业整个价值链的独特性中形成，企业除了必须确定哪种价值活动会影响买方的购买标准外，还必须明确相对于竞争对手现有的独特性来源以及潜在独特性的新来源。

（3）选择相对经营差异化的成本。经营差异化的费用取决于导致经营差异性活动的成本，一般情况下，企业要形成差异化，必须进行更多的投资，相对于竞争对手而言，则可能需要更高的成本。因此，企业必须对自身和买方价值链之间的关系做细致的了解，选择产生买方价值和经营差异化成本在最大差额时的结构。一般而言，成功的差异化战略都是通过对价值链的了解找到经营差异化的多种形式，并且同时强调顾客的购买标准。

（4）检验所选择的差异化战略的持久性。差异化战略的持久性关系到企业是否能保持差异化优势以抵御竞争对手的侵蚀和模仿，否则就不会产生显著的效益。买方价值的稳定来源、阻止竞争者模仿的壁垒、企业在经营差异化时具有的成本优势等都有助于差异化战略持久性的形成。

（5）在不影响所选择的经营差异化形式的活动中降低成本。企业为进行成功的差异化，一定会积极削减对买方价值无足轻重的活动成本。这样做不仅能提高利润率，而且可以避免因为溢价过高而受到来自成本导向的竞争对手的威胁。

第三节 集中化战略

一、集中化战略的含义

集中化战略又称专一化战略，就是把经营战略的重点放在一个特定的目标市场，为特定地区或特定购买群体提供产品和服务。结果是，公司或者通过较好地满足特定对象的需要实现了差异化，或者在为这一对象服务时实现了低成本，或者两者兼得。尽管从整个市场的角度看，集中化战略未能取得低成本或差异化优势，但它的确在其狭窄的市场目标中获得了一种或两种优势地位[1]。集中化战略有两种形式，成本领先战略指导下企业寻求其在目标市场上的成本优势，而差异化战略指导下的企业则追求其在目标市场上的差异化优势，因此具体来说，集中化战略包括了成本集中化战略和差异集中化战略两种基本形式。

集中化战略的两种形式都以集中化企业的目标市场与产业内其他细分市场的歧异为基础。成本集中化战略在一些细分市场的成本行为中发掘机会，而差异集中化战略则是开发目标细分市场上客户的特殊需求。这些差别意味着多目标竞争者不能很好地服务于这些细分市场，因为它们在服务于部分市场的同时也要服务

---

[1] 邓海涛.企业战略管理［M］.长沙：国防科技大学出版社，2005.

于其他市场。因此，集中化战略的企业可以通过专门致力于这些细分市场而获取竞争优势。

如果一个企业能够在其细分市场上获得持久的成本领先（成本集中化）或差异化（差异集中化）地位，并且这一细分市场的产业结构很有吸引力，那么实施集中战略的企业将会成为其产业中的佼佼者。

二、集中化战略的选择

集中化战略取决于细分市场间的差异，无论这种差异是来自企业最优价值链的差异，还是来自买方价值链的差异。相对于以广大市场为目标的企业来讲，以一个或少数几个细分市场为目标的企业更容易获得成本领先地位或实现差异化。集中化战略的制定也涉及整个价值链，而不仅仅是针对产品的营销活动。

集中化战略的可行性来自企业目标市场的规模以及企业是否有能力承担特定价值链的成本。如果特定价值链能够满足细分市场的需要，但却无法对特定价值链的成本给予补偿，那么这个细分市场不可能成为企业的目标市场。有四种类型的细分市场适合采用集中化战略：第一，在该细分市场，企业特定价值链的经营成本较低，那么企业可以选择该市场作为细分市场；第二，该细分市场的发展速度较快，可以发展到足以克服为其服务的固定成本；第三，企业有能力利用与其他产业的关联来克服为该细分市场服务的规模大小；第四，当企业有能力通过地域上的关联，例如采取全球行动来克服规模经济时，那么企业也可实行集中化战略。

在对细分市场和企业特定价值链进行检验之后，企业可以依据细分市场的顾客需求及企业的核心竞争能力选择具体的集中化战略。根据所选战略，运用前面讨论的成本领先战略或差异化战略的制定方法来制定具体的集中化战略方案。

三、实施集中化战略的风险

战略的持久性是关系战略能否长期进行的关键因素，集中化战略的持久性也是一个至关重要的问题。在实施集中化战略的过程中，企业面临着很多风险，影响着集中化战略的持久性。实施集中化战略的企业所面临的风险主要有以下三方面：

（一）来自目标广泛竞争对手的风险

集中化战略面临的第一类风险是企业与目标广泛竞争对手的竞争失利，即与目标较为广泛的竞争对手相比，通过集中化战略创造的竞争优势小。目标广泛的竞争对手可能已经在集中化战略者的细分市场中进行竞争，或者由于它们在其他细分市场中现有基地的扩展而成为该市场的潜在插足者。集中化战略者超过目标较为广泛竞争对手的竞争优势取决于两个因素：一是同时服务于集中化战略者的细分市场和其他细分市场时目标广泛竞争对手需做出的折中程度。二是目标广泛竞争对手所经营的其他细分市场共享价值活动的竞争优势。

采用集中化战略企业的价值链和服务于其他细分市场所要求的价值链相差越大，集中化战略就越持久。例如，美国和欧洲的空调产业中，服务于家居和商业市场的销售渠道与服务于工业市场的销售渠道是彼此独立的。但是，在拉丁美洲、亚洲和中东地区，同一销售渠道倾向于服务整个系列产品。由于集中化战略者可以根据专营其目标市场的销售渠道的要求而特制价值链，因此集中战略在美国和欧洲比在世界上其他部分更为成功和持久。如果买方在目标市场中的需求相对其他细分市场越是不同、独特，那么集中化战略也就越能持久。

皇冠公司（Royal Crown）在软饮料业的问题说明了这些原则。皇冠公司目标集中于经营可乐产品，而不像可口可乐和百事可乐那样供应风味较广的软饮料系列。只供应可乐产品和供应系列产品相比，并不包括显著不同的价值链。同时，除了口味上的偏好外，买方对可乐产品和其他风味饮料的需求和购买行为并没有很大差别。因此提供宽系列产品反而可以从生产、分销和市场营销等活动中获得极大的利益，最终，皇冠公司的集中化战略没有带来任何超过目标广泛经营者的竞争优势，仅仅造成其劣势。另一个例子，莫西斯公司（Mercedes）运用与其目标广泛竞争对手不同的特制的价值链，通过在汽车业实行集中化战略而获得了强大的优势。

（二）来自模仿者的风险

集中化战略面临的第二类风险是竞争企业将选择并模仿集中化战略，这个企业可能是该产业的新插足者也可能是对现有战略不满者。集中化战略针对模仿者的持久性，依赖于集中化战略者所拥有的竞争优势的持久性，具体来说就是其成本优势或差异化优势的持久性。模仿集中化战略所遇到的流动性壁垒有规模经济、差异化、销售渠道的忠诚性和集中化战略独有的其他壁垒。然而，模仿集中化战略所遇到的壁垒高度取决于特定细分市场的结构，模仿集中化战略的企业要能够克服由于技术专有以及建立自有销售和服务网产生的规模经济形成的各种壁垒。

细分市场的大小也影响着来自模仿者的威胁。在小型细分市场中，如果模仿者不能抵消规模经济，那么对模仿者而言，相对细分市场的利润可能是更可观的，那么模仿者则可能会放弃进入该细分市场。相反，在一个成长性的细分市场中，当细分市场的范围变得更加狭窄时，实行集中化战略的企业可能面临着被"超越"的危险。例如，在迅速发展的信息产业，当企业为范围很狭窄的目标买方提供更为专用的数据库时，被模仿者替代的现象将十分普遍。

（三）来自细分市场被替代的风险

集中化战略持久性的最后一个决定因素是细分市场被替代的风险。倾力于某细分市场的集中化战略非常容易受到细分市场消失的威胁。细分市场的消失可能是环境、技术或竞争对手行为等发生变化的结果。细分市场的替代和产业替代一样都受竞争对手的影响，如果两者有什么不同，那么就是前者所受的影响可能更大些。竞争对手常利用市场营销、技术创新甚至游说政府等手段恶化细分市场的形势，从而从集中化战略者掌握的细分市场中转移市场需求。

第四节　竞争战略在实践中的应用

成本领先战略、差异化战略和集中化战略是由美国战略学家迈克尔·波特提出的三种基本竞争战略，这些概念的提出对企业选择竞争战略和取得竞争优势起到了关键作用。波特认为有效地贯彻任何一种战略都需要全力以赴，这三种战略不能兼容，企业只能择其一而为之，不能多选，否则"夹在中间"必然导致失败。

然而，当企业试图采用这些概念来解决实际中的战略选择问题时常常会遇到很多的问题。因为一般来说，企业所处的环境纷繁复杂，并不能简单地判断应该采用哪一种基本战略。现实中无数成功企业的例子告诉我们：各种战略可以并存，并能有力地结合起来为企业创造更大的价值。众多学者也通过对波特理论的思考，其中得到认可的有克利夫·鲍曼的"战略钟"理论以及W.钱·金和勒妮·莫博涅的蓝海战略理论。

(一) "战略钟"

英国学者克利夫·鲍曼（Cliff Bowman）将战略并存的问题纳入到一个体系内，提出了"战略钟"（Strategic Clock）的概念。他认为，在不同的市场环境条件下，企业实际上是选择沿着图8-1战略钟所示的8种途径中的一种去完成自己的经营行为，其中一些路线可能是成功的途径，而另一些路线却极有可能导致企业的失败，而每一种途径都代表了企业在实际的经营活动中所采用的战略。

如图8-1所示，将产品的价格作为横坐标，顾客对产品可感知的价值作为纵坐标，途径①~途径⑧表现的是企业在市场上进行竞争时可能做出的战略选择。

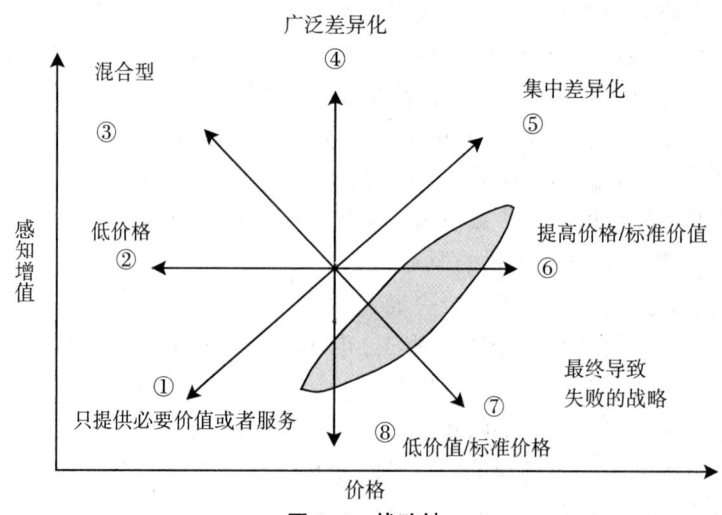

图 8-1　战略钟

路径	需求/风险
①只提供必要价值或者服务	可能只适用于特定细分市场
②低价格	存在价格战和较低利润的风险，需要是成本领先者
③混合型	成本基础差，需要在底价和差异化方面再做投资
④广泛差异化	
（a）没有溢价	客户感知的增值，产生市场份额收益
（b）有溢价	客户感知的增值足以支撑溢价
⑤集中差异化	在特定细分市场上形成的感知增值保证溢价
⑥提高价格/标准价值	如果竞争对手不采取同样的措施，将有更高的收益，但有失去市场份额的风险
⑦提高价格/低价值	只有在垄断条件下才可以
⑧低价值/标准价格	丢失市场份额

图 8-1　战略钟（续）

资料来源：格里·约翰逊，凯万·斯科尔斯.战略管理（第6版）[M].王军等译.北京：人民邮电出版社，2004.

1. 只提供必要价值或者服务（路径①）

路径①是只提供必要价值或者服务战略，即企业提供附加值较低的产品和服务，同时又制定低价格的战略。该战略之所以可行，主要是因为可能确实存在着这样一个细分市场，虽然客户意识到该细分市场中的产品或服务的质量较低，但他们买不起或者不愿意买更好质量的商品。事实上，我们周围的便民店、简易的理发店以及街头小贩的长盛不衰已足以说明这一点。

2. 低价格战略（路径②）

路径②表示的是低价格战略，该战略是指企业在设法维持自己的产品或服务的价值与竞争对手大致相似的同时，以低于竞争对手的价格售出产品或服务。但是同时竞争对手也可能对此进行模仿，也降低价格。因此，采用该战略时企业获得竞争优势的唯一办法就是保持比其他竞争者更低的价格，即价格低到使竞争者不能承受的程度，而这又回到了成本领先的理论上。企业要维持较低的价格，就要努力使其成本最低，准备打持久的价格战。因此，对于那些不具备成本优势但又准备参加价格战的公司而言（选择路径②），其危险就是使企业在本产业中的整体收入减少，投资开发新产品或服务的能力降低。

3. 混合战略（路径③）

路径③是混合战略，在该战略下企业可以在为顾客提供较高的、可感知的附加值的同时保持较低的价格。这种高质低价战略能否成功，既取决于企业理解和满足顾客需求的能力，也取决于企业是否具有保持低价格的成本基础。

可能有人会认为，如果已经实现了差异化，就不需要降低价格了，因为常规的看法认为，一家企业要么以较高的价值，要么以较低的成本创造不错的价值，企业的战略不过是在低成本和差异化之间做出选择。实际上，在很多市场，尤其是已被其他企业占领的市场，仅靠一种优势可能并不足以打开一个市场，尤其是在现有品牌有很高知名度和顾客忠诚度的情况下。因此，可以将混合战略作为进入已存在竞争者市场的战略。

在以下三种情况下，企业可能采取混合战略获得成功，即同时取得成本领先和差异化的优势地位。

（1）竞争对手夹在中间。夹在中间是指致力于追求成本领先地位却劳而无获的企业，它们不具有任何竞争优势。当企业的竞争对手都被夹在中间时，它们中任何一个都没有足够的优势解决降低成本和提高差异化的矛盾，那么该企业有可能通过采取混合战略获得较强的竞争优势。

（2）成本受市场份额或产业间相互关系的强烈影响。当企业的成本在很大程度上取决于市场份额而不是产品的设计、技术水平、提供的服务或其他因素时，企业通过差异化不断扩大自己的市场份额同时分担较低的市场成本，则有可能获得成本领先和差异化地位。

（3）企业首创一项重大革新。一项重大创新的成功实现往往可能使企业在提供具有独特差异化的产品的同时拥有较低的生产成本，这样，企业凭借此项重大的创新成果则可能在拥有差异化优势地位的同时又做到总成本领先。

4. 广泛差异化战略（路径④）

路径4是一个被广泛使用的战略，即企业以相同的或者略高于竞争者的价格向消费者提供可以感受的附加值，其目的是通过提供更好的产品或者服务来获得更多的市场份额，进而销售更多的产品，或者通过稍高的价格提高收入。该路径被称为广泛差异化，是相对于路径⑤而言的，路径④针对的是广泛的市场，而路径⑤则以较高的价格和附加值来针对细分市场。

采用差异化战略，企业就必须为保持其产品的独特性而不断地做出改进，当然，这种改进必须是消费者可接受的而不是设计人员自以为是的产物。如前文所讨论的，选择差异化战略，企业一定要明确谁是真正的顾客并准确地判断顾客偏好，并据此来制定自己的差异化战略。需要注意的是，企业不能试图只通过静态的差异化战略来获得持久的竞争优势，这是因为市场中顾客的价值判断是不断变化的，即差异化的基础在不断变化。另外，即使顾客的偏好相对稳定，但是随着时间的延长竞争对手也可能会有能力模仿企业的差异化。

5. 集中差异化战略（路径⑤）

在某些情况下，企业可以通过采取高质量高价格战略在产业中竞争，即以特别高的价格为用户提供更高的使用价值。采用这样的战略，就意味着企业在特定的细分市场内进行经营和竞争，事实上，这也许是一种真正的优势。例如，在轿车市场中，福特（Ford）、罗孚（Rover）、标致（Peugeot）、雷诺（Renault）、大众（Volkswagen）和许多日本轿车都在同一细分市场中进行竞争，它们想说服顾客相信其产品与其他竞争者的产品不同经常是很困难的。但宝马（BMW）作为一个轿车生产商，并不直接与其他的生产商在同一市场中进行竞争，它以特别高的价格提供带有很高的可感知价值的产品，从而吸引不同细分市场上的顾客。

当然，企业采用集中差异化战略也需要考虑许多重要的问题，主要表现在以下四个方面。

1) 企业必须在跨市场的广泛差异化（途径④）和集中差异化（途径⑤）两类战略之间做出选择。事实上，全球的企业管理人员都必须在不断涉足全球化市场和集中经营这两个战略之间进行选择和决策。选择跨市场的广泛差异化（途径④）战略，企业的目的是取得全产业范围内的竞争优势，但在这种情况下容易受到竞争对手的注意和模仿，同时，对企业的经营规模和整体实力也有很大的要求。集中差异化（途径⑤）战略的目标是在某一特定的市场内取得差异化优势，这种战略通常适合技术水平不是很高、规模和资金都不是很雄厚的企业。

2) 明确公司是在哪个特定的细分市场内，通过满足顾客哪些需求进行竞争是至关重要的。如果一个企业想在不同的细分市场内满足不同的需求，那么，它很难实施集中差异化战略。例如，如果一个装修豪华、购物环境十分舒适的大型百货商场，试图出售各种不同档次的商品，则很难实现。它也许想通过上述经营方式吸引不同的顾客，但其商店的设备和装置、环境和员工却没有根据不同细分市场的需要进行差异化，这样往往会使其产品和服务既没有价格优势，也没有差异化优势。这是我国很多大型百货商场和宾馆饭店经营绩效低下的一个重要原因。

3) 集中化战略有时可能与利益相关者的期望相矛盾，在公共服务领域尤其如此。例如，如果公共图书馆减少对需求较低的业务的服务，而将资源更多地投放到受欢迎的分馆中去，那么它将以更高的效率和更低的成本运营，其成本效益会更好。如果图书馆将它的服务扩展到录音带、录像带和新形式的公共信息服务上，将会更受欢迎。

4) 因为市场情况可能会发生变化，因此，必须对集中化战略的优势大小进行监控。例如，细分市场之间的差别可能会消失，使组织面临更多的竞争者，或者市场可能还会因为竞争者更细的差异化而被进一步细分。

6. 失败的战略（路径⑥、路径⑦、路径⑧）

路径⑥、路径⑦、路径⑧所表示的战略是可能要失败的。在路径⑥中，企业在提高产品价格的同时却不提高附加值，除非企业受到良好的法律保护或者有很强的经济壁垒阻止新的竞争者进入市场，否则，激烈的竞争可能会减少它的市场占有率。

路径⑦是路径⑥更危险的延伸，在路径⑦中，企业在降低其产品或服务的使用价值的同时却在提高相应的价格。这必将会为企业带来更加激烈的竞争。

路径⑧是指企业在保持价格不变的同时降低产品的附加值，虽然有公司采用这一战略，但却非常危险。19世纪70年代的Cadbury Schweppes巧克力公司，其在保持巧克力价格的同时也降低了产品在质量、包装、广告等方面的价值，并自信它的市场占有率足以保护它的市场地位。但结果却是，其竞争者大大增加了市场份额。

"战略钟"是一个基于市场的战略选择模型，它对迈克尔·波特的战略管理理论进行了综合,通过将价格和顾客可感知的价值作为坐标,将基本竞争战略放在一个平面上,总结出8种不同的战略路径。可以说,"战略钟"是对基本竞争战略理论的全面发展和重要补充。

(二)"蓝海战略"

W.钱·金和勒妮·莫博涅通过研究各个行业的竞争情况,将市场分为"红色海洋"和"蓝色海洋"。"红海"代表现今存在所有产业(已知的市场空间),这里产业界限和竞争规则确定,残酷的竞争使"红海"变得越发"鲜血淋漓"。"蓝海"代表当今还不存在的产业,就是未知的市场空间,在这里竞争无从谈起,因为游戏规则还未制定。企业想要突破"红海",开创"蓝海",需要采取一系列的战略,称为"蓝海战略"。"蓝海战略"也可视为前面所讲的"战略钟"中的混合战略,它兼顾了差异化和低成本,其本质在于重构了价值链。

1."蓝海战略"的基石:价值创新

"蓝海战略"采用的是完全不同的战略逻辑,也就是价值创新,在其指导下,企业不是在已有产业秩序中树立自己的防御地位,竞相去击败对手,而是全力为买方和企业自身创造价值飞跃,并由此开创新的无人争抢的市场空间。波特认为,一家企业需要在"差异化"和"低成本"之间做出选择,而开创"蓝海"者则会同时追求"差异化"和"低成本",两者之间的动态关系是价值创新的立足点,如图8-2所示。

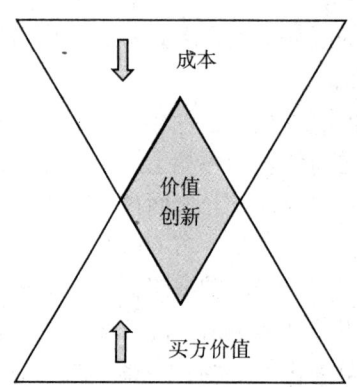

图 8-2 价值创新:"蓝海战略"的基石

资料来源:W.钱·金,勒妮·莫博涅.蓝海战略[M].吉宓译.北京:商务印书馆,1999.

当企业行为对企业成本结构和客户价值同时带来正面影响时,价值创新就在这个交汇区域得以实现。成本节约通过取消或压缩某些竞争因素而发生,而随着时间的推移,由价值创造所带来的规模效应会进一步促进成本下降。正如图8-2所示,"蓝海"的创造是在降低成本的同时为客户创造价值,从而获得企业价值和客户价值的同步提升。由于客户价值来源于企业以较低的价格向客户提供更高的效用,而企业的价值取决于价格和成本结构,因此价值创新只有在整个企业的效用、价格和成本行为正确地整合为一体的时候才可能实现。这种"全系统"的方式，使得开创"蓝海"成为一种可持久的战略，即"蓝海战略"把一家企业在功能和运营方面的活动都综合起来。

基于竞争的"红海战略"假定一个产业的结构性条件是给定的，则企业被迫在这些条件下竞争，这个假定的基础是学术界所说的机构主义观点或者环境决定论。而价值创新则认为市场边界和产业结构并非既定，产业参与者的观念和行为可以重构产业边界和结构性条件，我们称为重建主义。在"红海"，差异化是高成本的，企业的战略抉择要么是追求差异化，要么是追求低成本。然而，在重建主义的世界里，战略目标是打破现存的价值与成本的互替定律，构建新的最优行为规则，开创"蓝海"。

2."蓝海战略"四步动作框架

为了重新构建买方价值因素，塑造新的价值曲线，W.钱·金和勒妮·莫博涅开发了一套四步动作框架。如图 8-3 所示，为打破差异化和低成本之间的替代关系，创造新的价值曲线，有四个核心问题对挑战行业现有的战略逻辑和商业模式而言至关重要：

(1) 哪些行业中被认为理所当然的因素应该被剔除？
(2) 哪些因素的含量应该减少到行业标准以下？
(3) 哪些因素的含量应该增加到行业标准以上？
(4) 哪些行业内从未提供过的因素应该被创造？

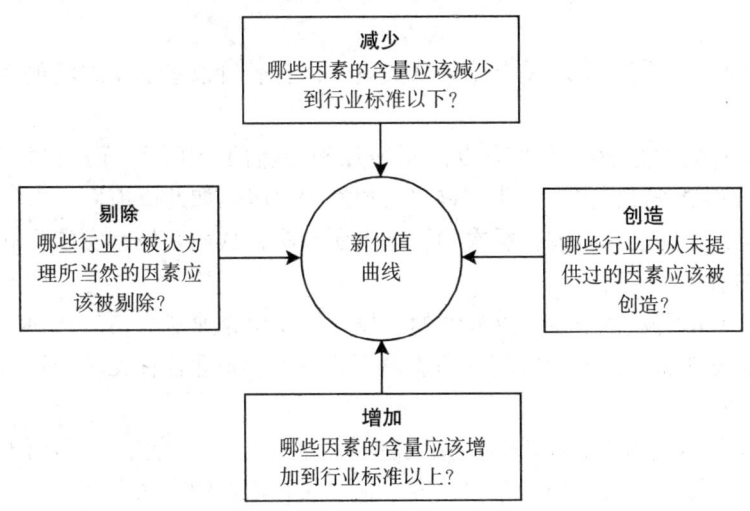

图 8-3　四步动作框架

资料来源：W.钱·金，勒妮·莫博涅.蓝海战略 [M].吉宓译.北京：商务印书馆，1999.

第一个问题促使企业考虑剔除在行业长期竞争中攀比的因素。这些因素通常是想当然的，但其实已不再具有价值，甚至降低了价值。有时候，购买者所重视的价值发生了变化，但公司只顾相互竞争，而没有采取任何行动应对变化，甚至对变化毫无察觉。

第二个问题促使企业考虑产品或服务是否过度设计。如果公司提供给消费者的超过了实际所需要的,那就是徒然增加成本却没有任何收益。

第三个问题促使企业发现和消除消费者不得不做出的妥协。

第四个问题帮助发现购买者价值的新来源,以创造新的需求,改变行业的战略定价标准。

前两个问题(剔除和减少)可以帮助企业将成本水平降低到竞争对手之下。但在产业惯于攀比竞争的因素方面,企业经理很少会系统性地尝试剔除和降低投资。结果是成本不断增加,商业模式也日趋复杂。与之相对,后两个问题启发我们如何提升购买者的价值,创造新的需求。总的来说,这四个问题帮助我们系统地探索超越现有行业边界,重组购买者价值因素,向购买者提供全新的体验,同时又将成本结构保持在低水平,特别重要的是剔除和创造这两个行动,它们将公司推上了超越现有竞争、追求价值最大化的轨道。它们驱使企业改变竞争元素本身,从而使得既有的竞争规则变得无关紧要。

3. 辅助分析工具:"剔除—减少—增加—创造"坐标格

这个坐标格是四步动作框架的辅助分析工具,是开创蓝海的关键,称为"剔除—减少—增加—创造"坐标格。这个工具要求公司不仅回答四步动作框架中的四个问题,同时要求在四个方面都采取行动,创造新的价值曲线。通过让企业在坐标格中填入在这四方面所要采取的行动,企业马上可以获得以下四个方面的益处:

(1)促使企业同时追求差异化和低成本,以打破价值—成本之间的替代取舍关系。

(2)及时提醒企业,不要只专注于增加和创造两个方面,而抬高了成本结构,把产品和服务设计得过了头。许多公司通常会陷入如此境地。

(3)这一工具很容易被各层次的管理者所理解,从而在战略实施中获得企业上下高度的参与和支持。

(4)由于完成表格是项有挑战性的工作,这使得企业能严格考察每一项竞争因素,从而发现那些竞争中所蕴含的假设,竞争中的企业往往无意中把这些假设当作理所当然的。

例如太阳马戏团,它在缺乏吸引力的马戏业打开了"蓝海",不同于其他马戏团在日益萎缩的马戏市场中夺取顾客,它力求开拓新的市场空间;不同于传统马戏团将市场定位在小孩,它开创新的模式去吸引一群崭新的顾客,也就是那些成年人、商界人士,他们愿意花费高于传统马戏数倍的价格来欣赏太阳马戏团的表演。而太阳马戏团的"剔除—减少—增加—创造"坐标格也给出了这一工具在实践中运用的范例,并展示了这样做能让企业发现什么。那些行业竞争长期依赖的,并且通过企业填写坐标格可以减少或剔除的因素,其实毫无意义。以太阳马戏团为例(见表8-3),它剔除了传统马戏团的一些元素,比如动物表演、明星演出和组合舞台等。这些因素在传统马戏行业中被认为是理所当然的，它们的重要性从没被怀疑过。但是公众对利用动物进行表演的反感日益增加。而且动物表演是最昂贵的因素，不仅是动物的成本，同时还包括训练、保健、圈养、保险和运输等费用。与之类似，尽管马戏行业注重表演明星的演出，但在公众心目中，所谓的马戏明星相比电影明星而言根本不足挂齿。这是一个对观众意义不大却高成本的因素。同样的问题组合式舞台，它们不仅令观众由于舞台切换而视线繁乱，而且也增加了演员的数量，因此显然会增加成本。

表8–3　太阳马戏团的"剔除—减少—增加—创造"坐标格

剔除	增加
表演明星 动物表演秀 场内特许销售 多台同演的表演场	独特的场地
减少	创造
有趣与幽默 刺激与危险	主题 高雅的观看环境 多套制作 艺术性的音乐和舞蹈

资料来源：W.钱·金，勒妮·莫博涅.蓝海战略[M].吉宓译.北京：商务印书馆，1999.

第五节　不同背景下的企业战略选择

企业业务层在选择战略时，应考虑产业背景。激烈的竞争加剧了产业的分散性，企业所处的产业也可能处于不同的生命周期，企业在竞争中也可能处于不同的竞争地位。基于这几种情况，我们将在本节探讨不同背景下企业业务层战略的选择。

一、分散型产业中企业的竞争战略

分散型产业是指由大量中小型企业组成的产业。快餐业、洗衣业、照相业等都属于这种产业。在这种产业中，企业的市场占有率没有明显优势，企业也不存在规模经济，没有一个企业能够对产业的运行发生影响。

（一）产业趋于分散的原因

随着竞争的不断加剧，越来越多的产业呈现出分散的状态。造成分散产业的经济原因有很多，主要体现在以下几个方面。

（1）产业进入壁垒较低。产业的进入障碍小、产业壁垒较低时，外面的企业就很容易进入该产业，从而导致大量的中小企业成为该产业中竞争的主导力量。

（2）缺乏规模经济。缝纫业、饲料工业、工艺美术品制造、美容美发业等都是缺乏规模经济的产业。在许多国家，这些产业都呈现出企业规模较小、数目较多的竞争格局。

（3）市场需求的多样。在某些产业中，由于地域的不同，顾客的需求往往是分散的，通常顾客不愿意接受标准化的产品，而希望产品具有不同的样式或者独特的个性，这种情况也能够导致产业的分散化。例如在服装业，消费者往往希望在款式和面料上拥有自身独特的个性，因此，服装的生产往往不会以量大取胜，而是更加关注服装的质量和独特的款式。

（二）分散产业中的企业战略选择

针对分散产业的特点，处于该产业中的企业在面对众多对手的激烈竞争时，除了可以靠几种基本的竞争战略之外，它们还可以根据所处产业的特点，选择其他几种有针对性的战略。

（1）构建便于集中控制的分权组织体制。分散产业中的企业，应该时刻保证公司下属的每个企业规模较小而又有经营的自主权。这是针对处于分散产业中的企业展开有效竞争的重要战略。

（2）分散布局。分散产业的公司遍布不同的地域，公司可以在各个公司中配置效率较高但成本较低的设备，帮助分布在各地的公司为附近的消费者提供更高效的服务，同时又可以为整个公司降低成本，减少投资，取得整个市场的竞争优势。

（3）为买方增加附加值。分散产业中，处于竞争地位的企业有很多，如果公司所提供的产品或服务没有独特的附加值，顾客就很难注意到公司的产品和服务。采用增加附加价值的办法，可以使公司在众多的竞争者中脱颖而出。

（4）增加产品的专业性。如果产业的分散是由产品样式的多样化造成的，则集中力量生产一些具有专业性较强的产品往往是帮助企业脱颖而出的好方法。选定特定的客户层面，选择细分的市场，选择更加专业的产品等，对于处于分散产业的企业来说都是取得有效的竞争优势的好战略。

（三）战略选择的难点

分散产业企业可能会因为选择了正确的战略而取得了竞争优势，也可能由于战略的选择不当而造成失败。在战略的选择过程中，面对可能遇到的问题，企业一定要保持清醒的头脑，把握合适的分寸。在选择战略的过程中，企业一定要注意以下几个问题：

（1）切忌一味追求市场占有率。根据分散产业的特点，企业如果在分散产业中一味地追求市场占有率，则很可能会遭遇失败。一旦企业的市场占有率迅速扩大，由于分散产业所固有的特点，企业往往会面临缺乏多样化的特色、效率低下、成本上升等问题而导致自身竞争力的大幅度下降。市场占有率的优势也可能迅速丧失，企业会陷入困境。

（2）切忌优柔寡断。处于分散产业中的企业必须要致力于对自身产品或所提供服务的专业化，拥有自己的经营特色和经营理念，否则很难在众多的竞争对手中崭露头角。因此，当企业在制定战略时，一定要果断地选择有经营前景的服务领域，并果断地放弃不适合公司发展的某些经营领域。如果企业在抉择的过程中优柔寡断，犹豫不决，则很可能会贻误商机。

（3）切忌过分集权。分散产业中，企业竞争的关键是在生产经营上对需求的变化做出快速的反应。因此，在组织结构上，企业应做出适当的选择。集权型组织结构对市场反应差，经营单位管理人员的主动性也比较小，因此，过分的集权将使企业难以适应分散产业中的竞争。

（4）正确认识竞争对手的经营状况。一些分散产业中存在着大量的私营企业和个体经营者，它们在经营目标及管理费用结构方面与一般的正规企业有着很大的不同。这些企业的经营者往往是在家中工作，使用家庭中现有的劳动力，工作的效率可能较低，但是相对而言，成本则要小很多，因此在利润上也会取得不错的成绩。而这些企业在市场中面对不断变化的竞争态势时所做出的反应也往往与传统的具有一定规模的公司不同。对这些竞争者的估计和认识存在有误时，也会使企业造成战略上的错误。

（5）切忌对新产品做出过度的反应。当分散产业中出现了需求增长很高的新产品时，由于进入壁垒较低等原因，企业可能会因为盈利较高的诱惑而迅速地进入该市场，并投入大量资金。这种过分的反应会使产业内竞争更加激烈，到新产品到达成熟期时，其在市场需求就会迅速下降，企业的利润也会随之降低。因此，如果处于分散产业中的企业对刚推出的新产品过分热情，则往往会削弱自身的竞争力。根据自身的实力，恰当地做出反应，对处于分散产业中的企业来说才是明智之举。

二、处于产业生命周期不同阶段的企业竞争战略

通常，每个产业都要经历一个由成长到衰退的发展演变过程，这个过程称为产业的生命周期。在这个生命周期的演变当中，产业可能经历了新兴阶段、成熟阶段和衰退阶段。显然，处于不同产业生命周期的企业在考虑选择战略的同时，一定会面临不同的抉择。以下我们将探讨处于不同产业生命周期的企业业务层的战略选择。

（一）新兴产业中企业的战略选择

1. 新兴产业企业在经营中可能面临的问题

新兴产业的诞生是伴随着技术的创新而来的，一旦某一项新的创新技术可以应用到实际当中并带来有价值的新产品或者服务，就有可能带来一个新的产业发展机会，从而重组或产生一个新的产业。处于新兴产业中的企业在经营的过程中可能会面临一些棘手的问题：

（1）缺乏相应的资源。一项新的技术或者新产品的出现往往对新的原材料供应有很高的要求，这可能需要企业改变一些供应者而购买新的材料或是要求现有

的供应者改变原料的供应，以符合公司对新产品生产的要求。而对新兴产业中的企业来说，这往往是一个很大的问题，企业可能很难在较短的时间内找到符合产品生产要求的所有原材料，从而导致生产上的问题。

（2）缺乏坚实的基础。新兴产业的出现源于新的创新技术，因此，缺乏熟练的工人、技术上可以流畅协作的设备和良好的生产销售渠道等是新兴产业中的企业所面临的严重问题。另外，由于技术标准的缺乏以及原材料相关零部件的供应不足等问题，企业的产品在质量方面也会极其不稳定。总之，缺乏良好的基础是新兴行业企业所要面临的问题。

（3）销售渠道不畅。新产品的推出常常会使顾客呈现一种观望的态度，倾向于等到该产品的技术更加成熟稳定，质量和服务体系等更加成熟，价格也趋近合理时才会考虑购买。消费者的观望态度和对新产品的不了解会阻碍企业产品的销售，而对于处于新兴产业中的企业来说，在推出新产品的早期阶段又不可避免地面临原有产品的竞争，所以企业想要获得成功异常艰难。

2. 新兴产业企业的战略选择

处在新兴产业中的企业，由于竞争法则的不确定性使得企业在产业中的发展有着很大的自由空间，一般来说，它们在选择竞争战略时往往会考虑以下几个问题：

（1）选择将进入的产业。首先，企业应该根据自身的资源、技术等客观条件正确地认识自己的实力。其次，企业要有能力识别当今市场上具有发展前景的新兴产业，并对每一个产业的技术发展水平、产品需求情况、竞争状态等有深入的了解。最后，企业应根据自身的客观条件和目标，选择可以进入的产业。需要强调的是，产业的吸引力对企业今后的发展至关重要，所以当企业选择产业时，一定要认清产业的市场结构，做好产业结构分析，判断其发展前景，选择具有产业吸引力的产业，这也是帮助企业获得较高利润率的保证。

（2）选择目标市场。认准了产业，企业下一步就要进行市场细分从而选择自己的目标市场。在选择目标市场时，企业要注意以下两个问题。

1）满足客户需求。一项新的产品进入市场，一定要能够满足客户的需求。而这种需求较之以往市场的老产品来说，或者有着性能上的优越性，或者有着更大的价格降低空间，或者两者兼有。从这些角度出发，企业也许能够更好地把握产品创新的方向。

2）降低转换成本。从老的产品到新的产品，客户在改变产品的同时往往面临一些转换成本。转换成本较高时，客户可能不会冒险使用新的产品而甘愿使用原有的技术或者产品，因此，企业在开发新产品时，应该考虑以上各种因素，力求新产品的转换成本最低，这样，产品在销售和流通的过程中才会更加流畅。

（3）进入新兴产业时机的选择。企业进入市场的时机选择也是一个重要的策略问题。早期就进入新兴产业，企业将会面临较大的风险，但是也有可能得到较大的收益。在晚期进入市场，虽然企业面临的风险较低，但是市场中可能已经有了较多的竞争者，激烈的竞争可能导致企业不会得到更多的收益。

早期进入在下列情况下是有利的：新兴产业的用户重视企业的名声，早期进入者享有创始者的声誉；当学习曲线对一个产业具有显著作用时，较早进入可以较早开始学习过程从而获得更多的产业经验，而产业经验又不易模仿；早期进入可以率先取得原材料、零配件供应，并抢占销售渠道，因而可以取得成本优势。

早期进入在下列情况下是不利的：产业早期市场与产业发展后的市场有很大的不同，早期进入者以后将面临昂贵的调整费用；开创市场的费用很高（如顾客的宣传教育、法规批准、技术研发成本等），而市场开创后并不能为本企业所专有；技术的发展很快使初始创新者的投资成为过去式，后进入者却有可能采用最新的技术及工艺。

（4）促使产业结构朝着对自己有利的方向发展。新兴产业中，企业使产业结构朝着对自己有利的方向发展的能力是一种关键的力量。通过促进产业机构发展成型，企业便可以在该产业中建立在生产方针、营销方法和价格策略等方面的运行法则。通过制定有利于自身的法则，企业便可以在产业内长期获得最有力的竞争地位，在企业进入产业的初期吸引最初的顾客，并与其他企业一起致力于促进产品的标准化，以应对今后将面对的市场压力。

（二）成熟产业企业的竞争战略

成熟期是产业生命周期的一个重要阶段，产业在经历了成长期之后必将进入发展平稳的成熟期。处在产业成熟期内的企业，其竞争环境与成长期相比发生了巨大的变化，企业必须要在经营战略上做出相应的反应。

1. 成熟产业企业面临的竞争环境

（1）产业增长速度降低。产业进入发展较为缓慢的成熟期，随着竞争者的不断增多和竞争的不断加剧，产业产量的增长速率将会慢慢下降，当产业中的企业仍想扩大自身的增长率占领更多的市场时，产业内的竞争就会进一步加剧。

（2）买方市场形成。当产业内的竞争进一步加剧，市场上的产品就会出现供大于求的状态。同时，顾客对产品的性能、价格等相关的经验和知识也越来越丰富。买方市场将会形成，市场中的竞争将会在成本、产品价格、售后服务等方面全面展开。

（3）产业利润率降低。产业增长速度下降及买方市场的形成，使产业利润率降低，如果企业的发展战略没有根据形势做出适时的调整，企业就会面临生产能力的过度剩余和工作人员的大幅度冗余。

（4）企业各职能策略面临着新的调整。当产业及产品已经成熟定型时，新产品及其新用途的开发难度大为增加，企业的产品在技术性能、系列、款式、服务等方面不断变化，会使其成本及风险增加，此时企业要认真调整自己的研究与开发策略。企业在生产量上不可能再有急剧的增长，所以应该在节约成本、提高质量上下功夫。在市场营销上，企业要进一步在市场渗透和市场开拓方面争取有新的突破,同时在销售渠道及促销策略上也要有新的开拓。总之,产业进入成熟期,企业的各方面策略都必须做出相应的转变和调整,否则会给企业的生存和发展带来威胁。

2. 成熟产业企业竞争战略的选择

(1) 选择基本战略。成熟产业中的企业在进行战略选择时,对各种不同产品的生产规模进行成本分析是十分必要的,如图 8-4 所示。可以看出,当企业的产量较低,企业应该选择采用差异化战略或者是集中化战略是有利的;当企业的产量较高,企业应该采用成本领先战略。从图 8-4 中的阴影部分我们可以看出成本曲线的差异,集中化战略和产品差异化战略是建立在某一些特定用户的需求基础上,即对某一类型顾客或某一地区性细分市场专一的经营,在这种情况下企业能够控制产品的势力范围,对企业来说竞争地位就比较稳定;而在产量较低时采用成本领先战略显然是不合算的。

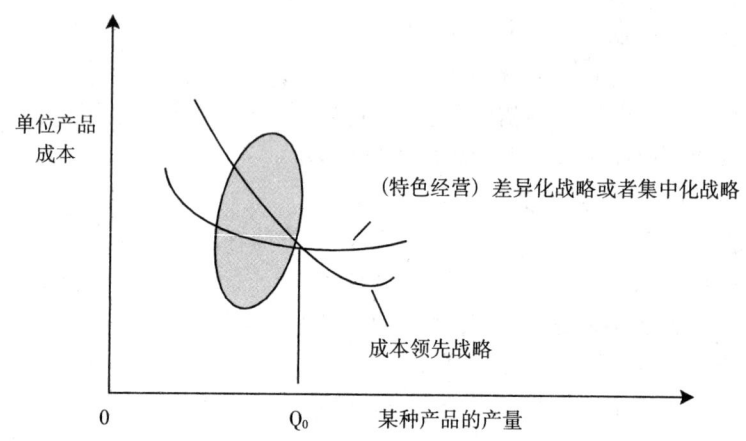

图 8-4 不同竞争战略的成本曲线

资料来源:刘冀生. 企业经营战略 [M]. 北京:清华大学出版社,1995.

(2) 调整产品结构。随着产业进入成熟期,不但产品的特色逐渐减少,其价格也会随之下降。此时,企业需要对现有产品进行结构分析,淘汰部分亏损和不赚钱的产品,将企业的注意力集中于那些利润较高、仍能很好地满足顾客需求的商品,促进产品结构的合理性。实际上,在产业成熟期前企业就应当把注意力放到产品结构的调整上,及时地开发产品的新系列和新用途,只有这样才能避免企业在产业成熟期后期陷入被动。

(3) 改进和创新工艺制造方法。产业的成熟使得新产品的开发愈加艰难,企业为了进一步降低自身的成本,需要在改进生产工艺和创新制造方法上大做文章,同时拓宽产品的销售渠道,这样才有可能有效地增加自身的利润。

(4) 开发国际市场。在国内市场趋于饱和时,实力较强的企业可选择开拓国际市场。因为在国内该产业已进入成熟期,而在其他国家该产业则可能刚刚进入幼稚期或成长期，竞争者较少，竞争程度不高。因而，企业比较容易获得比较优势，从而获得较高的利润。

（5）退出或实行多样化经营。当企业认为继续留在成熟的产业已经利润微薄甚至无利可取时，则可以考虑退出该产业，实行撤退战略。如果企业认为在该成熟产业经营困难、难有突破时，也可考虑采用多样化经营战略，即在努力避开产业内的激烈竞争而不脱离本产业经营的同时，还在其他领域进行经营。

（6）购买廉价资产。产业处于成熟期时，产业内往往会出现一批经营不善或举步维艰的企业。如果该企业认为自身在产业中还有一定的竞争地位且实力较强，可以考虑购买、兼并这些企业，扩大自身的规模以达到经济规模，使经营成本最低，增强自身的竞争优势。

3. 成熟产业企业战略选择应注意的问题

（1）正确认识自身形象。处于成熟产业中的企业往往自我感觉良好，它们仍然陶醉于产业处于成长期企业所取得的经营业绩中，甚至并未察觉到产业已经进入了成熟期，而此时在成熟产业中的顾客和并肩的竞争者已经发生了巨大的变化。但是企业却不能适应新的竞争环境，它们不愿意在公司战略和经营手段上做出实施的调整，而是仍以旧的方式参与竞争，这将给企业带来陷入困境的危险。

（2）具备自己的特色。产业处于成熟期时，企业为了吸引顾客的注意，就一定要有自己的特色。如果企业仍旧陷于盲目的没有重点的模糊状态之中，则很容易失去目标顾客，因为它们既没有形成差异化战略和集中战略的特色，也没有成本优势，而是在这三种战略之间的状态徘徊。在这种情况下，企业将面临被竞争对手淘汰的危险。

（3）避免盲目投资。当产业进入成熟期，买方市场已经形成时，企业还要在产业成长期那样扩大市场占有率已经非常困难了，因此，为保持和扩大市场占有率而追加投资，必然会使企业陷入被动，即企业的这些投资将得不到回报。

（4）避免放弃市场份额。有的企业为了节省开支，往往轻易地放弃市场份额或放弃某些市场活动和研发活动以保持眼前的盈利率，这种做法损伤了企业将来的市场地位。处于产业成熟期的过渡调整阶段，企业出现一段时间上的微利或亏损都是正常的表现，为了眼前的利益而放弃市场份额是一种目光短浅的表现。

（5）避免过多地使用过剩生产能力。处于产业进入成熟期的企业，因为产业的发展，相当多的企业都具有过剩的生产能力。生产能力的过剩给企业经营者造成很大的压力，因此它们经常会选择充分利用这些过剩的生产能力。因而导致企业进一步投资，最终造成战略上的失败。对企业来说，最现实的办法是努力削减或出售过剩的生产能力，当然应尽量避免出售给自己的竞争对手。

（三）衰退产业企业竞争战略

从战略分析的角度看，衰退产业是指在相当长的一段时间产业的销售量持续下降的产业。在衰退产业中同样可以有不同的运用得成功的战略。

1. 影响衰退产业企业战略选择的因素

(1) 产业需求量下降。造成产业需求量下降的原因有很多，有可能是技术的进步带来了新的、更好的替代产品使购买本产业产品的顾客减少，也有可能是政治、经济、社会等条件变化造成的产品需求上的改变。企业经营者一定要注意研究产业需求量下降的过程及特点，需要关注的方面包括以下几点：

1) 对产业需求下降趋势的估计。正确地估计产业的需求趋势是保证企业可以安全地留在产业中并取得利润的有效保证。如果企业预计今后产业的需求量还会有回升或稳定回升的趋势，则企业可以继续留在该产业内；如果企业认为今后产业的需求量不可能再回升，则企业应采取战略迅速从该产业中撤退。

2) 对产业销售量下降速度的估计。一般来讲，销售量下降速度是企业实际决定减少的生产能力的函数，如果产业销售量下降速度很快，企业有可能还没有察觉而做出反应就已经关门倒闭了；如果产业销售量下降速度较慢，则企业还会有反应的时间和余地；如果下降速度很缓，则企业很难察觉，往往容易导致盲目乐观而耽误了时机。

3) 对剩余需求结构的分析。如果在产业需求下降时还有一部分顾客忠诚于本产业老产品，他们不受替代品的影响，这些对价格不敏感的买主将是企业继续留在产业的希望，企业将继续服务于剩余顾客市场；如果在产业需求下降时，剩余顾客也随之消失，企业应尽早撤出该产业。

(2) 产业退出壁垒。从衰退产业中退出是一个明智的战略选择，但退出要受产业退出壁垒的约束。产业退出壁垒主要有：

1) 产业专用资产越多则退出壁垒越高。如果一个企业经营的资产是一种专业化程度较高的设备，产业衰退时，企业的这些资产已无法处置，买主几乎是不存在的，因此这种企业要退出该产业是很困难的。

2) 企业退出产业时的成本越高，则退出壁垒越高。总的来说，企业在退出产业时也会付出相当高的代价，从而形成退出壁垒。当企业与从一个产业中退出时，必须要对退出产业所要支付的代价进行权衡。

2. 衰退产业企业竞争战略的选择

在衰退产业中，企业对战略的选择以取得利润、减少投资或终止投资为目标，可供它们选择的战略主要包括以下四种：

(1) 获取领先地位。采取这种战略的目的是使企业成为产业中保留下来的少数企业之一，甚至是保留下来的唯一企业。这样企业就可以成为少数留下来的企业之一，从而获得拥有达到平均水平以上的利润潜力。

(2) 取得适当地位。采用这种战略，企业首先要确定衰退产业中的某一部分仍能有稳定的或者下降很慢的需求，并且在这部分中还能获得较高的收益。企业应当在这部分市场中建立起自己的地位，以后再视情况的发展考虑进一步的对策，这样也需要追加一部分投资，但投资规模及风险都较小。

(3) 逐步退出战略。采用这种战略是尽可能多地从衰退产业中回收投资，同时停止一切新的投资，停止广告宣传，削减设备维修费，停止研究开发费的支出，等等。即企业要把过去投资的潜力挖尽，并尽可能通过销售回收最多的收益，这实质上是一种有控制地逐步退出的战略。这些步骤看起来是合理的，但实际执行起来却很困难。

（4）快速退出战略。快速退出战略认为及早迅速地退出，对固定资产立即转让，对业务的及早清理比缓慢地退出产业更有利，因为早期出售这项业务通常可以找出这项业务的最高卖价，企业可获得较高收益。一旦产业衰退迹象明朗，产业内外的资产买主就处于极有利的讨价还价的位置，到那时再卖掉固定资产为时已晚。当然，早期出售固定资产，企业也会冒着对今后需求预测不准确的风险。

3. 衰退产业竞争战略选择应当注意的问题

（1）能客观地分析衰退产业的形势。可能是由于产业的长期存在，或者对替代品认识不清，也可能是由于较高的退出壁垒，企业经营者对周围的环境往往不能做出客观的估计和预测。因为悲观的信息对管理者来说是十分痛苦的，他们总是寻找乐观的信息，因此企业经营者总是根据他以往的经验，对衰退产业的复苏抱有过分乐观的估计，甚至不听取周围人们的劝告，这是十分危险的。本来，在早期发现危机还可以挽救企业的生命，但由于经营者的主观判断错误，贻误了时机从而葬送了企业的生命。

（2）应避免打消耗战。如果企业实力较弱，应在发现产业进入衰退期时立即采取迅速退出战略，若与产业内的竞争者一味竞争下去，不仅本企业不会取得衰退产业中的应有位置，还会给企业带来灾难，因此企业应尽量避免打消耗战。

（3）应谨慎采用逐步退出战略。如前所述，当企业没有明显实力时，采用逐步退出战略会使企业陷入崩溃。因为一旦市场或服务状况恶化，或者产业内已有1~2家企业退出该产业，则产业内的状况便急转直下，用户会很快地转移他们的业务，产品售价可能被迫降低。因此企业要权衡自己的实力与管理上的风险，谨慎采用逐步退出战略。

本章小结

本章主要包括三个部分的内容：一是对企业业务层可选择的几种基本战略进行了介绍和探讨；二是论述了竞争战略在实践中运用的战略；三是分析了处于不同背景下的企业业务层战略的选择。

第一部分可供选择的战略当中，我们首先着重介绍了迈克尔·波特的三种基本竞争战略：成本领先战略、差异化战略和集中化战略。成本领先战略是指企业的成本状况在全产业范围内处于领先地位，在产业中赢得总成本领先，从而获得竞争优势的一种战略；差异化战略是指企业向顾客提供的产品或服务与其他竞争者相比独具特色，别具一格，从而使企业建立起独特竞争优势的一种战略；集中化战略是指将企业的经营活动集中于某一特定的购买群体、产品线的某一部分或某一地域性市场，通过为这个细分市场的购买商提供比竞争对手更好、更有效率的服务来建立竞争优势的一种战略。

第二部分介绍了竞争战略在实践中的应用，阐述了各种战略相互交织形成的战略，着重介绍了克利夫·鲍曼的"战略钟"理论及 W.钱·金和勒妮·莫博涅的"蓝海战略"理论。"战略钟"是将产品的价格作为横坐标，顾客对产品可感知的价值作为纵坐标绘制成。在不同的市场环境条件下，企业实际上是选择沿着"战略钟"所示的 8 种途径中的一种去完成自己的经营行为的，其中一些路线可能是成功的途径，而另一些路线却极有可能导致企业的失败，而每一条路径都代表了企业在实际的经营活动中所采用的战略。"蓝海战略"是企业通过价值创新方式逃脱"红海"（已知市场）中企业间的厮杀，开拓"蓝海"（当今不存在的产业），通过采用四步动作框架方法促使企业考虑剔除在行业长期竞争中攀比的因素；考虑产品或服务是否过度设计；发现和消除消费者不得不做出的妥协；发现购买者价值的新来源来制定"蓝海战略"，并加以辅助分析工具"剔除—减少—增加—创造"坐标格，帮助企业通过分析并填写此坐标格辅助制定"蓝海战略"。

第三部分首先阐述了社会实践中覆盖面较广的分散型产业企业的竞争战略。其次分析处于产业生命周期不同阶段的企业竞争战略，如新兴产业中企业的战略选择、成熟产业企业的竞争战略及衰退产业企业竞争战略。

思考题

1. 企业获得竞争优势的基本途径有几种？
2. 基本竞争战略与"战略钟"有什么联系？
3. 什么是"蓝海战略"？其基本的四步动作框架是什么？
4. 以电子信息产业为例，分析它存在的问题及企业如何在这样的产业中进行竞争。

参考文献

[1] 迈克尔·波特. 竞争战略 [M]. 陈小悦译. 北京：华夏出版社，2012.
[2] 杨锡怀，冷克平，王江. 企业战略管理：理论与案例（第 3 版）[M]. 北京：高等教育出版社，2010.

［3］戴维·贝赞可，戴维·得雷诺夫，马克·尚利.公司战略经济学［M］.武亚军等译.北京：北京大学出版社，1999.

［4］金占明.战略管理——超竞争环境下的选择（第3版）［M］.北京：清华大学出版社，2010.

［5］王迎军.战略管理（第2版）［M］.天津：南开大学出版社，2013.

［6］约翰逊，斯科尔斯.公司战略教程（第3版）［M］.金占明等译.北京：华夏出版社，2003.

［7］胡建绩，陆雄文.企业经营战略管理（第3版）［M］.上海：复旦大学出版社，2004.

［8］王方华，吕魏.企业战略管理［M］.上海：复旦大学出版社，1997.

［9］W.钱·金，勒妮·莫博涅.蓝海战略［M］.吉宓译.北京：商务印书馆，1999.

第九章 合作战略

无论是迈克尔·波特教授提出的成本领先、差异化、集中化三种基本竞争战略，还是由克利夫·鲍曼（Cliff Bowman）提出的"战略钟"概念，抑或是 W.钱·金（W. Chan Kim）和莫博涅（Mauborgne）提出的"蓝海战略"理论，学者们都是将目光集中在企业间的竞争上，然而现实中的企业是否只有竞争而没有合作？事实证明，在市场环境瞬息万变的今天，企业间的竞争不再是非胜即败的零和博弈，而是可以实现双赢或多赢的非零和博弈，竞争战略思维专注于企业之间的竞争性和自利性，合作战略思维则更多地关注于企业之间的合作性和互利性。越来越多的企业意识到合作的重要性，由单纯以竞争求生存与发展的竞争战略转变为以合作求生存与发展的合作战略。企业间的战略联盟、外包、特许经营和连锁经营等均属于合作战略的实现形式。

开篇案例

苏州 IP 融合通信产业联盟

融合通信产业作为战略新兴产业与下一代信息通信技术的主要趋势和方向，已成为新一轮通信产业发展的焦点。融合通信产业内科技型中小企业居多，而科技型中小型企业作为我国经济发展中不可忽视的一大力量，其重要性日益凸显。

苏州工业园区已经基本建立融合通信产业链，依托苏州地区良好的创业环境，如盛科网络、艾诺通信、网经科技、创达特科技、中科半导体灵芯集成、真宽通信等一大批致力于创新型 IP 通信的中小企业顺应产业发展的趋势成长起来。这些中小型企业都围绕着 IP 通信产业链条进行核心技术研发与产业化，通过努力获得一系列自主知识产权，基本完成了核心技术的基础研发，并将研究重点转向了产品化。然而，在发展过程中，这些企业都不约而同地发现，由于自身的规模较小，其资源与竞争力都十分有限，只有联合起来以团队的方式来应对外界的挑战才能立足市场并得到持久的竞争力。

于是，为克服单一企业资源和市场竞争力的劣势，苏州市内融合通信相关的技术型中小型企业在江苏省科技厅的指导下，以苏州 IP 融合通信产业联盟协会为基础，于 2007 年 5 月 28 日自发组织成立了"苏州 IP 融合通信产业联盟"。

产业联盟建立以后，主导了一系列惠及联盟成员企业的大动作，搭建了一个稳固的创新与合作平台。该联盟着力打造产业链，将运营商作为理事单位纳入其中，以融合的业务体现 IP 通信的价值，实现从芯片到系统再到解决方案的完整链条。它致力于联盟体验中心的建立：面向未来城市，整合 GPS、家庭、办公、融合通信等实际环境，为企业提供最真实的实际用户测试环境。与此同时，联盟积极推进产学研合作，多项自主研发产品已经进入产业化、市场化进程，着力打造的 IP 融合通信产业公共服务平台，其中包含"两基地、一网、一标准"，这些对于强化联盟及其成员企业的市场竞争力起到了积极作用。

联盟企业刚开始的合作集中在技术设备和客户资源的共享方面，随着对各自所专注的专业技术领域和产品、服务的市场有了比较深入的了解，它们发现彼此之间开展技术合作可以促使产业链上下游不同企业间现有技术的整合效率得到很大的提高，进一步使各企业专业化的技术知识的利用效率也大大提高。该联盟的成立，大大提升了苏州工业园区的通信企业参与市场竞争的信心，获得各联盟成员企业及员工的赞誉和认可。

对科技型中小型企业来说，技术创新是其生存和发展的基础，但是由于资金和研发资源的缺乏，它们无法把技术创新的投入作为一种常态机制。同时，面对不断变化的动态环境，企业只有持续创新才能从根本上解决其未来持久发展问题。苏州 IP 融合通信产业联盟可以让其中的企业通过整合型的技术合作，共享资源，节约资金，并且为应对环境变化已经进一步将合作的重点转向一种联合创新式的技术合作模式。这种合作一般发生在交叉竞争的企业之间，即各自有着一定的优势技术，但是产品或者其实现功能有着一定的重合甚至完全相同的企业，它们之间的合作一般是面向未来的，致力于开发一种全新的替代技术，或者联合起来制定或革新行业内标准性的技术，这样对于双方都有益，尽量淡化正面竞争，更加强调合作共赢。

联盟内经常组织相关企业申报一些技术创新开发和行业标准制定的课题。就某些很有市场前景的新技术召集相关的几家企业来讨论如何开展联合攻关，并且经常组织一些针对未来技术发展方向的研讨和交流会，尤其是当国内外相关领域又有突破性技术发布和公开的时候。通过会议的形式大家各抒己见，各种思想的碰撞也可能会有一些智慧的火花产生，从而促成一些具体技术项目的合作。

同时联盟内形成的以高层牵头、中层主导、基层实施的项目合作模式也保证了研发的效率性和稳定性。具体的模式一般是由企业高层管理者负责战略规划，根据市场需求层面提出大方向，共同决定合作项目所指向的专业技术领域，再由各自分管技术的中层管理人员负责商定项目立项和项目实施以及工作进程管理的相关事宜，然后由中层技术管理人员向工作层面的技术人员传达具体的任务分配和完成时限，并授权这些基层技术研发人员之间可以就一些具体的、细节性的技术知识或诀窍进行交流。

联盟管理机构一直积极推动成员企业与运营商的接触，让企业更深入全面地了解到客户的需求，使它们对企业产品的市场定位有了更清晰的认识。有了联盟这个平台以后，企业、高校、科研机构的联系更加密切，高校拥有企业比较缺少专业技术人才，企业可以利用高校的技术和人才，这大大增强了企业的研发创新能力。

资料来源：王京安．南京融合通信：战略联盟推动科技型中小企业成长之路［J］．科技创新案例与研究，2011（1）．

第一节 合作战略的内涵及逻辑思维

一、合作战略产生的背景

自亚当·斯密以来，西方的经济学家普遍认为遵循自利原则是社会发展的最原始动力，经济与管理领域的研究基本以"竞争"作为出发点来考虑企业的生存和发展而忽视了彼此间的合作，并认为企业的成功建立在打败竞争对手的基础上。为此，企业间不惜通过各种手段来开展激烈的竞争，甚至是不公平的竞争或违法的竞争。结果，越来越多的企业深陷"红海"，导致资源浪费，两败俱伤，在竞争中各方的利润率严重受损，甚至趋向于零。

1994年，理查德·达文尼（Richard D'Aveni）等人先后提出了超竞争环境的概念，认为在当今的超竞争环境下，企业间的竞争呈现着动态性和快速多变性等特点，彼此间的战略互动也更加频繁。这些理论一定程度上启发了学者的思考。于是，为了纠正人们错误的竞争观点并避免其导致的不良后果，也为了帮助企业应对当前日益严峻的超竞争环境，竞合战略学说应运而生。"竞合战略"一词最早出现在1996年，由奈勒波夫（Barry J. Nalebuff）和布兰登博格（Adam M. Brandenburg）提出，同年他们还合作并出版了《竞合战略》。他们认为，企业的经营活动是一种特殊的博弈，是一种可以实现双赢的非零和博弈。企业的经营活动既要竞争，也要合作，提出了合作竞争（Co-petition）的新概念[①]。竞合战略强调了合作的重要性，有效克服了传统企业战略过分强调竞争的弊端，为企业战略管理理论研究注入了崭新的思想。

二、合作战略的内涵

合作战略指通过与其他企业合作来获得企业竞争优势或战略价值的战略。但合作战略并不是拒绝竞争，而是认为竞争与合作之间存在相互融合的微妙关系，企业通过合作创造价值，开拓更大的市场，将"饼"做大，之后通过竞争相互争取价值，获得更大的市场份额，将"饼"分掉，通过竞争合作的方式达到竞争各方的共赢。奈勒波夫和布兰登博格认为，在新的商业环境下，积极主动与同行合

---

① J. Nalebuff, Brandenburger M. 合作竞争 [M]. 王煜昆，王煜全译. 合肥：安徽人民出版社，2001.

作，参与整个行业未来的建设，而非局限于通过业内厮杀来争取"一尺之地"。这一概念作为博弈论的应用，论述了创造价值与争取价值的方法，成为近年来最重要的商业经营理论之一。

三、合作战略形成的逻辑思维

布兰登博格和奈勒波夫教授认为，制定合作战略的主要方法是博弈理论。博弈理论也称对策论，简单来说，它研究的是存在人际互动关系时的取舍抉择行为及其可能结果。基于博弈理论，两位学者认为企业在开拓市场、创造价值的时候，并不能单独行动，而是应该与顾客、供应商、竞争者和互补者密切合作，他们还将现实企业对策中所可能涉及的关键要素归纳为五个要素：局中人（Player）、增值（Added-values）、规则（Rules）、战术（Tactics）、范围（Scope），简称"PARTS"。五要素概括了现实企业竞合对策中涉及的几乎所有互动领域与关系。改变这其中的任何一个或多个要素，就能改变博弈关系，从而改变博弈的结果。

合作战略的逻辑思维如图 9-1 所示。

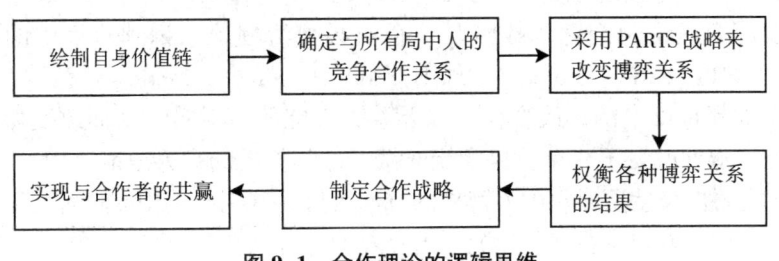

图 9-1 合作理论的逻辑思维

四、"PARTS"五要素分析

利用博弈论来制定合作战略，主要是从"PARTS"五项要素中找到一些关键的要素并对其进行改变，以使竞争结果变为正合，达到"双赢"和"多赢"的目的。五要素分析如下：

（1）局中人（Player）。局中人指的是对策的参与者。这里称局中人，而不称竞争者或合作者，是因为在现实中任何一个参与者，其角色都具有不确定性，是动态变化的。例如，在供方、买方、替代品厂商、互补品厂商、同行厂商、潜在进入者六种市场力量之间，存在着既竞争又合作的关系。总体上看，这六种力量在创造顾客价值上是合作者，而在瓜分顾客价值上是竞争者。通过改变局中人改变对策时，企业可以选择改变与局中人竞争或合作的性质，改变参与对策的局中人的数量，例如引进其他的竞争者或合作者等。

（2）增值（Added-values）。增值指的是对策中各参与者的附加价值，也可以指对整个对策所起的作用。通常情况下，改变各参与者的增值以改变对策，应从增加企业自身价值、降低其他参与者的价值入手，从而使企业成为博弈中谁也离不开的最有价值的局中人。

（3）规则（Rules）。规则指的是对策中各参与者一直习惯采取的做法，常来源于法律、合同、惯例等。人们通常认为，商业游戏的规则不可改变，其实不然，企业可以通过改变这些规则来改变自身在博弈中的结果，更好地利用现有的规则，修改不利的规则，创造新的对自身有利的规则。但是，企业的规则一定要以创造顾客价值为基础。在市场上，通常是拥有优势力量的一方去建立规则，所以为了保证规则是服从自己意愿的，就需自己全力保持、发展自己的竞争优势。同时监测别人有没有改变规则的意图和行动。

（4）战术（Tactics）。战术指的是局中人对对策的看法以及在这种看法的指导下的行为。企业希望通过改变局中人对对策的看法进而影响对策时，有时需要帮助局中人更加正确地认识对策，有时需要故意地加入一些让人捉摸不透的迷雾。

（5）范围（Scope）。范围指的是对策的边界。通过改变对策的范围，企业可以达到改变对策从而增加自身利益的目的。寻求市场空缺、寻求时间差等做法都是企业改变对策范围的途径，从时间、空间上避免"冤家路窄"的窘境，避免与竞争对手的正面交锋有时候是极有可能实现的。

基于博弈理论制定竞合战略时，企业必须清醒地认识到对策中的局中人（Player）、增值（Added-values）、规则（Rules）、战术（Tactics）、范围（Scope）这五项要素都是可变的，改变任一项要素，都能改变对策，从而改变博弈的结果。但是，这种改变不仅企业自身能够做到，其他的局中人也能够做到。因此，对策的改变要向可使所有局中人都赢的方向考虑，并引导局中人也都向着这一方向前进，这样才能在企业之间形成一个良好的竞合互动的局面。

第二节 战略联盟

合作战略的实现形式多种多样，其中企业间的战略联盟、外包、特许经营和连锁经营等都可以看成是企业间的合作。战略联盟是合作战略的主要实现形式，它具有边界模糊、关系松散或紧密、机动灵活和运作高效的基本特征。

一、战略联盟的定义

战略联盟（Strategic Alliance）一词最早是由美国 DEC 公司总裁简·霍兰德和管理学家罗杰·奈格尔提出的，但目前对战略联盟的定义，学术界还存在一定的分歧，最大的分歧在于战略联盟的组织形态。学者们在早期的研究中将焦点集中在合资公司身上，认为合资公司是一种特殊形式的战略联盟，是由双方共同出资建立的一个新实体，其股权由投资双方共享。研究者们还分析了合资公司的一些战略需要，包括加强市场能力、提高效率等，并根据产业和企业规模的大小，研究了联盟的影响范围。人们注意到某些特定产业内的制造企业以及很多大型公司都喜欢建立战略联盟，因此断定寻求市场能力可能是建立战略联盟的最主要动机。后来的某些研究对这一理论进行了一些改良，比如认为战略联盟是两家或者多家企业之间的长期合作关系，它不仅是一种战术，而且还包括几方的资产以及技术合作，并产生战略价值。公司间通过讨价还价，从而降低交易成本，以及组织间相互学习和获取知识，都是组建这类联盟的显著动机。还有学者提出，战略联盟常常是由于执行者希望获得技术和资源、控制不确定性和风险、处理环境动荡，从而获得竞争优势而做出的决策响应。这类组织形式可用于克服企业技术和能力资源的不足，并有助于扩大企业产品的覆盖范围。

20世纪90年代以来，伴随市场竞争环境的变化和网络经济的崛起，人们对战略联盟的理解和研究范畴也发生了较大改变。这期间最具代表性的战略联盟定义是由美国西北大学Gulati教授提出的，该定义曾被这一领域的研究成果广泛引用。

Gulati指出，战略联盟可定义为企业间交换、共享或共同开发新产品或服务的自发性活动。它们可以是一系列动机或目标推动的结果，可以表现为不同的形式，可以建立在企业纵向或横向的界限上。这一定义彻底摆脱了早期战略联盟定义中对组织形态的制约，把战略联盟的界定范围进行了延伸和扩展，提出了战略联盟的三个基本条件：首先，联盟会涉及两个或更多个独立的企业；其次，联盟的目的是为了实现双方企业的特定战略目标，并共享联盟所带来的利益；最后，联盟可以多种不同的组织形态存在（包括横向或纵向的）。

战略联盟研究范畴和定义的沿革，充分反映出其本身是一个动态发展的概念。例如，企业在20世纪70年代、80年代、90年代的联盟有着一些本质的差异：70年代和80年代的联盟主要是股权式的生产联盟，而90年代主要是契约型的技术联盟。网络经济的崛起，又赋予战略联盟新的内涵，主要是社会网络联盟。因此，在网络经济风起云涌的今天，仍以传统的组织形态来衡量战略联盟显然已不合时宜[①]。

基于战略联盟研究范畴及其定义的演进，我们认为企业战略联盟是指具有共同利益企业之间以互补性资源为纽带，以契约形式为联结组成的紧密型或松散型的战略共同体。

二、战略联盟的特点和分类

（一）战略联盟的特点

依据上述我们给战略联盟下的定义，可以演绎出战略联盟的五个特点：

（1）边界模糊。战略联盟是一些具有共同利益关系的单位之间组成的战略共

---

① 严建援，颜承捷，秦凡.企业战略联盟的动机——形态及其绩效的研究综述[J].南开大学学报（哲学社会科学版），2003（6）.

同体，联盟中可能包括供应者、生产者和分销商，甚至包括竞争者。联盟中的交易与市场上的交易也存在着不同，它并不完全依赖于市场的价格机制，联盟的构建模糊了企业和市场的具体界限。

（2）关系松散。战略联盟主要是契约联结，因此企业间的合作关系是松散的，联盟的管理也兼具了市场机制与行政管理的特点。联盟的各方也主要通过协商的方式解决各种问题。在时间上，战略联盟存在期限比较短。在联盟形成时，一般部门有存续时间的协议，或者规定一个固定的时期，合作结束后，联盟自动解散。

（3）关系紧密。大多数的战略联盟都是以松散型的合作关系为主，但随着超竞争环境的出现，有些战略联盟希望寻求较为长久的合作伙伴，这样或许可以不变应万变，也减少了寻觅战略伙伴的成本。我们可以发现很多联盟中成员关系非常紧密，合作关系稳定且长久。约翰·海知多尔（Hagedoorn，1993）曾研究过生物医药行业中小型创业公司与国际性生物工艺行业的大公司之间的联盟关系，发现其研发合作关系非常紧密与稳固。

（4）机动灵活。战略联盟主要以契约形式构成，较并购或内部投资等方式来说关系更加松散。存在机会时，联盟可以迅速形成并发挥巨大的作用，当外界条件变化，战略联盟不适应变化的环境时，由于联盟存续的时间较短，因此联盟也可以迅速解散。

（5）运作高效。构建联盟的各方都将自身核心的技术和资源投入到联盟中，在专业化分工日益深入的今天，战略联盟的实力是联盟中任一单个企业都不能达到的。企业可以通过战略合作达到高效的运作，完成任一企业都不能单独完成的任务。

（二）战略联盟的分类

战略联盟最根本的目的是帮助企业借用他人的力量来改变现有的力量对比和竞争格局，并使企业获得长期竞争优势。按战略联盟成员之间的依赖程度，可分为股权式战略联盟和契约式战略联盟。

1. 股权式战略联盟

股权式战略联盟又分为两种，一种是对等占有型战略联盟，另一种是相互持股型战略联盟。对等占有型战略联盟是指双方母公司各拥有50%的股权，建立合资企业。相互持股型战略联盟是指各成员为巩固良好的合作关系，长期地相互持有对方少量的股份。

2. 契约式战略联盟

契约式战略联盟最常见的形式有：

（1）技术交流协议。联盟成员间相互交流技术资料，通过知识的学习来增强企业竞争实力。

（2）合作研究开发协议。联盟成员分享各成员间科研成果，共同使用科研设施和生产能力，在联盟内注入各种资源，共同开发新产品。

(3) 生产营销协议。联盟成员共同生产和销售某一产品。

(4) 产业协调协议。联盟成员建立全面协作与分工的产业联盟体系，一般多见于高技术企业中。

股权式战略联盟依双方出资多少有主次之分，且对各方的资本、技术水平、市场规模、人员配备等有明确规定，股权多少决定着发言权的大小；契约式战略联盟中，各方一般都处于平等和相互依赖的地位，在经营中各方保持独立性。

三、战略联盟的风险

企业构建战略联盟也存在着一些风险，这些风险可能来自战略联盟系统内部和外部环境的不确定性、复杂性，从而导致合作联盟不能达到预期的目标。联盟的风险表现在以下五个方面：

(1) 强化未来竞争者，丧失核心竞争优势。合作，特别是和竞争对手的合作过程中，很难避免自身核心技术或市场知识的外泄，这些优势可能正是战略联盟形成的必要前提和企业能与其他组织平起平坐的保证。如果合作的学习能力比自己强，企业的相对地位就可能会下降，联盟也可能将会解体，合作伙伴可能会成为最直接、最有威胁的竞争对手。

(2) 被收购与兼并。当企业盲于参与到战略联盟当中，而没有认真审视自身是否具有核心竞争优势以及加入联盟的条件时，企业则会面临着两种危险：一是如果企业自身不具备核心竞争优势而是勉强加入，那么它很可能在联盟的过程中被其他联盟企业兼并；二是即使企业在加盟前的确具备某项核心优势，但是加盟后由于核心技术或市场知识外泄，也有可能成为其他企业兼并或收购的对象。

(3) 盟友间无法协同。如果希望联盟能长期生存发展下去，而不仅是为了一些短期的目标，如占领市场、扩大销售、学习对方的长处，那么联盟就需要有共同的长期目标，联盟的各项事宜要具有战略上的一致性。如果联盟各方"同床异梦"，在联盟过程中只按着有利于自身的方向行事，致使联盟的成果向企业加盟前所预期的目标相差甚远，那么就很容易造成联盟中部分成员的损失，导致联盟破裂。

(4) 管理差异导致联盟失败。战略联盟通常希望产生"1+1>2"的协同效应。但是，如果两个企业都具有强势的管理模式，且两种模式在文化、思维模式、业务流程等方面有很大差异，就会产生摩擦、误解以及冲突，而且当这些冲突无法协调时，其中一个企业很有可能退出联盟，使得联盟分裂。

(5) 依赖合作对方。合伙人没有全心致力于双方的合伙事业，或建立联盟并不是为了共同发展，而是仅为了利用对方的能力，解决自己的困难，这样的联盟也是难以长久的。特别是当联盟双方都抱有这样的想法时，就可能使联盟后的情况比联盟前更糟。

四、战略联盟伙伴选择的"3C"原则

学者们对竞争战略的研究可以追溯到 1984 年，在研究战略伙伴选择的问题方面，他们提出了所需考虑的各项因素和标准，并归纳为"3C 原则"，"3C"为兼容性（Compatibility）、能力（Capability）、投入（Commitment）。经过 30 多年的研究，"3C 理论"已日渐成熟，跨国公司组建战略联盟的多年实践也说明，"3C 原则"是公司寻找合作伙伴的关键条件，如果公司潜在的合作伙伴具备了"3C"条件，联盟成功的概率就会比较大。

（一）兼容性

兼容性是联盟成功的必备条件之一。企业间构建战略联盟，如果缺少兼容性，那么不管它们的业务关系在战略上多么重要，也不管它们的实力有多雄厚，都将很难经受时间的考验，也很难应对多变的市场和环境。很多跨国公司将联盟比作婚姻，是因为联盟真的不是一件简单的事情，彼此间的兼容性是解决联盟中分歧与矛盾的有效保障。

（二）能力

潜在合作伙伴的能力也是值得考虑的关键因素。合作者实力较强，联盟的合作才更有价值。在评价合作对象的能力时，公司应当为每一个潜在合作对象准备一份档案材料，以便更好地评价它们的优势和弱势。归纳来说，主要评价有以下几方面：

(1) 在拟合作的领域，你与合作伙伴谁更活跃？
(2) 对方在市场竞争中实力如何？
(3) 对方的技术水平、生产能力、销售网络如何？
(4) 对方是市场的主导者还是落后者？
(5) 对方管理者（尤其是高层管理者）的素质与能力如何？

与兼容性需要严格测试一样，在公司与潜在的合作伙伴进行联盟之前，也要对对方的能力进行严格的测试，企业应成立一个专家小组以对每一个潜在的合作者在人员管理、财务、法律、税务等方面进行能力的测试。

（三）投入

找一个与自己有同样投入意向的合作者是联盟成功的第三个基石。尽管合作者可能很有能力并且在兼容性上与自身很相容，但是，只要它不愿意向联盟投入时间、精力和资源，联盟也很难良好运作。因此，企业在选择联盟伙伴时，必须对潜在的合作者进行投入上的测试，以确定对方也与你一样有积极的投入意识。对投入意识的测试可归纳为两点：

(1) 联盟的业务是否属于合作方的核心产品范围或核心业务范围。如果拟设立联盟的业务对合作者来讲是微不足道的，那么，合作者很有可能不向联盟投入必要的时间和资源，同时合作者还很有可能退出联盟，而使你处于进退两难的境地。

(2) 确定合作伙伴退出联盟的难度。联盟面临的危险之一就是公司把合作已纳入其全球战略中，并且投入了大量的资源和精力，而与其合作的另一方却突然要求退出联盟，从而使公司陷入进退两难的境地。所以，公司最终决定建立联盟关系前，必须测试对方退出联盟的可能性有多大、困难程度有多大、本公司失败的代价有多高。

本章小结

本章主要包括两部分内容：一是对合作战略的内涵及逻辑思维进行了介绍和探讨；二是论述了典型的合作战略——战略联盟的定义、特点和分类、风险、原则。

第一部分介绍了合作战略是企业通过与其他企业的合作来取得自身的竞争优势或者战略价值的战略，该理论是基于博弈论的方法，改变"PARTS"五项要素——局中人（Player）、增值（Added-values）、规则（Rules）、战术（Tactics）、范围（Scope）中任何一项要素以得到结果的差异，通过对策的改变使得局中人都向赢的方向发展，从而形成良好的竞争合作局面。

第二部分介绍了合作战略的实现形式，包括战略联盟、外包、特许经营和连锁经营等。战略联盟作为合作战略的主要实现形式，本章详细阐述了其定义、特点和分类、风险、原则。战略联盟是企业间交换、共享或共同开发新产品或服务的自发性活动。它可以是一系列动机或目标推动的结果，可以表现为不同的形式，可以建立在企业纵向或横向的界限上。它具有边界模糊、关系松散、机动灵活和运作高效的基本特征，并且要坚持伙伴选择中兼容性（Compatibility）、能力（Capability）、投入（Commitment）的"3C"原则。

思考题

1. 怎样制定合作战略？试基于博弈理论和"PARTS"五要素分析法为企业制定合作战略。

2. 信任是企业联盟取得成功的关键因素，试说明联盟中的各方要怎样做才能创造彼此间的信任？

参考文献

[1] Hagedoorn J. Trends and patterns in strategic technology partnering science the early seventis [J]. Review of Industrial Organization, 1996, 19 (8): 124-130.

[2] 希特等. 战略管理：竞争与全球化（概念）（第 6 版）[M]. 吕巍等译. 北京：机械工业出版社, 2005.

[3] 张平. 合作战略 [M]. 北京：中国经济出版社, 2009.

[4] 项保华. 战略管理（第 5 版）[M]. 北京：华夏出版社, 2012.

[5] 格里·约翰逊, 凯万·斯科尔斯. 战略管理（第 6 版）[M]. 王军等译. 北京：人民邮电出版社, 2004.

[6] 邹昭晞. 企业战略分析（第 2 版）[M]. 北京：经济管理出版社, 2005.

[7] 刘冀生. 企业经营战略（第 2 版）[M]. 北京：清华大学出版社, 2013.

第十章　国际化战略

20世纪50年代以来,市场竞争日趋激烈,许多企业为了寻求更好的生存或者进一步发展,纷纷把战略眼光投向更为广泛的国际市场,各国企业经营活动开始走出国门,扩大竞争范围,推动了全球化的进程。信息技术的迅猛发展、交通以及物流行业的日益发达为企业实施国际化经营提供了关键性的基础保障。随着世界经济的发展,企业寻求国际化战略的行为也越发主动和频繁。由此可见,企业活动的国际化已经成为世界经济发展的必然趋势。

对于企业来说,国际市场极具诱惑力,其背后蕴涵着巨大的商机,并且可为企业整体价值带来潜在的上升空间。然而,制定并实施国际化战略并不是一件易事,"一着不慎,满盘皆输",企业面对的是一个比国内市场竞争更为激烈且复杂的国际市场,想获得可观的回报必然要付出更为艰辛的努力。"工欲善其事,必先利其器",因此企业在选择国际化经营的具体道路之前,冷静、理智地分析自身的优势、劣势以及辨别所处的国际环境,选择合适的进入方式,做到"全球化思维,本土化行动",不失为一个明智之举。

开篇案例

中兴通讯知识产权:立足国内,面向国际

中兴通讯股份有限公司(以下简称中兴)成立于1985年,总部位于广东省深圳市,是中国较大的通信设备上市公司。公司首创"国有民营"经营机制,注册资本25000万元,截至2013年末,集团员工共69093人(其中母公司总人数为56492人)。作为全球综合通信解决方案提供商,中兴为全球160多个国家和地区的电信运营商和企业网客户提供创新技术与产品解决方案,让全世界用户享有语音、数据、多媒体、无线宽带等全方位沟通。

早在2001年,中兴在进行集群通信设备开发时就面临两种选择:其一,跟随市面上已成熟的技术进行仿制;其二,突破国外技术封锁,自主研发。最终,中兴选择了在码分多址技术(CDMA)系统下自主开发数字集群技术,并先后获得了74件中国专利授权,同时开了中国企业向国外企业授权许可的先河。目前,中兴发明专利80%以上的创新成果被应用在智能终端、核心网、路由器、IPTV、LTE等各类产品中,也正是由于专利技术被转化为产品运用,中兴才能在欧美等海外市场自由驰骋,更从容地在欧美市场上销售产品。

2014年4月26日是世界知识产权日，中央电视台"新闻联播"和"焦点访谈"两档节目报道：世界知识产权组织报告显示，2013年，中兴国际专利合作条约PCT专利的申请量位居世界第二，2011年和2012年位居世界第一，中兴总共拥有5万多件全球专利申请，1.6万件已获得专利授权。在4G及终端技术方面，中兴更是成为全球市场的领跑者，2014年4月16日在北京与成都对开的国航航班上，全球首次实现在空中提供4G互联网服务，中兴正是这次地空宽带系统地面设备的唯一供应商。美国"337调查"被称为世界上"最严厉贸易限制措施"，中国已成为"337调查"最大受害国，但是中兴却在这项调查诉讼中连续胜出，2013年12月至2014年3月，中兴已连续赢得三起专利胜诉。

中兴面临专利诉讼时从容不迫的底气从何而来？除了自身专利技术过硬之外，作为最早走出国门的国内通信企业，中兴比较熟悉国际知识产权游戏规则，多年来，积累了与跨国集团正面交锋的丰富经验。为了应对专利诉讼，在公司发展的20余年中，中兴耗资数百亿元用于专利研发，积累了大规模高质量的知识产权资产，在国际竞争中也更加从容。经过海外多年的摸爬滚打，中兴已经有相当成熟的诉讼应对经验和成功案例，在应对多个专利纠缠战中更是屡屡获胜，在近两年欧洲的10起专利诉讼中，中兴均以驳回、无效和中止判决等方式取得胜利。

实行国际化战略是中兴早期在开拓中国国内市场时就确定的。之所以做出这样的决定，主要基于两方面原因：①中兴当时面对的都是北电、朗讯这些通信业国际巨头，如果企业仅仅局限于国内市场，就不能与竞争对手并行在全球范围内配置资源，获取全面的竞争优势；②中兴当时认识到国际化是中国企业的必由之路，应尽早实行"走出去"战略。事实也证明，在中国IT和通信企业中率先"走出去"，为中兴最大限度地缩小了与跨国企业的差距，从而在国际市场的竞争中掌握主动权。特别是最近几年，国内通信业在历经多年高速发展后，增长速度放缓，中兴及时将市场重心转向国际，在全球IT企业的低迷期仍然实现了令全球IT产业所瞩目的、持续的高速发展，很大程度上受益于公司当年主动实行国际化战略。

资料来源：马硕，沈艳. 中兴通讯知识产权：立足国内，面向国际 [J]. 科技创新案例与研究，2014(1).

第一节　国际化战略实施的动因

邵一明（2014）认为，企业国际化战略是指从事国际化经营的企业通过系统地评估自身的经济资源以及经营使命，确定一个较长时间企业的主要任务和目标，并根据变动的国际环境拟定必要的行动方针，为求得企业在国际环境中长期的生存和发展所做的长远的、总体的谋划[1]。

简单来说，国际化战略（International Strategy）是指通过在本国市场之外，销售本公司产品或服务的战略。企业国际化经营的内涵不仅包括向国际市场出口产品和服务，更重要的是企业的经营理念、经营范围以及相应的企业管理水平也超越了国界限制，与国际市场接轨。这一论断的得出，与企业国际化经营活动的演变过程密切相关。

一、企业的国际化经营演变阶段及发展现状

随着全球经济的发展，各国经济的相互竞争和依存度均在不断提高，企业面对的国际环境显得越发扑朔迷离，对企业以及企业管理者的素质和能力的要求不断提高，同时也使得国际化经营的内涵不断更新，更加丰富。从历史的发展来看，现代企业的国际化经营经历了一个不断向更高层次演变的过程。

（一）19世纪中期至第二次世界大战前

世界上第一家跨国公司是1865年德国拜耳化学公司在美国纽约州开设的苯胺工厂，至今已有将近150年历史。1885年创建的美国电话电报公司，1875年创建的日本东芝公司，1899年的德国乐嘉文洋行等，这些集团在19世纪末期就具有当今世界公司的雏形。在20世纪的前十年，几家企业如荷兰皇家壳牌公司（Royal Dutch/Shell）、帝国化学工业公司（ICI）、菲利普（Philips）等公司的跨国经营活动的出现，标志着现代企业开始走上国际化经营的道路。但在第二次世界大战前，跨国公司的发展缓慢，其经济实力十分有限，对国民经济乃至世界经济的影响微不足道。这一时期企业的国际化经营活动以进出口贸易为主，跨国投资的方式较少且所涉及的国家和行业也有限。作为全球化公司发展的萌芽阶段，其对企业既有的管理定位和产品线的影响最小。

（二）第二次世界大战结束至20世纪90年代

这一时期是国际化经营的大发展时期，全球化开始在世界经济的舞台上崭露头角，使得现代公司国际化经营达到了空前发展的阶段。全球化对国际分工体系和国际竞争格局产生了不可磨灭的影响，商品和生产要素在世界范围内的流动速度加快，规模也日益扩大，使得国际市场未来一片广阔。许多企业抓住这一不可多得的发展时机，开始以积极的姿态发展国际化经营活动，跨国公司也开始逐渐成为世界经济最主要的经济活动主体、国际竞争的主角。此时的企业以对外直接投资为主要的国际化经营活动，它们通常被称为真正的跨国公司（Multinational Corporation，MNC）[2]。其特点是需要大量的资本、全球化的管理能力及全球性公司的国内部分继续控制整个公司的政策。

---

[1] 邵一明.战略管理（第二版）[M].北京：中国人民大学出版社，2014.
[2] 约翰·A.皮尔斯二世，理查德·B.鲁宾逊.战略管理：制定、实施和控制[M].北京：中国人民大学出版社，2005.

(三) 20 世纪 90 年代至今

20 世纪 90 年代至今被称为企业国际化经营的新阶段。20 世纪 90 年代中后期，信息技术和网络技术异军突起，使得世界经济进入了知识经济时代。在信息爆炸的时代背景下，现代公司的国际化经营活动面对的是以信息和技术为主导的国际竞争环境，企业所处的竞争位势不再稳定，"知己知彼，百战不殆"，这要求企业具有比以往更强的开放性和灵活性，尽可能地收集和利用相关信息了解自己和对手的情况，并且掌握和运用核心技术来增强企业的核心竞争力。因此，跨国公司必须通过全球性战略思维拓宽经营的视野和范围，通过建立立体的网络式结构增强组织本身的灵活性和学习性，以形成全球一体化的生产经营体系。

在全球竞争环境剧变和经济信息化的冲击下，20 世纪 90 年代以来，企业国际化经营的视野、理念、方法等都出现了大的变化，现代公司开始迈进"无国界经营、全球竞争"的新时代。此时的公司开始真正作为一家全球性的公司，以全球化的方式进行生产、销售、融资和控制。

二、企业国际化经营的原因

全球化力量的增强是企业突破国界限制的重要外在促进因素。为了维持自身的竞争优势，采用全球化的视角以形成崭新的战略布局是企业整体面向国际发展的关键内在驱动力量。

(一) 全球化的出现

全球化的出现离不开世界经济贸易的发展，并且与技术进步和劳动生产率的提高密不可分。此外，各个国家也为全球化的形成和发展做出了独特的贡献。

1. 全球贸易水平的提高

无论是一个国家还是一个企业，其经济情况的优劣是判断其经济实体发展情况好坏的基本标准。各国企业为了减少因国内市场竞争逐渐激化而带来的损耗，开始走出国门，争夺国际市场这块新的"蛋糕"，推动了全球化的进程，从而使得世界经济进入了新的全球竞争的时代。

随着世界经济水平的发展，全球市场中消费者收入普遍提高，全球需求有所增加。此外，由于"地球村"效应，在全球市场上，也产生了需求同构性 (Homogeneity of Demand) 日益增加的现象。所谓需求同构性，是指无论顾客身在何处，顾客的需求内容和需求形态呈现出愈来愈高的相似性。需求同构性的增加，是促进全球范围内国家与国家、企业与企业之间国际贸易数量增长、水平提高的重要原因之一。而如今，愈来愈多的国家和地区加入了世界贸易组织，国际贸易质与量的变化，为企业的全球化战略奠定了坚实的经济基础，有助于全球化的顺利实现。

2. 跨国公司的出现

国际贸易中贸易壁垒的存在是限制企业出口的重要原因。关税、配额、当地购买政策和其他贸易限制措施使得出口成本提升，在国外经营以占领市场变得更受企业欢迎。消费者国际化的趋势使得公司的消费基础趋于国际化，并且由于竞争者也趋于国际化，因此企业要想继续留住顾客，继续保持竞争力，就有必要在国外经营，而组建跨国公司就是企业在国外经营最常见的方式之一。

跨国公司在企业国际化经营的过程中承担着最为关键的角色作用。目前，跨国公司控制了全球50%的国际贸易，90%以上的国际直接投资，80%以上的新技术、新工艺和专利权，并有70%的国际技术转让是由跨国公司完成的[1]。跨国公司在战略、组织结构和管理模式上更突出国际间的竞争优势，因此跨国公司能够通过有效整合内外部的资源以满足经济全球化下国际竞争新形势的要求。由大型跨国公司推动的第五次并购浪潮给世界范围内包括汽车、医药、化工、电子、通信、航空、传媒、银行等行业带来了不小的冲击，导致这些行业的市场结构发生改变，寡头垄断成为这些全球化行业市场结构的主要形态。

3. 互联网技术的发达

20世纪90年代以来，发达的信息技术和网络技术推动了世界经济的发展。个人计算机、光纤通信网络、卫星、电子邮件，以及宽带网络所带来的大量与快速的通信沟通，使得整个世界的信息资源得以整合，世界也变得"越来越小"。例如电子商务的出现使得国际贸易数量大大增加，其便捷和快速的交易特点是传统的国际贸易方式无法比拟的，其背后显现出互联网技术的成熟与发达给当今世界经济带来了种种好处。

企业通过互联网，与贸易伙伴的沟通和合作变得更加快速和便捷，并能通过网络创建的公共平台及时了解竞争对手的动态，甚至是竞争对手对自己的评价。此外，互联网是企业挖掘信息资源的重要途径，一些本地没有的但同时是企业缺乏的有用资源有可能在国外市场上找到，这对于集中目标建立自身核心竞争力的企业来说非常重要。对于一些数字化产品而言，互联网更是一种新的分销渠道。它也促成了一些实体产品的加速数字化，例如唱片和图片等。因此，互联网这种新型分销渠道的兴起，也是促成全球化的一个主要因素[2]。

4. 政府政策的支持

各国政府对于全球化的正面鼓励，也是全球化成为热潮的原因之一。实证研究表明，至少自1960年以来，一国的经济开放程度与政府的作用（政府支出占GDP比重）扩大之间存在着正相关关系。对于一个国家来说，它与其他国家之间有相互依赖的可能，而原因之一是位于不同国家的企业之间对价值活动的共享。

现代市场经济中，市场与政府调控相结合，政府介入市场的主要职能是为市场提供必要的规则；当市场跨越国界延伸为世界市场时，国际层面的市场也要求政府为经济全球化提供相应的全球性规则和制度。

---

[1] 陈忠卫. 战略管理[M]. 大连：东北财经大学出版社，2007.
[2] 林建煌. 战略管理[M]. 北京：中国人民大学出版社，2005.

政府有多种政策或工具鼓励本土厂商进行全球化，例如补贴、优惠税率以及辅导措施等。这些政策性的支持，使得企业全球化的速度加快。

（二）企业竞争优势的保持和增强

从企业的角度来看，全球化发展被视为一种新的竞争武器。借助全球化的东风，建立国际化战略，进行国际化经营，可以增强企业的核心竞争力，使企业保持独特的竞争优势，甚至吸收新的元素，建立起更为强大的竞争优势。具体可获得的优势（机会）归纳如下。

1. 寻找新市场，扩大市场规模

企业实行国际化经营战略的一个主要原因是国际市场存在潜在市场机会。对于一些企业而言，所面对的本国或地区性的市场或者竞争激烈，或者本身趋于成熟或饱和，或者市场规模本身扩展有限。在此情况下，国际化战略就成为一个更加具有吸引力的战略选择。国际化经营可以使得企业突破当地市场成长的限制，进入新的市场，使企业维持成长的动力，增加新的潜在市场规模。进军新的国家，获得新的发展机会，是企业找到生存和发展的另一条途径。例如，多年的价格大战使得中国整个彩电行业举步维艰，中低端市场几乎无利可图。在对国内外市场形势和自身特点进行分析后，长虹锁定了自己的目标——做一个消费类电子电器产品的全球主流供应商。海外相当一部分消费者已不再使用低值易耗的CRT电视，背投彩电在欧美发达国家已占据了相当的市场份额，其国际市场需求实现了几何级裂变递增。2001年，长虹投影公司的科研人员推出了功能强大、兼容广泛的"美式背投"，使得其海外拓展取得重大进展，当年出口突破1亿美元，短短两年时间，增长了10倍。

成功的国际化经营可以使得企业比那些固守原有市场的竞争者取得更好的绩效，也使得企业可以将其原本拥有的核心竞争力作用于新的国际市场，以实现更大的整体利润和企业发展。在身处新环境时，企业往往也会获得新的视野和经验，巩固和完善原有的竞争优势。此外，国际市场的规模大小也影响到企业是否愿意在这个市场进行研发投资，以在该市场中创建新的竞争性优势[1]。

2. 提高投资回报率

一些行业在固定资产和研发等方面往往需要巨大的投资。对于它们而言，巨大的市场规模是必需的，例如民用航空行业、医药业等[2]。具体来说，这些行业中的企业建立生产基地、购买资金设备或者进行研究开发通常需要数量可观的资金作为投入。从投资报酬率来讲，企业要想从巨额投资中获益，达到大规模的市场容量至关重要。

首先，企业若能够扩大市场规模，则往往可以分摊在产品研发或生产上的巨

---

[1] 迈克尔·A.希特，R.杜安·爱尔兰，罗伯特·E.霍斯基森.战略管理：竞争与全球化 [M].北京：机械工业出版社，2006.
[2] 黄旭.战略管理：思维与要径 [M].北京：机械工业出版社，2007（2）.

大投资，提高其投资回报率。开辟和占领国际市场，正好能够满足这一要求，因此一些在生产和研发方面投入巨资的企业通常选择国际化经营这一方式降低企业因投入巨资而带来的风险，确保一定的投资回报率。

其次，技术创新的速度呈几何级数增长，以高技术为支撑的行业中产品更新换代的速度也随之加快，产品生命周期明显缩短，许多产品在很短时间内就被淘汰。面对巨大的研发成本，企业需要更多资金来弥补由技术所造成的损失，而这些资金就可能来自新市场。因为同一产品在不同市场上的生命周期不同，例如在发达国家市场上已经进入成熟期或衰退期的产品，在许多相对落后的发展中国家市场可能刚刚进入成长期或者投入期。

最后，同一市场内竞争对手的仿制能力和模拟速度经常使得推出新产品的企业短时间内收益锐减。在企业自身开发新技术和新产品的速度及能力必须提高的同时，也要通过其他途径补偿新产品的开发成本。通过国际化经营扩展市场，是企业提前回收新产品的难得机遇。尽快收回投资以及研发费用，才能够创造企业最大的超额利润。

3. 确保企业所需资源充足

在一些行业中，重要原料的供应，特别是矿物和能源的供应对于企业来说至关重要，例如铝制产品的生产商需要大量的铝土矿，轮胎公司需要橡胶，石油公司需要在全球范围内探寻石油矿藏。

除了自然资源外，实行国际化经营的企业可以更容易地从其他国家获得如材料、技术、经验丰富的员工等这些附加资源。此外，管理、技能、机器和资金这些额外资源也可以通过进入范围更广的新市场获得。例如，华为能在通信的高端市场站住脚，靠的是自主研发全球尖端核心技术。华为是世界少数几家能提供下一代交换系统（NGSS）的厂家。对技术公司来说，贴近市场是必须迈出的一步。1999~2001年，华为在班加罗尔、莫斯科、硅谷、斯德哥尔摩设立了研发中心，充分利用当地具有较高水平的科研人员以及雄厚的技术实力进行研发工作，雇用当地人打造自己的核心竞争力。通过这些机构引入国际先进的人才、技术，为华为总部的产品开发提供支持与服务。十几年如一日的研发高投入，在获得产品竞争力的同时，华为也积累了大量的知识产权成果。2013年华为的专利申请量达到2094件，在欧美国家累计申请国外专利1077件，申请PCT[①] 266件，是发展中国家申请PCT最多的企业之一。

4. 降低生产成本

当企业选取的竞争战略是总成本领先战略时，企业产品生产的关键因素自然落到了生产成本上。由于工厂规模的扩大、新引进设备的高昂成本以及投资额上升带来企业经济规模的提高，最小有效规模（Minimum Efficient Scale）也随之提升，在此情况下，企业还要面对具有价格优势的主要竞争者的挑战，因此企业面

---

① 专利合作条约，是专利领域的一项国际合作条约。

临着必须降低产品生产成本的巨大压力。

与企业能从国外市场获得充足资源这一优势相关的是,在世界范围内,企业会把生产转移到那些能够以较低的交易费用获得有关资源且劳动力较为廉价的国家或地区,通过分解价值链、充分利用外包、直接投资、建立研发中心等手段实现生产经营的最佳配置,面向全球进行销售,从而获得市场竞争力。中国大陆被称为"世界工厂",其原因是中国的人力资源、原材料、运输和融资成本较为低廉,加上存在着潜在的巨大消费市场,因此吸引了全球企业纷纷来此投资,成为许多企业转移生产的首选国家之一。

5. 获得规模经济与学习效应

在产品的制造过程即生产环节,企业容易借助市场的扩大获得规模经济。国内的市场过小不能支持高效生产,而扩大市场容量进行销售有利于进行大规模生产。借助标准化的产品与相同或相似的生产设备,企业可以整合重要的资源,将巨大的需求量集中于某一地点进行生产,如此便很容易降低经验曲线,将有可能取得最优化的规模效应。对于国际化经营的企业来说,规模化经济至关重要,在占领国际市场的过程中,借助于规模经济带来的较低成本和经验曲线的下降,企业将有可能利用降低成本的优势获得更多的国际市场份额。

同时,通过不同国家企业之间的资源与知识共享,企业也可以在国际化市场中发展其核心竞争力[1]。知识具有流动性,在企业国际化经营的过程中,不同国家间知识、信息的流动十分频繁。对企业来说,将全球化过程中学到的新知识、技术和能力进行消化和加工,以隐性知识为主的形式运用于其他市场的运作过程,这一形式的知识可看作企业独一无二的竞争优势,无法被竞争对手模仿或替代。同时,资源、知识的共享将有助于企业生产出低成本、高质量的产品或服务,增加产品的稳定性。

学习型组织的出现和其受重视的程度说明培养组织学习能力的重要性和实际性,以及知识经济时代中信息与知识对于企业的重要程度。对于企业这个经济组织而言,从国际化经营的过程中通过分享重要的资源、能力与知识,增强自身的学习能力,从而转化为自身的核心竞争力,巩固自身的优势,是企业走上国际化战略道路一个关键的问题。

6. 获得区位优势

企业实施国际化经营可以帮助企业取得区位优势。一方面,区位优势体现在企业可以更容易地获取廉价劳动力、自然资源等,以降低产品与服务的成本,这一点前文已经涉及,这里不再赘述;另一方面,由于一些区域的地理位置与主要的顾客或供应商接近,因此可以"近水楼台先得月",就近服务于重要的顾客。企业一旦占据有利的地理区域,就必须通过有效的管理手段来获取最大

---

[1] W.Kunmmerle.The Drivers of Foreign Direct Investment into Research and Development: An Empirical Investigation [J]. Journal of International Business Studies, 1999 (30): 1-24.

化的利益①。

2014年,上海的星巴克店面数量为250多家,是目前国内星巴克店面数量最多的城市。由于商业比较发达,华东地区,包括江浙和上海一带被视为星巴克在中国最好的市场。但北京却是2007年星巴克扩张速度最快的城市之一,开店计划是十几家。北京的店面增长速度如此之快,其中一个重要的原因就是为了迎接2008年北京奥运会的到来,截至2012年7月17日,北京星巴克的店面数量已经达到了90家。

20世纪90年代衍生了新一轮的全球化浪潮。与过去相比,诸多大的跨国公司在这新一轮的全球化浪潮中有一些新的表现。它们不再是光喊口号,而是开始积极而又审慎地付诸实际行动;在行为方式上不再仅仅是把生产设备转移到国外,利用当地廉价的人力资源,而是要打破公司内部的障碍,自由流动人员和转移资源,特别是传播新的观念②。

第二节 国际化战略的选择

一、国家竞争优势分析

国际化成长战略是指企业打破经营活动在国家地域上的限制,将经营活动扩展到更广的世界经济范围之内,以希望获得更多资源,并在更大的市场空间获得更大的竞争优势,从而获得更大的业务增长和利润增长。国际化战略的全部内涵归结到一点,就是要不断地创新和提高企业竞争力,其核心是培育企业的核心竞争力③。

一个企业竞争优势的获得与其在本国市场的成功运作密切相关。企业在打入国际市场之际,必然运用已经建立的竞争优势进行国际化经营活动。迈克尔·波特(Michael Porter,1990)认为,身处全球化产业的各国企业把整个世界作为国际化竞争的主战场,结果也将影响到国家的经济繁荣④。迈克尔·波特的国家竞争优势理论模型表明了企业在国际市场中竞争优势的获得不仅来源于企业自身,企业所属国家竞争优势的强弱也为企业能否在国际化经营中取得成功写下关键的一笔。一个国家的竞争优势主要体现在行业竞争力上,并且通过行业竞争力的大小影响该行业中企业的竞争能力。

---

① K.Ferdows.Making the Most of Foreign Factories [J]. Harvard Business Review, 1997, 75 (2): 73-88.
② 罗建平,吴静芳,王蔚等.全球战略管理 [M].上海:上海三联书店,1997.
③ 邓海涛.企业战略管理 [M].长沙:国防科技大学出版社,2005.
④ A.Campbell & M. Alexander. What's Wrong with Strategy [J]. Harvard Business Review, 1997, 5 (6): 42-51.

国家竞争优势模型由生产要素、需求状况、相关行业和支持性行业以及公司战略、结构和同业竞争状况四个要素组成。因为机会是无法控制的，政府政策的影响是不可忽视的，所以在四大要素之外还存在两大变数：政府与机会。四个要素与两个变数之间相互关联、相互影响，形似钻石，因此国家竞争优势理论模型又被称为"钻石理论模型"，如图10-1所示。

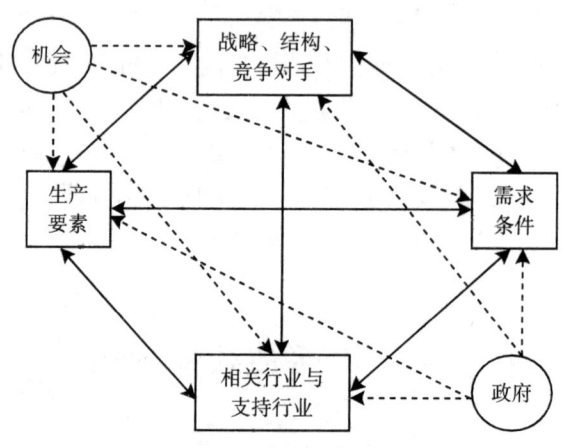

图10-1 完整的"钻石体系"

资料来源：迈克尔·波特.国家竞争优势 [M].李明轩，邱如美译.北京：华夏出版社，2002.

（一）"钻石理论模型"的四个构成要素

1. 生产要素

生产要素主要指行业发展所必需的要素。生产要素可以分为低级要素和高级要素两类。低级生产要素又称为基本生产要素，包括自然资源、地理位置、气候条件、初级劳动力等。高级生产要素包括数字通信网络、受过高等教育的人才以及科研与开发能力等。某些国家的某些行业具有基本生产要素优势，比如中东国家的石油开采与冶炼行业、日本的造船业、中国的轻纺业等。而随着全球化的发展，基本生产要素的地位逐渐被高级生产要素代替，拥有高级生产要素竞争优势的国家或行业前景更被人们看好。例如美国的航空航天业、印度的软件业以及德国的化学工业等。

另外，生产要素按照专业程度可分为一般生产要素与特殊生产要素两种。一般生产要素主要包括公路系统、资本市场、受过大学教育的员工等。特殊生产要素包括特殊行业的熟练工人、行业研究机构、专用码头、产品模型设计群等。

相对而言，高级生产要素和特殊生产要素是经过长期投资培养起来的生产要素，从组织资本的角度来说，这两种形式的生产要素转化成的组织资本存量要远远大于低级生产要素与一般生产要素。因此，从长远来看，一个国家竞争优势的增强依赖于高级生产要素和特殊生产要素的拥有程度。生产要素如果不能持续升级和专业化，它对竞争优势的贡献会越来越低。

2. 需求条件

需求条件体现在国内市场的购买者对产品或服务需求的性质和大小以及国内市场的成长速度。国内购买者对产品和服务的需求量越大，对企业的供给量影响也就越大，国内市场的容量自然也会上升；同样，消费者的消费层次越高，给企业施加的改善、升级、提高产品和服务的压力也就越大。此外，消费者特定的需求可能产生细分市场，为该国提供形成独特竞争优势的机会。

在中国，城市居民消费的求新求变促使消费更迭频率加快。中高收入城市居民中，16.5%的消费者不到一年就会更换手机；26.1%的人不到两年就会更换MP3；数码相机、个人笔记本电脑、私家轿车等高价位产品也出现了快速更新的趋势。高更换频率使得越来越多的消费物品实际利用率降低，流行周期不断地缩短。一个新品推出后会更快地在短时间内受到市场热烈追捧，但很快其受关注程度便会降低，然后被更新的产品超越。由此可见，需求条件影响国内市场的发展和走向，也推动了该行业建立起自己独特的竞争优势。

3. 相关行业与支持行业

相关行业与支持行业包括同类型的行业，也包括上游、下游的行业。行业本身与同类型的行业以及上下游行业一起构成了价值链的主要环节，在其共同的发展中诞生了一种新型的产业组织形态——集群（Cluster）。迈克尔·波特（1998）指出，集群是某一特定领域内相互联系的公司和机构在地理位置上的高度集中。它将一个价值链的大部分环节整合到一个相对狭小的区域，并展开充分的合作与竞争。

由此可见，集群的实力大小对于判断某行业的国际竞争力大小是具有参考价值的。例如美国硅谷的IT产业、德国南部的汽车制造业均是集群的典型代表，这些产业之所以在各自的行业发展中居于翘楚，原因之一是这些地区聚集了一批具有高水平技术和专家的计算机或汽车公司，并有足够的配套企业提供高水平的合作。正是拥有具备国际竞争力的供应商和相关行业的支撑，才使得这些集群中的主导行业具有独特的不可替代的国家竞争优势。

4. 公司战略、结构和竞争对手

不同的国家由于国家体制、文化背景以及历史发展道路等因素的不一致性，导致其对国内企业的创建、发展和管理模式等影响与其他国家的企业不同。因此，不同国家有着不同的公司战略、组织结构和行业内的竞争状况。例如，美国的企业较为注重个人能力，强调个性化发展，而日本的企业则更注重团队合作能力的培养以及强烈的归属感意识的形成。又如，同样是家族制企业，韩国与日本企业的家族制度以及管理模式也有所区别。

在影响行业竞争优势的这三个因素中，同业竞争状况的作用最为明显。公司战略、组织结构均有其一定范围的适用性和可行性，而同行业的竞争必定给行业内企业带来更大的压力，逼迫企业开发新产品、新技术或者寻找新的竞争优势源泉，从而改进产品或服务的质量，提高产品的性能，降低成本或者突出产品或服务的独特性以便保持企业自身的竞争优势。而行业内企业的向前发展反过来也促进了该行业的整体进步，因此，在美国计算机制造商和软件生产商之间激烈的竞争促进了这些行业的快速发展，成为全球的领军行业。

（二）"钻石理论模型"的两大变数

1. 时机

时机是可遇而不可求的，可以影响上述四大要素发生变化。迈克尔·波特指出，对企业发展而言，形成时机的可能情况大致有基础科技的发明创造、传统技术出现断层、外因导致生产成本突然提高（如石油危机）、金融市场或汇率的重大变化、市场需求的剧增、政府的重大决策与战争等。时机其实是双向的，它往往在新的竞争者获得优势的同时，使原有的竞争者丧失优势，只有能满足新需求的厂商才能有发展"机遇"。

2. 政府

迈克尔·波特指出，从事产业竞争的是企业而非政府，竞争优势的创造最终要反映到企业上。即使拥有最优秀的公务员，也无从决定应该发展哪项产业，以及如何达到最适当的竞争优势。政府能做的只是提供企业所需要的资源，创造产业发展的环境。

政府只有扮演好自己的角色，才能成为扩大钻石体系的力量，政府可以创造新的机会和压力，政府直接投入的应该是企业无法行动的领域，也就是外部成本，如发展基础设施、开放资本渠道、培养信息整合能力等。

从政府对四大要素的影响看，政府对需求的影响主要是政府采购，但是政府采购必须有严格的标准，扮演挑剔型的顾客（在美国，汽车安全法规就是从政府采购开始的），采购程序要有利于竞争和创新。在形成产业集群方面，政府并不能无中生有，但是可以强化它。政府在产业发展中最重要的角色莫过于保证国内市场处于激烈的竞争状态，制定竞争规范，避免垄断的产生。迈克尔·波特认为，保护会延缓产业竞争优势的形成，使企业停留在缺乏竞争的状态。

国家竞争优势理论中涉及的四种因素以及两个变数，强调了环境和结构因素对国家经济的重要影响，而国家经济又影响着国家的竞争优势。对于企业而言，"钻石模型"中的关键要素可以引导企业创造并保持本身的竞争优势。如何利用自身的有利条件在本国情境下发展，是在行业内取得较好竞争位势的方式之一。而在国际市场，当企业选择了正确的战略并能保证战略得到有效实施，充分利用国家差异带来的利己条件时，就有可能通过"钻石模型"中的四个因素为企业带来竞争优势。

二、国际化战略的选择

企业的国际化战略通常有四种选择：国际战略、多国当地战略、全球战略以及跨国战略（Bartlett and Ghoshal，1989）[①]。企业在进入国际市场之前，应根据自身的优势（即内在因素）和目标国家的环境（即外在条件）两个方面进行考察，再从四种战略中选择适合本企业发展并能够体现自身竞争优势的一种。

（一）国际战略（International Strategy）

国际战略是指母公司负责开发核心能力，并将一些有价值的产品或能力转移到国外市场，而此时国外市场中的竞争者还未拥有这些产品或能力。

置身于拥有国际领先技术国家的企业通常选择国际战略。依靠强大的技术支撑、充足的资源以及相关行业的成熟发展，企业可以建立起与其他国家同行业相比较为明显的竞争优势，因此将母公司的创新产品或创新能力转移到国外的新市场，可以利用差异性创造巨大的价值。选择国际战略的企业倾向于将研发职能设立在母公司，而将制造和营销职能放在海外子公司。整体来说，母公司掌握着对营销和产品战略的控制权；海外子公司在新产品、新工艺、新技术的开发上依赖于母公司，需要母公司进行协调和控制。

国际战略的优点在于突出了产品的差异性，母公司国内市场的剩余产品被销往国外市场，对在国内市场销售的产品来说延长了它的生命周期；海外制造也被看作保护母公司国内市场的一种手段。但采用国际战略决定了企业生产制造设备存在重复的现象，无法获得规模经济，造成了企业的制造成本相对较高（Hill and Jones，2001）[②]。

（二）多国当地战略（Multidomestic Strategy）

多国当地战略（也称为多国战略）是指母公司将战略性决策的制定与执行的权力向下授予至每一个国家的战略事业单元。包括海外子公司在内的这些战略事业单元受控于母公司的总体战略指挥，但是拥有自行制定适合当地的战略，独立设计、生产和营销符合当地市场需求的产品或服务。

多国当地战略的形成基于权变理论的运用：不同的国家消费者需求、行业结构、政治法律环境以及社会环境等各不相同，因此不同国家的市场和经营环境均存在差异。在此情况下，情境的改变对于决策的影响非常巨大。因此，运用多国当地战略时，全球化的企业每一个国家的分支机构均具有很高的自主权，能够单独根据当地的市场环境独立制定并执行决策。

一般来说，采取多国当地战略的企业通常面对着彼此存在较大差异的各国市场。企业倾向于每个国家内的竞争，主张在各个市场中根据各国的状况设计产品、独立调整产品，同时在国外的当地市场上执行主要的附加价值活动与作业，并在单一市场中协调市场与销售活动；在全球范围则利用品牌与商誉建立共同的形象（Pitts and Lei，2000）[③]。与国际战略正好相反，采用多国当地战略企业的

[①][②] 林建煌. 战略管理 [M]. 北京：中国人民大学出版社，2005.
[③] Lei D., J. W. Slocum Jr., and R. A. Pitts. Building Cooperative Advantage: Managing Strategic Alliances to Promote Organizational Learning [J]. Journal of World Business，1997，3（32）：203-213.

海外子公司在技术上对母公司的依赖程度很小。

1. 多国当地战略的优点

（1）企业能够对每一个市场需求特性做出准确反应。实行多国当地战略的企业注重每一个国家或地区的竞争，因此常常以产品客户化的方式满足本地消费者的特殊需求和偏好，并为其创造较为良好的条件。企业以扩大本地市场份额为目标，创造出差别化的产品对国别差异做出反应。

（2）分支机构自主经营性提高。由于多国当地战略会对位于各个国家的分支机构充分授权，因此这些分支机构愈来愈趋向独立自主。包括研发、生产、销售、售后等在内的价值链活动的开展使得这些战略业务单元可以达到自给自足的水平，不再依赖母公司提供的技术支持。这一优势提高了这些分支机构的经营自主性，具备了各自发展起来的独特的竞争优势。

2. 多国当地战略的缺点

（1）经营成本较高。国际战略的缺点之一在于具有较高的制造成本，而采用多国当地战略存在经营成本较高的问题。由于企业的各分支机构各自为独立的经济系统，在组织结构、人员配置和经营活动等方面存在重复建设，从而导致较高的经营成本。同时，在多国当地战略下，由于个别分支机构的生产数量不大，通常很难达到规模经济，无法获得经验曲线与区位经济的效果。

（2）独特竞争力无法转移。Hill 和 Jones（2001）认为，企业采用多国当地战略使得母公司在各个国家的分支机构日益趋向独立，这一趋势的好处在于提高了这些分支机构的经营自主性，但也存在一定的缺陷。缺陷在于：随着分支机构独立自主性的增强，许多采取多国当地战略的企业最后发展成为由较为独立的各国子公司组成的松散的联盟，各战略业务单元之间的知识和能力无法转移，削弱了作为整体的跨国企业的核心竞争力[①]。

（3）企业风险的存在。位于不同国家的分支机构在不同市场上采取的是不同的策略，而战略的差异性使得母公司的协调和控制职能突出，管理的复杂性增加、难度加大，这些困难使得公司面临较大的不确定性，存在一定的风险。

（三）全球战略（Global Strategy）

全球战略是指在不同国家的市场中，销售标准化产品并由总部确定竞争战略。战略业务单元在不同国家相互作用、相互依存，总部负责将这些业务单元综合起来作为一个整体进行管理。

全球战略与多国当地战略相对立，采取这一战略的企业认为，世界范围内各国消费习惯和偏好的共同之处多于不同之处，通过给消费者提供具有适当成本和质量优势的标准化产品，促使过去形成的国家之间的多样化习俗和偏好逐步趋同[②]。

全球战略基于全球产业的视角，认为竞争是全球性质的，跨越了国界的限

---

① 林建煌. 战略管理 [M]. 北京：中国人民大学出版社，2005.
② 陈忠卫. 战略管理 [M]. 大连：东北财经大学出版社，2007.

制。因此在全球产业下，不同国家的战略行动彼此之间具有某种程度的关联性，从而使得企业在某一个国家的战略行动会受到在另一个国家战略行动的牵连，同时也会影响到在其他国家的战略行动。在战略制定方面，企业采用的是集中制定竞争战略，并逐渐由母国的总部负责控制。海外国家的战略业务单元之间相互独立，母国所在的总部则负责在某种程度上整合这些业务单元。

1. 全球战略的优点

（1）成本的降低。采用全球战略的企业注重的是规模经济的获取，其生产、营销和研发活动集中在少数几个最有利的地点，通过大规模标准化的生产以实现经验曲线和区位经济带来的成本降低效益，并尽量将某一国战略业务单元所发展出的创新成果运用到其他国家，创造更多的机会。

为了减少额外的成本，实施全球战略的企业一般并不针对各国市场的具体情况调整各自的产品和营销战略。在产品生产方面，减少产品生产的种类进行集中生产，以降低产品的单位成本。

因此，全球战略倾向于利用企业的低成本优势，普遍采用富有攻击性的价格战略。许多生产工业制品的企业需要面对巨大的降低生产成本的压力，因此它们往往选择全球战略。

（2）质量的提高。由于全球战略采取的是集中生产，产品种类往往较少，因此企业可以集中资源增加这些产品的资金和管理资源，改善产品的质量。

2. 全球战略的缺点

（1）忽略本地市场的发展机遇。标准化产品的生产与销售无形之中放弃了那些产品本土化的机遇，同一化的产品并不能充分满足任何一个东道国消费者的需求。另外，统一的经营策略对于东道国消费者的需求情况缺乏弹性，对本地市场反应迟钝，这也可能会削弱对各东道国不同营销环境的适应能力。

（2）管理成本的增加。全球战略将生产、营销和研发集中于几家并由总部负责制定竞争战略，在获取规模经济的同时必然带来一系列管理上的问题，诸如全球资源的整合与分配、跨国协调工作、总部与各战略业务单元之间的任务传达等。因此，实施全球战略会导致管理成本的上升以及管理难度的增加，给企业带来不确定性和风险。因此，企业资源共享程度的深浅以及跨国协调、合作水平的高低成为实施国际战略的企业在发展中要面对的关键性问题。

（四）跨国战略（Transnational Strategy）

采取跨国战略的企业并不仅仅单纯地将母国的技术或产品输出至其他海外市场，也可能存在将海外子公司的技术或产品输送至母国和其他海外市场的情况。这种战略试图同时达到成本优势与差异化优势：母公司将某些价值活动集中在最能节约成本的地方，而把其他的一些价值活动交给海外的子公司以便能较好地适应当地的环境，并促进子公司之间知识与能力的转移。

企业实施跨国战略是为了寻求全球化的效率和本土化的反应敏捷的统一。企业认为，仅仅强调低成本或突出差异化的战略并不完整，同时从区位优势以及国际化经营中获取经济效益更为全面。因此，在需要全球的协调与紧密合作的同时，还需要本地化的弹性合作，然而这一目标并不容易实现，Bartlett 和 Ghoshal (1989) 指出，这种弹性协调必须通过一种整合的网络来建立共享的愿景以及个别的承诺。为此，跨国战略的组织结构强调灵活性，企业注重对资源和能力进行组合[①]。

1. 跨国战略的优点

（1）实现规模经济。母公司将某些价值活动集中在最能节约成本的地方以实现规模经济。例如一般的生产和后勤活动以及信息系统和采购活动均趋于集中化以降低经验曲线，减少成本。

（2）适应当地市场。跨国战略能够根据当地响应而提供产品与进行营销活动。实施跨国战略的企业通常在各海外子公司中进行营销、销售和售后服务、装配等活动，借助本地化的弹性合作提高适应当地市场的能力，从区位优势中减少运输和协调成本。

（3）实现全球学习的利益。跨国战略组织结构的灵活性要求以及弹性协调的要求使得知识和能力在母公司和子公司之间、子公司与子公司之间大量广泛地流动。全球学习网络的建立使得母公司和所有子公司将有价值的知识和能力整合到该网络中来，而国际化经营的企业则可以从全球学习中提高对竞争环境的适应性和灵活性，保证企业的全球生产体系有效运行。

2. 跨国战略的缺点

跨国战略的缺点也十分明显，主要体现在跨国战略的可行程度：由于追求全球协调和满足当地弹性需求这两个目标之间存在着本质上的冲突[②]，因此很难实现真正的跨国战略。

第三节　国际化市场的进入模式

企业进入国际化市场的模式是指企业对进入外国市场的产品、技术、技能、管理诀窍或其他资源进行的系统规划。进入模式的选择是企业比较关键的战略决策之一，各种不同模式的选择也是企业制定国际竞争战略的基础[③]。选择合适的进入模式有助于提高企业的经营业绩。

一、影响进入模式选择的因素

选择正确的国际市场进入模式对于一个企业来说是复杂而困难的决策过程。

[①][②] 林建煌. 战略管理 [M]. 北京：中国人民大学出版社，2005.
[③] 周三多，邹统钎. 战略管理思想史 [M]. 上海：复旦大学出版社，2003.

Hill 和 Jones（2001）认为，有两个因素影响着进入模式的选择：组织独特的能力与降低成本的压力。越来越多行业的竞争趋于国际化，因此国际化战略的效率也变得比较突出。大多数企业面临的问题在于需求趋于本地化，而企业本身为了节约成本、实现各国的资源共享而采用跨国标准化的运作方式。

企业内、外环境的不断变化致使跨国公司需要制定灵活的机制以具备战略性的竞争实力。企业在选择进入国际市场方式之前应把企业外部、内部因素考虑充分。根据邵一明和蔡启明（2005）的观点，企业应对目标市场的宏观因素以及企业自身因素两个方面进行分析。

（一）目标市场的宏观因素

目标市场的宏观因素包括目标国家的市场因素、环境因素、生产因素三个方面，如图 10-2 所示。

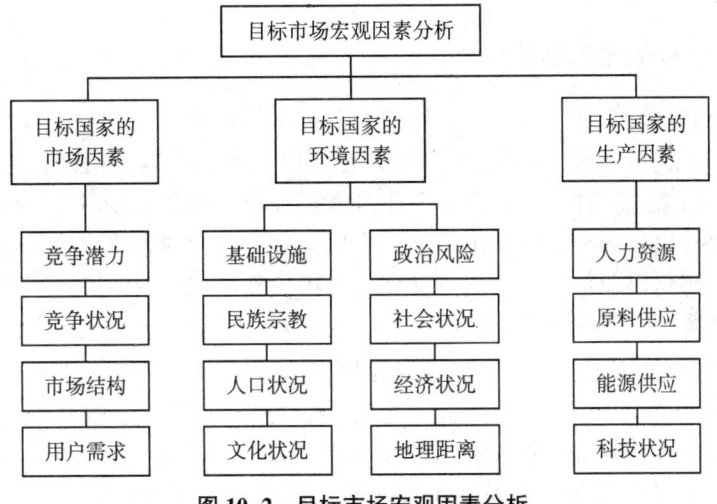

图 10-2　目标市场宏观因素分析

资料来源：邵一明，蔡启明. 企业战略管理（第二版）[M]. 上海：立信会计出版社，2005.

目标市场宏观因素的评估是审查全球环境的本质特征，要特别关注东道国的经济进步、政治统治、民族特征等状况。企业必须了解东道国的市场规模、购买力、现有和潜在的竞争者等情况。

目标国家的市场因素主要包括目标国家市场规模的大小、目标国家市场竞争潜力大小与激烈程度、目标国家市场的竞争结构、目标国家用户的需求状况等。

目标国家的环境因素主要包括目标国家基础设施建设情况、民族和宗教状况、人口情况、本国与目标国家在社会与文化等方面的差异、政治风险、政府对外国企业有关的政策和法规、社会状况、经济状态、地理距离等。

目标国家的生产因素主要包括目标国家的生产要素投入（原料、劳动力、能源等）、市场基础设施（交通、通信、港口设施等）的质量与成本、目标国家的科学技术发展情况等。

(二) 企业自身因素

企业自身因素的评估主要是识别企业的基础优势。这些优势在国际化经营中能够彰显企业的特性，可使得企业在东道国创造出独特的价值。因此，企业在考虑选择何种进入方式之前，还要结合自身的情况考虑以下因素：企业自身的产品情况、企业拥有的资源情况、企业经营规模优势及成本问题、竞争对手的情况。

产品情况主要包括产品的独特性、产品所要求的服务、产品的生产技术密集度、产品适应性等。

企业拥有的资源情况主要包括企业资源丰裕度以及企业的投入愿望。

企业经营规模优势及成本问题主要包括实施国际化战略企业的经营规模、承担经营管理的费用支出能力、产品单位成本控制能力。

竞争对手的情况主要是指在东道国市场同样采取国际化经营的竞争对手所使用的进入方式和经营状况。

二、进入模式的选择

(一) 出口模式

出口（Exporting），即商品的输出，在国内生产，在国外销售。这是最低级的国际化进入模式，往往成为许多企业进入国际市场的第一步。出口模式分为间接出口和直接出口两种。间接出口主要是指国际化经营的企业通过企业所在国的中间商来办理出口业务。直接出口又分为直接代理商或经销商以及国外建立销售分店（或子公司）两类。

出口模式下，企业并不需要在其他国家建立制造工厂或业务部门，通常是通过某种市场营销体系来分销产品，因此相对来说投资较少，企业在生产过程、成品存货方面能够保证质量控制标准，降低企业的经营风险。企业选择出口模式，能够将全球的需求量集中在某地生产，然后再出口到其他国家，可以实现规模经济。同时，若是母公司所在的本国也是最佳的生产地点，也可以同时实现区位经济。

出口模式的显著缺点：首先是运输成本较高，产品运输到其他国家的成本往往会将规模经济和区位经济带来的经济效益消耗掉；其次是进口国设立的贸易壁垒的阻碍，进口国为了保障本国利益往往设置较高的贸易壁垒，制定高额的进口关税以及类似的政府贸易政策，这对于出口模式下的企业来说增加了出口成本；最后是采用出口模式的企业对其产品在进口国的营销和分销控制较少，为了掌控分销商的销售活动而设立自己的销售机构又会导致成本的相对增加。

小型企业或者新兴企业向国际市场扩张之初，最有可能采用的方式就是出口模式，而货币汇率的不稳定也是其面临的最大困难之一。

(二) 许可模式

许可（Licensing）模式是指企业在一定时期内向外国法人单位（如企业）转让其工业产权，如专利、商标、产品配方、公司名称或其他有价值的无形资产的使用权，获得提成费用或其他补偿，被许可者可以承担风险并投资设备进行生产、营销和分销产品或服务。此种模式在一些小公司中十分流行，并在所有国际化市场进入模式中成本相对较低。

许可模式又称为授权模式，它的优势在于企业无须承担开发当地市场的成本，可以降低企业在国外市场运营的风险。对于资金缺乏的企业来说，许可模式是一种比较适用的模式，但对那些拥有国际战略运作能力的大公司以及在小范围的边缘市场中拥有标准化产品的公司才最有效。

许可模式存在的问题在于：首先，授权的形式容易使授权方的技术诀窍外泄，待许可的时间结束后，被授权的一方已经掌握了该技术或积累了相当的经验，从而成为授权方新的竞争对手；其次，授权方对当地市场的生产、营销等活动的控制权不高，同时也无法实现规模经济和区位经济。

特许经营（Franchising）是许可模式的一种特殊形式。受让方以转让方的品牌、专利的名义出售本公司的公众化产品或服务，可以在此过程中分享转让方的管理方法与营销策略；受让方应向转让方交纳一定的费用，其数额主要取决于受让方出售产品的数量以及转让方在竞争市场中的地位。特许经营模式要求当地投资者严格按照转让方的要求进行操作，这也是特许经营比普通许可模式更加完善的地方。例如，世人熟知的麦当劳就是全球特许经营成功的典范。

（三）自有公司模式

自有公司（Wholly Owned Subsidiaries）模式是指企业拥有所投资事业的百分之百或绝对多数的股权。通常可采用两种形式：通过并购的方式获得一家公司，或者新建一家企业。

1. 并购

近几年，企业跨国并购数量占到世界企业并购数量的45%，成为进入国际市场的新途径，对于国际化扩张来说是最快捷也是最方便的形式。

并购企业通常价格不菲，需要借债融资，这也增加了企业的风险，使得并购的国际性谈判充满了复杂性和不确定性。此外，并购后的新公司在整合与管理的过程中要面对来自不同企业文化带来的冲突与矛盾，甚至有可能还要处理潜在的不同社会文化和习惯带来的问题。

2. 新建企业

建立一个全新的企业，通常称为新建一个全资子公司（New Wholly Owned Subsidiary）。全资子公司愿意而且有能力对东道国市场的投资进行担保，拥有公司完整的所有权，能够对公司进行有效的控制与管理。而总部所在的母国则承担了制定当地市场产品生产、经营、利润以及分红决策的任务。建立一个全新的企业是复杂且需要很大代价的过程，但是它在最大限度上控制企业的运作，并且有可能取得超额回报。

自有公司模式下的企业通常可以避免产品技术诀窍的外泄问题。由于控制了百分之百或绝对多数的股权，使得企业能够完全控制住海外的战略业务单位，因此许多以技术为核心的公司倾向于选择该种类型的扩张方式，控制企业的技术、营销及其分销。同时，自有公司模式可以提供绝对的控制权，因此也比较容易实现区位经济和降低企业的经验曲线，发挥成本优势。

但是与其他几种模式相比，自有公司模式的成本很高，相应的风险也很高。例如，为了响应政府"企业走出去"的号召，被誉为"中国索尼"的 TCL 进行的轰动世界的并购案，结局却并不完美。

（四）合资模式

合资模式（Joint Venture）是指企业同东道国的企业组建一个新的合资型企业从事本企业产品的生产和销售，充分利用东道国企业的资源、分销渠道和管理经验等，以进入该国市场。常见的合资模式是 50/50 的模式。在此模式下，双方各自拥有一半的股权，但同时也共同分享公司的控制权，管理人员也各派一半。

合资企业在资本、专利、商标、产品生产、营销策略、管理经验等各方面联合经营，因此合资企业的双方关系较为稳定。对一些缺乏管理资产与财物资产无法独资经营的公司来说，合资模式在利润分配上优于自有公司模式。通过与国外公司在管理、财务方面的资源共享，获得东道国关于当地市场的独特知识和投入，协调好制造与营销职能，以实现盈利。此外，合资双方可以共同分担市场开创时期的高风险和高成本。合资经营对企业适应东道国的宏观环境起到了促进的作用，在政治、企业、文化组织等方面为企业提供最详实的信息，使得企业更容易满足当地的需求。

合资模式的缺点与许可模式相同，存在技术和经营诀窍外流的危险，可能导致企业对营销和生产过程控制权的丧失。此外，合资企业的双方在控股基本相当的情况下，可能会产生多层管理关系，没有一个绝对的权威来整合资源、制定战略以及解决冲突。

（五）联盟模式

联盟（Alliance）通常也称为战略联盟（Strategy Alliance），一般是指两个或两个以上的经济实体为了实现特定的战略目标，在保持自身独立性的同时，通过股权或非股权的方式建立的较为稳固的合作关系。

传统的竞争中，企业强调以对抗为中心，过分关注竞争对手的行动，这样有可能使企业忽略自身创造力的发展以及价值的实现。而竞争合作理论的出现弥补了这一缺陷，战略联盟是这一理论的实践形式之一，体现了在竞争的状态下企业之间的合作可以为双方取得双赢的可能。

战略联盟能够促进企业发展核心竞争力，有利于未来的战略竞争。形成战略联盟的东道国企业深谙本国同行业的竞争状况、政府政策以及社会、文化特性，这些有助于企业扩张制造和销售具有竞争力的产品。而本国企业则可以此寻求新的途径，提高企业的技术创新。此外，联盟中存在知识的流动现象，双方企业都可以从联盟中共享知识和信息资源，通过企业组织的学习能力获取新的能力从而转化成核心技术，建立和完善核心竞争力。

举例来说，拥有奔驰等著名品牌车的德国戴姆勒—克莱斯勒股份公司宣布与日本三菱自动车工业公司结成联盟，以组建一个年产量高达650万辆汽车的全球第三大汽车制造集团。两大公司在一份联合声明中称，双方决定在客车和敞篷小型载货卡车的设计、生产及销售等领域建立广泛的联盟。当初戴姆勒—克莱斯勒选择与三菱结盟，目的是在亚洲立足，赶超已在亚洲国家捷足先登的两大汽车工业巨头——美国的通用和福特公司。戴姆勒—克莱斯勒通过控股三菱的行动不仅可以利用三菱的开发和生产能力，还可以进入三菱的传统销售市场，从而使戴姆勒—克莱斯勒公司在亚洲的汽车销售比例大大增加，进而提高其在世界汽车市场的竞争能力。

与合资模式相同，战略联盟的缺点在于管理联盟的难度较大。合作双方存在跨国文化、政治、宗教以及联盟企业之间的差异带来的矛盾与冲突。跨国企业之间的国际战略联盟成功者并不很多，实际上，许多联盟都失败了[1]。联盟伙伴之间的信任程度以及利益分配机制的完善程度是决定联盟成功与否的关键因素。

综上所述，如果说国际化战略的选择表现出了企业寻求所需的资源和能力的活动过程，那么国际化市场进入模式的选择就是企业使用其独特的核心竞争力建立竞争优势的体现。

三、企业国际化经营的演变过程

企业选择国际化战略，走国际化经营道路之初，往往首选以出口模式为代表的市场进入模式，风险较小。而随着时间的推移，企业国际化经营规模在不断扩大，经验在不断积累，企业将逐步运用能够控制国外市场运行以及海外战略业务单位的国际市场进入模式，此时企业已经有能力承担一定程度的风险和成本，然而这些模式并不是企业最快捷进入国际市场的模式。为了获得更大国际化范围内的控制权，取得更多的利润，企业不得不投入更多的资源和精力，同时也承担起更大的市场及政治风险，热衷于以投资者的身份进入国外目标市场，整个决策演变过程如图10-3所示。可见，随着对进入模式控制能力的增强，伴随而来的风险也越大。间接出口的风险和可控程度最低，而全资子公司是风险和可控程度最高。

为了更好地说明企业国际化经营的演变过程，我们将其分成四个阶段来说明。

第一阶段：出口。企业在国际化经营初期时，一般选择出口的方式。根据目标国家顾客的需求，向目标国家市场做少量的产品或服务的投入。该阶段，企业往往比较重视目标国家市场的需求，是顾客导向型的国际化经营方式。

第二阶段：许可证和特许经营。企业在经过顾客导向型国际化经营方式成功之后，会逐步采取企业主导型的国际化经营模式。许可证模式是企业主导型的国

---

[1] 迈克尔·A.希特，R.杜安·爱尔兰，罗伯特·E.霍斯基森.战略管理：竞争与全球化 [M].北京：机械工业出版社，2006.

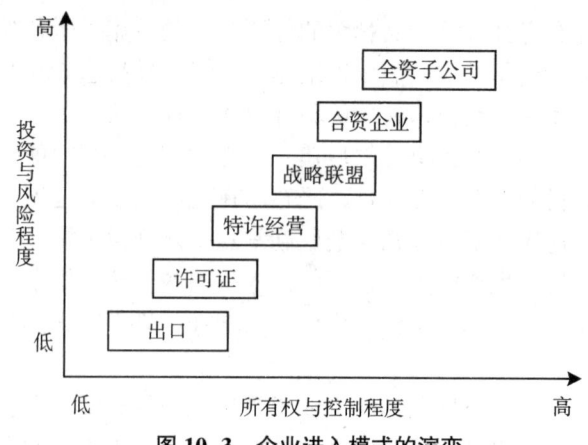

图 10-3 企业进入模式的演变

资料来源：戴斯等.战略管理：创造竞争优势 [M].邱琼，刘辉峰译.北京：中国财政经济出版社，2004.

际化经营模式初期选择的主要方式，特许经营作为许可证的特殊形式也在该阶段得以运用。

第三阶段：战略联盟和合资企业。该阶段在第二阶段的基础上，除了采用许可证和特许经营之外，还同国外的企业结成战略联盟，或者在一些国家投资进行合资经营。

第四阶段：全资子公司。在这一阶段，企业已经真正完全进入了国际市场。企业会在全球范围内制定公司发展战略，形成统一的跨国经营战略。此时，企业的控制权最高，但同时所面临的风险也最大。

第四节 企业国际化经营的风险

走向全球的国际化企业以及跨国公司空前发展，推动世界经济一体化发展加剧。其影响在于越来越淡化了企业的国籍和母国中心，企业的经营战略也相应地由以前的囿于经济和母国利益的"多国国内战略"转变为服务于全球范围内公司利润最大化的"无国境战略"。

一方面，这意味着采取国际化战略的企业与母国政府的利益和政策趋于相对独立、分歧难以弥合；另一方面，跨国公司的生产经营活动不仅可能无益于甚至背离民族经济利益目的，而且还可能削弱政府限制和纠正这种倾向的宏观调控能力，结果只能是损害母国的制造业，造成母国的"产业空心化"现象[1]。总体上看，企业国际化经营存在着以下的潜在风险。

---

[1] 罗建平，吴静芳，王蔚等.全球战略管理 [M].上海：上海三联书店，1997.

一、企业社会文化风险的增加

跨国经营的企业经营范围遍及多个国家,在不同的文化背景之下开展经营活动,并通过来自不同文化背景的人进行推进。异质文化的长期共处使国际化的公司在经营过程中遭遇在经营目标、市场选择、管理方式、行为准则等方面认知上的冲突。这种涉及许多截然不同的社会文化背景而产生的风险包括内部管理风险以及外部经营风险。

企业暴露在不同的文化环境中,给自身的管理带来了很多问题,尤其是在各国间调配管理人员的情况下,问题更为突出。内部管理风险是指由于一个社会的民族特性、风俗习惯、宗教信仰、价值观念、道德标准、教育水平、语言、社会结构等因素给管理上带来的风险。这种风险主要来自东道国与目标国成员之间价值取向差异、沟通困难、管理理念不同三个方面。

外部经营风险来自当地的宗教信仰、价值观念的差异,来自当地民族特性中带有的敏感性、隐蔽性、持久性和不可逆转性的特性,这些特性渗透进跨国经营活动的全过程,可能会给企业的跨国经营带来很大的风险。

社会文化因素上的差异所导致的消费观念、消费行为、消费结构等方面的差异会给企业国际营销活动设下文化障碍。在一个国家很成功的经营策略,可能会由于文化背景不同而在其他国家收到截然相反的效果。

二、管理弹性的丧失

企业采用国际化战略,在全球范围内进行产品的生产、营销以及提供各种服务等一系列活动,可能会使管理与协调工作变得更加复杂。

首先,如何满足不同国外市场的需要是一件复杂而又困难的事情;其次,在资金的调拨和外汇的管理方面存在着很大的难度,并且很难预测成本和利润率。因为这种预测必须根据货币外汇的波动情况,而任何错误的预测都将招致巨大损失。同时,由于企业的组织结构、营销策略以及战略布局有异于国内经营情境,因此国际化经营的企业要面对总部与其他国家的战略业务单元、各战略业务单元之间的沟通、协调以及各类管理工作,通常需要耗费相当多的时间和精力。

因此,面对竞争环境的变化,国际化经营的企业不能针对市场、竞争者和当地环境做出快速的反应并制定对策,这使得企业可能在管理职能上丧失弹性。

三、合作成本的增加

在国际化战略中,企业需要在总部与战略事业单元之间进行高度的协调与合作。这一协调与合作的取得可能要求企业付出一定的代价,包括妥协的成本 (Costs of Compromise) 与负责的成本 (Costs of Accountability)。

国际化经营的企业面对推行各种投资方案或新技术发展的优先级问题时,往往会召开多方会议,在总部与各战略业务单位之间达成总体上一致的意见,所花

四、其他缺点

企业必须考虑总部与战略业务单位的绩效责任归属问题。谁对两者的绩效负起责任，成本又如何分摊？找到一个大家都能接受并且能有效施行的绩效评估与成本分摊的方式并不是一件易事。有时因为绩效被扭曲，致使出现总部与战略业务单位的绩效责任发生归属不清。

企业的税务问题也很难处理，为了达到避税的目的，国际化经营的企业往往把利润转移到世界上税率较低的地方。因此，在评估企业不同战略业务单位的利润方面，转移价格往往带来很多问题。

另外，企业必须考虑到政治风险，有关地区可能制定约束外国投资的政策规定。

本章小结

国际化战略对于企业获得战略竞争力与超额回报的重要性不言而喻。促使企业选择和实施国际化经营活动的原因主要是互联网的发展、全球化的形成以及企业不仅能够从国际化经营活动中获得更多的回报，并且能够使得企业本身得到进一步发展与提升。企业在国际市场中竞争，其竞争优势不仅来源于企业自身，国家的竞争优势对其也具有相当的影响。

国际化战略包括国际战略、多国当地战略、全球战略和跨国战略四种。企业可以结合自身具有的优势、劣势，加上外部环境的机会和威胁的分析后选择适合自己的战略。进入国际市场有五种不同的模式，包括出口、许可、自有公司、合资以及联盟模式。选择何种模式，既受到目标国家市场、生产、环境等因素的影响，也受到本国的市场规模、竞争态势等因素的影响，还受到企业自身的产品和资源等要素的限制。企业应该根据自己的实际情况，采取合适的进入模式。当然，选择国际化经营并不是一劳永逸的，同样存在风险，企业必须慎重处理。

思考题

1. 决定国家竞争优势的关键要素是什么？它们是如何对实施国际化战略的企业产生作用的？
2. 国际化战略包括哪几种？试分析其各自的优缺点。

3. 企业进入国际市场的方式有哪些？如何比较选择？

4. 以一个成功的国际企业战略联盟为案例，分析联盟建立的动机以及成功的原因。

参考文献

[1] 迈克尔·波特. 国家竞争优势 [M]. 李明轩，邱如美译. 北京：华夏出版社，2002.

[2] 戴斯等. 战略管理：创造竞争优势 [M]. 邱琼，刘辉峰译. 北京：中国财政经济出版社，2004.

[3] 约翰·A.皮尔斯二世，理查德·B.鲁宾逊. 战略管理：制定、实施和控制 [M]. 北京：中国人民大学出版社，2005.

[4] 迈克尔·A.希特，R.杜安·爱尔兰，罗伯特·E.霍斯基森. 战略管理：竞争与全球化（第十版）[M]. 北京：机械工业出版社，2014.

[5] 罗建平，吴静芳，王蔚等. 全球战略管理 [M]. 上海：上海三联书店，1997.

[6] 周三多，邹统钎. 战略管理思想史 [M]. 天津：南开大学出版社，2011.

[7] 王方华，陈继祥. 战略管理 [M]. 上海：上海交通大学出版社，2003.

[8] 王伟. 基于企业基因重组理论的价值网络构建研究 [J]. 中国工业经济，2005（2）.

[9] 邓海涛. 企业战略管理（第二版）[M]. 长沙：国防科技大学出版社，2008.

[10] 林建煌. 战略管理（第二版）[M]. 北京：中国人民大学出版社，2010.

[11] 邵一明，蔡启明. 企业战略管理（第二版）[M]. 上海：立信会计出版社，2005.

[12] 陈忠卫. 战略管理（第三版）[M]. 大连：东北财经大学出版社，2011.

[13] 黄旭. 战略管理：思维与要径（第二版）[M]. 北京：机械工业出版社，2012.

[14] 王三星，姚昌平. 试论政府在经济全球化过程中的作用 [J]. 经济师，2001（3）.

第十一章 战略选择的方法

企业战略的实现是为了企业发展与壮大,而评价和选择战略方案的目的在于选择出最有可能完成这一发展的战略。一个企业有若干个可供选择的战略,每一个战略对于具体的企业来说是否可行?在众多的战略中企业应当如何选择适合自己的战略或战略组合呢?这需要对战略进行评估和选择。最适合的企业战略应该既能够利用外部环境的机会并消除不利环境的影响,又能够加强企业内部的优势并对自身的劣势加以改进。由于企业所面临的战略选择多样化,在进行战略选择过程中,企业应借助战略选择方法或工具达到选择适合企业的理想战略的目的。

为什么有些战略会比其他战略更成功、更有效,是否存在一种衡量战略的通用标准,这是我们在战略选择与评价中经常会遇到的问题。在此我们引入战略选择与评价的三个标准。

第一,适宜性。适宜性是一个广义的标准,即衡量一种战略是否与企业自身条件相适应。比如,某种新战略与环境未来发展趋势和变化的适合度,战略如何延伸和利用企业的核心能力,战略是否有效地利用了企业的现有实力,是否能克服或避开企业的弱点并能抵御环境威胁等。

第二,可行性。可行性是指企业所制定的战略在现实中是否可行,即评估一种战略具体实现的可行程度。如现有资源条件是否满足战略实施的要求。对战略可行性的评估重在资源与战略能力的详尽实用性。

第三,可接受性。可接受性是指企业战略预期的业绩及其符合期望的程度,即评估一种战略实施的结果是否可接受或令人满意。例如,战略实施所带来的效益或对企业发展速度的推进是否达到了高层管理者、持股人等的期望。另外,可接受性还包括评估战略实施中包含的风险。

开篇案例

腾讯的战略升级

2014年4月16日,UP2014腾讯互动娱乐年度战略发布,腾讯互娱提出了战略升级规划,按照腾讯互娱的品牌矩阵,首次立足腾讯文学、腾讯动漫、腾讯游戏三大实体业务平台做平行发布,标志着腾讯互娱元年正式开启。

腾讯互娱是腾讯五大网络平台之一,以游戏为核心业务,是腾讯当仁不让的"金牛",它的表现决定了腾讯的基本面。目前在游戏领域,腾讯已经占据中国市场份额的一半,但面对手机游戏(手游)的快速发展,腾讯互娱在手机 QQ 及微信上推出游戏中心,试图以手游拉动新的增长点。腾讯公布 2013 年的财报数据中,手游收入成为众人注视的焦点,数据显示,"手机游戏于 2013 年第四季度取得超过 6 亿元的收入贡献"。

腾讯手游的故事,主要汇聚了腾讯最有想象力的两个概念:腾讯互娱与微信,前者是腾讯的"金牛",后者则是移动互联网时代腾讯的"明星"。腾讯手游半年来的表现,其实已经给了投资者潜台词——"不用担心,我们能够从端游时代平稳过渡到手游时代,我们依旧是业内领先的游戏运营商。"

此外,最近业界频频传出腾讯创始人马化腾与不少新兴手机企业接触的消息,虽然腾讯方面一直否认做手机,但马化腾的"手机布局"也非空穴来风。比如摩奇手机就是主打游戏手机市场,以性价比高的硬件获得更多用户。对腾讯而言,以"游戏手机"这样更适合用户玩的硬件带动腾讯手游的发展,能够展示出腾讯在手游相关硬件以及平台的布局。但是,从硬件入口来看,小米科技创始人雷军其实布局更早,如果小米手机有了 2 亿用户,足以对腾讯形成威胁,导致其新开发的"游戏手机"成为"幼童"。

上述变化足以引起腾讯以及马化腾的警觉,如何以自己已有的手游优势,再加上与移动产业链的合作,这是腾讯当下发力的焦点。

资料来源:邹昆达.传腾讯投资手机 手游终将成金矿?[N].时代周报,2014-04-24.

第一节 波士顿矩阵

波士顿矩阵是在 20 世纪 60 年代后期由美国波士顿咨询公司(BCG)提出的,亦称"市场增长—市场占有率矩阵"。它在战略规划中得到了广泛的应用和发展,它特别适用于多元化经营的大公司在规划其多种业务结构时分析其各种业务的地位及其相互关系。

一、波士顿矩阵的内容

波士顿咨询公司假定,除最小、最简单的企业外,一般的企业都由两个以上的经营单位组成,这些单位各有不同的产品和市场,所以必须就每个经营单位分别选择战略。在一个公司范围内,两个以上的经营单位称为经营组合。波士顿矩阵需要企业必须为经营组合中的每一独立单位分别制定适当战略。它把每个经营单位的市场增长率和市场占有率作为决定该经营单位在整个经营组合中的两个基本参数。市场占有率说明它的相对竞争地位,而相对竞争地位决定了该经营单位获取现金的速度。一个经营单位如果比其竞争对手有较高的市场占有率,一般具有较高的利润率,能获得较高的现金流量。某一经营单位任意一年的相对市场占有率计算公式如下：

$V = Q/Q' \times 100\%$

式中，V、Q 和 Q' 分别表示相对市场占有率、经营单位的销售额或销售量、主要竞争对手的销售额或销售量。

或：$V = R/R'$

式中，R 与 R' 分别表示经营单位的绝对市场占有率、主要竞争对手的绝对市场占有率。

市场增长率所代表的是某项业务所处的行业在市场上的吸引力，它与本公司该项业务所处的竞争地位无关。市场增长率高表示销售前景好，预示着投资机会的大小，如果市场增长迅速，就可以为企业迅速收回资金，这为实现投资收益提供了机会。以市场增长率代表市场的吸引力出自产品生命周期理论。产品生命周期理论主要是从市场销售量的变化来划分产品的投入、成长、成熟和衰退四个时期，该概念对战略规划具有重要的意义。在一个增长迅速的市场中，企业可以在市场上积极渗透，扩大其市场占有率而不致严重威胁其竞争对手的总销量，行业中大部分成员都能扩大其销售量，从而竞争不是很剧烈。相反，在一个成熟或衰退行业中，企业在不减少竞争对手的销售量的条件下扩大市场占有率，就相对比较困难。市场增长率的计算公式如下：

$R = (Q_1 - Q_0)/Q_0 \times 100\%$

式中，R、Q_1 与 Q_0 分别表示市场增长率、当年市场需求与上年市场需求。

波士顿咨询公司以相对市场占有率和市场增长率这两个参数为坐标，设计出一个具有四个象限的网格图，如图 11-1 所示，横轴代表经营单位的相对市场占有率，纵轴代表市场增长率。图 11-1 中四个象限代表四种类型的经营单位，企业所有的经营单位都可以列入任一象限中，通过分析它们所处地位，可以为其选择适合的战略。

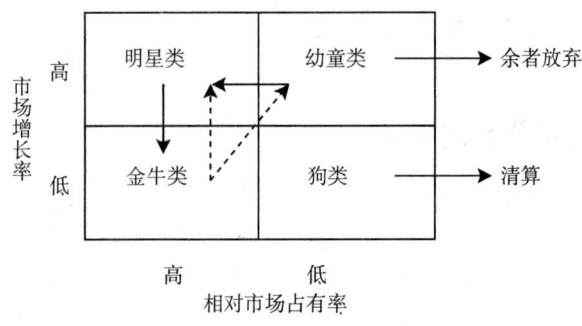

图 11-1 波士顿矩阵

资料来源：迈克尔·波特. 竞争战略 [M]. 陈小悦译. 北京：华夏出版社，2001.

金牛类（Cash Cow）：金牛类又称现金牛，是指在低增长的市场上具有较高的相对市场占有率的业务。较高的相对市场占有率带来高额利润和现金，而低增长的市场只需要少量的现金投入，因此，金牛类业务将产生健康的现金流。金牛类可以向公司提供现金，用于公司其他业务的发展。金牛类的经营单位应该采取维护现有市场占有率，保持经营单位地位的维护战略，也可采取收获战略，即所投入资源以达到短期收益最大化为限，以获得更多的现金。

狗类（Dogs）：狗类又称瘦狗类，是指在低增长的市场上具有较低的相对市场占有率的业务。较低的相对市场占有率通常意味着少量的利润。由于增长率低，用追加投资来扩大市场占有率的办法是不可取的。因此，用于维持狗类业务竞争地位所需的资金经常超过它们的现金收入。狗类经常是中等的现金使用者，由于其虚弱的竞争地位，它们将成为现金的陷阱。一般采用的是清算战略或放弃战略。

明星类（Stars）：明星类是指在高增长的市场上具有较高的相对市场占有率的业务。通常需要大量的现金以维持其增长，但具有较强的市场地位并能产生较高的利润，它们有可能处在现金平衡状态。明星类通常代表着最优的利润增长率和最佳的投资机会。因此，最佳战略是对其进行必要的投资，从而维护或改进其有利的竞争地位。

幼童类（Question Marks）：幼童类又称问号，是指在迅速增长的市场上具有较低的相对市场占有率的业务。高速的市场增长需要大量的现金流入，而相对市场占有率低却只能产生少量的现金。因市场增长率高，可以对该业务进行必要的投资，从而扩大市场占有率使其转变成明星类，当市场增长率降低以后，明星类就转变为金牛类。如果认为幼童类不可能转变成明星类，则应当采取放弃战略。

对大多数公司来说，它们的经营单位分布于矩阵中的每一个象限，企业可以采取的经营组合战略是维护和巩固金牛类的地位，但要防止对其追加投资过多的做法。金牛类所获得的资金用于维护或改进那些无法自给自足的明星类。金牛类变成了公司其他业务发展的筹资家，理想的状况是金牛类被用来把幼童类转变成明星类。由于这样做需要大量的资金以赶上迅速的增长，以及需要建立市场份额，因此把哪个幼童类变成明星类的决策就成为关键的战略决策。一旦成为明星类，随着市场增长率放慢，某项业务最终会变成金牛类。没有被选择进行投资的幼童类应该加以收获（用其产生现金）直到它们变成狗类。根据 BCG 的观点，企业应该管理好经营组合，以得到期望的结果，并使经营组合处于现金平衡状态。不同业务经营单位的特点以及所应采取的战略如表 11-1 所示。

表 11-1 BCG 矩阵的战略选择

象限	战略选择	经营单位盈利性	所需投资	现金流量
金牛类	维护或收获战略	高	少	极大剩余
狗类	放弃或清算战略	低或为负值	不投资	剩余
明星类	维护或扩大市场占有率	高	多	几乎为零或为负值

续表

象限	战略选择	经营单位盈利性	所需投资	现金流量
幼童类	扩大市场占有率或放弃战略	没有或为负值	非常多 不投资	负值 剩余

资料来源：杨锡怀，冷克平，王江. 企业战略管理理论与案例（第三版）[M]. 北京：高等教育出版社，2010.

波士顿的四象限矩阵是与产品生命周期曲线一致的，幼童类、明星类、金牛类和狗类分别相当于产品的引入期、增长期、成熟期和衰退期，如图 11-2 所示。

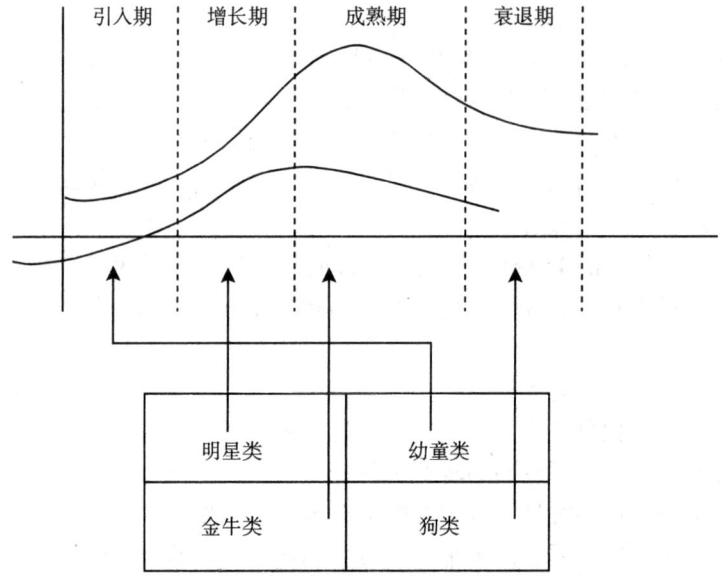

图 11-2　产品生命周期与波士顿矩阵

资料来源：倪树根. 企业战略管理 [M]. 北京：航空工业出版社，2003.

对于大多数企业而言，它们的经营单位会分布于矩阵的任一象限，并不断地发生变化。企业所选择的战略要保证经营组合良性循环（见图 11-3），尽量避免恶性循环，如图 11-4 所示。

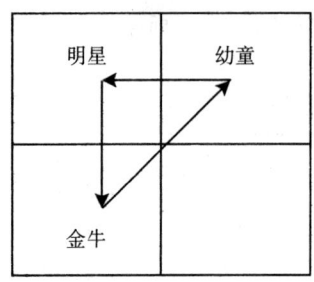　　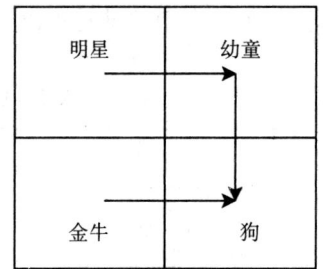

图 11-3　良性循环　　　　　　　　　　**图 11-4　恶性循环**

资料来源：倪树根. 企业战略管理 [M]. 北京：航空工业出版社，2003.

二、利用波士顿矩阵进行战略方案评价与选择的步骤

利用波士顿矩阵进行战略方案评价与选择时，我们可以采取下列两大步骤：一是绘制公司的经营组合图；二是针对公司经营组合图的状况选择适宜战略。

（一）绘制公司整体经营组合图

（1）按照经营业务的不同将公司分成不同的业务经营单位。在矩阵中，用圆圈表示每一经营单位。

（2）矩阵中圆圈的位置代表该业务经营单位的相对市场占有率及市场增长率的情况；圆圈面积表示各业务经营单位的资产在公司总资产中的份额或经营单位的销售额占公司总销售额的比重，代表经营单位的相对规模。

（3）确定每一经营单位的市场增长率和相对市场占有率。

（4）绘制公司整体经营组合图，如图 11-5 所示。

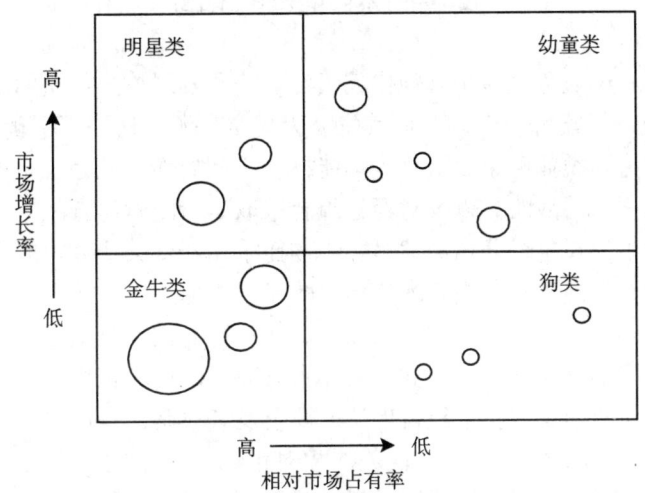

图 11-5　平衡的经营组合图

（二）根据公司整体经营组合图选择适宜战略

公司整体经营组合图的绘制是公司进行战略选择的基础，公司可以依据每一经营单位在公司整个经营组合中的位置而选择适宜的战略。

图 11-5 是一个公司经营组合图。该图所描述的经营组合是相对平衡的。从图 11-5 中可以看出：该公司有三个规模较大的金牛类，作为公司发展所需要的坚实的资金基础；两个规模较大的明星类提供了公司进一步发展的空间；四个规模不大的幼童类中，可能有一两个幼童能以合理的代价转变为明星类；两三个规模较小的应当受到严密监控的狗类，对企业整体构成的威胁不大，可以被放弃或清算掉。

图 11-6 所示的经营组合是十分不平衡的。如不及早采取有效的战略行动，企业前景十分危险。该经营组合图显示出：公司明星类业务只有一个，且规模很小，公司发展空间有限；金牛类业务虽个数不少但规模太小，不足以提供公司发

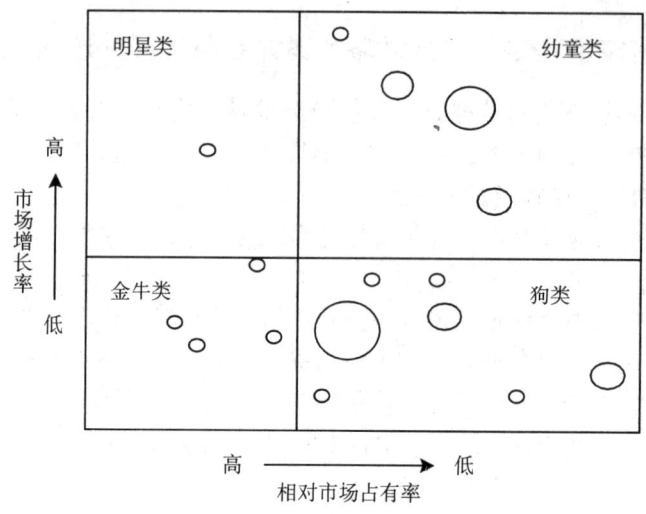

图 11-6 不平衡的经营组合图

展所需资金；狗类业务太多，且规模偏大，对企业发展构成严重的威胁；幼童类业务虽然个数及规模都较合理，但其发展无现金来源。对该不平衡的业务组合，公司只有及时将狗类业务予以清算才可能扭转不利局面。一个公司不仅要对每类经营单位采取不同的战略，以及对经营组合采取整体经营组合战略。同时，还要注意每类经营单位在整个公司经营组合中的比重，即要关注公司的整体经营组合的平衡性。只有平衡的经营组合才是理想的经营组合。

波士顿咨询公司创造的这种方法以其简便易行而被广泛采用，但也有其局限性：市场占有率不过是企业总体竞争的一个方面，市场增长率不过是市场前景的一个方面，按这两个参数决定经营单位的地位及其战略，并仅仅按高低两档划分四个象限，这些都太简单化了。仅关注相对市场占有率同最大的竞争对手的联系，而忽视了那些市场占有率迅速增长的较小的竞争对手。狗类在选择其战略时，不是被清算就是被放弃，狗类不一定应当很快放弃，位于低利润的经营单位仍可获得有价值的经验，这些经验有助于高利润经营单位降低成本。市场占有率同盈利之间不一定有密切的联系，低市场占有率也可能有高盈利，反之亦然。市场增长率最高并不一定就最好。在衰退产业中，一些市场占有率低的产品如果需求稳定和可以预测，则依然可以获得丰厚利润，如果竞争者退出，则该产品的市场占有率还会增长，甚至可能成为市场领先者，变成金牛类。

第二节　PIMS分析

战略与绩效之间是否存在相互联系？不同市场和竞争环境中，战略与绩效之间是否具有（存在）重要的联系？哪些战略因素对绩效有影响？这是学者们一直探讨的问题，PIMS 研究就此应运而生。PIMS（Profit Impact of Market Strategies）是指市场战略对利润的影响。PIMS 研究最早始于 20 世纪 60 年代，美国通用电气公司开始分析其内部战略经验。到 70 年代早期，在悉尼·舍费勒的指导下，产生了一个被命名为"PROM"（Profit-Optimizing Model）的利润最优化模型。由于该模型似乎对规模提供了有益的信息，美国通用电气公司的经理们就想知道，PROM 模型所体现的战略与绩效之间的关系是否只对公司现存的各项业务有效。1972 年，PIMS 的研究参与者不再仅局限于美国通用电气公司内部的研究人员，还包括哈佛商学院的学者们。PIMS 研究的主要目的是找出市场占有率的高低对一个经营单位的业绩到底有何影响。1975 年，悉尼·舍费勒进而创建了战略计划协会（Strategic Planning Intitute，SPI），承担起 PIMS 的研究，构思了最初的创造性数据分析方法，使之成为有效的战略评价工具。时至 10 多年前，该数据库拥有近 3000 个战略业务单位（Strategic Business Units，SBU）的财务和战略方面的信息，并通过 100 多份调研报告探讨了影响绩效的诸多战略因素，以及相应的市场环境[①]。

进行 PIMS 研究的目的在于将战略与绩效紧密联系起来，并且分析各种战略因素对绩效的影响，即发现市场法则，寻找出在什么样的竞争环境中，经营单位采用什么样的经营战略会产出怎样的经济效果。在分析时，有大量独有的实际数据支持，这些数据均取自 PIMS 数据库。该数据库包含了时间跨度长达七年之久的大约 450 家公司的近 3000 个业务单位的产品划分、财务和战略方面的年度数据。PIMS 研究的结果有助于专业管理人员了解某业务正常的投资回报率（Return On Investment，ROI）、现金流动情况、利润水平等情况，了解影响不同业务的 ROI 和现金流动情况的主要因素，以及特定业务可以采用的战略。

一、PIMS 研究中的相关概念

PIMS 是指市场战略对利润的影响。在 PIMS 研究中对一些基本概念有严格的界定，以使其结论具有可对照性，并能普遍推广。下面首先对一些基本概念进行界定。

（1）业务，是指 PIMS 研究的每一个观察单位，这些单位具有独特的产品，可识别客户群、特定的竞争对手。

（2）市场，包括与业务活动直接相关的所有产品、所有用户和地区。

（3）所在市场，是指业务集中活动的那一个市场。

（4）市场份额，某时期某业务的销售额占同一市场上全部竞争对手销售额的比重。

---

① 罗伯特·D.巴泽尔，布拉德利·盖尔.战略与绩效：PIMS 原则 [M].吴冠之等译.北京：华夏出版社，1999.

(5) 相对市场份额，本业务的市场份额与最大的竞争对手的市场份额之比。
(6) 营销开支，销售的成本，不包括分销成本。
(7) ROI，是指税前收入与平均投资额的比值。
(8) 质量指数，优质品和劣质品的比值。
(9) 研究开发支出，用于产品及工艺开发的费用。

二、PIMS 研究的数据库

PIMS 数据库作为一种开展战略分析的覆盖范围广泛的数据库，目前已成为世界上关于份额/盈利性关系最全面、最详细的信息来源。甚至有人将 PIMS 誉为世界上最广泛的战略信息数据库，是无与伦比的覆盖行业、产品和市场的宽范围的数据库。

构建 PIMS 数据库的主要基础是业务单位（Business Unit）和服务市场（Served Market）这两个基本概念。业务单位指的是战略业务单位（SBU）、战略性业务部门（Strategic Business Segments）、产品/市场单位（Product/Market U-nits）或计划/控制单位（Planning/Control Units）等，它们均为大公司的一个子部门或一条产品线，可以制定某项独特的或部分独立的战略。但在具体编制PIMS 的信息栏目时，则将有 60%以上的成本是与其他业务单位分担，或 60%以上的销售额是由同一公司内其他业务单位划账获得的业务单位，一概与之合并成一个业务单位。服务市场作为与业务单位密切相关的因素，主要是指在总市场当中，其经营活动所限定的某些部分市场。服务市场之所以成为 PIMS 数据库的另一个基础，就在于对一个业务单位的市场份额的测量，必然会与其服务市场有密切关联。同时，对于业务单位产品/服务质量的评估，也与其服务市场上的竞争者有关。但若是界定服务市场时出现过宽或过窄的现象，均不利于参与竞争和获取竞争优势。

PIMS 数据库中的经营单位的信息资料十分巨大，对每一经营单位所收集的信息条目多达百项，可归为以下几类：

(1) 经营单位环境的特性：①长期市场增长率；②短期市场增长率；③产品售价的通货膨胀率；④顾客的数量及规模；⑤购买频率及数量。

(2) 经营单位的竞争地位：①市场占有率；②相对市场占有率；③相对于竞争对手的产品质量；④相对于竞争对手的产品价格；⑤相对于竞争对手来说提供给职工的报酬水平；⑥相对于竞争对手的市场营销努力程度；⑦市场细分的模式；⑧新产品开发率。

(3) 生产过程的结构：①投资强度；②纵向一体化程度；③生产能力利用程度；④设备的生产率；⑤劳动生产率；⑥库存水平。

(4) 可支配的预算分配方式：①研究与开发费用；②广告及促销费用；③销售人员的开支。

(5) 经营单位业绩：①投资收益率；②现金流量。

三、PIMS 运作步骤

在实际过程中 PIMS 的运作一般按照以下步骤进行：

（1）成员企业建立自己的数据库，与 PIMS 数据库联网。对没有条件建立数据库的企业，可以指定专门人员或部门，按照 PIMS 分析要求集中所需数据，并向 PIMS 提供数据。成员企业形成统一的数据收集和处理系统将有助于提高它们的基础管理质量。

（2）PIMS 数据库集中所有成员企业的有关数据，按产业进行分类，并逐年进行数据更新。

（3）根据 PIMS 数据库的数据进行独立的研究活动，得出一般性战略原则报告。这些报告不是针对某一具体产业的，而是与某一类产业有关。

（4）根据成员企业的要求，开发对具体业务引进分析用的模型和软件，对具体业务进行战略分析并提出可供参考的战略建议，包括正常状态下的 ROI、特定业务的优势和劣势、对一些可行战略的模拟、对战略变革的设计以及对一些相近业务的分析等。

四、PIMS 研究的结论

经过多年的研究，PIMS 项目得出了五条关键的结论，其中战略要素对利润率和净现金流量的影响具有极其重要的意义，下面分别介绍五条结论的基本内容。

（一）业务发展是有规律性的

任何业务的发展基本上都是有规律的，可以通过对经验的科学分析进行预测。而且，对业务特征和发展趋势的科学预测一般可以在 3~5 年内维持其正确性。

（二）可以对业务进行归类分析

所有业务情况基本上服从同样的"市场法则"，在既定的条件下，可以假设所有业务单位的行为都是相同的。在进行战略研究时可以参考一些通用性的战略模式和类型。

（三）"市场法则"决定了不同业务中 80% 的经营结果

任何企业是否盈利，80% 是由业务所在环境及业务特征决定的，而只有 20% 是由管理决定的。所以，经理应选择正确的业务，而不仅仅对业务进行正确的管理。对已经选择确定了的业务，管理人员只对其业绩的 20% 负责。

（四）存在着九项影响盈利率和现金流动的关键战略因素，这些因素决定了业务成功或失败的 80%

（1）投资强度。投资强度以投资额对销售额的比值来度量，即以投资额对附加价值的比率来表示。总的来说，较高的投资强度会带来较低的投资收益率（ROI）和现金流量。这样，机械化、自动化和库存成本强度较高的经营单位通常显示出较低的投资收益率。然而，对于资本密集的经营单位来说，可以通过以下措施来降低投资强度对利润的影响：集中于特定的细分市场；扩大产品线宽度；提高设备生产能力的利用率；开发在能力和用途上有灵活性的设备；尽可能租赁设备而不购买。

（2）生产率。它以每个职工平均所创造的附加价值来表示。生产率对经营业绩有正面的影响。生产率高的经营单位较生产率低的经营单位具有较好的经营业绩。

（3）市场竞争地位。相对市场占有率对经营业绩有较大的正面影响，较高的相对市场占有率会带来较高的收益。高市场占有率与低投资强度结合能产生较多的现金；反之，低市场占有率和高投资强度会带来现金的枯竭。

（4）市场增长率。较高的市场增长率会带来较多的利润，但对投资收益率没有影响，而对现金流量有不利的影响。处于高市场增长率行业的经营单位需要资金来维持或发展其所处的竞争地位，因而需要耗费资金，减少了现金回流。相对市场占有率高和市场增长率低的经营单位会产生最多的现金。

（5）产品或服务的质量。产品质量与经营业绩密切相关。出售高质量产品（服务）的单位较出售低质量产品（服务）的单位具有较好的经营业绩，并且产品质量与市场占有率具有高度正相关关系。当一个经营单位具有较高的市场占有率并出售较高质量的产品时，其经营业绩也较好。

（6）革新或差异化。如果一个经营单位已经具有较强的市场竞争地位，则采取增加研究与开发费用，开发较多新产品的措施；反之，如果经营单位市场竞争地位较弱，若采用上述措施会对利润有不利的影响。

（7）纵向一体化。对处于成熟期或稳定市场的经营单位，提高纵向一体化程度会带来较好的经营业绩。而在迅速增长或处于衰退期的市场条件下，提高纵向一体化程度对经营业绩有不利的影响。

（8）成本因素。工资增加、原材料涨价等生产成本的上升对经营业绩的影响程度及方向是比较复杂的，这取决于经营单位如何在内部吸收成本或怎样将增加的成本转嫁给客户。

（9）现时的战略努力方向。改变上述任一因素，都会以这一因素对业绩影响的相反方向而影响经营单位的未来业绩。

（五）战略性业务特征的期望作用总是会发生的

当业务基础发生变化，形成了新的业务标准时，获利性与现金流动特征也会向新的标准靠拢。如果实际业绩与希望标准不一致，实际业绩总会逐渐向希望的标准靠近。只要整体业务的基础好，战略总会成功。

第三节 GE业务筛选模型

在麦肯锡咨询公司的协助下，世界著名的通用电气（GE）公司在企业战略管理理论上通过自身经验总结，提出了更为复杂的"业务筛选模型"，如图11-7所示。

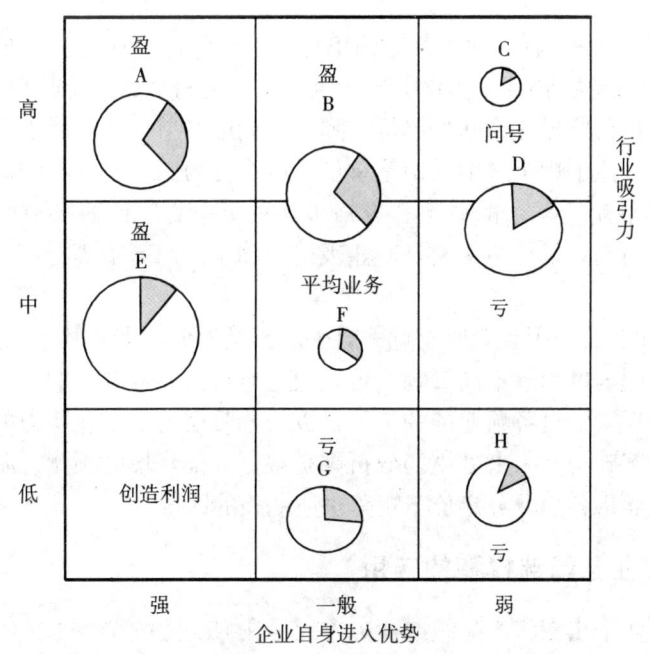

图11-7　GE业务筛选模型

资料来源：托马斯·L.惠伦，J.戴维·亨格.战略管理与企业政策（第8版）[M].王玉译.北京：清华大学出版社，2005.

一、GE业务筛选模型的主要内容

该模型指出，企业必须从新行业的吸引力和企业自身进入优势两方面对新业务进行评估。新行业吸引力的评估因素主要包括行业市场容量、发展前景、竞争强度、平均利润、进入/退出壁垒、整合程度、行业顾客量等。一般来说，企业要进入的行业大部分在这些指标上都表现得较为突出，显示出了较大的吸引力。

新行业的吸引力大并不意味着企业可以进入，因为决定企业是否可以进入的第二个因素是企业自身的进入优势，即企业现有哪些因素可以保证企业能够进入新行业并且获胜，这包括企业可以与新行业共享的采购、技术、生产、营销、品牌、人才、管理等因素，这些因素是企业能否多元化的决定因素，企业多元化的失败往往是因为对自身进入优势夸大造成的。

在制作GE业务筛选模型时，以一个字母代表一个产品或业务，并用圆圈标在GE业务筛选模型中。每个圆圈的大小是用销售额表示的行业规模。圈中扇形面积的大小代表每一个产品或业务单位的市场份额。

矩阵中的每个象限有着不同的特点。方格中，左上角的3个象限成为赢家，列入它们中的单位都有很强或较强的实力和产业吸引力，类似于波士顿矩阵中的明星单位，一般可采用追加投资的扩张型战略；方格中，右下角的3个象限被称为输家，列入它们中的单位实力和产业吸引力都很弱或较弱，类似于波士顿矩阵中的瘦狗单位，一般可采用紧缩战略或稳定型战略；方格中，左下角的象限称为利润提供者（创造利润），列入其中的单位实力很强而产业吸引力很弱，类似于波士顿矩阵中的金牛单位，宜采用维持现状、抽走利润、支持其他单位的战略；方格中，右上角的象限称为问号单位，列入它们中的单位产业吸引力很强，而实力很弱，类似于波士顿矩阵中的幼童单位，应一分为二，选择其中确有发展前途的采用扩张型战略，其余的放弃；方格中，处于中心地位的象限称为中间状态（平均业务），列入此单位的无论是产业吸引力和实力都算中等，可采用维持现状的稳定型战略[①]。

GE矩阵中，若一因素对所有竞争对手的影响相似，则对其影响做总体评估，若一因素对不同竞争者有不同影响，可比较它对自己业务的影响和重要竞争对手的影响。分析现状，对各项业务的定位是以行业吸引力和企业实力的历史与现实数据的分析为基础的。未来处境的分析则是根据外部环境的预测，制订与之相适应的战略，从而将各项业务定位于矩阵中所期望的区域。

二、GE业务筛选模型的应用

按照以下四个步骤将产品线或业务单元标在GE业务筛选模型上：

第一步：为每一产品线或业务单位选择衡量行业级别的指标，采用五级评分标准（1=毫无吸引力，2=没有吸引力，3=中性影响，4=有吸引力，5=极有吸引力）评估每一产品或业务单位整体的行业吸引力情况。

第二步：选择每一产品线或业务单位取得成功所需要的关键要素，然后也使用五级标准对内部因素进行类似的评定（1=极度竞争劣势，2=竞争劣势，3=同竞争对手持平，4=竞争优势，5=极度竞争优势），在这一部分应该选择一个总体上最强的竞争对手做对比的对象，评估每一产品或业务单位的自身优势/竞争地位。

第三步：用如图11-7所示的形式将每一产品线或业务单位的目前地位标在矩阵上。

第四步：假定不改变公司目前的业务战略，在矩阵中绘制公司未来的组合。在目前组合与期望组合之间是否存在缺口？如果存在，会提示我们需要严肃地审视公司目前的使命、目标、战略以及政策。

GE业务筛选模型比波士顿矩阵考虑了更多的变量，较波士顿矩阵得出的简单化的结论具有一定优势。但GE业务筛选模型也有其不足之处，主要表现为：这一模型在使用中可能过于烦琐和复杂；估计行业吸引力以及企业自身优势的定量方法实际上也只是一种主观的评价，并不能保证每一个人的评价相一致；模型无法标识正在发展中的产业内新产品或业务单位的地位。

---

① 李福海.战略管理学 [M].成都：四川大学出版社，2004.

第四节 生命周期法

生命周期法是由亚瑟·利特尔资讯公司所提出的一种战略评价方法,并被战略管理学界所接受。按照亚瑟·利特尔的建议,企业有四种战略选择方式,即发展类、选择性发展类、收获或恢复类以及放弃类。该方法以两个参数——行业生命周期以及战略竞争地位来确定公司中各个业务单位所处的位置,如图 11-8 所示。

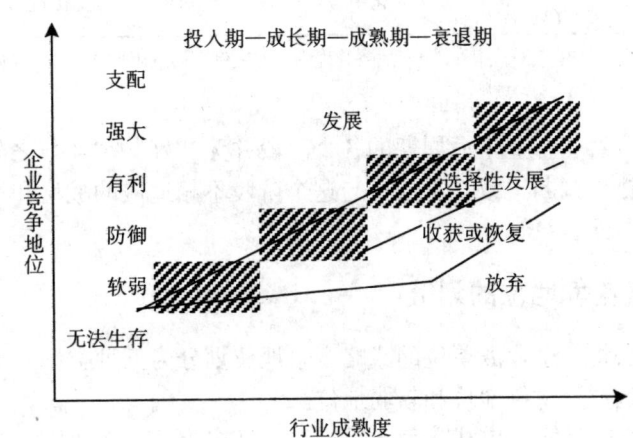

图 11-8 生命周期—竞争地位矩阵

资料来源:王方华,陈继祥.战略管理 [M].上海:上海交通大学出版社,2003.

一、行业生命周期的划分

生命周期法把行业划分为四个阶段:投入阶段、成长阶段、成熟阶段和衰退阶段。

识别某项业务在生命周期中所处阶段的主要标志有市场增长率、需求增长潜力、产品线范围、竞争者数目、市场占有率分布情况、市场占有率的稳定性、顾客稳定性、进入行业的难易程度、技术等。每一阶段的行业在上述因素的影响下呈现表 11-2 的特征,根据这些特征可以做出行业成熟程度的判断。

表 11-2 行业成熟度各阶段特点

因素	投入阶段	成长阶段	成熟阶段	衰退阶段
增长率	较国民生产总值增长更快	高于国民生产总值	等于或低于国民生产总值	增长为零或负增长
增长潜力	基本不满意或产品相对不知晓	部分满意或产品相对不知晓	一般满意或产品被知晓	满意或产品早已被知晓

续表

因素	投入阶段	成长阶段	成熟阶段	衰退阶段
产品线范围	窄，很少品种	宽，多样化	宽，标准化	窄，如果行业分散则较少
竞争者数目	竞争无统一规则，数量通常增加	最多，后开始减少	稳定或下降	最少
市场占有率分布	无统一规律，通常很分散	逐渐地（或快速地）集中	稳定	集中化或很分散
市场占有率稳定性	不稳定	逐渐地稳定	基本稳定	非常稳定
顾客的稳定性	不稳定	逐渐稳定	稳定	非常稳定
进入行业的难易	容易	比较困难	非常困难	无吸引力
技术	快速发展，已知技术很少	变化中	已知晓；容易获取	已知晓；容易获取

资料来源：杨锡怀，冷克平，王江.企业战略管理理论与案例（第三版）[M].北京：高等教育出版社，2010.

从战略角度看，行业生命周期的各个阶段并无"好"、"坏"之分，只是当对所处阶段做出错误判断，或者采取了与这个阶段不相适应的战略和策略时，某个阶段才是"坏"的。

二、战略竞争地位的划分

生命周期法将一个业务单位的战略竞争地位划分为五种类型：支配地位、强大地位、有利地位、防御地位和软弱地位。

(1) 支配地位：能够控制竞争者的行为，具有较为广泛的战略选择，并且战略能够独立于竞争者而制定。处于支配地位的企业享有独占的或受到保护的领先地位，在行业中享有支配地位的企业至多只有一个，或者没有。

(2) 强大地位：企业能够遵循自己的战略和政策，不需考虑同行其他企业将如何做出反应，并且不会危及自身长期的地位。其相对市场占有率超过 1.5[①]，但还未达到支配地位。不过，并非所有行业都存在占有强大地位的企业。

(3) 有利地位：企业可能具有一定的战略优势。特别在一个较分散的行业中，企业所具有的某些方面的优势使得企业能够处于相对有利的地位，有一些能够保持其长期地位的好机会。

(4) 防御地位：企业出现某些落后的现象，但经过努力可以克服，把力量集中使用（如集中于某种产品或某个市场层面）仍可以保持盈利。

(5) 软弱地位：企业或是由于过于弱小，难以持久地生存和盈利，或是由于经营失误导致地位的严重削弱。这一地位具有过渡的性质，这一地位的企业有令人不满意的经营绩效，但存在改进的可能。企业可能具备较好地位的特点，但是

[①] 对于不同的行业，相对市场占有率有不同的要求，有的是 1.5，有的是 1，有的是 0.8。

有致命的弱点：短期内能够生存，但如果不改进其地位就不能长期生存下去。

生命周期法可以对一个业务单位的战略竞争地位做出定性的判断，这种判断一般基于市场占有率、市场占有率变动、产品线宽度以及技术更新这些指标。

三、生命周期分析法的应用

以行业成熟度为横坐标，企业竞争地位为纵坐标，这样可以组成一个具有20个单元的生命周期矩阵（见图11-8）。在战略规划中，生命周期法的应用广泛。

首先，生命周期矩阵对企业各项业务均做出了定位，因此，企业在制定市场占有率、投资、资金流、利润等方面的战略时，将会寻求不同的战略目标。

其次，寻求市场占有率、投资、资金流、利润等方面的不同战略目标，使得企业所采用的战略方针和经营策略各不相同。按照亚瑟·利特尔资讯公司的建议，有四种战略可供选择：发展类、选择性发展类、收获或恢复类以及放弃类战略。

再次，生命周期法可以评价与衡量处于不同阶段各项业务的经营成效，例如通过资金利润、销售利润率、成本利润率等指标在生命周期矩阵内的运用可以衡量企业各项业务。

最后，用于风险分析。企业在某项经营业务中承担的风险与其所处的生命周期阶段和竞争地位有关。一般来说，生命周期矩阵的纵轴上从上到下、横轴上从左到右，风险相应递减。

四、生命周期法的局限性

生命周期分析法对战略规划有重要的意义，但也存在着应用上的局限性[①]。

（1）生命周期曲线是一条经过抽象化了的曲线，而与实际销售量曲线有所差别。因此，在特定时刻要确定某项业务处于哪一阶段是很困难的。

（2）对于行业来说，行业的演变并不总是按照四个阶段依次实现的过程，有的行业衰退之后又以新的方式得到振兴，有的行业会跳跃某个阶段。另外，整个经济中的周期性现象和某个行业的演变也不易区分。

（3）生命周期各阶段，不同行业具有不同的竞争特性，有些行业从分散演变到集中，有些行业则从集中演变到分散，这就产生了是否有适用于生命周期中某个阶段的通用战略的疑问。

本章小结

可供企业选择的战略非常多，企业评价和选择战略方案为选出最合适的战略

[①] 王方华，陈继祥. 战略管理 [M]. 上海：上海交通大学出版社，2003.

提供了可靠的依据，在进行战略选择过程中，企业借助战略选择方法或工具达到选择适合企业的理想战略的目的。

波士顿矩阵以市场增长率和相对市场地位为参数，划分为四个象限，每个象限对应着不同的战略（金牛类、狗类、明星类和幼童类）。企业通过每个经营单位所处的象限不同，决定不同的经营战略组合。

PIMS 分析揭示了战略和绩效之间紧密的联系，揭示影响盈利性和增长的诸多主要战略因素（如投资密集度、产品/服务质量、R&D、劳动生产率和垂直一体化等）以及相应的市场环境。PIMS 发现了市场法则，寻找出在什么样的竞争环境中，经营单位采用什么样的经营战略会产出怎样的经济效果。从对业务绩效有着很大影响的诸多战略因素中，反映出在研究中所获得的最重要结论的一般认识。

GE 业务筛选模型的原理类似于 BCG 成长—份额矩阵的分析方法。该模型选择了行业的吸引力和企业自身进入优势两方面对新业务进行评估。相对于 BCG 成长—份额矩阵而言，GE 业务筛选模型从行业环境和企业的内部环境进行综合分析，考虑了更多的变量。

生命周期法以两个参数——行业成熟度以及战略竞争地位来确定公司中各个业务单位所处的位置。通过对行业生命周期的划分以及企业在竞争中所处的相对地位的分析，确定企业在现阶段应该采取何种战略。

思考题

1. 简述波士顿矩阵的内容。
2. PIMS 分析的主要目的是什么？主要结论是什么？
3. 描述 GE 业务筛选模型运用的四个步骤。
4. 描述在生命周期法中所采用的变量。
5. 选择一家知名企业，分析它在战略评价和选择时所采用的战略选择方法或工具。

参考文献

[1] 托马斯·L.惠伦，J.戴维·亨格.战略管理与企业政策（第 8 版）[M].北京：清华大学出版社，2005.

[2] 罗伯特·D.巴泽尔，布拉德利·盖尔.战略与绩效：PIMS 原则 [M].吴冠

之等译.北京：华夏出版社，1999.

［3］彼得斯，沃特曼.追求卓越［M］.胡玮珊译.北京：中信出版社，2012.

［4］杨锡怀.PIMS——市场战略对利润的影响［J］.东北大学学报，1994（3）.

［5］樊松林，罗云.PIMS数据库的构成与利用［J］.情报科学，2002（8）.

［6］王方华，陈继祥.战略管理［M］.上海：上海交通大学出版社，2003.

［7］杨锡怀，冷克平，王江.企业战略管理：理论与案例（第三版）［M］.北京：高等教育出版社，2010.

［8］李福海.战略管理学［M］.成都：四川大学出版社，2004.

［9］黄旭.战略管理：思维与要径（第二版）［M］.北京：机械工业出版社，2012.

第四篇 战略实施与控制

第十二章　组织行为

战略实施的主动者是人和组织，他们为达到一个目标而同心协力地工作，这是组织行为的良好表现。要有效地实施战略，必须建立适合所选战略的组织结构。组织为了更好地适应战略需要，必须不断地变革和发展，组织结构和战略两者是相互促进、相互影响的。组织学习是增加组织能力、提升组织绩效的动力，也是战略实施的需要。本章首先阐述战略与结构的关系，其次介绍组织变革和组织发展过程和内容，最后系统阐述组织学习的内涵、方式、类型和知识获取途径。

开篇案例

中国电信 H 分公司的组织变革

获得全业务经营权和 3G 牌照后，中国电信全业务的市场运营模式和渠道能力准备尚不充分，全业务的网络集中运营模式尚处于起步推进阶段，受竞争对手用户规模优势、手机普及率较高和移动资费水平较低等因素制约，短期内难以在移动通信领域快速形成规模效应。在竞争形势进一步复杂化的 2009 年，中国电信基层营销分公司——H 分公司面对突变的外部环境，需要制定具有竞争优势的战略。公司内部的组织结构还是以技术维护职能为主的结构，与当前的公司战略相悖；组织结构还是直线职能式，这种结构已经不适应当今瞬息万变的市场竞争；在员工薪资激励方面，"吃大锅饭"的现象还比较严重，不能调动员工的积极性，员工主动性较差；员工的思想跟不上转型发展的需要，在面对更激烈的竞争和组织变革时可能造成阻力。

为了适应战略变革，调整组织结构内部弊端，中国电信 H 分公司对各部门职责及内设机构进行优化调整。通过在所辖各片区内设置营销服务中心，减少管理层次；在营销服务中心内部，根据客户聚类情况设置营销服务网格，由专人负责对网格的全业务营销和服务，以求进一步贴近市场及客户，应对激烈的市场竞争；将三级维护部门向上集中，引导工作和人员面向市场，切实提高区域营销服务能力及水平。

在 2009 年的变革中，中国电信 H 分公司以差异化的竞争战略抢占市场空白，以网格化营销的思路精确化营销，聚焦各类客户群，有针对性地提供满足用户需求的业务和服务；在组织结构上成立营销服务中心，从维护部门抽调大批人员充实到营销部门，建立以营销为关键职能的良性结构，并有助于流程在部门内横向沟通；纵向扁平化的结构有利于缩短管理决策流程，增强市场反应的灵活性和及时性。

资料来源：贺洁.中国电信 H 分公司组织变革案例研究［D］.华南理工大学硕士学位论文，2010.

第一节　组织结构与战略

战略的有效实施必须有适当的组织结构与之匹配，战略与组织结构的匹配程度直接影响到战略实施的效果和效率。下面首先明确组织结构的概念，在此基础上分析组织结构与战略的关系，然后通过探讨在组织生命周期不同阶段，组织结构与战略的匹配，最后对经济全球化背景下，组织结构的战略发展趋势进行展望。

一、组织结构的概念

组织结构是企业正式的报告关系机制、程序机制、监督和治理机制及授权和决策过程[①]。一个成功的企业不仅要有好的战略，而且要能有效地实施它，而战略的实施不仅需要好的领导，而且需要组织上的保证。适当的组织结构有助于改善企业内信息传递的质量，同时可以将高层次管理人员的决策有效反馈给组织的不同层次。这种组织结构将确定哪些活动由谁负责，人员和任务如何分配，以及企业由谁来领导等。

二、企业战略与组织结构的关系

（一）组织结构服从战略

美国学者钱德勒提出了战略与结构关系的基本原则，即组织的结构要服从于组织的战略。对通用汽车公司、杜邦公司、新泽西标准石油公司和西尔斯—罗巴克公司等 70 家公司进行深入研究，于 1962 年出版了《战略与结构：美国工业企业历史的篇章》，指出企业不能仅从现有的组织结构出发去考虑战略，而应根据外部环境的要求去动态地制定相应的战略，然后根据新制定的战略审视企业的组织结构，如有必要对其进行调整。

不同的外部环境要求企业制定不同的战略和实行不同的组织结构。组织结构变革的形式也往往与外部环境的动态程度相关。在外部环境相对稳定时期，企业的战略调整和相应组织结构的变革往往是以渐进方式进行的，战略与组织结构的匹配程度虽不尽完美，但也基本适应。当企业面临重大的战略转折时，就对组织

---

① 迈克尔·A.希特，R.杜安·爱尔兰，罗伯特·E.霍斯基森.战略管理：竞争与全球化（概念）（第 6 版）[M].吕威等译.北京：机械工业出版社，2005.

结构提出了严峻的挑战。

（二）战略的前导性和组织结构的滞后性

（1）企业的外部环境总是处于不断变化之中，战略与组织结构对外部变化做出反应的时间是有差别的，形成了战略的前导性和组织结构的滞后性。

（2）战略的前导性。所谓战略的前导性，是指企业战略的变化要快于组织结构的变化。当企业的外部环境和内部条件变化提供新的发展机会或产生新的需求时，企业首先在战略上做出反应，以谋求新的经济增长。当企业积累了大量资源时，企业也会据此提出新的发展战略以提高资源的利用效果。新的战略往往需要新的组织结构与之相适应，或至少在原有的组织结构上进行调整。如果组织结构不随战略的变化相应地进行改变，新战略的实施将没有组织上的保证，最终往往也不会产生好的效果。

（3）组织结构的滞后性。组织结构的滞后性是指组织结构的变化速度常常慢于战略的变化。造成这种现象有两种原因：一是新旧结构的交替需要一定的时间过程。当外部环境变化后，企业首先考虑的是战略。只有当新的战略制定出来后，企业才能根据新战略的要求来改变企业的组织结构。二是旧的组织结构具有一定的惯性，管理人员在管理过程中由于适应了原来的组织结构运转形式，往往会无意识地运用旧有的职权和沟通渠道去管理新、旧两种经营活动。特别是感到组织结构的变化会威胁自己的地位、权力时，甚至会运用行政方式抵制需要做出的组织变革。

（三）组织结构与战略的匹配

由于外部环境的复杂变化和组织结构的千差万别，我们不能建立战略与结构的意义对应关系。事实上，把握一个组织的动态倾向比静态结构更为重要。根据一个组织在解决开拓性问题、技术问题与管理效率问题时采取的思维方式和行为特点，即组织的战略倾向，可以将组织分为四种类型：

1. 防御型战略组织

防御型战略组织试图建立一种稳定的经营环境，即希望在一个稳定的经营领域占领一部分产品市场，生产有限的一组产品，占领潜在市场的一部分。企业通常采用竞争性定价或生产高质量产品来阻止竞争对手的进入，从而保持稳定。技术效率是这类组织成功的关键，有的防御型战略组织通过纵向一体化来提高技术效率。防御型战略组织在多数行业具有生命力，尤其是较为稳定的行业。潜在危险在于不能适应环境和市场的快速变化。

2. 开拓型战略组织

开拓型战略组织更适合动态的环境，组织能力主要体现在寻找和开发新产品及市场机会上。对于开拓型战略组织来说，在行业中保持创新者的声誉比获得大量利润更为重要。

变革是开拓型战略组织对付竞争的主要手段，在技术开发和管理上具有很大的灵活性。开拓型战略组织通常是根据未来的产品结构确定技术能力，在大量分散的单位和目标之间调度及协调资源。组织结构通常是有机的,即高层管理人员主要是市场和研发方面的专家,注重产品结构的粗放式计划、分散式控制以及横向和纵向的沟通。但也会存在如何提高组织效率并合理地使用资源的风险。

3. 分析型战略组织

分析型战略组织介于上述两种战略组织之间,试图以最小的风险和最大的机会获得利润。在寻求新产品和市场机会的同时,保持传统的产品和市场,只有在新市场被证明具有生命力时才开始市场活动。也就是说,分析型战略组织通过模仿开拓型组织已开发成功的产品进入市场,同时又保留防御型战略组织的特征,依靠一批相当稳定的产品和市场保证主要收入。

在处理工程技术问题上,寻求技术的灵活性和稳定性之间的平衡。在管理上,通过矩阵结构,既适合稳定性业务的需要,又适合变动性业务的需要:对各职能部门实行集约式计划和集权控制,对产品开发小组或产品部门实行粗放式计划和分权管理。但也会面临不能适应市场快速变化和丧失组织效率的风险。

4. 被动反应型战略组织

被动反应型战略组织在动态的外部环境下,采取动荡不定的调整方式,缺少灵活应变的机制,总是处在不稳定的状态,是一种消极和无效的组织形态。

三、组织成长与战略变迁

组织生命周期的概念为探讨组织结构和战略变化提供了有益的思路。所谓组织的生命周期是指一个组织从诞生、成长直到消亡的过程。随着组织生命周期的演进,战略、组织结构、文化和领导风格都应遵循一种相对可以预见的规律。常用的组织结构分为简单结构、职能型结构、事业部结构和矩阵式结构。下面将探讨在组织生命周期的四个基本阶段,组织结构的特征和领导者相应采取的战略。

(1) 创业阶段。在组织的创业阶段,经营的重点是创造一种产品,并力求生存下来。组织的创建者在生产、销售等方面具有很大的权威,这时的组织结构是非正规的,依靠企业家的个人力量决策和监督。这个阶段管理的重点是对规范化、结构化组织和管理人才的需要。该阶段采用简单结构的组织结构较为适合,同时集中化战略也是企业的首选。

(2) 聚合阶段。聚合阶段是指组织开始有了明确的经营目标和方向,组织的目标是追求持续的成长。组织设置了职能部门,划分了管理层次和管理幅度,从而有了初步的劳动分工,此时经管组织中出现了一些正规制度,但组织中的沟通和控制大多是非正式的。这个阶段,管理的重点是组织对分权管理的需要,职能型组织结构较为适宜。随着员工对自己工作领域的日益熟悉,他们开始要求更多的自主权。

(3) 规范化阶段。在规范化阶段,组织的目标是保持内部的稳定和实现市场的扩张,这个阶段涉及规则程序和控制系统的建立和使用。组织的沟通和控制更加正规化,高层管理者将注意力集中到企业战略这样的宏观问题,对下级充分授权。但也可能出现授权过度，造成组织成员各自为政，协调和控制是这阶段管理的重点。

（4）协作阶段。协作阶段的组织规模通常较大，有健全的规章制度，行政控制手段严密。为了达到更有效的协调和控制，企业应简化正规的制度，引入团队意识，实行社会化控制。这一阶段，企业内部常常会组建一些跨职能的团队，形成矩阵式的组织结构；或者将原有的组织分解为若干事业部，保持小企业经营的特色，采取事业部式结构。需要特别指出的是，当组织成熟以后，可能会暂时步入衰退，组织需要新的活力和创造力，解决的方式通常是进行变革。

组织在生命周期的不同阶段具有不同的战略特点和组织结构特点，如表12-1所示。从表12-1可以看出，组织的各个时期需要不断在战略和结构方面进行变革。从宏观环境来讲，过去的环境相对稳定，外部压力小，公司变革的压力小、幅度也小。现在处于知识经济社会，知识和信息的快速传播加大了公司的竞争压力，需要更大程度的战略和结构重组。需要指出的是，组织的发展是一个复杂的过程，各阶段的界限往往比较模糊，所用的战略也不可能是单一的，即使是同一阶段，不同的组织也可能采用不同的结构和战略。总的来说，适合的才是最好的，符合组织实际的战略与合适的组织结构相匹配，才是最有效的组合。

表12-1 组织生命周期与组织结构

阶段	创业阶段	聚合阶段	规范化阶段	协作阶段
目标	生存	成长	内部稳定，市场扩张	声誉、品牌完善的组织
组织结构特征	非正规化、一人全权指挥	基本正规化、有一些程序	规范化管理、合理分工	团队工作、小企业式思维
组织结构阶段	简单结构	职能型结构	职能型结构	事业部结构或矩阵式结构
产品或服务	单一产品或服务	以一种产品为主、开始寻求差异化	系列产品或服务	多个产品或服务系列
战略特征	集中化	成本领先、差异化	一体化	多元化

资料来源：钟耕深，徐向艺.战略管理［M］.济南：山东人民出版社，2006.

四、组织结构的战略创新趋势

组织结构是战略的函数，战略通过组织结构实现，而外部环境的变化又切实影响组织的战略目标。为了适应全球化竞争与合作的趋势，必须对组织结构做出战略性的调整，使得企业生产经营活动更好地适应外部环境的巨大变化。因此，把握好经济全球化背景下组织结构的可能创新趋势，是高层管理者从战略的高度来思考企业未来走向、制定有效的战略经营目标的基础。全球化背景下组织越来越多地呈现出扁平化、柔性化、网络化、虚拟化、团队化和学习化等特点。

(一) 扁平化的战略创新趋势

传统的组织结构大多是"金字塔"式的层级管理结构,层次越多,信息传递链就越长,面对激烈市场竞争的应变能力就越弱,因此,减少管理层次,扩大管理幅度,即组织结构扁平化是当今组织结构的一大发展趋势。现代信息技术的发展为组织结构的扁平化提供了物质技术基础和手段。同时,对"人性化"的重新重视也促使组织结构扁平化。管理者与被管理者的关系在传统层级组织模式中是"命令—支配型",基层员工被假定为缺乏自主、没有责任心和不具有任何管理能力的劳动者;而当代企业管理尤其强调发挥人的积极性、主动性和创造性,只有给基层员工充分的授权、激发员工的工作热情、培养员工的自主工作与协调能力,才能提高企业的市场应变能力。所以,授权的压力也使组织结构扁平化成为必然趋势。

(二) 网络化

随着市场竞争的日益激烈,为了有利于企业内部横向机构之间的协调和沟通,国外许多大公司在大量裁员、精简机构和缩小经营范围的基础上,对企业组织结构进行重新构造,突破层级制组织模式,组建了由小型、自主和创新的经营单元构成的网络化组织。同时,为了增强市场竞争能力,企业间的联合和并购也风起云涌,这种通过联合和并购等途径所形成的企业组织形式的大量出现,使组织结构呈现出明显的以横向一体化为特征的网络趋势。

(三) 虚拟化

组织结构虚拟化是以信息技术为基础,依靠发达的网络将供应商、生产商、销售商甚至竞争对手等独立的企业连接成一个临时性的网络,其目的是共享技术、联合开发、共摊费用。与网络化相比,虚拟化是针对企业的某项虚拟功能而言的,是功能的虚拟化。企业可以以各种方式借用外力实现自身薄弱的某项功能,实现内部资源优势与外部资源优势的整合,以避免由于某一功能弱化或缺失而影响企业发展。

(四) 柔性化

"柔性"这一概念在一个组织内部是指具有参与环境变化,对突发变化不断的反应,以及适时根据可预期变化的意外结果迅速调整的能力。"柔性是个多维概念:需要灵捷性和多面性;与变化、革新和新颖相联系,与稳健性和复原力相联系,预示着稳定性、持续的优势和能力随时间而变化。"[①]

柔性组织中的管理具有以下特点:

(1) 集权与分权有机结合。通过权限结构的调整,适当下放中高层管理者的权力,充分授予基层员工应付突发事件自主权力,以提高决策实效性。

(2) 稳定性与动态性有机结合。许多知识型企业面临的环境处于剧烈的变化中,从而导致了连续的革新和经常的再调整,这种变动性给企业带来创新,但也

---

① 保罗·S.麦耶斯. 知识管理与组织设计 [M]. 珠海:珠海出版社,1998.

容易造成管理混乱。因此,在保持组织变动性的同时,应保持组织的相对稳定性,使工作人员有归属感和安全感,以保证工作人员和组织目标的有效配合。

(3)单一性与多样性有机结合。这一点是从企业目标价值观和企业文化等角度出发的。共同的价值观、文化观有助于塑造企业形象,区别于其他企业,增强企业的向心力、凝聚力。而不同的管理风格、文化观念会使公司变得多样化,能够取长补短,共同分享不同的能力,提高企业对不同环境的适应性和竞争能力。

(五)团队化

注重团队管理是近年来西方企业组织进行组织变革的一项重要措施。团队成员致力于共同的宗旨、绩效目标和通用方法,并且共同承担责任。有效运作的团队具有以下特点:一是目标明确,有团结合作的文化气氛;二是人员组成及其职能跨部门性;三是具有自我指导功能,学习气氛浓厚;四是团队成员沟通顺畅,相互启发和激励,富有创新精神。

(六)学习性

21世纪是知识经济时代,信息技术的发展加速了知识的更新。要想始终保持竞争优势,持续不断的学习和创新是企业的必然选择。彼得·圣吉(Peter M. Senge)在《第五项修炼》中率先倡导创建学习型组织(Learning Organization),随后在全世界掀起了构建学习型组织的热潮。关于学习型组织,并没有一个统一的定义。目前较为一致的看法是,学习型组织是一个有持续学习及创新能力、能够不断创造未来的组织,在学习型组织内部能够建立起完善的自我学习机制,将员工的学习和工作有机结合起来,可以使个人、团队和整个组织得到共同发展。学习型组织的成员具有共同的愿景,组织内部开放、灵活,沟通无边界。

第二节 组织变革与发展

企业战略实施的过程往往伴随着组织变革。一个企业要想建立竞争对手无法模拟的优势,其管理体系、组织结构以及流程等必须进行自我更新,永葆活力。从这个意义上说,组织的变革实际上是企业战略管理不可分割的有机组成部分。一个成功的企业在于制定适当的战略以达到目标,同时建立适当的组织架构以贯彻战略。

一、组织变革概述

(一)组织变革的含义

组织变革是组织为应对内外部环境的变化,使组织管理更符合组织持续和发展的目标而做出的反应行为;是运用组织行为学以及相关学科的原理和方法,在组织内部强调改变人的态度、行为和人际关系，保持和促进组织效率，以更快达成组织目标的过程。

1. 组织变革是对环境的"反应行为"

组织变革分成两部分：

（1）组织外部战略，主要考虑组织如何在环境中生存和发展，全面优化组织与环境的关系。

（2）组织内部战略，即如何落实外部战略，协调组织内部个人、群体的目标，使之统一到组织的目标上。

组织变革的意义即在于可以用一种系统的方法（计划—决策—落实），解决组织与环境、组织与成员间的相互适应问题，使组织能维系生存，得以发展。

2. 组织变革的方向是"目标状态"

目标状态是指组织意欲实现而非现实的状态，组织变革主要是缩短组织目标状态与组织现状之间的差距。尤克尔（Gary Yukl）区分了组织变革所要达到的几种不同目标。

（1）改变组织成员的态度和价值。为此而采用的主要方法包括劝导呼吁、培训、团队建设或文化变革，同时辅之以技术和人际关系技巧方面的培训。这种目标假定新的态度和技能会导致员工行为向有利的方面改变。

（2）改变工作和角色、互动的类型、绩效的标准和奖励的条件。为改变工作角色而采取的主要方法包括重新设计工作岗位，使之包括不同的行为和职责，重新组织工作流程，调整权力关系，改变评价工作的标准和程序，以及改变奖励体制等。它的假设是：当角色要求人们有不同的方式行为时，人们会改变自己的态度以便适应新的行为。新的角色要求会导致有效的行为，而评价和奖励体制会强化这种有效的行为。

（3）改变过去用于工作或支持关键工作行为的技术。为此而采取的措施包括采用新的工作设备，重新安排各种设施，采用新的信息和决策支持系统等。应当注意的是，新的技术不会自动被接受并被有效地利用，除非在工作角色、态度和技能上出现相应的转变。

（4）改变竞争策略。为此而采取的措施包括引入新的产品或服务，进入新的市场，采用新的销售形式，在直接销售的同时启用网上销售，与其他组织结成联盟或合资公司，以及调整与供应商之间的关系等。策略的变革经常需要与人员、工作角色和技术的变革保持一致，否则策略变革就会失败。

3. 组织变革的重点是改变人的态度、行为和人际关系

现代企业管理的理论和实践反复说明：人力资源是企业中最宝贵的资源。只有员工的态度做出积极的改变，员工的行为才会做出有效的变化，进而使人际关系更加融洽，挖掘出企业的发展潜力，最终使企业适应变化万千的环境。

（二）组织变革的类型

按照领导者控制的程度可分为主动的变革和被动的变革。主动的变革是有计

划的变革,是管理者洞察环境中可能给组织带来的机遇与挑战,考虑到未来发展趋势与变化,以长远发展的眼光,主动地制定对组织进行变革的计划并分段逐步实施。被动的变革是指管理者缺乏长远的战略观念,当环境发生变动时,要么变得束手无策,要么在环境的逼迫下被动地匆匆做出对组织进行变革的决定。重要的、成功的变革都是主动的、有计划的变革。

按照变革的范围可以将组织变革分为渐进式变革和剧烈式变革。渐进式变革以一系列持续的改进维持着组织的一般平衡,只影响组织的一部分。理想的组织应该是持续不断适应环境的组织,因此一些学者将这种连续的、渐进的变化看成是组织变革的本质。彼得·德鲁克在《21世纪管理的挑战》中,对后现代组织的变革进行了分析,认为后现代组织的大多数变革都属于渐进式的改变,以微调为主。与渐进式的变革相反,剧烈式变革打破了组织的原有框架,整个组织都进行了变革,通常产生一个新的平衡。

按照变革的推动者所从事的活动可划分为四类:结构变革、技术变革、物理环境变革和人员变革。

(1) 结构变革。组织的结构并不是一成不变的,环境的变化以及战略调整要求组织结构也发生相应的变化。所以变革推动者可能需要对组织结构进行调整。变革推动者可以对组织设计中的一个或多个关键因素加以改变。例如,合并部门职责,精简纵向层次,拓宽管理幅度,从而使组织结构更为扁平,减少官僚性。此外,为了提高标准化的程度,可以实施更多的规则和程序。分权程度的提高,可以加快决策速度。变革设计者还可以在现有的结构设计上做出重大的变革。例如,从一个简单的结构转变为以工作团队为基础的结构或一个矩阵结构。

(2) 技术变革。组织的技术水平是指把原料的投入转变成为产品的整个过程的能力。在技术发展的时代,技术变革对一个组织来说具有特别重要的意义。技术变革有如下几个方面:设备的更新,工艺程序的改变,操作顺序的改变,信息沟通系统的改革,自动化等。现代社会最明显的技术变革是计算机的普及,许多组织都有较复杂的管理信息系统,它可以运行成百上千商业软件包和网络系统,而网络系统又使各计算机之间实现了相互沟通。

(3) 物理环境变革。工作空间的布置不应是随意的。一般来说,对管理者要对空间的结构、内部设计、设备安置及其他事项做出决策时,总会认真考虑到工作需要、正常的交往需要和社会需要等这些因素。例如,采用开放的办公室设计,会使员工之间更容易交流。同样,管理者还可以改变光线的角度和颜色、冷暖的程度、噪声的大小和种类、工作场所的清洁程度以及家具、装饰和配色等内部设计。有证据表明,仅物理环境本身的改变并不能对组织或个人的绩效产生实质性影响,但它能使员工的某些行为更为容易或更为困难,也就是说,员工和组织的行为可以因此而得到增强或减弱。

(4) 人员变革。组织变革活动很大部分的工作是为了提高组织成员的工作能力和意向,这要开展许多具体的活动。组织变革通常分为两个方面:①改进组织成员的现状。如进行培训、核定工作量、重组工作小组等工作以提高组织成员的工作能力，合理组织生产活动。②提高组织成员的工作意向。例如，激励员工做好本职工作，为组织做出更大的贡献；转变成员的态度，让他们接受组织变革目标，把自己的目标和组织目标结合起来。

二、组织变革的实施

（一）组织变革的步骤

组织变革要经过一定的程序。罗希认为，这种程序包括以下四项内容：第一，创造一个需要的变革的知觉；第二，分析诊断环境，以创造变革的环境及变革的方向；第三，沟通变革所影响的人员；第四，监督变革，并调整修正，使其合适。

克利则把变革程序分为确定问题、诊断、列出可行性方案、发展决策准则、选择解决方法、计划变革、执行、评估效率、反馈九个步骤。

艾诺芬认为，组织变革的程序涉及十个主题：①明白影响你和你们组织的变革力量；②决定你们变革的能力；③创造变革的气候；④涉及参与变革的人员；⑤为了变革而进行组织；⑥引发动机；⑦规划变革；⑧执行变革；⑨使风险冲突极小化；⑩提供领导。

从上述组织变革程序的研究成果中，可以归纳出如下具有共性的组织变革步骤：

（1）认识到进行变革的重要性。变革的发动者事先对未来要有正确的预见，为了适应未来发展的形势需要，积极主动制定组织变革的计划。对于这种变革的必要性要有充分的认识，并使尽可能多的人对将要进行的变革持积极的态度。对于被动消极式的变动存在认识的问题。要了解并掌握造成被迫变动的原因，如职工的抱怨不满、产品滞销等。

（2）诊断问题，得出明确的目标。发现异常问题是比较容易的，但追寻问题的根源却是相对困难的。诊断的目的是正本清源，这也是为变革提出明确目标的前提。诊断出问题后，必须将变革的目标明晰化和具体化。

（3）进行具体分析，确定变革内容。如前所述，变革内容有多个方面。选择哪种内容或哪几个内容的组合应根据诊断出的问题的性质，有针对性地选择，并且还要合理确定相应的配套环节。

（4）制订具体的变革计划。在制订计划时，要考虑到改革的具体步骤、所需的费用和代价、这种改革对其他部门可能带来的影响、职工对改革的认识态度，等等。

（5）实施变革计划。实施变革计划要恰当地选择发起变革的时间和范围，充分认识变革阻力，并力求化解矛盾，要确保改革计划按照预定的设想进行。

（6）及时收集信息，监控变革计划的实施进程。在实施变革时，要及时收集可以衡量变革效果的指示信息。如果没有达到预期的阶段效果，应马上采取纠偏或调整标准等积极措施,直到出现满意结果为止。

(二)组织变革的过程

研究变革的过程,认识其中的规律,才能制定正确的程序、策略和方法,导入和管理变革,确保组织变革沿着正确的轨道进行,尽可能减少因失误造成的损失。因此,许多组织行为家对组织变革的程序进行了大量研究,其中,有代表性的是卢因阶段性变革模式和吉普森计划性变革模式。

1. 阶段性变革模式

卢因将组织变革的过程概括为"解冻、变革、再冻结"三个阶段,如图 12-1 所示。

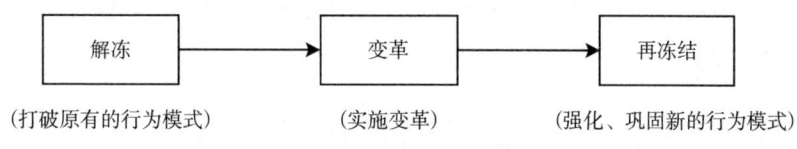

图 12-1 阶段性变革模式

资料来源:张德,吴志明.组织行为学[M].大连:东北财经大学出版社,2006.

组织现状可以看成是一种均衡状态。变革要打破原有的均衡,改变人们的习惯和传统,还要克服来自个人和群体的抵抗,这是"解冻"过程存在的必要性。解冻是鼓励人们正视现实,认识到变革的重要性,接受变革。这一过程可以通过以下三种方式中的任何一种来完成。

(1) 增加动力,这种动力是引导行为脱离现状的力量。

(2) 减小阻力,这种阻力是阻碍偏离现有平衡状态活动的力量。

(3) 上述两种力量的结合。

解冻过程一旦完成,变革步骤就可以实施了。变革期实行的变革是指变革的方向和方法,通过变革使组织成员形成新的态度和接受新的行为方式,认同与内在化在变革期具有很大的作用。认同是成员模仿环境中的新的行为模式,逐步学会新的行为;内在化是在"非以新行为就不会成功"的情况下产生的。综合运用认同与内在化的作用,能加速变革的进程。

然而,单纯地将变革引入组织,并不能确保变革在组织中占据主动地位。因此,新形成的状态需要被冻结,以使其能够维系一段时间。再冻结有两种强化方式使变革稳定化,一种是连续性强化方式,另一种是断续性强化方式。连续性强化是在被改变的人每次接受新的行为方式时就给予强化;断续性强化是按反应的次数或时间的间隔而给予强化。连续性强化对于一个人迅速接受新的行为方式来说,效果较好;断续性强化对于一个人巩固新的行为方式来说,效果很好。再冻结的目的是通过平衡动力和阻力的关系,使新的状态稳定下来,以系统的持久的力量替代暂时的力量。

2. 计划性变革模式

组织发展是一个无休止的过程，解决了一个问题，又会出现另一个问题。例如，企业为提高产量，购置了新的技术和设备，产量确实是提高了，可是一部分工人可能感到自己英雄无用武之地，情绪低落，对企业产生不满，这时，管理者就要研究对这些工人的安置和说服。管理学家吉普森认为这是"创新的辩证过程"，据此，他提出了"计划性创新模式"，即有预先意图的、目标取向的变革活动。如图 12-2 所示。

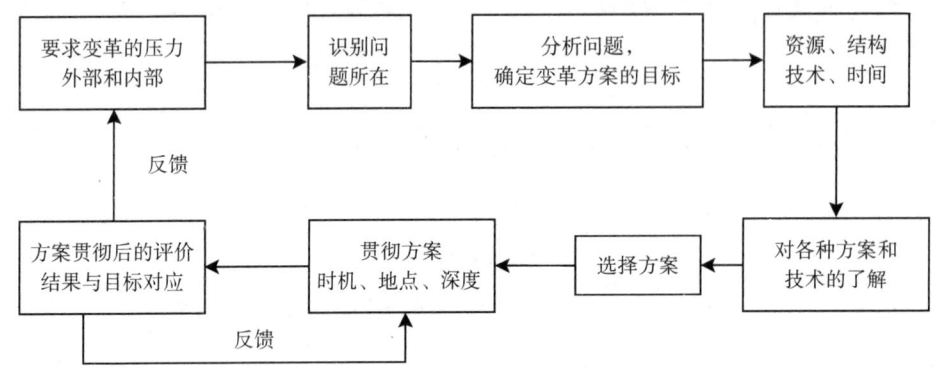

图 12-2　计划性变革模式

资料来源：张德，吴志明. 组织行为学 [M]. 大连：东北财经大学出版社，2006.

（1）要求变革的压力。企业作为一个经济实体，经常会遇到来自外部和内部各方面的压力。外部压力包括政府法令，经济金融情况的变动，资源、市场消费习惯的变更，竞争者的新策略等各种因素。例如，1973 年发生的石油危机给所有企业带来了深刻的影响。内部压力包括组织结构、运行过程以及人和行为各种变量。由于这些压力的存在，会导致决策迟缓、信息不通、领导软弱无力、同事间相互倾轧等不良现象。

（2）识别问题所在。关键在于掌握企业内部的信息。掌握信息越及时、准确，管理者越能发现问题所在。对某些重要信号的出现，如销售额的突然下降、关键人员离职、员工情绪低落等都要时刻警觉。

（3）分析问题，确定变革方案的目标。认清问题所在之后，需要深入分析：①哪些是需要纠正的问题；②造成问题的根源在哪里；③要做哪些变更，什么时间变更；④怎样规定变革的目标及其衡量办法。

（4）识别限制变革因素。包括领导的风格、个性、知觉和价值观，组织结构的现状，成员的特点。例如，一个独裁成性的领导人员和官僚主义的机构往往不能有效实施参与管理，影响员工接受或拒绝变革。另外，成员的性格，学习的能力、态度和期望也是必须研究的因素。对同一项创新措施，不同的员工往往有不同的反应。

（5）研究变革的途径和方法。这里主要考虑的是变革方法和变革目标的匹配问题。行为科学家劳伦斯和洛斯契设计了一种匹配图。如图 12-3 所示。虽然未把许多组织发展的方法列入，但是，仍然对我们有所启示。

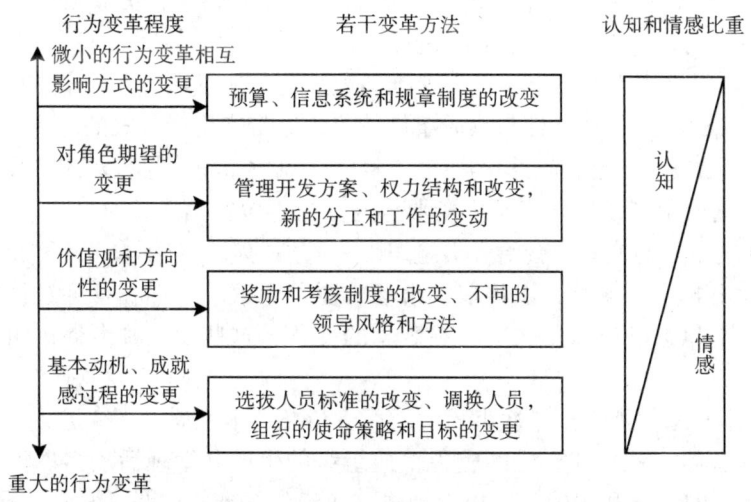

图 12-3　变革方法与行为变革程度的匹配

资料来源：P.R. Lawrence, J.W. Lorsch.Organization and Environment [M]. Boston：Harvard Business School Press, 1986. 转引自张德，吴志明. 组织行为学 [M]. 大连：东北财经大学出版社，2006.

（6）贯彻方案。这一阶段通常要考虑三方面的问题：一是时机，要避开工作忙季，应等待改革的准备工作完成。二是从何发动，许多学者认为，企业变革必须来自上层，这样才有利于推行。但也有人认为取得上层许可是先决条件，具体进行时，宜根据变革的性质或从中层或从基层发动。三是深度，指变革的对象是否涉及一个组织，还是一个部门、小组或个人。

（7）方案贯彻后的评价结果与目标对应。科学研究者和企业实干家要密切合作，严格地按照科学方法对组织发展和变革措施做仔细的追踪调查研究，对特殊事件做出记录。评价的结果分别反馈给与上述第一阶段（内外压力）和第七阶段（方案贯彻）有关的人士，促使管理者了解所采取的变革措施及其深度能否达到预期的改革目标。

三、组织变革的动力和阻力

（一）组织变革的动力

推动组织变革的动力来自企业的外部和内部两方面。

1. 外部动力

组织作为一个与外界保持着密切联系的开放系统，组织变革常常是由外部环境的某种因素发生变化而引起的。组织的外部环境分为一般环境和具体环境。一般环境是指对任何组织都发生影响的环境，如经济、技术、政治、法律、社会、文化和自然资源等因素。具体环境是指与某一行业或某种职能系统相关的特殊因素，由处于企业外围的相关组织所构成，包括顾客、供应商、竞争对手、金融机构、行业协会和政府机构等。组织外部环境动力因素主要有：

（1）社会政治因素，包括国内外政治局势变化、国家相关政策法律的调整等，都会引起或者迫使组织做出相应的变革。

（2）社会经济因素。社会经济发展推动组织变革体现在以下几个方面：一是生产力的提高，劳动生产条件与物质条件的改善会带来生产方式的改变，从而推动组织变革。二是社会经济结构的改变，经济体制改革将直接推动组织专业方向和组织机构的改革与发展。三是市场形势的变化，包括销售、原材料、劳动力、资金等市场的活跃与疲软，会给各类组织带来激烈的竞争与压力。这种市场压力迫使组织做出相应的变革，以争取在市场的竞争中获胜。四是社会经济发展会引起教育、文化、科技以及人们思想观念的变化，这些变化都会促进组织变革和发展。

（3）科学技术因素。第二次世界大战后，科学技术发展突飞猛进，从多方面推动了组织变革：一是计算机的应用，使组织的生产和管理活动得以实现信息化、程序化、网络化和精确化，极大地提高了组织功能；二是新材料、新技术、新工艺的应用，使许多劳动密集型的组织向知识密集型的高科技企业转化；三是机器设备的更新，推动了劳动组织、质量管理、人力资源配置方式的改变；四是现代管理技术和方法的使用，促使管理职能多目标化和管理人员能力的综合化发展，从而推动组织内部社会心理系统的变革；五是信息技术的发展，组织内外沟通日益重要，信息管理职能得到了加强，组织系统变得更加开放。

2. 内部动力

组织内部动力是指在组织内部起作用并在组织管理者控制范围之内的推动组织变革的力量。内部动力主要有：规模扩大的压力，随着企业的发展，规模日益扩大，活动日趋复杂，原有的组织结构、管理方式等出现不适应，需要进行调整改革；组织战略的影响，当企业总体战略根据形势的变化需要进行重大调整时，为保证其战略实施的有效性，势必对企业的组织结构加以相应变革；技术条件的变化，企业开发或引进一项技术，可能带来整个制造工艺、生产流程以及部门结构与协作关系等方面的调整或变革；产品结构的变化，当企业从单一产品发展到多种产品时，产品种类达到一定规模或实行跨行业经营时，都会对企业组织提出高低不等的变革要求；经营管理水平的提高，当企业经营管理人员的经验积累到一定程度，素质、能力有了显著提高时，管理幅度可以相应增加，管理层次、管理机构和管理人员可以相应减少，于是组织结构就会发生显著的变化；高层管理人员的变动，新上任的企业高层管理人员可能带来新的管理理念，或者对企业现状有不同于前任的认识，由此发起一系列的变革；企业组织绩效下降，往往是激发变革最强大的动力。

（二）组织变革的阻力

任何变革在推进过程中，都无可避免地会遇到各种各样的障碍和阻力。在努力进行重大变革时，即使沿着最合理的目标方向联盟起来的群体也总会遇到严重阻碍。组织及其成员会抵制变革。从某种意义上讲，这种抵制是积极的，它使行为具有了一定程度的稳定性和预见性。如果没有抵制，组织行为会变得混乱和随意。对变革的抵制还可以成为具有功能方面意义的冲突的起源。例如，对组织重组计划或生产线改进方案的抵制，会激发对这些变革优缺点的有益讨论，从而产生更为完美的决策。但是，对变革的抵制有显而易见的负面作用，它阻碍了适应和进步。

变革的阻力不一定以统一的方式表现出来。阻力可以是公开的、隐蔽的、即刻的或滞后的。公开的和即刻的阻力是最容易对付的，更大的挑战是隐蔽的和滞后的阻力，它很可能会成为最终导致失败的微小但却致命的因素。

变革中的各种阻力，有的来自个体，有的涉及组织的性质和结构。管理者和员工需要了解变革阻力的来源。

1. 个体阻力

（1）习惯。生活很复杂，我们每天必须做出上百种决策，但不必在所有可选择的范围内进行考虑，我们往往依赖于习惯或者固定模式的反应。当我们面对变革的时候，这种以习惯方式做出反应的倾向就会成为阻力源。

（2）安全。具有极度不安全感的人很容易抵制变革，因为变革会给他们造成不安全感。

（3）经济因素。在变革过程中，人们担心自己不能适应新的工作岗位和新的工作规范，尤其是当报酬和生产率息息相关时，担心收入会降低而抵制变革。

（4）对未知的恐惧。因为无法预计变革可能给自己未来带来的影响而对变革进行抵制。

（5）选择性信息加工。人们倾向于有选择性地知觉事物，以使其与他们的世界观相吻合。他们只听他们想听的，忽略那些对他们已形成的世界观具有挑战性的信息。

2. 组织阻力

组织按其本质来说是保守的，大多数组织主动抵制变革。组织对变革的阻力主要有以下六个方面：

（1）结构惯性。组织内部有其固定的机制保持稳定性。如组织制度的规范化提出了工作说明书、规章制度和员工遵从的程度。当组织面临变革时，结构惯性就充当起维持稳定的反作用力。

（2）有限的变革点。组织是由其内部相互依赖的子系统组成的。一个子系统的变革必然影响到其他的子系统。子系统的有限变革，可能会因为更大的系统问题而失效。

（3）群体惯性。即使个体想做出改变，群体规范也会阻挠他们的行为。

（4）对专业知识的威胁。组织中的变革会威胁到专业化群体的专业知识。

（5）对已有权力关系的威胁。任何决策权力的重新分配都会威胁到组织长期以来形成的权力关系。

（6）对已有的资源分配的威胁。组织中控制一定数量资源的群体常常视变革为威胁，它们倾向于对事情的原来状态满意。那些最能从现有资源分配中获利的群体，常常会对可能影响未来资源分配的变革感到忧虑。

（三）克服变革阻力的策略

由于组织变革时可能受到来自个人和组织的双重阻力从而产生各种各样的抵制。管理者可以采取以下几种措施予以克服：

（1）沟通。通过在变革之前或变革的前期与员工进行沟通，帮助他们了解进行变革的理由，让他们对变革的目的、内容、过程、方式等有所了解，并澄清他们对变革的一些错误认识，可以在很大程度上减少他们对变革的抵制。

（2）参与。不少研究组织变革的学者都认为，如果能将与变革有关的人或将持反对意见的人吸收到决策过程中来，他们就不容易形成阻力。对于个人来说，很难抵制自己也参与了决策的变革。这样就可以使这部分员工充分认识到变革的必要性，并主动加入到变革中，利用自己的专长为决策做出有意义的贡献。

（3）谈判。通过与变革抵制者谈判，为抵制者提供有价值的东西，以换取阻力的减低。

（4）强迫。当变革势在必行，而上述方法又不奏效时，管理者可以用正式权力克服对改革的抵制。例如，改换工种、开除、改变薪酬、不给予提升机会等都是强迫他人接受变革的方式。

四、组织发展

组织发展是根据组织内外环境的变化，运用管理科学和行为科学的知识，有计划地改善和更新组织的过程。它是在组织理论的指导下，着重改善、更新人和行为方式、人际关系、组织结构及组织管理方式，从而使组织更好地适应竞争活动、技术进步和环境中其他变革的飞速发展和变化。

组织是以动态的人际关系维系的系统，因此组织发展首先应着眼于改变小组、部门乃至整个企业，以使它们成为变革活动的支持者。组织发展的根本目标在于改变组织的所有组成部分，使其对人更加关注、效率更高，更有能力进行组织学习和自我更新。

（一）组织发展的基础

（1）系统导向。现代社会充满各式各样的变革，组织需要各个部门团结协作以共同解决变革所带来的问题，抓住变革带来的机遇进行有效发展。组织的发展是一套包罗万象的程序，它关注的是企业各个部门在相互影响时的交互作用，关注组织结构、技术和人员的相互作用，关注员工在不同群体、部门和地区的行为方式。它集中回答这样一个问题：各个独立的部门结合成为一个整体工作时的效率如何？它重点关注的是各个部门的关联方式，而不只是各个部门本身。

（2）理解因果关系。系统导向的一个贡献是帮助管理者按三种变量模型审视组织进程。这三种类型是原因变量、中介变量和结果变量,如表 12-2 所示。原因变量的重要在于,它既影响中介变量,又影响结果变量。原因变量是管理者能够最直接地做出改变的因素,包括组织结构、控制、政策、培训、一系列广泛的领导行为以及组织发展方面的努力等。中介变量直接受原因变量的影响包括员工态度、知觉、动机、熟练的行为以及团队合作,甚至是群体间关系。结果变量代表了管理者最终追求的目标,通常包括生产率不断提高、销售额不断增长、成本逐渐减少、客户忠诚度上升、职工收入提升,这些是实施组织发展的原因。

表 12-2 组织发展过程中的变量

原因变量	中介变量	结果变量
组织结构	态度	生产率提高
控制	知觉	销售额增长
政策	动机	成本减少
培训	熟练行为	客户忠诚度上升
领导行为	团队合作	职工收入提升
组织发展	群体间关系	

资料来源:朱志忠,唐和平.组织行为学[M].北京:北京大学出版社,2005.

(3)组织发展所依据的假设。组织发展的管理者或认同者作了一些假设来指导他们的行动,但有时这些假设并不明确,需要进行检验。对管理者来说,弄清楚这些假设是非常重要的,只有这样才能意识到它们的影响。管理者和员工都应该理解这些假设,这样才能共同理解组织发展方案的基础。

组织发展的倡导者一般对所有员工的才能、未发挥的潜力和兴趣抱有较高的积极态度,这种态度起源于组织发展理论中隐含的人文主义的价值观。在整个组织的发展中,群体和团队具有非常重要的地位。但是,由于群体和团队强大而复杂,因此组织并非总是容易改变。尤其是传统的组织被视为僵化的官僚结构,有时会制约员工的成长和发展,但还是可能存在积极的冲突或一致的目标。

(二)组织发展的内容

组织发展的内容:以人为中心的组织发展,以任务和技术为中心的组织发展,以组织结构为中心的组织发展。

以人为中心的组织发展的内容与策略主要有调查反馈、咨询活动、敏感性训练和班组建设;以任务和技术为中心的组织发展的内容包括社会技术系统、工作再设计、弹性工作时间和目标管理;以组织结构为中心的组织发展,主要是通过改变职位的相互关系,以及通过修正外部变量或因素达到改革某职位的人们所期望的行为结果。

(三)组织发展的进程

组织发展是一项复杂的进程,它可能需要一年或更长的时间继续计划、实施，而整个过程可能会无限期地延续。组织发展试图将组织由目前状态（需要诊断）转变为理想状态（通过行动干预）。即使这一目的已经达成，进程仍然继续，因为组织需要评价工作成果并保持良好态势。组织发展可选择多种方法，具有代表性的完备程序应包括以下步骤：

（1）诊断问题。会同高层管理人员共同确定组织存在的问题的实质，制定最可能成功的组织发展方案，并确保能获得高层管理人员的完全支持。

（2）收集数据。可以通过调查确定组织氛围和行为问题。顾问通常会与基层员工沟通，并从以下类似的提问中获得信息：①什么样的条件最能提高你的工作效率？②什么样的条件会干扰工作效率？③在组织运行的方式中，你最想改变哪些方面？

收集资料当然还包括明确绩效差距即组织运行方式中的缺陷和初始信息，以及对组织当前运行状况的整体描绘，以便与组织发展的状况进行比较。

（3）数据反馈与检验。组成工作小组复核搜集到的数据，协调不一致的方面，设计变革的先后顺序。

（4）行动安排和问题解决。群体运用数据提出变革的详尽建议，对组织中的实际问题展开讨论。这些计划应详细而具体，包括由谁来负责以及何时应完成哪项举措。

（5）运用干预。行动计划完成后，顾问应协助参与者选择并运用适当的组织发展干预。根据问题的实质所在，这些干预可针对个人、团队、部门间的关系，也可关注整个组织。

（6）评估后续行为。顾问协助组织评价组织发展实施的结果，针对不足之处制定补充方案。

因为组织发展中的每个步骤只是整个程序的一部分，所以如果一个企业希望获得组织发展的最大效益，上述所有的措施都应该应用到位。如果只实行两三个措施，比如诊断和团队建设，结果可能并不乐观；而应用整个程序，则会有相当满意的结果。

第三节 组织学习

当今社会，知识创新、信息化、网络化正在深刻地改变着企业内部条件和外部环境，在这样一个充满不确定因素的经济环境中，企业将主要通过知识来获取竞争优势，而知识获取的最直接源泉就是学习，因此，组织学习已成为组织行为的灵魂。正如彼得·圣吉所言，"企业未来唯一持久的优势，就是看你是否有能力比你的竞争对手学得更快"。

学习包括个人学习和组织学习两方面。对个人学习而言，主要是指认知学习、技能学习和情感学习,而组织学习是将组织作为学习的主体看待的。适应性学习和创造性学习是组织学习的两个阶段,组织学习发生在组织的各个层次、各个阶段。

组织学习被视为战略能力的"心脏"。在遍及全世界的企业变革过程的背景下,组织学习成为核心的战略主题。组织学习意味着,组织能对被快速侦察到和明智理解环境状况做出迅速反应。它意味着,组织对支持新战略的反应得到很好的设计和实施。竞争优势来源于组织向环境学习的能力,以及怎样适当、快速地适应环境的能力。全球市场上的赢家是这样一些企业,它们能做出及时的反应和进行快速灵活的产品创新,并具备有效协调和重新部署内部及外部能力的管理能力。如果企业想要在日益动荡的环境中生存,它们将必须学会不断地重新制定战略和重新调整它们的组织。人们越来赞同,如果学习对于适应和创新(它们本身是竞争优势的关键因素)是核心的,那么组织的学习自身必须成为组织机能的常规部分,而不是专家的活动或间歇的活动。这不仅仅是因为学习不能被计划,学习的需要似乎是持续的或至少是不可预测的。因此,如果学习只出现在规定的正式场合,则学习的机会将被错失。同时,当提议和计划被来自发展的新信息进行修改时,学习成为反复调整和不断变革的持续过程。

一、组织学习的内涵

自从赛厄特和马奇(1963)第一次提到"组织学习"以来,特别是阿吉里斯和舍恩(1978)的《组织学习:行动的视角》问世以来,组织学习作为西方组织行为学研究的热点,不但发展了比较系统的理论,且在实践上也形成一套行之有效的技术和方法。阿吉里斯和舍恩(1978)将组织学习定义为"错误的检验和修订",Nonaka 和 Takeuchi(1995)则认为组织学习是"企业促进知识创新或知识获得并使之传播于全组织,体现在产品、服务和体系中的能力"。也有学者认为,组织学习是企业在特定行为和文化下,通过不断应用相关方法来增强企业的适应性和竞争力的方式。凡此种种,都强调了一个目的:组织学习是为了提高企业适应能力和竞争能力。对于企业而言,学习能力的提高是知识获取、信息传播、信息阐释和组织记忆四个阶段相互作用的结果。

(一)知识获取阶段

从多种途径获取知识是组织学习的第一步。企业在学习过程中,不仅要收集企业自身知识,更要收集外部知识;不仅要收集显性知识,更要收集隐性知识;不仅要有意识地搜集知识,也要对"偶然获取"的知识给予关注。获取知识的方式包括实时监控外部环境、集中讨论某一问题或绩效考核等方式。在知识获取阶段,企业原有的知识储备非常重要,它能加速对新知识的获取并提高学习的有效性。

(二)信息传播阶段

在信息传播阶段,企业要将多种途径获取的信息进行共享。企业必须根据知识的性质决定共享的范围。知识的共享有助于消除信息不对称问题,从而有利于各级管理部门充分了解企业运行状况。

(三) 信息阐释阶段

在信息阐释阶段,企业必须界定信息的特定涵义。不同的人对相同数据有不同理解,虽然各抒己见有助于企业对信息的理解,但也存在无法协调或无法形成共同理解的风险,从而导致摩擦并降低学习的机会。对信息如何进行阐释部分依赖于企业认知世界的方式。而认知方式一旦形成,不易改变。

(四) 组织记忆阶段

组织记忆是将知识分类以备未来之需的手段。组织记忆之所以能够进行,是因为组织经验可以保存和积累。

二、组织学习方式

由于划分的依据和角度不同,依学者关注的重点不同,组织学习方式不可避免地存在着多样性。对组织学习方式的划分,主要集中在以下四个方面。

第一种学习方式的划分是从层次的角度,把组织学习方式归结为三个层次:第一层次是纠正性地学习,纠正错误的行为,表现为一种显性的学习;第二层次是适应性地学习,在对环境的反馈中质疑原有的、对应着的一定行动的假设,为了适应新的环境对其重新界定或彻底改变;第三层次是元学习,即对学习本身所依赖的信念和根本的假设进行反思,在经验和内省基础上构架更高级别的规则。阿吉里斯和舍恩(1978)注意到组织中的认知程序化倾向,提出了单循环和双循环学习。Sengeand Fulmer 的系统动力学观点类似于单环学习和双环学习的区别。彼得·帕沃夫斯基(2001)在对阿吉里斯和舍恩、Hedberg、Senge、Shrivastava、Fiol 和 Lyles 等提出的组织学习类型进行分析归类的基础上,将组织学习划分为三种类型,对应于上述三个层次。学习一型是纠正偏向,监测行为的漏洞,使之与规定的标准运作规程趋于一致。学习二型是对环境的适应,如果环境反馈对组织的假设理论提出质疑,为了适应环境对这些假设理论要区别对待,重新界定或彻底改变。学习三型是在经验和内省基础上构建更高级别的规则。Ray Stata(1989)提出加速组织学习的工具和方法有系统思考、寓学习于计划、质量提升、行为对学习过程的影响、信息系统和合作研究等。

第二种学习方式的划分是理论性学习和实践性学习。其中,关于实践性质的学习有与工作相关的学习(Work-relate & Learning)、境遇中的学习(Situated Learning)、在职学习(On-the-job Learning)等(Brown and Duguid, 1991)。当然,上面每一种说法或多或少地存在着内涵和外延上的区别,但它们的共同点都是发生在实践中的学习。

第三种学习方式的划分是从组织知识存量变化的角度——利用性和开发性的学习。开发包括试验和创新,寻找新的方法;利用知识把这些新方法实体化到商务活动中(March, 1991)。

第四种学习方式的划分是基于组织学习来源和方向的组织学习方式。Jeung（1999）用两个维度来界定四种组织学习方式。第一个维度是组织依赖探索学习或利用学习的程度，第二个维度是学习直接从自己的经验中来还是从他人的经验中来。从而得到四种学习方式：试验（探索/直接学习），持续提升（利用/直接学习），标杆（利用/学习他人），能力获得（开发/学习他人）。世界杰出华人管理大师杨国安（2005）承袭了 Jeung 的观点，从组织学习的来源与组织学习方向的维度把组织学习方式划分为试验学习、提升能力、标杆学习、不断改良四种。

三、组织学习基本类型

根据国内外学者的研究表明，组织中的学习包括适应型学习、自主型学习、经验型学习和转换型学习四个方面，下面对这四个方面的学习特点进行介绍。

（一）适应型学习

根据马夸特（Marquardt，1996）的观点，当个体和组织从经验及反思中学习时，适应型学习就会产生。他认为适应型学习过程包括以下四个方面的内容：一是组织采取必要的行动以促进组织目标的实现；二是行动导致一些内部和外部的结果；三是分析所导致的变革与目标的一致性；四是为了提升绩效采取新的行动，或者改善和改进以前的举措[1]。马夸特指出，适应型学习可以是单环的，也可以是双环的。单环学习的重点是获得信息以确保现有系统的稳定，在这些系统中，重点在于发现错误和纠正错误。单环学习关注获取直接解决紧要问题或个体及组织遭遇的障碍的方案。单环学习到目前为止是大多数组织中普遍运用的环学习方法。双环学习更深入些，它涉及质疑系统本身及为何失败或成功，它深入洞悉组织的规范和结构。它根据组织、行动和结果对其有效性提出质疑。

大多数组织都不愿意进行双环学习，因为它涉及揭露各种错误以及质疑现有的假设、规范、结构和过程[2]。

（二）自主型学习

诺里斯（Knowles，1975）认为，自主型学习是一个过程，在此过程中个体带头"诊断他们的学习需求，规划学习目标，确定学习的人力资源和材料资源，选择和实施合适的团队策略以及评估学习成果"。他建议了一种被称为学习契约的在某种意义上更详尽、更严密的形式，即在两个或更多个体之间达成某种协议，它由四个部分构成：学习目标、学习资源和战略、完成任务的凭据及验证凭据的有效性的手段和标准[3]。

（三）经验型学习

经验型学习，顾名思义就是利用结构性练习或应用学习者的经验进行学习的一种方法。研究表明，经验型学习一般适合五种情况：一是开发复杂的诸如决

---

[1][2][3] 杰里·W.吉雷，安·梅楚尼奇. 组织学习、绩效与变革——战略人力资源开发导论 [M]. 康青译. 北京：中国人民大学出版社，2005.

策、评估和综合等认知技能；二是积极影响学习者的价值观、信念和态度；三是增强理解力；四是提高人际沟通技能；五是摒弃消极的态度和行为。

吉雷和埃格兰德研究指出，实施经验型学习涵盖五个不同的阶段：一是实践（参与活动）；二是公开（共享活动中所产生的反应、观察和情感）；三是处理（讨论活动过程中的群体动态）；四是总结（从实际的活动中总结出经验）；五是应用（策划更为有效的实际行动）。在学习活动中，人力资源管理者和专业人员（变革代理人或培训师）应该充当学习促进者，在学习循环过程的每个环节对个体学习者或团队进行必要的指导[①]。

（四）转换型学习

麦兹若（Mezirow，1991）认为旨在导致个体改变的学习方式称为"转换型学习"。转换型学习是个人了解组织和工作的能力或动力的核心。吉雷和埃格兰德（1989）认为"这种学习对于开发管理能力是非常重要的，因为许多中层和高层管理者所需要的能力取决于他们的世界观和他们所处的位置"。麦兹若认为，成人应该重新确定自己的观点，然后理顺对自己及周围世界的理解，以使他们能够进一步明确自己的价值观和信念系统，以增强其自信和自尊。他把这称为"审视个人世界的参考框架"[②]。这里的"参考框架"是宽泛地理解事物的思维习惯，这种习惯作为形成对具体事件的不同理解的观点在不同的情形中表现出来，参考框架和有关观点可以是心理的、政治的、社会的、文化的、经济的，也可以是认识论的。因此，学习者需要培养自己识别和批判他们行动背后假设的能力以转变他们的思想和以后的行为及举措（如提升绩效等）。

四、组织学习的知识获取途径

从组织学习的内涵可知，知识获取是组织学习的起点。没有知识获取，信息传播、信息阐释和组织记忆就失去了对象。对企业而言，从恰当的途径获取及时、准确、有用的知识，是建设学习型组织的第一步，也是最关键的一步。企业必须规划好知识获取的途径，并针对不同途径的特点实施不同的策略。知识获取途径一般分为内部途径和外部途径，并认为内部途径和外部途径相互作用、相互促进，共同影响组织学习的效率和效果。只有整合内部途径和外部途径，才能将某特定领域的知识转化为共享的企业知识，为企业战略能力和核心竞争力的形成提供支持。

（一）外部途径

知识获取的外部途径主要通过企业人员与外部环境信息交流而实施。外部环境瞬息多变，任何一种变化趋势对企业来讲，既可能是机会，也可能是威胁。企业如果不能建立强有力的内部与外部信息沟通网络，并通过网络将外部信息传递

[①②] 杰里·W.吉雷，安·梅楚尼奇.组织学习、绩效与变革——战略人力资源开发导论 [M].康青译.北京：中国人民大学出版社，2005.

给企业内部相关的部门，企业将丧失对环境的适应能力和长期生存能力。外部途径主要包括消费者、竞争对手、关系网络和制度。

（1）消费者。企业生存和成功关键在于比竞争对手更有效率地满足消费者需求。消费者需求复杂多变，因此无论企业所处行业竞争是否激烈，也无论行业技术是否取得突破，企业都要时刻监视消费者需求和消费行为的变化。消费者偏好的不确定性虽然提高了企业产品设计与开发难度，但也为企业脱颖而出造就了机遇。最能满足消费者偏好的企业无疑将获得竞争优势。通过研究顾客消费者的需求偏好，企业可以获得新产品开发的灵感。海尔"小小神童洗衣机"和"地瓜洗衣机"等创新产品就是向消费者学习的成果。在人们的传统观念中，新产品构思来自 R&D 实验室。而事实上，大多数新产品创新来自消费者。

（2）竞争对手。从某种意义上讲，企业是共同学习，当一家企业推出一项创新产品或服务，竞争对手往往会模仿创新成果，创新企业不能全部获得创新收益，这就是创新的外部性。创新外部性的存在为企业学习模仿竞争对手创造了条件。企业不仅可以学习竞争对手的先进技术，也可以学习竞争对手新管理行为和战略。目前，很多企业建立了企业情报系统，用来收集竞争对手的信息。由于同一行业的企业面临相似的环境压力，拥有相同供应商、消费者、竞争者和制度，相互竞争的企业往往形成相似的信息阐释系统，企业的高层管理者通过协会、社会交往等非正式沟通，通常对相同的数据有相似的看法，这些看法会明显影响企业战略的制定。

（3）关系网络。企业除了从竞争对手那里获取知识，还可以向相关行业和行业上下游企业学习。时下较为流行的合资企业、战略联盟等企业之间的合作是典型的网络学习，其数目不断增加表明了网络学习的强大活力。由于这些企业之间没有直接的竞争关系，网络学习更有可能发生。如果两家企业是上下游关系，企业之间通过网络学习相互交流、相互启发和探讨，对产品或零部件设计和生产达成共同的理解，无疑提高创新效率、规模和速度。如果两家企业有关联，但不相互竞争，在网络学习中，任何一家企业不会丧失竞争优势，相反可以拾遗补阙，互通有无。然而，无论是垂直性的网络学习还是水平性的网络学习都需要在地理位置上相互接近。这主要是由于知识有显性和隐性之分。显性知识可以通过正式的语言明确地表达和传递，而隐性知识是建立在组织或个人经验基础上并涉及多种无形因素的知识，难以公式化或明晰化，必须通过面对面心领神会的沟通，因而隐性知识的传递对地理位置接近要求更高。

（4）制度。企业必须在法律允许范围内进行。企业制度环境会对企业战略行为进行约束。诺思将制度环境定义为正式制度（宪法、法律、规则和合同等）、非正式制度（受文化约束的信念和价值观、传统、习俗和惯例等）和执行。这些制度在国家和行业两个层次上约束企业的行为。在制度约束下，企业有两种选择：一是依据制度约束制定自己的战略；二是为了企业利益游说当局更改正式制度或引导非正式制度的改变。无论何种选择，都需要企业深入掌握有关制度约束和进程的信息,这需要企业的法律和公共关系部门充分发挥其专业优势,为企业的发展塑造良好的制度环境。

(二) 内部途径

知识获取的内部途径通过增加企业成员知识共享,增强企业战略能力。内部途径包括个人学习、职能部门内学习、跨职能部门学习和多层次学习。

(1) 个人学习。所有企业的学习最终都是通过个人学习来进行的,但企业知识绝不是企业成员个人知识的简单相加。个人既可以向他们所在的职能部门学习,也可以向企业的其他部门学习,还可以向环境学习。在学习的过程中,个人逐渐适应组织的信念、信条、规则和程序。企业内部学习的人越多,个人信念模式越相似,信息传播就越迅速,信息阐释就越简单。然而当个人信念模式越相似,参与者新想法越少,各抒己见的场面就越少见,作为整体的组织学习就会下降。

(2) 职能部门内学习。大多数企业按职能来划分企业经营活动。执行同一职能任务的员工组成一个职能部门,以充分发挥专业化优势。职能部门内经常进行沟通和信息交流。部门内成员共享个人经历和知识,当新成员加入时,又带来有价值的新信息。但是,职能部门内学习并不是个人学习总和。在解决问题的过程中,小组成员各抒己见、相互激发,从而产生创新成果。因此,小组成员知识共享可以产生协同效应,即使多名成员离开小组,积累的知识仍将持续很长时间。

(3) 跨职能部门学习。职能部门除了内部相互交流与沟通,还可以向企业的其他部门学习。跨职能部门学习规模取决于企业内正式沟通和非正式沟通数量。不同职能部门相互依赖性越强,认知结构差异性越大,对跨职能部门学习的需求就越大。在官僚式组织结构企业中,正式沟通渠道在跨职能部门沟通中占主导地位,这虽然有利于员工学习,但沟通不确定性信息效果较差。由于不确定性信息对企业的战略决策至关重要,管理者必须花大量时间进行沟通以完善知识,制定正确的决策。由于正式沟通渠道阻碍了不确定性信息的沟通,因此企业的运营效率就会下降。职能部门的划分可能会降低整个企业的目标。在各个特定部门工作的员工不能将企业看成一个整体,同时,他们难以做到协调配合,其观点和行为只忠实于本职能部门。因此,职能部门的划分要以强有力的协调作保障。跨职能部门学习在提高企业协调能力方面发挥着重要作用。跨职能部门学习的措施包括工作轮换、按企业绩效而不是部门绩效进行激励、对新成员进行整体意识教育和参与式管理等,这些措施提高了职能部门成员对其他小组需求、能力和限制条件的理解,从而共同努力,使企业效益最优化。在跨职能部门学习中,最为关键的是建立沟通和知识共享的企业文化,不同职能部门的成员乐于并积极进行沟通,跨职能部门学习才能发挥其最大效益。

(4) 多层次学习。企业学习不能仅限于战略部门。高层管理部门不可能无所不知,也存在知识缺陷,因此需要企业其他部门提供信息。大多数技术性信息产生于企业基层,通过信息过滤、解释、汇总后送达高层管理部门。因此信息在传递到管理部门前的处理方式对战略制定影响非常大。不同职能部门有不同的目标和偏好,职能部门权力有大有小,因此信息流向高层及高层的学习将受到企业权力结构的制约。此外,战略性和管理性知识要从企业高层流向基层。如果个人学习、职能部门内学习、跨职能部门学习与企业的战略方向相一致,那么多层次学习的重要性更为突出。如不能通畅进行,其他三种类型的学习努力将付之东流,如果能通畅进行,多层次学习和其他三种类型的学习共同保证了战略的顺利实施。

本章小结

组织行为是战略实施的重要环节。全面认识组织结构和战略的关系是学习本章的基础,是战略实施的关键问题。组织战略决定组织结构、变革和发展,反之组织结构、变革和发展影响组织战略的实现。组织学习是战略能力的"心脏",组织学习是组织变革及发展的"灵魂"。本章介绍了组织结构与战略的关系,并对组织生命周期的不同阶段组织的成长和战略的变迁的特点做了重点阐述,随着组织结构从简单到复杂,由非正规性向正规性演变,企业的发展战略也相应由集中化演变为多元化趋势;结合经济全球化的有关特征,对未来组织结构的发展趋势进行了展望。对组织变革的含义和类型进行系统的介绍,详细地阐释了组织变革的实施过程。组织学习是组织获取知识、提高组织能力的最好途径,也是组织为了更好适应不断变化的环境的一种需要,组织学习也是组织变革和发展的动力。

思考题

1. 如何理解战略与组织结构的关系?
2. 什么是组织变革?组织变革有哪些类型?
3. 组织学习有哪些基本的类型?各自有何特征?

参考文献

[1] Gross E., Etzoni A. Organizations in Society [M]. N.J.Prentice Fall, 1985.

[2] Kast F. E., Rosenzweig J. E. Organization and Management: A System and Contingency Approach [M]. N.Y. McGraw-Hill, 1979.

[3] 艾尔弗雷德·钱德勒. 战略与结构:美国工商企业发展的若干篇章 [M].

孟昕译. 昆明：云南人民出版社，2002.

［4］史蒂芬·P. 罗宾斯. 组织行为学精要（第13版）[M]. 北京：电子工业出版社，2010.

［5］德博拉·安科纳，托马斯·A. 科奇安，莫琳·斯库利，约翰·范马阿南，D. 埃莉诺·韦斯特尼. 组织行为学——面向未来的管理 [M]. 北京：机械工业出版社，2006.

［6］陈力华，邱羚. 组织行为学 [M]. 北京：清华大学出版社，2005.

［7］张爱卿. 当代组织行为学——理论与实践 [M]. 北京：人民邮电出版社，2006.

［8］赵应文，邵继红，冯来明. 组织行为学 [M]. 武汉：武汉理工大学出版社，2005.

［9］张德，吴志明. 组织行为学（第3版）[M]. 大连：东北财经大学出版社，2011.

［10］石兴国，安文，姜磊. 组织行为学——以人为本的管理 [M]. 北京：电子工业出版社，2005.

［11］何绍华. 现代组织战略与行为管理 [M]. 武汉：武汉大学出版社，2005.

［12］朱志忠，唐和平. 组织行为学 [M]. 北京：北京大学出版社，2005.

［13］彼得·圣吉. 第五项修炼——学习型组织的艺术与实践 [M]. 上海：三联书店，1992.

［14］吴梦云，陈传明，陆杰. 企业组织学习的障碍及其超越 [J]. 生产力研究，2006（10）.

［15］李文元，梅强. 企业组织学习和知识获取途径研究 [J]. 科技管理研究，2007（2）.

［16］隆定海. 组织学习方式与案例研究 [J]. 皖西学院学报，2007（2）.

［17］Graeme Salaman，David Asch. 战略与能力——持续的组织变革 [M]. 锁箭，毛剑梅，黄磊，周丽译. 北京：经济管理出版社，2005.

［18］克里斯·阿吉里斯. 组织学习 [M]. 北京：中国人民大学出版社，2004.

［19］加里·尤克尔. 组织领导学（第7版）[M]. 陶文昭译. 北京：中国人民大学出版社，2010.

［20］沃特金斯，马席克. 21世纪学习型组织——企业领导的管理艺术 [M]. 沈德汉，张声雄译. 上海：上海世界图书出版公司，2000.

［21］杰里·W. 吉雷，安·梅楚尼奇. 组织学习、绩效与变革——战略人力资源开发导论 [M]. 康青译. 北京：中国人民大学出版社，2005.

［22］钟耕深，徐向艺. 战略管理 [M]. 济南：山东人民出版社，2006.

第十三章 领导行为

要成为一位成功的领导者,不单要努力,更要听取别人的意见,要有忍耐力,提出自己意见前,更要考虑别人的意见,最重要的是创出新颖的意念。

——李嘉诚

一般来说,领导行为是指指挥、引导个人或组织在一定条件下实现一定目标的过程和手段。企业是一个由多种要素组成的比较复杂的社会经济组织。经济全球化进一步加快,对企业的生存发展提出了新的挑战。企业领导者能否正确迎接这一挑战,尤其是领导者的行为在很大程度上决定了企业的兴衰存亡。

开篇案例

联邦快递的领导者体会

很少有企业如联邦快递那样,对培养一线经理的领导能力有如此的兴趣。在此过程中发挥核心作用的是该公司成立于15年前的领导力学院。学院的使命是通过课程学习,检核并应用成功领导的原则和实践,在联邦快递中培养领导人才。这对普及联邦快递的企业理念和经营方式也是非常重要的。所普及的内容多数集中在与公司员工有关的价值观。学院的执行董事Steve Nielsen解释道:"你来参加课程,实质上是在体验联邦快递的员工价值观。我们的目标是向经理人灌输企业25年来所一直坚持、实践、分享并培养起来的理念和信仰。"

领导力学院的课程是专为公司的5500名一线经理、1000名高级经理及300名执行董事所设计,重点放在三门必修课程。它们都针对员工升迁到新领导岗位的需要。由公司经理担当教员,并且围绕学员交流设计课堂活动,课程内容考虑到如何在日常管理活动过程中运用公司价值观。

其中一项流行练习是模拟在联邦快递田纳西州转运中心孟菲斯市发生地震后的救援行动。学员得到一份被困在大楼里的人员名单,得知了工作业绩、种族、性别、年龄、个人生活方式等方面的详情,学员必须决定以什么顺序救出被困者,因为更多的损坏和余震将不允许对排名靠后的人员施救。学员先是个人,然后是小组做此排名。完成后,两个"记者"到达现场,他们实际上是被称作"督导"的教员。然后,督导与领导者访谈,询问他们做出的选择以及他们如何处理危机。这个练习涉及多样性、紧急反应以及压力如何改变领导处理个人和组织关系的方式。人们不能忽略公司的文化和特定组织体系对理解联邦快递领导力学院的作用。例如，指引其文化的信念：一线员工必须充分了解自己的工作。因此，在重新设计工作流程时，必须要有他们的参与。同样，公司流程的变动一般事先都要与员工讨论，以便了解他们的观点。许多高层经理本身就是角色模范，文化本身也支持了课堂中所教的领导和人际原则。

资料来源：管理资源吧，www.glzy8.com.

第一节 企业家行为

企业家是经济生活的协调者，是生产活动的管理者，是商业行为的创新者，他们是社会经济发展的中流砥柱，是推动科学技术发展中的中坚力量，是一个社会和企业组织的"创新者"。

一、国内外学者对企业家内涵的界定

（一）国外学者关于企业家内涵的界定

（1）萨伊（J.B. Say）最早强调企业家的重要地位。他把企业家定义为"结合一切生产手段并为产品价值寻求价值的代理人"，萨伊认为"企业家能够把经济资源从生产效益较低和产量较少的领域转移到生产效益较高和产量较大的领域"，他认为企业家是预见特定产品的需求以及生产手段，发现顾客、克服许多困难，将一切生产要素结合起来的经济行为者[1]。

（2）经济学家马歇尔（A. Marshall）认为，企业家的作用在于从把原始的生产资源变为成品这一"产品成熟化过程"中去发现不均衡因素，并给这一过程制定出经济上更为合理的方向，使之秩序化（即实现新的均衡），通过企业家的推动，修正市场或在企业内部不均衡状态，以便更有效地改善整个经济结构中的资源分配情况。马歇尔从商业和工业两个角度论述了市场均衡化过程中商业企业家的中间人职能和工业企业家的要素组合职能[2]。

（3）经济学家熊彼特（J. A. Schumpeter）则突出强调企业家的"创新"职能，把创新活动的倡导者与实施者称为企业家。他认为企业家的职能就是引进"新的组合"，实现"创新"，"创造性地破坏"经济循环的惯性轨道，推动经济结构从内部进行革命，促进资本主义经济的发展。熊彼特第一次把创新作为企业家的首要职能，强调创新是企业家的判别准则[3]。

---

[1] 萨伊.政治经济学概论 [M].陈福生，陈振骅译.北京：商务印书馆，1963.
[2] 马歇尔.经济学原理 [M].北京：商务印书馆，1981.
[3] 熊彼特.经济发展理论 [M].北京：商务印书馆，1997.

(4) 芝加哥学派的创始人奈特（F. H. Knight）把不确定性和企业家职能联系起来，认为企业家的职能是处理不确定性。企业家要有较强的风险意识，面对市场的不确定性大胆决策并承担风险，而把可靠性（有保证的契约收入）提供给企业职工[①]。

（二）国内学者关于企业家内涵的界定

(1) 张维迎在《企业理论与中国企业改革》中将企业家定义为"承担经营风险，从事经营管理并取得经营收入的人格代表"，并认为企业家是一个责权利的统一体，承担经营风险是一种责任，从事经营管理是权利，取得经营收入是一种利益，偏废任一项都不是完整意义的企业家[②]。

(2) 丁栋虹认为，"企业家不是静态的存在，而是动态的行动；异质型人力资本是企业家获得企业家利润的资本，只有拥有异质型人力资本、对经济环境做出创造性的或创新的反应以推进生产发展的企业领导人才能被称为企业家；企业家的职能是创造和实现边际报酬递增的经济结果。所以，企业家是在动态经济中拥有实际边际报酬递增生产力的异质型人力资本的人"[③]。

(3) 吕福新教授基于《企业家行为格式》建立一种新的企业家理论，即从哲学的高度提出和阐述了企业家角色人格理论，试图从根本上解决个人与组织的矛盾，从相互关系与人的统一上使个人与组织内在地协调起来。

我们认为，企业家的本质是创新，是对生产要素的重新组合。善于捕捉获利机会、勇于创新、能够挑战不确定性是企业家必备的基本条件。这里，经营能力是包括决策能力、领导能力、协调能力、创新能力等在内的确保企业获利的能力。

二、企业家角色的几种界定

（一）战略制定者和外部资源的获取者

作为一家企业的最高层领导，一项重要的责任是为企业的未来发展和经营提供明确的战略方向和方针的指导，并尽可能地利用自己的身份、地位、社会关系等为企业战略目标的实现而获得尽可能多的外部资源。企业在经历了初始期的成长后，企业家就必须静下心来，认真思考企业的发展战略问题。然而在许多企业的管理实践中，企业的最高层领导却整天忙于日常事务，事必躬亲，并没有充分放权让下属进行工作，固守原有的思维方式，担心自己一旦放松对企业的控制就会导致企业的失控和大权旁落。所以企业家应该迅速转变思维观念，根据自己在长期的工作中积累的经验、直觉和一定的科学分析手段来为企业制定明确的战略，并且将眼光转移到企业外部，为企业争取更多的外部资源（包括企业关系、

[①] F. H Knight. 风险、不确定性和利润 [M]. 土宇，王文玉译. 北京：中国人民大学出版社，2005.
[②] 张维迎. 企业理论与中国企业改革 [M]. 北京：北京大学出版社，1999.
[③] 丁栋虹. 制度变迁中企业家成长模式研究 [M]. 南京：南京大学出版社，1999.

政府关系、社区关系、关键客户关系甚至管理理念以及高级人才等各种外部资源）。在企业的运营过程中，企业家对企业进行整体把握，充分的授权让员工独立自主地处理一些事务，并为他们提供所需资源的支持和必要的服务，以此全面支持企业战略目标的实现和企业的不断向前发展。

（二）中层管理者的导师与教练

战略的执行需要得到相关人员的支持、理解和帮助，一个企业的发展和壮大要靠一个凝聚力强、各有所长且通力合作的核心管理群体来支撑，企业的高层管理人员与企业的中层管理人员所扮演的角色是有差异的。高层管理人员在战略制定方面发挥的作用大于中层管理人员，但在战略执行时要更大程度上依靠中层管理人员的力量，这就要求高层管理人员与中层管理人员加强沟通，使中层管理人员深刻地了解企业战略和战略制定的背景、目的等，从而在执行过程中达到企业家们的要求。所以企业家需要通过选拔、培育、评价、激励等手段培养起一支认同公司文化和战略以及具有战斗力的中层管理人员团队，企业的战略目标才有希望得到实现。

（三）企业的精神领袖

一个有生命力和竞争力的企业，一定有成功的企业文化作为支撑，企业家对企业文化塑造的作用是至关重要的。企业家是企业文化的一个重要载体，是企业文化的一个重要倡导者，是领导大家去维护和强化这种文化的人，但是他们本人却并不是企业文化的全部。企业家在文化深入员工心中的这一过程中具有模范带头的作用，往往他的一个具体的行为就会使下属铭记于心。因此，企业家所扮演的应当是一种精神领袖的角色，精神领袖并不是一种非常具体、非常个人化或者说是可以看得见摸得着的东西，它是一种象征，是一种组织中的人所公认的价值观和信仰的集中体现。

（四）自我开发者和自我超越者

作为一名企业家，除了领导一个企业之外，还要扮演另外一个特殊的人力资源管理角色，这就是对自己进行开发。随着环境的不断变化，企业家的任务和角色也在发生变化，自我开发意味着企业家要不断反思，不断学习新知识。一位企业家尤其是成功的企业家，必须时刻警醒自己，在推动下属以及普通员工不断学习和进取的同时，也要加强自身的学习和开发，因为"学习型组织"不仅仅是针对员工的，同时更要针对企业的最高经营者自身，只有不断学习和进步的企业家才能在下属中起到表率的作用，也才能创造出一种真正的学习型企业文化，从而推动企业家自己和下属的共同进步和发展。这就要求企业家敢于解剖自己，时刻保持一个清醒的头脑，不断地进行自我开发，永远保持一个开放的心态。只有这样，企业家的事业才能越做越大。

三、企业家素质

很多人都希望自己可以成为优秀的企业家，但并不是所有的经理人或主管都能成为好的企业家,一个好的企业家不仅包括思想、知识、智慧、经验、技能、品格、气质和风度,更重要的是做人的品行、人格、心态和为人的心胸。

企业家素质是指企业家本来的品质、特征、知识素养以及在创新活动中所表现出来的作风以及能力的综合,企业家是一家企业的领导,企业家的素质决定了企业的发展前景。我们平时感觉企业家的工作简单,其实不然,企业家必须在各方面都要拥有较高的素质。随着社会主义市场经济体制的逐步确立和企业改革的不断深入,对企业家的各方面要求也越来越高。现代企业制度下的企业家必须具有哪些能力才能使企业在日益激烈的市场竞争环境下立于不败之地呢?

(一)道德素质

企业家的道德品质是企业经营的基础前提,也是企业的灵魂,它决定了企业的性质,决定了这家企业该走什么样的道路,是企业能否成功的判别标准,也是一家企业的安身之本,企业家只有在道德品质这方面过了关,才有条件谈企业的发展,才能够带领企业走向成功。

一个企业家要恪守职业道德:一是要对客户诚信,不能欺瞒客户,要真心诚意地为客户服务,只有这样才能获得客户和社会的认同;二是在员工的对待问题上,人性化的管理思想基于对人的基本权利、人的个性与尊严的尊重。企业的雇员,从一般打工仔、打工妹,到高层管理人员都有被尊重的权利。

(二)专业素质

专业素质是指专业知识、管理知识和市场知识等的总和。企业的发展实质就是对环境的不断适应,要更好地适应不断变化的环境,就必须对环境现状有全面的认知和对未来环境的变化有深刻的洞察。在现代市场经济体制下,企业家的专业素质具体表现为:知识成为经济增长和企业发展的决定性要素,人文管理的重要性日益凸显;科学技术的日新月异和发达的网络技术科学技术导致营销管理的创新;智力型的员工、信息的共享和新产品更新换代的加快导致组织结构和管理方式的创新;企业人员配置的变化导致管理重点的转移。只有这样,才能发挥科学决策能力和开拓创新能力,以更好适应环境的变化,实现企业的发展。

(三)能力素质

企业家的能力素质,顾名思义,是指企业家解决各种问题的本领,是企业家素质的外在表现,是企业家在企业经营管理活动中表现出来的稳定的心理特征和胜任领导企业的主观条件,企业家的素质能力是企业家的核心素质,所以企业家的能力素质是企业成长的关键。从实践来看,能力素质主要包括经营管理能力、决策能力、创新能力、社交能力、战略能力、指挥和协调能力、语言表达能力等,这些能力对于企业家来说是经营管理活动中必不可少的。

经营管理能力是一个企业家最基本的能力,一个企业需要一个管理者来带领大家前进,当今企业的发展和生存的艰巨性和复杂性都必须要求企业有一个管理能力出众的领导者,而且必须要有强烈的管理欲望,不能被动地管理,要化被动为主动,要用自己的经营管理方式去影响别人。决策能力是企业家维持企业生存必须具备的、最起码的素质，科学决策是企业家知识素质的综合体现，决策是企业经营活动的核心，而企业家决策能力的重要性就不言而喻了。在激烈的市场竞争中，企业家的决策能力在很大程度上决定了一家企业的兴衰成败。社交能力是企业家能力中最重要的能力，能力素质中的其他能力只能让你有一个"饭碗"，而社交能力让你"吃得开"，只有沟通才能打开别人的心，让别人相信你，这是企业发展的根本。人们常说企业家必须具有政治家的眼光，说的就是企业家的战略能力，企业家制定战略计划的时候，不仅要求企业家要有长远的眼光，还能看到过去、现在、未来，这是企业家最综合能力的体现。

（四）心理素质

企业家的心理素质是指企业家所具有的气质、性格、情绪、情感、兴趣、需要、动机、信念、价值观、意志力、追求等方面个人特征的总和。21世纪，企业环境的飞速变化，对企业家提出了更高的要求。面对激烈竞争的市场，企业家必须具备良好的心理素质，企业家的成败很大程度上取决于是否具有较好的心理素质，拥有强大的心理承受能力是每一位企业家必不可少的。

随着市场竞争的加剧，企业家所面临的压力也越来越大，所以一个企业家必须具备以下一些重要的心理素质：稳定而乐观的情绪控制力、敏锐的信息观念、强烈的竞争意识和创新进取精神、有效的时间观念、宽容大度的胸怀和执着的求知欲。

总之，一个企业家必须具备良好的心理素质，要有乐观的心态，要有敢于挑战困难的勇气，这是企业家成功的必备条件，也是在创业过程中要承担的种种不确定风险，进行战略决策的基本条件。

四、企业家职能

企业家在经济发展中有着愈来愈重要的作用，其承担着多种职能，对于促进我国企业家阶层的成长具有重要的现实意义。企业家职能主要包括创新职能、领导职能、经营职能、识别和承担风险职能四个方面。

（一）创新职能

如果企业一味依靠过去的组合（生产方式），那么竞争者介入后，总有一天利润会完全消失。但是企业是以追求自己的利润为目标的，企业家为了获得这项利润，必须使自己的企业摆脱旧的组合方式，重新组织并实现更有利的生产方式，即"完成新的组合"。创新是指"企业家对生产要素的新的结合"，也就是建立一种新的"生产函数"。企业家之所以进行创新活动，是由于他们洞察到创新为他们带来盈利的机会，经济社会存在某种潜在的利益，创新的直接目的是使这种潜在利益现实化。在市场经济条件下，强烈的创新精神、创新意识和创新能力是企业家的基本素质，没有创新就不是真正意义上的企业家。激烈的市场竞争需要企业家的创新，尤其是在世界经济一体化的今天，大企业的企业家们掌握着世界贸易游戏的规则，没有创新就不能适应国际经济发展的要求。企业家与一般的企业经营者的本质区别就在于此，创新是企业家的灵魂。企业家通过自己的特殊才能实现观念的创新、技术的创新、组织的创新、管理的创新、制度的创新、市场的创新、人力资本的创新等，使企业不断跳跃式前进。创新职能是区分一般企业经理和企业家的重要标准。一般经理只是遵循常规习惯和传统的方式进行日常管理，他们并不能称为企业家。只有那些富有冒险精神，勇于率先把"创新"活动付诸实践，在竞争市场上赚得超额利润的才是企业家。可以说，创新职能是企业家一个最根本的职能。这个提法在国内外不多，在我国目前大力提倡创新的形势下，这个提法是很有必要的，也是很有意义的。

（二）领导职能

领导职能是企业家的基本职能，包括企业家领导、组织、控制、协调等。企业家首先必须是一个好的领导者，具有非凡的领导能力。因为人们总是用习惯性的思维方式解决相关问题，一旦遇到突发状况，常常会手足无措。开创一项新的事业，这一行为本身并不包括在合理经济行为这一概念之内，所以常常会遇到来自社会环境的各种阻力。越是在这种情况下，越需要企业家发挥其领导职能，果断做出决定，统辖指挥，改变方式大步前进。企业家的领导职能具有动态性，它与企业的成长密切相关。当企业规模比较小，企业家的领导职能涵盖的范围很广，包括资金周转、人力资源管理、技术运用、信息掌握以及了解市场等，这时的企业家必须具备全面综合的领导能力。随着企业组织的大规模化和新技术的引进，使原来属于个人的领导职能向组织性方向发展，领导职能逐步分工化，企业家的领导职能也逐步单纯化，要求从更高的高度统率整体，即对企业实施战略性的管理，思考企业长期发展的重大战略问题。

（三）经营职能

在市场经济条件下，企业家肩负着对外经营、对内管理的重任。企业家在履行自己的经营职能时，最为重要的是根据市场的变化情况随时调整自己的经营战略，做出适合企业生存和发展的经营决策。因此，企业家经营职能的履行主要表现为经营决策。企业家经营决策的关键在于找出问题和确定目标，目标的确定有赖于企业家丰富的经验、完备的知识以及对市场的充分了解等。当前，我国正处于市场经济的不断发展和完善之中，企业中存在的问题特别多，企业面临的环境也错综复杂。因此，对于企业家经营决策的能力要求越来越高，企业家经营职能的作用越来越凸显。

（四）识别和承担风险职能

制度的安排要让企业家为自己的创新活动所带来的风险与他承担的责任相对称，也就是社会制度保护并激励企业家通过冒一定的风险来完成创新活动，从而实现企业价值创造。正如马歇尔所认为，企业家的重要作用就是承担风险。不承担风险，不能称为企业家，承担风险是企业家与理论家、艺术创作人员、科学发明家和技术研发人员等的根本区别。创新精神和承担风险的精神要统一起来，才可以界定为企业家身上体现出来的独有精神品质的基本属性。因此，无论是哪种企业家都必须执行识别和承担风险的职能。

五、领导者能力与战略匹配

领导者能力与战略的关系要求，领导者的能力必须与所选择的战略相匹配，只有这样，才能完成战略的既定目标。这种匹配包含两方面的内容：其一，使总经理的能力与战略类型相匹配；其二，使经理班子中每个人的能力互相匹配。

(一) 总经理的类型

每一个公司战略，都要求总经理具有一套独特的才能。比如，实施并购战略对总经理能力的要求与稳定战略所要求的能力是不一样的，总经理的具体要求要适合特定的战略。人们从服从性、社交性、能动性、成就动力和思维方式五个方面，清晰地说明各种类型总经理所表现出来的特征，总经理的类型包括开拓型、征服型、冷静型、行政型、理财型。据此，可以将最高层经理分成四种类型：

（1）革新分析型，是攻势型的革新者，同时又是良好的组织者。

（2）革新直觉型，是攻势型的，但也是独裁型的革新者。

（3）保守分析型，是一种理论家型。这种管理者趋向追求完美，不做冒险的事情。

（4）保守直觉型，这种类型的经理人员倾向于传统的一贯做法。

革新分析型经理最适合作为最高经理职位的人选。但是，在选择与战略相匹配的总经理类型时，也要看公司所处的发展阶段。在公司的发展处于早期阶段，公司规模小，其产品组合简单而且生产过程较专业化，决策也比较简单，此时选择革新直觉型经理更为合适。但是，随着公司的发展和实行多样化经营，聘用革新分析型的管理人员就成为必要之事。此后，随着公司的老化，需要一个保守分析型的经理人员进行管理。

当一个公司具有多项不同的经营业务，而对每类经营单位采取不同的战略时，则意味着经营单位经理人员的能力必须与对该单位所采取的战略相匹配和相适应。例如，采取投资发展战略的经营单位应当由那些乐于冒险，并对不明确的状况采取较大容忍态度的人员领导。而一个具有保守风格，有生产和工程技术背景，并对控制预算、资本支出、存货和标准化过程有丰富经验的经理，更适合领导采取稳定发展战略的经营单位。

依据美国通用电气公司和麦肯锡咨询公司发展的行业吸引力——竞争地位矩阵法，霍福尔（C.W.Hofer）和达沃斯特（M.J.Davoust）建议，采取不同战略的经营单位应由不同类型的经理来领导。如表13-1所示，经理能力与战略的配合是一种非常理想的模式。实际上，将这种匹配的观念转换于每个经理人员的工作是一个极大的挑战，但这并不能降低这个工具的重要性。

表 13-1　经理能力与战略的配合

行业吸引力＼竞争地位	强	中	弱
强	投资快速增长； 成熟的开拓者	有选择的投资增长； 计划型的开拓者	暂缓或抽资； 灵活的开拓者
中	有选择的投资增长； 有经验的计划者	获利或保护； 盈利型的计划者	收获或抽资； 调整专家型
弱	获利或保护； 职业型经理	收获或抽资； 有经验的成本控制型	收缩或放弃； 职业清算者

资料来源：杨锡怀，冷克平，王江.企业战略管理理论和案例（第二版）[M].北京：高等教育出版社，2004.

（二）经理班子的组建

实施每一战略，都对经理人员的能力提出多方面的要求。在现实世界中，一个经理很难完全满足战略的要求。因为一个人的能力、知识、阅历和经验以至精力都是有限的，无论多么优秀和杰出的经理人员，都不可能做到尽善尽美，总是在某些方面有所长，在某些方面有所短。因此，实施一项战略，单靠一个经理人员的作用是远远不够的，还必须发挥经理班子的集体作用。这种作用主要体现在：

（1）一个总经理很难具有战略所需要的全部素质，因此要挑选一批助手组成一个管理班子。这样，班子中其他成员的长处能够弥补总经理的短处，整个班子具备有限管理所需要的全部才能，才能确保战略的实施。

（2）战略的实施需要得到一批能干的专家和能与不同顾客打交道的助手们的支持。否则，只有总经理号召，而得不到经理层中其他成员的支持，往往会"孤掌难鸣"，无法顺利地实施新战略。

（3）有了一个合理的经理班子，总经理可以集中大家的智慧，群策群力。因此，配备和组建一个合适的经理班子不仅能促进战略的实施，而且有利于总经理作用和能力的发挥。

在组建一个经理班子时，应遵循班子成员中能力相互匹配的原则，也就是经理班子中各成员之间的能力相互补充、相互匹配，形成班子集体能力的优势。对于一个经理班子需要什么样的能力组合，美国学者艾夏克·阿代兹提出了四种能力组合的模式。这四种能力分别是：

P——提供劳务或产品的生产技术能力；

A——计划、组织和控制集团活动的管理技能；

E——适应动荡环境，创造新劳务和承担风险的企业家资质；

I——调节、平衡、统一集团活动与目标的综合才能。

阿代兹（Adazi）的模式对于理解经理班子能力的组合具有很重要的意义，它说明：①一个人能够具备P、A、E、I四种能力组合的可能性甚微，所以应在管理班子中寻求这四种能力的组合。②P、A、E、I的最佳比例，即对P、A、E、

I各自的重视程度，应因时而异，因公司而异。相应的比例取决于公司的战略，尤其取决于公司所处的生命周期阶段和它所面临的环境。一个新创的企业，首先要偏重于E——企业家能力；而一旦企业步入正轨就必须重点注意P——生产率；随着企业的发展，A——管理的重要性与日俱增。当企业壮大到现金牛类时，对E——企业家能力需要很低，而对P——生产率、A——管理和I——综合能力则应给予全部重视。此外，采用阿代兹模式组建经理班子时，应首先根据企业生命周期和企业面临的环境确定所需要的各种管理能力组合及侧重点，然后据此考虑首席经理的能力，考虑经理班子中其他成员的能力互补情况，实现能力的匹配。当然，一个公司在计算机上可以选择与阿代兹的P、A、E、I不同的模式而考虑管理能力的组合匹配。但共同的一点是根据新战略的要求，对管理能力的组合进行调整和组建，应当尽最大可能缩小最新战略所需管理人员与在册现有管理人员能力的差距。

第二节　管理者行为

管理者行为包括管理者行为准则、不同管理者角色定位以及管理者行为研究方法，这些对于指导管理者的工作是非常重要的。

一、管理者行为准则分析

管理者在从事自己相关工作的时候，必须遵循相应的准则，以便更好地开展工作和促进企业的发展。这些准则具体包括：

（一）随时吸纳人才

现代企业对人才的渴求越来越强烈，利用情感挖掘和吸引人才，已经成为众多企业的重要用人策略，比高薪纳才更具效果。

1. 掌握发现能人的技巧

能人的主要标志是富有创新意识，能人的一大特征是能胜任重要工作，能人最终的衡量标准是创造成果。管理者要想较好、较快地识别和发现能人，必须注意以下几点：

（1）听其言识其心志。一些无用武之地的能人，他们在公共场合极少说官话、假话，但在自由场合，他们的话绝大多数是直抒胸臆的肺腑之言，不带任何"色彩"，因而能真实地反映和表达他们的思想感情。

（2）观其行识其追求。一个人的追求是在他的行为中体现出来的。一个喜欢吃喝玩乐的人，他所追求的是口舌之福和衣着之丽；一个善于请客送礼的人，他所追求的是吃小亏占大便宜；一个工作吊儿郎当、伺候领导却又十分周到殷勤的人，他所追求的是个人私利。任何一个人，只要他进入自己希望的角色，就会为了保住角色而或多或少地带点"装扮相"。只有那些处在一般人中的人才，他们既无失去角色的担心，又不可以寻找表现自己的机会，所以，他们的一切言行都比较质朴自然。管理者一定要善于在一个人毫无掩饰的情况下发现他的"真迹"，并大胆启用这种人才。

（3）闻其誉察其品行。善识人才者应时刻保持清醒的头脑，有自己的独立见解，不被"语浪言潮"所牵制。对于已成名的能人，应多听一听反对意见；对于未成名的能人所受到的推荐，则应留心在意。这是因为人们大多有"马太效应"心理，人云亦云者居多，对人才的评价往往会随波逐流。

2. 不拘一格降人才

不拘一格降人才的管理者能最大限度地让每个员工的才能都得到充分的发挥，享受到"伯乐识我"的快乐和喜悦。

（1）合适的岗位，适当的授权。合适的岗位和适当的授权能充分调动员工的工作积极性和创造性，使其能力充分发挥。管理者要根据员工的具体特点给他们适合的工作和岗位。因为每个人都有长处，管理者必须为员工发挥其特长创造条件。许多管理者抱怨自己的员工办事不得力、不灵活。确实，员工由于缺乏工作经验与阅历，难免会有差错，但管理者对待员工应客观公正，不要求全责备，而要用其所长。管理者要善于发现员工的特长，还必须给予他一定的自由度。如果总是吩咐得十分具体，那么员工只能成为你的傀儡，无法发挥自己的创造性，也显示不出自己处理事务的能力。要适当地给员工授权，不要事事时时发号施令。

（2）挖掘具有挑战性的人才。一个企业和组织需要什么样的人才，这是每个企业管理者所面临的问题。一般来说，循规蹈矩的员工比较受欢迎，因为这些员工的思路往往与上司一致，上级主管对于此类员工指挥起来得心应手。这些人一般不犯大错误，他们的工作作风严谨而审慎。还有一些人是唯唯诺诺、不敢越雷池半步的应声虫。如果你的企业都是这样的员工，企业就没有活力，没有创造性，也就无法发展。因此，管理者应该积极挖掘那些具有挑战性的人才。我们正处于一个极富挑战性的时代，社会的发展需要一批挑战性强的人才，这些人才所具备的特点是：不安于现状，总在寻求新的开拓与进取，对现成的制度与做法常会产生怀疑。

（3）知人善任。做到知人善任也不是件容易的事。作为管理者和上司，应该具有容人之量，既然把任务交代给员工，就要充分相信员工，放权放胆让其有施展才能的机会，只有这样才能做到人尽其才。

企业的管理者不必是通晓企业内各种专业的全才，但他必须是使用人、任人唯贤的高手。比如，管理者若任用一个得力的公关部经理，就可开展广泛的社会交往、广告宣传，而无须亲自参加各类应酬；有了销售部能干的一班人，亦会建立庞大的销售网络，占领应得的市场份额，而不用自己满世界跑，去做推销工作；物色到一个可靠的财务主管，亦可省去许多冗务，不必每日每时担心入不敷出或资金周转不灵，而直接管理具体事务的只是各部门的将领。所以，确定这些将领的任用是极其重要的。

只有知人善任，充分发挥每位员工的积极性，才能招致贤人的加盟，才会凝聚人心。

3. 以情动人很有效

情感是在人类社会发展进程中产生的人对一定事物的态度体验。人有着丰富的情感，在人的一切活动中，无时无事不夹杂着一定的情感。例如，完成工作任务后会感到轻松愉快，遇到挫折时会感到郁闷忧愁，受到侮辱时会激起愤怒，面临危险时会引起惊慌，对美好的事物会产生喜悦等，这些都是情感体验。

不同的人有不同的情感体验和表现，有的人感情细腻，有的人性格豪爽，有的人内向，有的人外向，但是有一点是不变的，就是人们的工作在一定程度上受情感的影响很大。企业要吸引人才，更重要的是还要尊重人才和用感情留住人才。

（1）真诚尊重人才。受到真诚的尊重是人的一种心理需求，一个人的心理需求得到满足后，才会提高其工作效率和工作质量。企业与人才是互相依附的，是双向选择的结果。企业要看人才是否符合自己的需求，而人才则考虑企业能否提供发挥自己才能的机会，以实现自我的价值。对于有经天纬地之才的人来说，能找到"明主"发挥自己的才能是其终生夙愿，同时企业能引进这样的人才也是非常值得庆幸的。企业在挖掘人才时，给予人才充分的信任、真诚的尊重，才能俘获人才的心。

（2）重视和尊重员工的家属。员工家属的态度直接影响其对企业的态度和思想。企业可以利用员工家人疏通员工的思想，从而获得人才；有时也不妨给家人施以恩惠，从而改良或加深企业在员工家属心中的印象。

（3）柔性管理。刚性管理的手段已经无法适应现代企业发展的需要，正在逐步退出历史的舞台，取而代之的将是柔性管理。柔性管理是侧重于激励人的精神状态的一种管理方式。它主要通过满足员工的社交自尊、自我发展和自我实现等需要，在较高层次上调动员工的工作积极性，使员工在荣誉、兴趣、感情、成就等方面受到鼓励，从而加强管理效果。具体来讲，我们可以把柔性管理划分为荣誉激励、兴趣激励、激将激励以及感情激励等方法。事实证明，柔性管理比刚性管理的方法更加人性化，自主性更强。

(二) 善于自我调节

1. 管理者的思考过程

作为管理者，需要有能力收集和消化广泛的资料，并把握其中的关键性要素。这种能力不仅体现为善于分析，还体现为善于把握方向。我们认为管理者必须经受这方面的磨炼。只有"看到广泛的情况"，做出全面的考察，并能从所面临的问题中找出重点，把复杂的形势压缩为几个关键要素，才能鉴别机会并制定一个理由充分的行动方针。这里的关键要素包括以下几点：

（1）社会过程。信息是成功解决问题的基础。管理者获得的信息是通过社会过程和人际交往得到的,包括容易接触到的信息、好消息、填补差距、组织机构的策略。

(2)信息处理和认识过程。树立参照对象是认识问题的方法之一,也是管理者应付复杂环境的重要依据。当社会过程影响我们所收集的资料时,我们的参照对象也会受到影响。参照对象直接影响着我们怎么去过滤信息以及怎样去理解它。管理者解释信息或多或少要靠直觉,参考一些过去的经验、假设、价值观和信息等,而这些都会影响有关信息的收集、过滤和做出结论。成功会影响我们注意自己的问题。连续取得成功而产生过分的自信,对管理者来说是十分危险的,如果再稍有沾沾自喜的感觉,则很可能会成为管理失败的原因之一。

因此,对信息的认识和处理是很重要的。我们应改进认识,在处理问题的过程中尽量避免出现以上问题。

2. 重视品格的力量

(1)品格是最强大的动力。天才总是受人崇拜的,它是超群智力的硕果。但品格更能赢得人们的尊重,它是高尚灵魂的结晶。

天才人物凭借自己的智力赢得社会地位,而具有高尚品格的人靠自己的良知获得声誉。前者受人崇拜,而后者则被人视为楷模加以效仿。在日常生活或商务活动中,我们判断一个人更多的是根据他的品格而不是根据他的知识、是根据他的心地而不是根据他的智力、是根据他的自制力而不是根据他的天才。

在日常生活中,我们经常看到人们所表现出来的影响力与他们的智慧禀赋明显不相称,这是因为他们在品格上的控制能力不同所致。

品格是在各种各样的环境中,在个人或多或少的调节和控制下形成的。当品格的各种要素通过一定的意志发生作用,并且受到崇高目标的影响时,人便开始投身于自己的职责之中,并且会不屈不挠、坚持不懈,不管付出多少世俗的代价,可以说实现了人之为人的最高价值。这时,他向人们展示了自己英勇无畏的性格,体现了果敢坚毅的最高信念。之后这个人的行为就会在生活中反复出现,并且会变成他人的行为。他的言语铭刻在别人心中并且会转化成行动。而伟大的管理者总会引起与他具有相似性格的人的注意,并把他们吸引到自己周围,就像天然磁石吸引铁块一样。所以品格是最强大的动力。

(2)身先士卒以率人。每一个管理者都必须这样来要求自己,然后再要求别人,这才是成功之道。永远记住,影响别人不是用言语,而是用你的行动。说服别人不要用嘴巴,而要用你的行为,这才是影响力最重要的来源。别人不听你说什么,而看你做什么,光说不练的人非常令人讨厌。所以,要训练一个人达成任何一个结果,你不妨先做给他看。假如你希望人家能够敬佩你,你就必须要先约束自己。"严于律己,宽以待人"就是这个道理。一个受人尊敬的将军在领兵打仗下令全军进攻的时候,他一定是走在最前面的。因为只有当你自己走在最前面的时候,你才能带领一群人,当你自己躲在最后面的时候,大家也不愿意行动,这就是身先士卒的道理。

(3) 不断学习和发展自己。我们正处于科技飞速发展的时代，作为管理者，要想有效地管理企业，就必须不断学习与发展自己。管理者的理解能力、管理者的行为能力、管理者的头脑、自我指导的发展都是管理者必须发展的能力，并且管理者要了解自己目前所处地位。如果出现个人发展机会，管理者必须对自己的强点与弱点有所了解。而且强烈的自我意识对于管理者的工作有效性是至关重要的，没有这一点，管理者将没有信心去迎接许多需要的技能挑战。自我意识向个人的行动提供了坚定的信仰、目的、价值观、信念和指导。然而，我们的自我概念也可能是软弱的和脆弱的，我们还要在它周围筑起"防御工事"以保护自己。

(三) 培养创新精神

1. 充分发挥团队的力量

(1) 相信团队的力量。战争年代，取胜靠的是整个部队的力量与智慧；同样，当今经济时代，成功也是靠整个团队的力量。这是一个团队合作的时代，许多事不可能光靠自己一个人就能成功。"团结起来力量大"，团队的力量是无穷的。

(2) 让团队的力量凝聚起来。光有团队还不成，一支纪律严明、指挥有方、齐心协力的部队和一支军心涣散的部队的力量是不能同日而语的。彼得·圣吉在《第五项修炼》中认为："无法互相搭配的团队，原因在于其中许多个人的力量被抵消及浪费掉。当一个团队能够整体搭配时，就会汇聚出共同的方向，并调和个人的专长，使力的抵消或浪费降到最低程度，发展出一种共同的绩效和共鸣，具有一致的目的与共同的远景，并了解如何去取长补短。就好比凝聚成束的镭射光能够穿透物体，而光线分散的灯泡却办不到一样。"[1]

所以，要做一名出色的管理者，你要最大限度地让你团队的每一个成员的力量都凝聚起来，向着共同的目标奋斗。

2. 不断充电，意在创新

(1) 个人创新。人类社会的发展是一代又一代人不断创造和创新的结果。具有创新思维和创新能力是一个人立志成就一番事业不可缺少的素质，而社会也需要有创新意识的人，因为正是他们在推动社会前进的步伐。那些固守于常规思维的人，一般是按照一定的思路方法想问题、做事情的，思维缺乏灵活性，做事缩手缩脚，这类人终究难成大事。而具有创新意识的人则敢于承担风险，敢于探索和拓展新的领域，突破自我，开拓前进，使自己的人生有所收获。据有关专家研究表明，人类的创新主要体现在五个方面：一是实物的发明或革新；二是解决现实问题的新对策；三是制度的创新；四是纯理论的构想；五是个人意识和个人态度方面的新变化。

(2) 企业创新。在现今的经营环境中，几乎没有什么可以确定的事。要说有的话，那就是现状绝对不会一成不变。在这种不断变动的状态下，唯一可行之道

---

[1] 彼得·圣吉. 第五项修炼——学习型组织的学习与实务 [M]. 上海：新知上海三联出版社，1994.

就是不断创新。创新正成为成功企业的永恒特征，而不只是管理上的风潮，因此公司中的所有员工都必须保持在创新的状态之中，缺少或者是没有创新的企业会永远走在别人的后面，最终将被淘汰出局。企业想要持续创新，就必须把创新思考的地点从实验室移到整个组织中，形成一种独特的企业文化。创新文化必须像活体一样被悉心培养，并持续深入公司所做的每一件事中，包括设计与执行流程在内。唯有以全新的方式打造企业，才有办法随时适应当今瞬息万变的市场。

（四）拥有宽容心态

1. 缩小与员工的距离感

建立融洽的上下级关系可以创造良好和谐的工作氛围，调动员工的积极性和创造性，使其更好地开展工作，提高工作的效率和管理的有效性。上下级的沟通已经被越来越多的企业管理者所重视，成为市场经济条件下企业进行有效管理的一个关键环节。

（1）选择适当的距离。现代管理学主张管理者应该与员工尽量缩小距离感，产生融为一体的感觉，然而由于管理者与员工之间存在的职位分配不同，在一定程度上，彼此之间保持一定的距离是必要的。

（2）上下级沟通畅通。沟通在人力资源管理中具有非常重要的作用，是管理过程中上下级之间、员工之间、各部门之间联系的纽带。只有畅通无阻的沟通，才能建立融洽的人际关系。上级可以通过各种方式与员工进行沟通，会议期间还要注意员工的表情、姿势、行动等。虽然夸张的演技会产生相反的效果，但某种程度的意识还是必要的，至少心中不能忘记管理者是员工的模范，做一名员工信赖的上级，对于上下级的沟通是非常重要的。

2. 寻找贴心人

（1）关心照顾你的员工。员工有幸为关心照顾他们的上司工作，必将增进能力，比起在不管不问的上司手下工作，对员工来说将会更加有利。因为后者不愿多花时间训练员工，他们认为训练等于是在浪费时间。二者相比之下，前者定可造就高水准的绩效，这种成果是由上司对属下的关心照顾而得来的。

在员工犯了错误时，有些上司会对他爱护有加，耐心教育，帮助他们分析原因，找到解决问题的方法。员工对那些能关心、照顾和支持自己，帮助过自己的上司深感信赖，做起事来也会格外勤快。

（2）对所有员工一视同仁。据一份调查问卷显示，员工一致反映希望上司能够一视同仁、公平待人。由此也反映出某些管理者在处事方面让员工感到并不公平。而到底应如何公平处事，则是一门大学问。

二、不同层级管理者的角色定位

不同层级的管理者，他们各自的角色定位也是不同的。

（一）基层管理者

1. 作为领导者的基层管理者

对于每一位基层管理者来说，他们都是领导者。但是，基层管理者相互之间在领导能力上却有很大的差别。有些人有知识（也就是科学），但是却没有实践经验（也就是艺术），另一些人则与此相反。然而不管属于哪一种情况，他们都有获得改进的希望。人们要想提高他们这方面的能力，可以通过接受训练、教育或者是通过实践经验来取得，当然，本人还要有从事领导工作的诚挚愿望。

基层领导工作是整个组织工作的一部分。组织的领导工作与个人的领导工作有所不同，在这里，我们可以列出一些在各自领域都颇为杰出的人物，比如阿尔伯特·爱因斯坦、克里斯琴·巴纳德、尼尔·阿姆斯特朗、维尔纳·冯·布劳恩、杰克·尼科拉斯、巴巴拉·沃尔特斯或者鲍勃·霍普。而就组织的领导人物来说，他总是要对其他人施加影响，这种影响的过程不是通过其个人的成就来实现，而是通过他与别人一起所实现的成就以及通过他人所实现的成就再对他人发挥作用。而就当今的企业界来看，有一些领导人物，比如像李·亚科卡和罗伯特·汤森，则既因为他们个人的领导作用，而且也因为他们所发挥的组织的领导作用而闻名于世。然而，现实中的情形也同样强调不同领导类型所需要的独特技能和要求，只不过上面的这两位是一个例外罢了。例如，我们经常可以看到这样一种情形，一部烹调著作的作者却不能够组织起周日下午的野外宴会，或者是，一位机敏强干的政治家却启用了一个不称职的工作人员。

2. 作为监督者的基层管理者

监督是管理控制的一个组织部分，基层管理者，作为一名有效的监督人，必须了解控制系统。在控制过程中，基层管理者主要担当监督人和决策人。他把结果用作标准，需要时把这些标准同目标联系起来。控制过程随处可见。比如，一名垒球教练要监督投入、产出和整个过程。投入是球员和设备；过程是他们如何训练和比赛；产出是得分和取胜场次。除领导球队外，教练还可能是决策人、监督员和目标设定者。在该系统中，基层管理者所起的作用越大，要求具有的判断力和技术也就越高。有效的控制原则包括：

（1）知道标准，必要时使用它们。

（2）相信职工知道标准并且理解它们。

（3）使该标准同其他标准协调一致，保持一致性。

（4）注意反馈信息并积极去收集。

（5）精确而又仔细地解释反馈信息。

（6）按实际情况需要安排你的活动时间。

（7）采取例外控制。谁也无法控制每件事情，因此，要专注重点，处理一些明显的偏差。

（8）随访。使用强化、奖励和惩罚措施，若需要，建立行为规范，防患于未然。

在有效控制的同时，最优秀的基层管理者与普通的基层管理者相比最大的不同是跟踪随访。为做到这一点，强化必不可少。它是任何一个优秀表现制度的重要部分。主要的强化手段有：

（1）一线管理者发现，保持理想的行为要比根除不良行为容易些，尽管它同赏识一样有作用，可是有时它无法克服逆反行为。用金钱作为强化手段也是如此。一些人当给他们的服从行为以金钱报酬时，他们却嗤之以鼻。不仅金钱奖励起不了强化作用，即使起作用，基层管理者也无权利采用。

（2）表扬。对要表扬的行为一定要出于真心。特定提出表扬，它的效应较短，因此表扬要定期进行。

（3）强调反面。如果正面强化及实物奖励对我们的缺勤者均无作用，正面措施不起作用，并不是无计可施。相反，基层管理者可以尝试一下反面的措施。

（4）放而治之。当所有其他手段都失灵时，消除法也不失为最终的选择。放而治之则是以前几种手段的替代。采用这种方法并不是精心设计的，有时候，这种方法能起到一定的作用，但是一定要谨慎使用。

3. 作为咨询者的基层管理者

咨询讨论的是感情方面的问题，目的在于解决它们。同普通的社交谈话相比，它是一次深入的、个人之间的交流。会谈也是一种同咨询相伴的讨论活动，主要区别是会谈是了解情况，不一定要找到问题的解决办法。现代基层管理要清楚咨询同教育、通知、提建议和培训此类活动之间的区别。尽管其中每个都是咨询的重要附属部分，但教育最主要是交流思想、方法与情况；提建议和培训能解决问题，但不一定能解决感情问题。尽管如此，它们同咨询都有许多共同的方面。充分发挥它们的作用同样需要技巧和态度，而且同一情况中也许全都用得到。

作为咨询者的基层管理者需要两种普通的技巧——交流和影响。这两项可进一步化解为七种具体的方法和技能，每种都涉及一种特定的技巧。

咨询技巧及技能：

（1）到场。表现出兴趣、尊重与关心，全力以赴处理此事。

（2）主动倾听。对职工表述不作判断："听起来好像你对此变动不满意。"

（3）支持性反应。用姿势和态度让职工知道你支持他。

（4）做出解释。对你的观察发表看法。例如，"我看这可能影响你的表现。"

（5）发表看法。适当地表达你的感情。

（6）信息与指导。你必须决定职工何时需要专门咨询。

（7）问些问题。这要求机智和正确态度。审问是不合时宜的，让他们用自己的话解释，例如："告诉我关于……"代之以"你做了些什么"。

（二）中层管理者

（1）辅导员。由于拥有相当丰富的工作实践经验和专业知识，可以在任务下达给员工后，帮助其完成，对其进行工作方法、实际操作、相关理论方面的指导和引导，使其在工作中学习到更多的知识，提高任务的执行力，从而顺利完成所分配的任务。

（2）协调员。管理过程中可能会由于沟通的失误、信息的失真等问题造成高层领导与基层员工之间的矛盾。而由于中层管理者更能体会和理解员工，更接近员工，可以从中斡旋，调解两者的矛盾，化干戈为玉帛，使大家能够齐心协力共同实现组织的目标。

（3）裁判员。企业目标的完成很大程度上要依靠员工工作的积极性和热情，而员工的考核直接影响到员工工作的态度，是否能够做到客观、公正、公平，是每个企业在进行绩效考核时最为头疼和关心的事情。中层管理者由于其地位的特殊，能够从其对员工日常工作的监督和观察、对工作任务的明确、对工作岗位职责的划分等方面具有相当丰富的信息获取来源和数据收集方法而具有无可比拟的优势，尽量保证考核的公平合理、客观公正，起到公平裁判的作用。

（4）信息传递员。有人形象地将企业比喻成人体，高层是头脑，中层是腰杆，基层是肢体。其实，中层更像是神经中枢系统，把大脑发布的命令传达到身体的各个部位。此外，中层还可以根据其独到的洞察力，更准确地消化高层领导的思想，更能领会高层领导的意图，从而使战略决策得到正确有效的传达和执行。

（5）创意者。中层管理者更熟悉企业的生产经营活动，更容易发现企业的问题所在，同时他们又有较深远和大局性的思维，结合其自身的知识技能优势，更容易提出新的改革方案和创新举措，为企业的发展出谋划策，成为带着脑子上班的高效率的工作者。

（三）高层管理者

（1）勤奋学习的管理者。明确对象，解决好向谁学的问题。"三人行必有吾师"，应把学习的目标定得宽一点，面广一点。向专家学习，这是最高层的学习；向书本学习，这是最普遍的学习；向领导学习，这是最直接的学习；向部属学习，这是最诚恳的学习。明确目标，解决好学什么的问题。

（2）思维敏捷的管理者。要善于捕捉来自上级层面的信息。要善于通过各种不同渠道及时了解集团、部委、工商、安全等机关部门关于本行业本系统的各种文件精神、指示要求，及时调整本公司本部门与上级文件要求的关系，使其与上级要求保持一致。

要善于捕捉来自部属和基层的信息。要及时准确地了解和掌握各分公司、各项目部或部门内部的员工最新的工程信息、管理信息、交往信息和思想动态，知道他们在干什么、在想什么、需要什么、有什么问题亟待解决，使自己与基层与部属在工作上保持密切接触，在心理上保持零距离。要善于捕捉相关单位和部室的外部信息。善于与外界进行横向联系，与外单位进行横向比较，从而正确判断自己在同行业、同层次单位中的所处位置，不断改进本部门的工作，不断优化本部门的人、财、物配置，科学合理地制定本单位本部门的工作目标，使本单位尽可能地在同类单位中名列前茅。

（3）身先士卒的管理者。要在学习上以身作则。要确保把学习放在重要位置，发扬"钉子"精神，不达目的不罢休；要确保把学习当成第一需要，切实树立起不学习就要落后的危机意识；要确保把学习当作与部属沟通的重要渠道，切实让大家通过学习共同提高，共同进步。要在工作上以身作则。不管你做何种工作，因为你是领导者，必须要求你在分配工作任务时勇挑重担，吃苦在前享受在后，要求部下做到的，自己首先要做到。在执行制度上以身作则。制度是人定的，要自觉地遵守它，才能起到制度的作用。要克服旧社会"刑不上大夫"的落后观念，在制定制度时充分考虑到制度约束的广泛性和全员一致性。让普通员工觉得这是一种政治上的平等性，从而调动起员工执行制度的自觉性。榜样的力量是无穷的，在落实制度上也是一样，如果当领导的在执行制度上，不能严格要求自己，不能自觉遵守各项制度规定，他肯定会在部属面前失去威望，他下命令、发指示就不会有人听。很难想象，一个连自己都管不好的领导怎么能管好一支队伍。

（4）尊贤容众的管理者。人才引进是当今企业参与市场竞争、实现发展腾飞的重要因素。管理者要努力营造一种尊重人才的浓厚氛围，对公司发展需要的优秀人才，管理者要放下架子，"三顾茅庐"，不惜重金引进人才，使优秀人才成为推动企业发展的源源不断的动力。要不拘一格选人才。不拘一格，就是要打破传统的人才观念的束缚，不怕有缺点，就怕没长处，对于普通员工中成长的优秀人才，要打破界限，大胆提拔使用，用人之长，用人不疑，用人要理直气壮。不拘一格，还要反对任人唯亲，反对压制优秀员工，反对对提意见的员工打击报复，反对不放权、不放心、不信任下属的做法。不拘一格，要遵从公平、公正、公开原则，让用人政策成为"阳光政策"，以激发人的创造性和积极性为导向，适当引入竞争机制，使用人政策进入良性循环轨道。

要与时俱进育人才。一定不要忘记公司的老员工，他们在工作中表现出来的踏实苦干和任劳任怨的精神是促进企业发展的强大动力和宝贵的精神财富，要以人为本，促进员工个人价值与公司价值的统一，重视员工的职业生涯规划。培育那些忠于企业的员工，让他们有机会学习进步，有机会成为业务骨干和管理中坚，有机会为公司发展贡献更大力量，有机会实现个人追求和社会价值。

本章小结

领导行为在企业的运行中发挥的作用越来越重要，直接指导着人们的企业工作实践和促进企业的不断向前发展，不同企业由于其自身状况所采取的领导行为方式也会有所不同，这就要求企业领导者要能更新观念、完善素养，正确掌握和运用当代成熟的科技成果与经营、管理策略，为领导工作的科学化探索开辟新的途径。不仅要在理论上建立起领导行为学这个分支,而且在实践中能够运用理论指导实践,解决一些具体的问题。战略的实施要求领导与战略相匹配,因为战略管理是企业最高管理者的主要职责,无论是战略的制定和选择还是战略实施,都离不开企业最高管理者的领导。不同类型的战略对企业最高领导者的素质、领导风格和行为也不相同。不同层级管理者角色的职能的切实履行也是战略实施的重点。

思考题

1. 转型社会中企业家应该扮演什么样的角色?
2. 现代企业家应该具备哪些素质?
3. 在提倡科技创新的今天,企业家如何发挥其创新职能?
4. 你认为大多数领导者在实践中都运用权变观点来提高领导的有效性吗?
5. 如何发挥中层管理者的作用?

参考文献

[1] 马歇尔. 经济学原理 [M]. 北京:商务印书馆,1981.

[2] 熊彼特. 经济发展理论 [M]. 北京:商务印书馆,1997.

[3] Knight, Frank H. Risk. Uncertainly and Profit [M]. New York:Harper and Row,1965.

[4] 张维迎. 企业理论与中国企业改革 [M]. 北京:北京大学出版社,1999.

[5] 丁栋虹. 制度变迁中企业家成长模式研究 [M]. 南京:南京大学出版社,1999.

[6] 吕福新. 企业家行为格式:对角色人格管理的探究 [M]. 北京:经济管理出版社,2003.

[7] 吴航. 企业家理论探究 [J]. 西安电子科技大学学报(社会科学版),2002(3).

[8] 刘昕. 企业家的四种管理角色 [J]. 人才瞭望,2002(11).

[9] 苏珊. 企业家的素质 [M]. 北京:北京工业出版社,2002.

[10] 泰在东. 现代企业管理新方略 [M]. 武汉:华中理工大学出版社,1995.

[11] Price Watehouse 公司. 21 世纪 CEO 的经营理念 [M]. 北京:华夏出版社,1998.

[12] 盛亚，申作青. 企业领导学（第 2 版）[M]. 北京：高等教育出版社，2012.

[13] 晓敏. 宽容执行：成功做一名优秀管理者的行为准则 [M]. 北京：中国纺织出版社，2004.

[14] 托马斯·艾伯斯. 一线管理者——基层管理人员成功之路 [M]. 北京：中国经济出版社，1992.

[15] 宋宝香. 执行力与中层管理者的角色定位[J]. 中国人力资源开发，2005（3）.

[16] H. 明茨伯格. 经理工作的性质 [M]. 孙耀君译. 北京：团结出版社，1999.

第十四章　企业文化与战略管理

　　文化赋予了一个企业与众不同的不容混淆的内外识别系统，组织文化对系统内每个成员的未来行为提出了期望，在社会生活中引导着人们的行为却不为人觉察。

——布莱切（Bleicher，1991）

　　企业文化是企业全体成员共有的信念、期望和价值观体系，它在企业内部确立了一种共同的价值标准、行为规范和文化信念，是企业赖以生存和发展的精神支柱。企业文化能够确定企业行为的目标和方式，提升企业竞争优势，推动战略管理目标的实现。

　　在企业成长过程中，企业文化所具有的无形性、软约束性、相对稳定性和连续性，使其始终以一种不可抗逆的方式影响着企业。企业文化战略就是在正确理解企业现有文化的基础上，结合企业任务和总体战略，分析现有企业文化的差距，提出并建立企业文化的目标模式。本章将在系统分析企业文化的内涵，企业文化创新的价值，以及企业文化、非正式组织与战略管理的相互关系的基础上，提出企业文化战略的几种方案。

开篇案例

海尔企业文化

　　海尔向国际化发展，以及海尔突破一千亿元销售额，使海尔企业文化已经被无数人研究和传颂，其斜坡球理论的发展观、赛马不相马的用人观、"只有淡季的思想，而没有淡季的市场；只有疲软的思想，而没有疲软的市场"的市场观等，都是人们津津乐道、交口传颂的经典管理法则，在海尔一系列的成就映照下成为众多企业家倾心向往的管理境界。尤其在"成功的企业都是相似的，失败的企业各有各的不幸"的注解下，海尔企业文化理念成为众多企业研究学习的对象。但是，海尔的这些管理理念是否适用于每一个企业呢？答案自然是否定的。其中关键原因在于，每一个企业都有自己的特性，就是企业对风险的经营态度。这个特性决定了其行为理念的选择，决定了其企业文化的核心体系。

　　海尔企业文化是被全体员工认同的企业领导人创新的价值观。海尔文化的核心是创新。它是在海尔20年发展历程中产生和逐渐形成特色的文化体系。海尔文化以观念创新为先导、以战略创新为方向、以组织创新为保障、以技术创新为手段、以市场创新为目标，伴随着海尔从无到有、从小到大、从大到强、从中国走向世界，海尔文化本身也在不断创新、发展。员工的普遍认同、主动参与是海尔文化的最大特色。当前，海尔的目标是创中国的世界名牌，为民族争光。这个目标把海尔的发展与海尔员工个人的价值追求完美地结合在一起，每一位海尔员工将在实现海尔世界名牌大目标的过程中，充分实现个人的价值与追求。

资料来源：罗珉.论知识管理范式[J].中国民营科技与经济，2010（1）.

第一节　企业文化概述

企业作为一种经济组织，不仅从事经济活动，而且还在生产经营活动的实践中，根据自身特点逐渐培育和塑造自身独特的文化。企业文化是企业全体成员共有的信念、期望和价值观体系。它是一个企业的灵魂，是企业的精髓，包含塑造企业形象、培育企业精神、企业经营管理、企业发展战略等内容，它既无形，却又实实在在地反映在企业日常的生产经营当中。

企业要生存、要发展，必须注重培养和塑造自身独特的企业文化。随着经济全球化与员工知识化程度的提高，管理者仅依靠制度管理，是无法了解掌握员工思想动态的，因此，企业文化建设至关重要。谁的企业文化与企业管理结合得好，谁的企业文化内涵丰富，谁就掌握了称雄市场的核心要素。为了较全面、系统地认识企业文化，我们不妨从企业文化的由来、类型、结构特征及功能谈起。

一、企业文化的提出

企业文化的产生是企业管理发展到一定阶段的产物。20世纪70年代后期，日本经济迅猛发展，日本企业在国际市场竞争中表现出惊人的应变能力和竞争力，这些现象迫使各国管理学者深入地研究日本企业管理的特点。由此发现，在企业管理方面，文化和价值观似乎比管理组织制度、管理理论和方法更起作用。于是，有关管理差异的文化背景和根源问题开始受到人们的关注。

1979年，美国哈佛大学东亚研究所所长埃兹拉·F.沃格尔出版《日本名列第一——对美国的教训》。书中用大量事实证明，日本与美国管理模式的不同，源于两个国家不同的文化传统和价值观。1981年，美国斯坦福大学教授理查德·巴斯克（R.T.Pascale）和哈佛大学教授安东尼·艾索思（A.G.Athos）合著的《日本的管理艺术》出版。作者通过对日美两家最具代表性的企业——松下电器公司和国际电话电报公司进行全面细微的对比，证明两国管理在制度、结构和战略等"硬件"方面并无不同，差别只在人员、技能、作风和最高目标等文化的"软件"方面。此后，威廉·大内的《Z理论——美国企业如何迎接日本的挑战》、特雷斯·迪尔和爱伦·肯尼迪合著的《企业文化——现代企业精神支柱》、托马斯·彼得斯和小罗伯特·沃特曼合著的《寻求优势——美国最成功公司的经验》、劳伦斯·米勒的《美国企业精神——美国未来企业经营的八大原则》、托马斯·彼得斯和南希·奥斯汀的《赢得优势：领导艺术的较量》、戴维·布雷德福和艾伦·科思合著的《追求卓越的管理》等书先后出版，由此西方发达国家兴起了一股研究企业文化的高潮，对企业管理与文化的关系进行了深入的探讨。

在以文化视角研究企业管理思潮的影响下，丹尼尔·雷恩的《管理思想的演变》的出版，将企业文化的研究推向了一个更高的水平。该书努力从文化环境影响的角度说明管理思想和管理模式的演变。他认为，管理思想、管理理论是根据整个历史中各种不同的文化道德准则和制度的变化而向前发展的。

关于企业文化的定义，国内外学者从不同的角度进行了不同的界定，估计有300多种不同的说法，在此我们提出两个有代表性的观点。特雷斯·迪尔和爱伦·肯尼迪(1989)认为企业文化是为了一个企业所信奉的主要价值观，是一种含义更广的……观、神话、英雄人物标志的凝聚，企业文化是"价值观、英雄人物、……文化网络、企业环境"。[①] P.科特和詹姆斯·L.赫斯克特（1997）认为，……化，通常是指一个企业中各个部门，至少是企业高层管理者们所共同拥……些企业价值观念和经营实践。"[②]

基于以上学者的分析，我们认为企业文化是指企业在生产经营活动过程中，……全体成员所共同遵守的价值观和行为规范，它是一个长期的历史沉淀的过……，一旦形成就具有相对的稳定性，并指导企业组织行为，促进企业经营绩效的提升[③]。

二、企业文化的类型

企业文化由价值观、精神追求、伦理道德规范、形象风貌、传统习俗与习惯等若干要素所构成，并通过生产经营、管理、对外交往活动以及文化典礼、仪式等载体反映其特征。不同的内外环境会造就不同的企业文化。严格地说，每个企业的成长环境都有差异，因此每个企业的文化特质都不尽一致，就此而言，对企业文化进行科学分类是较困难的事。

但是，当我们对不同的企业文化构成要素和影响因素进行必要的抽象，可以发现很多相近或相同的文化特质，依据不同的文化特质的组合，可以对千差万别的企业文化进行大致分类。

（一）按发育状态分类

依据企业及企业文化的发育状态，可以将企业文化划分为成长型文化、成熟型文化和衰退型文化。

[①] 特雷斯·迪尔，爱伦·肯尼迪.企业文化［M］.上海：上海科学技术文献出版社，1989.
[②] 约翰·科特，詹姆斯·赫斯克特.企业文化与经营业绩［M］.北京：华夏出版社，1997.
[③] 赵顺龙.企业组织资本形成研究［M］.哈尔滨：黑龙江人民出版社，2004.

成长型文化是一种年轻的、充满活力的企业文化类型。在企业初创时期、企业经营迅速发展时期，各种文化相互抗衡，表现出新文化不断上升的态势。企业被注入了很多新的观念、新的意识和新的精神，新文化对员工表现出很大的吸引力和感召力。但由于成长型文化面对的外部市场环境急剧变化，企业内部人员、结构、制度以及经营模式尚未定型，因此这种文化类型是不稳定的，如果不善于引导和培育也会出现偏差。

成熟型文化是一种个性突出且相对稳定的企业文化类型。一般来讲，企业发展进入成熟期，经营规模稳定，人员流动率降低，内部管理运行状态良好，企业与社会公众的关系调试到正常状态，与之相应的企业文化也进入稳定阶段。企业的主导文化已经深入人心，形成了诸多的非正式规则和强烈的文化氛围。但是，成熟型的企业文化具有某种惯性和惰性，往往阻碍企业文化的进步。

衰退型文化是一种不合时宜、阻碍企业进步的企业文化类型。企业文化从成长、成熟及衰退是必然的。衰退的企业文化意味其已经不适应企业进步发展的需要，急需全面变革和更新。这种文化如果不能随着企业环境的变化积极地进行创新，就可能成为企业发展的最大障碍，或是导致企业走下坡路直至被市场淘汰的根本原因。

（二）按内容特质分类

从内容特质上，传统理论将企业文化划分为目标型文化、竞争型文化、创新型文化、务实型文化、团队型文化和传统型文化等。而英国久负盛名的管理学大师查尔斯·汉迪（2006）在其代表作《管理之神》中，用平实智慧的语言，对企业文化进行了详尽的解析，并借助希腊诸神将其归为四类：宙斯型、阿波罗型、雅典娜型、狄奥尼索斯型。

宙斯型企业文化是一种通过影响力构筑的，将权力由组织中心传递到整个企业的团体文化。团队文化组织由按照职能或产品而划分的不同部门组成，在历史上，这种文化最常见于小型企业——宙斯型的管理者和他颇具父权政治、个人崇拜的企业组织方式。这种文化常出现在各行各业的起步阶段，而随着企业发展到稳定期，组织决策的速度与领导者的个人风格变得不再重要时，这类型的文化就应当有所改变了。

阿波罗型企业文化讲究阶层的角色文化，这种文化的运作，是界定于角色或工作之上的。作为秩序与法规之神的"阿波罗"，假定所有员工皆是理性的，任何事都可以也都应该加以逻辑分析。因此，一个组织的工作任务也被具体地划分开来，管理者需要根据员工特定的工作职能做出工作流程图。然而在阿波罗文化中，组织的反应通常会被格式化，难以对环境中的激烈变化做出及时的反应。

雅典娜型企业文化往往以项目为中心，着眼于技艺的提高，被称作"任务文化"。一般来说，任务文化中的管理方式就是不断地解决问题。这种组织是由许多项目组连接成的工作网，每个单位都能自给自足，但在整体的组织策略中，又担负了特定的任务。雅典娜文化认为，要对团队有所贡献，需要的是才能、创造力与直觉力。在这种文化中，创造力备受尊崇。

狄奥尼索斯型企业文化是听凭员工自由发挥的存在主义文化。在其他三种文化中，个人是从属于组织的，组织在个人的协助下完成工作目标。然而，存在主义文化中，通常是组织帮助个人完成目标。因此，在视个人才干或技术为组织中最重要资产的地方，存在主义文化可谓最佳的企业文化。这种文化深为专业人士所喜爱，在其中他们可以保持个性，而同时又能得到组织的各方面支持。因此，在当今社会，专家团体、研究或发展的活动，也越来越带有狄奥尼索斯式的味道了。

（三）按市场角度分类

从市场角度来看，企业文化可以划分为强人文化、拼搏与娱乐文化、赌博文化和过程文化[1]。

强人文化是一种高风险、快反馈的文化类型。这类企业包括建筑、风险投资及娱乐业等，它们具有孤注一掷的特性。总是试图赢得巨大成功、最优的竞争，追求最优、最大、最好的价值，员工工作紧张、压力大、工作绩效反馈及时。强人文化是趋于年轻人的文化，虽有活力但缺乏持久力。

拼搏与娱乐文化属于低风险、快反馈的文化。这种文化赖以生存的土壤往往是生机勃勃、运转灵活的销售组织和服务行业，在这类企业中，员工工作风险极小，而工作绩效的反馈极快，这种文化造就了最好的工作环境，使工作与娱乐实现最完美的结合。

赌博文化具备高风险、慢反馈的特点。拥有这种文化的企业往往是一些拥有实力的大公司。它容纳着许多大赌注的决策，即使几年过去，员工的工作绩效也得不到反馈。在这种文化氛围中，人们重视未来，具有极强的风险意识，可能带来高质量产品的开发和高科技的发明，但效率较低，发展较慢。

过程文化低风险、慢反馈。这类文化一般产生于金融保险业和公共事业中，试图用完善的技术、科学的方法解决所意识到的风险，即做到过程和具体细节的绝对正确。具有这种文化的企业，员工流动率较低，企业有相当的稳定性，但缺乏创造性。

三、企业文化的结构与特征

研究企业文化的结构与特征是把企业文化作为一种独特的文化现象来讨论，它除了具有一般社会文化的结构与特征外，由于本身具有的特殊管理功能，还显示出管理理论及方法上的特征。

（一）企业文化的结构

企业文化结构可以分为四个层次，即物质层、行为层、制度层和精神层。

---

[1] 特雷斯·迪尔，爱伦·肯尼迪. 企业文化 [M]. 上海：上海科学技术文献出版社，1989.

1. 物质层

这是企业文化的表层部分,是形成制度层和精神层的条件。它主要包括厂容厂貌、产品的外观及包装、企业技术工艺和设备特性三个方面,这三个方面往往能折射出企业的经营思想、经营哲学、工作作风及审美意识,反映出企业文化的个性色彩。

2. 行为层

企业文化的行为层又称为企业行为文化,它是指企业员工在生产经营、学习娱乐中产生的活动文化,包括企业经营、教育宣传、人际关系活动、文娱体育活动中产生的文化现象。它是企业经营作风、精神面貌、人际关系的动态体现,也是企业精神、企业价值观的折射。

3. 制度层

企业文化的制度层指对企业职工和企业组织行为产生规范性、约束性影响的部分,它集中体现了企业文化的物质层及精神层对职工和企业组织行为的要求。制度层规定了企业成员在共同的生产经营活动中应当遵循的行动准则,主要包括企业的工作制度、责任制度和特殊制度(主要是指企业的非程序化制度)三方面。

4. 精神层

精神层是指企业的领导和职工共同遵守的基本信念、价值标准、职业道德及精神风貌,它是企业文化的核心和灵魂,是形成企业文化的物质层和制度层的基础和原则。企业文化的精神层主要包括企业的经营哲学、企业精神、企业风气、企业目标及企业道德等方面,企业文化中有没有精神层是衡量一个企业是否形成自己企业文化的一个重要标志。

(二)企业文化的特征

(1)企业文化的独特性。每个企业都有自己的历史、类型、性质、规模、心理背景、人员素质等因素。这些内在因素不同,因此在企业经营管理的发展过程中,必然会形成具有本企业特色的价值观、经营准则、经营作风、道德规范、发展目标等。在一定条件下,这种独特性越明显,其内聚力就越强。

(2)企业文化的理性和自觉性。企业文化不同于一般文化,它是由企业自觉的意识所构成的精神文化体系。企业文化的这种自觉性特征能够帮助企业和职工在生产经营中克服盲目性。同时,企业文化反映了管理理性的高度发展,它有着特定的目的(即激发职工的自觉性)和特定的手段(即文化手段)。因此,企业文化是高度理性化的文化,这是它的根本特征。

(3)企业文化的凝聚性。企业文化对企业职工能够起到一种凝聚的作用,产生向心力,将企业职工群体组织成有机的整体,由此产生的精神力量正是推动企业前进的重要动力。它帮助职工对企业产生信赖感和归属感,认识到企业的共同目标和利益,齐心协力地工作,并使全体职工的行为趋于一致。因此,这种凝聚作用是企业文化的一个重要特征。

(4）企业文化的调节性和控制性。企业文化构成特定的文化氛围，是自觉的集体努力造成的导向性的文化氛围或理想氛围。企业职工会在这种文化氛围下自动地调节自己心态、行为，顺应文化导向的要求，自觉地扮演好在企业中恰当的角色。企业文化的这个特征，充分显示了企业文化作为软管理的可行性和有效性。

（5）企业文化的应变性。企业无时无刻不处于激烈的市场竞争之中，企业对竞争的适应不仅通过生产经营的调控来实现，而且通过企业文化的应变能力实现。企业可以根据环境的要求重塑价值观，从而重塑适应新形势的企业文化。因此，企业文化的应变性，是对企业的一种积极变革，是企业与环境保持平衡的正当调整。

四、企业文化的功能

企业文化作为一种新的管理方式，不仅强化了传统管理方式的一些功能，而且还具有很多传统管理方式不能完全替代的功能。

（一）凝聚功能

由于企业文化体现着强烈的"群体意识"，可以改变原来从个人角度建立价值观的松散状态，体现了现代管理方式的要求。企业文化像一根纽带，把员工的个人追求和企业追求紧紧联系在一起，将分散的员工个体力量聚合成团队的整体力量。它具有一种内在凝聚力和感召力，使每个员工产生浓厚的归属感、荣誉感和目标服从感。企业文化的这种凝聚功能尤其在企业的创业之时和危难之际更显示出其巨大的力量。

（二）导向功能

企业文化的导向功能主要表现在企业价值观对主体行为，即企业领导者和广大员工行为的引导。由于企业价值观是企业多数人的共识，因此，这种导向功能对多数人来讲是建立在自觉的基础上。他们能够自觉地把自己的一言一行对照企业价值观进行检查，纠正偏差，力求使自己的行为符合企业目标的要求。对于少数未取得共识的人来说，这种导向功能带有某种强制色彩，企业的目标、规章制度、传统、风气等迫使他们按照企业整体价值取向行事。企业文化的导向功能是十分明显的。现代企业的价值观中都把顾客看得很重要，都有着强烈的创新意识，这种价值观引导员工为顾客提供一流的产品和服务，不怕风险和失败，勇于实现产品和技术的革新。中国企业的传统价值观中也有诸如集体意识、创业意识和勤俭意识等，这些意识对中国企业员工的行为也起到相应的引导作用。

（三）激励功能

积极的企业文化强调凡事都以员工的共同价值观念为尺度，而不是单纯以领导者的个人意志为尺度，员工在企业中受到重视，参与愿望能够得到充分满足。因此，企业文化能够最大限度地激发员工的积极性和创新精神，使他们以主人翁的姿态，关心企业的发展，贡献聪明才智。实际上，在企业文化的激励下，员工积极工作,将自己的劳动融化到集体事业中,共同创造,分享企业的荣誉和成果,本身又会得到自我实现及其他高层次精神需要的满足,从中受到激励。所以,积极的企业文化具有良好的激励功能,提高员工士气。日本人提出的"车厢理论",强调在一个目标轨道上,每节"车厢"(个人)都有动力,这样的列车动力强劲,速度快。这种理论比单纯强调"火车头"的作用更科学。

(四)约束功能

企业文化对员工行为具有无形的约束力。它虽然不是明文规定的硬性要求,但是以潜移默化的方式,形成一种群体道德规范和行为准则(即非正式规则体系)。企业文化一旦形成,违背文化的言行就会受到群体舆论和感情压力的无形约束,同时使员工产生自控意识,达到内在的自我约束。企业文化把以尊重个人感情为基础的外部控制和以群体目标为己任的内在自我控制结合在一起,实现外部约束和自我约束的统一。

(五)辐射功能

企业文化比较集中地体现了企业的基本宗旨、经营哲学和行为准则。优秀的企业文化通过企业与外界的每一次接触,向社会大众展示着本企业成功的管理风格、良好的经营状态和积极的精神风貌,从而为企业塑造良好的整体形象,树立信誉,扩大影响。企业文化是企业一项巨大的无形资产,为企业带来了高信誉度和高生产力。

第二节 企业文化与战略管理的关系

企业战略管理集中研究组织如何制定和实施科学的企业战略,以保障组织的持续、快速、健康发展。重视企业文化,追求战略创新,实现战略制胜,对企业来说是十分必要的。因此,本节将讨论在企业战略管理的过程中,企业文化到底能起到什么样的作用,以及企业文化与战略管理的相关关系等问题。

一、企业文化在战略管理中的作用

我们将在首先分析相关学派战略管理理论与企业文化关系的基础上,从不同角度对文化在战略管理中的作用进行具体的讨论。

相关学派的战略管理理论及其与企业文化的关系

在战略管理的演进历程中,不同学派从不同的方面对战略管理进行了阐述,其中很多理论都直接或间接地与企业文化有着密切的关系。例如企业家学派、认识学派、学习学派、权力学派、文化学派、环境学派等。

(1)企业家学派:具有战略洞察力的企业家是企业成功的关键。企业家学派的最大特征在于强调领导的积极性和战略直觉的重要性。它将战略制定归功于个人的直觉，同时认为，组织中不存在规范的战略制定过程。企业家学派较适用于新建企业和处于转变时期的企业，因为在这两种情况下，更需要强有力的和具有敏锐直觉的领导者来决定企业的方向和活动范围。

（2）认识学派：认识过程和认识特征对战略形成有指导作用。认识学派认为，战略实质上是一种直觉和概念，战略的制定过程实质上是战略制定者的认识过程。由于战略制定者所处的环境复杂，限制了他们的认识能力，而战略很大程度上依赖于个人的认识，所以不同战略制定者在战略规划的风格上差异很大。

（3）学习学派：战略制定的过程实际上是学习的过程。战略的形成与发展是思想和行动、控制和学习、稳定与改变相结合的艺术性过程。管理的作用不再是预先决定战略，而是组织战略学习的过程。高层管理人员特别要关注战略学习过程中的有关人员，完善学习的组织结构和体系，准备对可能出现的战略做出认可、修改和引导。

（4）权力学派：战略制定的过程是各种正式和非正式利益交互影响的过程。对战略制定发生作用的不再是某个人，而是一群人。这一团体运用权力使得战略制定过程成为谈判和讨价还价的过程，这时的组织活动受一些局部利益的驱使。在这种情况下，企业内总是存在对战略认识的争议，很难形成共同认可的战略意图及相应的执行活动。

（5）文化学派：战略制定是观念形态的形成及维持的过程。文化学派认为，战略制定的过程是集体行为的过程，建立在由组织成员共同拥有的信仰和价值观之上，它采取观念的形式，以组织成员的意愿为基础，表现为有意识的行为方式。由于存在共同的信仰，组织内的协调和控制基本上是规范的，因此战略的变化不会超出或违背企业的总体战略观点及现存文化。

（6）环境学派：战略是组织受环境影响的被动反应过程。组织必须适应环境，并在适应环境的过程中寻找生存和发展的位置。他们认为，事实上并不存在组织内部的战略者，也不存在任何内部的战略过程和战略领导；环境迫使组织进入特定的生存位置，从而影响战略，拒绝适应环境的企业终将灭亡。

以上各个学派所论述的观点虽然有不同的视角，有的甚至相互矛盾，但是如果从企业文化的角度进行总体审视，他们都与企业文化有着不可分离的关系。

企业家学派强调企业家在企业成功中的关键作用，他们认为企业家既是企业战略制定者也是企业文化塑造过程中的关键性人物，在这个意义上说，企业战略的制定过程与企业文化塑造过程具有必然的联系。认识学派探讨的认识问题仍属于企业家问题的范畴，只不过主要是从战略的制定者——企业家的认识过程和认识特征的视角进行探讨而已。学习学派和权力学派实质上都认为在企业内部与战略制定相关的不只是企业家一人，而是整个领导系统。战略通过整个领导系统的集体学习或权力系统的相互谈判、妥协而形成。这种认识视角和企业文化既强调企业家个人的作用，同时又强调不同群体在企业文化塑造中的作用是完全一致的。文化学派所探讨的问题几乎是纯粹的企业文化问题，所以，它与企业文化的关系自然是紧密的。环境学派拓宽了企业战略的视野，而该视野与企业文化所需高度关注企业与环境的关系又是高度一致的。

二、企业文化与战略管理的相互关系

企业文化的各个方面都会渗透到企业的各职能领域。如果可以利用本企业在文化上的优势，管理者便可以迅速、容易地实施战略。相反，如果企业文化不能提供支持，战略转变就可能无法实现。战略与文化的关系可以总结为以下三点。

（一）企业文化是实施战略管理的基础

当企业实施一个新战略时，重要的组织要素会发生很大变化。这些变化大多与企业文化有潜在的一致性。这类企业多是那些以往效益好的企业，它们依据自己的实力，寻找可以利用的重大机会，以适应新的要求。由于得到了固有文化的大力支持，企业实行新战略没有很大困难，在这种情况下，企业处理战略与文化关系的重点如下：企业在进行重大变革时，必须考虑其与企业使命的关系；要发挥企业现有员工在战略变革中的作用；在调整企业的奖励系统时，必须注意与企业组织目前的奖励行为保持一致；进行与企业文化相适应的变革，不要破坏企业已有的行为准则。

（二）战略调整将带动企业文化变革

当企业实施一个新战略时，也许会与组织目前的文化不大一致。例如，推行某种新的激励方式，虽然与过去的激励方式相比没有根本性的变化，但是，某些利益相关者基于对自身利益的考虑，可能会反对实施新方法。此时，企业需要研究这些变化是否可能给企业带来成功的机会，根据经营的需要，在不影响总体文化一致性的前提下，对某种经营业务实行不同的文化管理，因此需要考虑对与企业文化密切相关的因素进行变革。

（三）企业文化与战略管理协调发展，发挥协同作用

企业在推行新战略时，有可能与现有的文化不一致，或受到现有文化的抵制。在这种情况下，企业首先要考察是否有必要推行这个新战略，如果没有必要，企业则需要考虑重新制定战略。反之，如果外部环境发生重大变化，企业考虑到自身长远利益，必须实施不能迎合企业现有文化的重大变革，则企业必须进行文化管理，使企业文化也做出相应重大的变化。为了处理这种重大的变革，企业需要从四个方面采取管理行动：一是企业管理者要向全体员工讲明变革的意义；二是为了形成新的文化，企业要招聘或从内部提拔一批与新文化相符的人员；三是改变奖励结构，将奖励的重点放在具有新文化意识的事业部或个人，促进企业文化的转变；四是设法让管理者和员工明确新文化所需要的行为，形成一定的规范，保证新战略的顺利实施。

实践证明，并不存在最优的企业文化。文化应当为企业的使命和战略提供最好的支持，所以企业文化应当是跟随战略。若战略发生重大的变化，企业文化就应随之变化或完善。事实上，文化与战略完全不相容的情况并不多见，企业文化

的局部或微小修改是有可能的。在这种情况下，企业领导者应加强与员工的沟通，说明完善企业文化的必要，获取员工的支持，塑造适应企业战略的文化。

第三节　非正式组织与战略管理

20世纪30年代，美国哈佛大学教授梅奥等人从霍桑试验中意外发现，企业中除了正式组织之外，还存在着非正式组织。此后，学者们展开对非正式组织的研究。在企业文化理论中，企业文化信息的传播主要依靠正式组织和非正式组织两个途径，前者主要传递正式信息，即官方信息；后者主要传递非正式的文化信息，由于非正式组织，是依据企业中那些不成文礼仪组织起来的团体，所以它成为各种文化信息传播的重要渠道。

企业文化的真正作用就是把正式的理念推广与非正式的信仰结合起来。文化的诱导和渗透力最强，如果企业文化在非正式层面的行为上看不到，一定不是真正的企业文化；如果员工在非正式层面上的表现行为与企业自认为的文化差距太大，这个文化一定是假文化；如果企业推崇学习文化，只能表现在企业正式组织的训练班上，而看不到员工在非正式层面上认真地收集资料，在家里和出差的飞机上读书学习，这个学习文化就一定还没有形成。所以，对企业文化的感受，在非正式层面上往往比正式层面上还要深刻，本节将讨论作为企业文化重要传播渠道的非正式组织在战略管理中发挥的作用。

一、非正式组织的概念及特征

在管理科学史上首次明确提出非正式组织概念的是人际关系学派代表人物乔治·艾尔顿·梅奥。他通过著名的"霍桑试验"总结出：在工厂这一正式组织中一般存在着由工人组成的非正式组织，它对工人生产的积极性和成品的产量会产生重要影响。

美国学者巴纳德（1886~1976年）在《经理人员的职能》中对非正式组织理论进行了更为广泛和深入的研究，他把非正式组织定义为属于正式组织的一部分，并且不与它管辖的个人以及有关的人们、集团接触和相互作用。非正式组织没有正式的结构，常常并不能自觉地认识到具有共同的目的，而是通过与工作有关的接触而产生，并且确立了一定的态度、习惯和规范。根据划分标准不同，具有代表性的定义还有以下几种：

从形成的基础和内部结构下定义："非正式群体指以个人好恶兴趣等为基础自发形成，无固定目标，无成员之间的地位和角色关系的群体。"[1]

---

[1] 中国大百科全书社会学卷[M].北京：中国大百科全书出版社，1991.

从与正式组织的区别上加以定义:"非正式群体就是未经官方正式规定的群体。这种群体是人们在共同劳动,生活中自然形成的,它没有成员的编制,各个成员的权利和义务也没有条文的规定,成员间的相互关系有明显的感情色彩,它是以成员的共同利益、爱好和友谊为基础的。"[1]

从规模和形成机制上下定义:"非正式群体就是由一定数量的个人(通常规模较小)经过长期的相互作用所形成的社会团体。"[2]

对非正式组织这一概念的界定,尽管不同的学者有着不同的表述,但对其实质都有近似的看法。非正式组织是正式组织中"由人员间非正式交往形成的社会关系网,它并非遵循法定程序建立,而是基于人与社会的关系所建立的系统"。本书认为,非正式组织是指不遵循固定的组织结构图而由人们自愿自发组成的群体,其成员间没有固定的职能关系。

企业非正式组织可以在正式组织之内,也可以在正式组织之外,或是横跨几个正式组织。一个企业正式组织之内往往有许多非正式组织。非正式组织成员间的联系不是以正式的组织关系为纽带,而是以共同的社会需要作为连接的基础。非正式组织存在的方式各不相同,但它们有一些相对于正式组织的共同特征。研究和分析这些特征,有利于把握非正式组织的运作规律。

(1)自发性。自发性指人们未认识、未掌握客观规律时的一种活动。在这种活动中,人们自觉或不自觉地为客观必然过程所支配,往往不能预见其活动的后果。企业非正式组织正是人们寻求某种需要的满足而自发形成的群体。它是人们相互接触、相互作用和聚集的综合。企业员工在共同的工作和生活中会经常相互接触和作用,他们没有特别的、有意识的共同目的,随着彼此的接触和作用持续反复,人们会自觉或不自觉地聚集到一起,逐渐在工作或生活过程中形成自然的群体。任何非正式组织都有自发性的特征,没有一个非正式组织是企业管理者强制产生的,也无须社会承认。相反,任何管理上的强制措施都会导致适得其反的结果。

(2)情感性。情感性建立在人们相互好感、心理相容的基础上,是凝聚非正式组织成员的桥梁和纽带。情感性特征主要体现在非理性、就情论事、就人论事三个方面。非理性是因为非正式组织侧重于人们相互接触的心理侧面,主要以情感和关系融洽为标准;就情论事,指企业非正式组织在处事时往往会出现的一种"感情用事"的现象,这与正式组织按章办事、就事论事相对;就人论事,即非正式组织由于受人情、面子关系的影响,见人办事的行为特征。

(3)从众性。非正式组织成员在从众心理的作用下,都明确地意识到自己对这个组织的从属关系,意识到群体内还有其他的成员,并自觉接受其他成员的影响,顺从、接受非正式组织多数人的意志而产生的一种行为属性。从众性主要来

---

[1] 贺云侠.组织管理心理学[M].南京:江苏人民出版社,1987.
[2] 张德.组织行为学[M].北京:高等教育出版社,1999.

源于非正式组织成员对自然领袖的从属心理和成员之间因从众心理而产生的凝聚力、向心力两个方面。

（4）隐含性。隐含性是指非正式组织成员与正式组织成员之间的界线具有模糊性和难以分割性，即一个员工在企业正式组织中的身份是显性的，而在一个或多个非正式组织中的成员身份往往是隐性的，企业员工大多具有正式和非正式组织成员的双重身份。非正式组织属于一种可辨识性较弱的隐性组织，因此常处于不被注意或不易发现的状态。

二、非正式组织的成因分析

正式组织是为实现组织目标而形成的，因而它无法满足人们工作之外的各种需要。所以，非正式组织产生的原因，在于人有许许多多的需要期望得到满足，它是人的需要、文化渊源、人际关系下的必然产物。

（一）人的需要

行为科学认为，人的各种行为都由一定动机引起，而动机又产生于人们本身存在的需要。人们为了满足自己的需要，就要确定行动目标而后采取行动，进而得到需要的满足，并在此基础上产生新的需要，引发新的目标行为，然后是周而复始、不断循环的人的行为过程。需要既是整个过程的起点，也是整个过程的终点，它是人的行为的基础。这种决定人行为的尚未得到满足的需要，包括经济、社会等多个方面。

非正式组织的存在是由人的需要决定的。企业正式组织虽然可以满足员工的经济报酬等基本需要，但较难满足物质以外的各层次需要。换言之，员工个人的社交、偏好、友情、兴趣等需要，大多可以通过非正式组织来满足。由此可见，员工作为社会成员，除了对金钱的需要，还有社会、心理等方面的需要，只有当这些需要得到满足后，他们才能产生极大的工作热情和不竭的精神动力。

（二）文化渊源

企业非正式组织的存在有其深厚的历史文化渊源。以中国为例，中国的传统文化源远流长，其中的群体本位、德行文化、仁义伦理等为企业非正式组织的产生提供了坚实的思想基础和理论基础。

中国群体本位文化的核心是强调个人对社会、对他人所承担的责任和应尽的义务，而不强调社会对个人权利的界定和保护，以及人与人之间明确的权力区分和对权力的尊重。受群体本位的影响，企业中员工不仅有较强的奉献精神，还具有自我保护本能和利益追求意识，这种个人与群体对立统一的状态，在一定程度上促进了非正式组织的产生。

重视德行亦是中国传统文化。儒家道家均主张高扬德治，成为人际交往中人们修养、气质、层次、风度的评价标准。体现在非正式组织中，即为组织成员间的相处是以德待人，金钱、权力等并不是他们交往的原则。

伦理道德是人们发展人际关系的重要行为准则。良好的人际关系会促使群体内部形成亲密融洽的群体心理气氛，而非正式组织注重处理人际关系，讲人情，并习惯于以仁义、和气的方式解决组织中出现的矛盾。以上都是企业非正式组织得以产生的深厚的文化渊源。

(三) 人际关系

人际关系是人们依靠某种媒介，通过个体交往所形成的信息和情感、能量和物质交流的一种渠道，它反映了个体或群体寻求满足其社会需要的心理状态。由于群体是人与人之间相互作用、相互联系的有条件的特殊组合，因此，每一个成员在社会活动中，都需要建立起自己的人际关系网络。

人际关系的作用在以情感为纽带的企业非正式组织中体现得尤为突出。非正式组织成员间或因思想、态度相似，或因兴趣爱好相同，或因交往频率高形成了相互间的人际关系，当交往内容与彼此心理需要相联系，并以真诚友好的态度对待交流对象时，组织内部就形成了良好的人际关系。此外，在人际交往中，不同个性特征的人对人际关系的作用也不同，所以各种类型的非正式组织形成也与其成员的仪表特征、人格特征、性格特征有关。

三、非正式组织与正式组织的相互关系

企业正式组织是指为了有效实现预定的目标而将各个成员进行合理有序安排所形成的群体，非正式组织是指不遵循组织结构图表而由人们自愿自发组成的群体。尽管如此，正式组织与非正式组织的关系也不是相互独立的，而是存在着错综复杂的相互关系，主要有互补关系、并存关系和辩证关系。

互补关系是指企业正式组织的制度管理与非正式组织的情感联系，在解决企业信任和可靠性问题中相互作用、相互补充的关系。任何企业内部都同时存在正式关系与非正式关系，正式组织着力建立并维护正式关系，通过正式的制度管理解决企业成员对企业的信任和可靠性问题，而非正式组织则自然产生非正式关系，通过情感的联系和融洽的关系解决群体成员间的信任和可靠性问题。两者各有特点，可以将其视为解决企业信任和可靠性问题的两种方式，优势互补，以利于提高企业的整体运作效率。

并存关系是指正式组织与非正式组织是企业组织的两个侧面，相互依存，互为条件，以两种不同的组织形态并存于一个组织当中。非正式组织所具有的信息交流、维持正式组织凝聚力和维护人格完整等功能，是正式组织的运作所必需的重要条件。企业正式组织的价值取向往往是单纯地完成组织目标，而作为各种社会关系主体的人，却有各种各样的文化和价值取向，并发生冲突，企业非正式组织则建立在其成员共同的文化基础之上，它能维持甚至创造文化，是其成员坚持理想与信念，对成员富有创造力的贡献给予较高评价，激发个人的创造性，进而满足成员自我价值的需求。

辩证关系是指企业正式组织和非正式组织是一个不可分割的主体，两者间既有普遍联系又有明显区别的对立统一的关系。其中联系主要体现在：首先，企业

正式组织与非正式组织互为基础，缺一不可，任何一方无法单独存在；其次，只有在正式组织与非正式组织两者统一的意义上，才能理解企业组织的本质；再次，企业正式组织与非正式组织之间的结合程度反映了企业组织的实际状况；最后，正式组织与非正式组织各有利弊，不能简单地做出选择。两者的区别体现在人为结构与自然结构的区别、产生方式的区别及理性化和非理性化的区别三个方面。

四、非正式组织对战略管理的功能

从一般意义上来说，功能是指事物或方法所发挥的功效和作用，我们在这里所说的功能是指非正式组织的情感、行为、规范等对战略管理所产生的客观后果。企业非正式组织的存在、活动及作用以其本身目标与战略管理目标的一致性为转移，当它的目标与战略管理目标一致时，可以发挥正面功能，反之，也可能产生消极影响。

（一）正面功能

非正式组织存在的一个重要原因就是大多数人包括企业领导人、管理者和员工都需要它、利用它，从而使其与正式组织发生相互作用。概括起来，它在战略管理中的正面功能主要体现在以下四个方面。

（1）维持创新。战略管理内容的核心是维持与创新。企业正式组织的功能便是承担企业所分配的职责，并执行其基本任务。而非正式组织是成员之间有更多的相互表达思想和交流信息的机会，这种交流以满足员工心理需要为目标，可以增强企业凝聚力。因此，非正式组织可以产生一种组织维持的功能，客观上有利于稳定员工队伍，维持企业正常生产经营秩序。此外，当企业管理者能利用好非正式组织并发挥其沟通和凝聚作用时，就可以更高效率地完成组织目标，并为企业的工作创造良好的创新环境。

（2）协助管理。非正式组织有协助正式组织发挥整合作用的功能，非正式组织具有较大的内聚力，对其成员有一种内在的号召力，因此，非正式组织通过整合可以快速有效地把个人行为统一到战略管理的目标行为之中，协助正式组织完成工作任务。这会导致更宽松、更有效的控制，在非正式组织成员中产生一种信任感，同时，他们也向管理者表现出自己是值得信赖的，这既能减轻管理者的工作负担又能提高工作效率，有效地实现战略管理目标与个人偏好的和谐统一。

（3）满足需要。人除了生理需要外，还有安全、社交、尊重和自我实现等需要，而人的这些需要是在人际交往中获得的，在工作生活中实现的。企业员工这些多层次、多方位、多范畴的需要，有的可以在企业正式组织中得到满足，但还有许多需要很难从中获得，正式组织按照明确的规章制度运行，企业员工在其中形成的主要是各种职责层级关系，在这种管理与被管理的角色塑造下，他们的心理需要、感情需要等难以得到满足。而在非正式组织中，员工之间的非工作关系和平等关系可以弥补他们在某些方面的空白，从而增加员工的满足感。概括来说，非正式组织可以满足人们的归属需要、安全需要、尊重需要及社会需要，这种功能对于提高正式组织的工作效率产生积极影响。

（4）获取信息。非正式组织的信息交流，是正式信息的有效补充，通过这种非正式的交流，可以让员工有机会共享知识和信息，拓宽员工获取信息的渠道。企业通过正式途径与非正式途径进行信息传递，正式途径的传递是主要途径，但方式单调，带有强制色彩，有时不易被员工认可。在这种情况下，非正式组织承担了相当可观的信息沟通量，非正式组织形成的同质化思维方式为共同理解创造了条件，大大提高了信息沟通的效率，同时可以为管理者提供信息反馈，使管理者可以了解员工对企业的看法，并及时加以改进。

（二）负面功能

由于非正式组织成员的联结方式、运作规范及其目标与正式组织不尽一致，尽管其有许多有利于战略管理的正面功能，但若处理不当也会产生消极影响，常见的有：抵制变革、目标冲突、从众心理、滋生谣言。

（1）抵制变革。尽管非正式组织没有受到具体组织框架的约束，但它们有其相对统一的价值观，当工作环境与其价值观相悖时，它们通常会采取消极的态度。这种倾向导致了保守的理念，即不管外部环境发生了多大变化，惯例往往难以破除，而一旦变革影响到了它们的利益，便会引发对变革的抵制。非正式组织抵制变革的原因主要有：人们安于现状，认为变革打乱了宽松的工作环境；运行成本的降低并没有为员工创造更高的报酬，他们希望通过抵制变革促进企业决策层牢记人的因素。

（2）目标冲突。由于企业战略管理追求利润最大化的目标，与非正式组织满足员工社会需要的目标之间并不一定一致，因此二者在某些方面会存在矛盾冲突。具体来说，战略管理关心的目标是企业的生存、发展和利润；非正式组织关心的目标则是工资、待遇和稳定。当员工被要求去追求两个相互矛盾的目标时，就会发生目标冲突，而非正式组织的影响力往往较大，因此，管理者必须同非正式组织培养同样的兴趣，并经常联络感情，以促进双方目标的结合。

（3）从众心理。这里所指的从众心理是个体在非正式组织中，由于不知不觉地受到非正式组织的影响和压力，他们会在知觉、判断、信仰和行为上放弃自己的意见，而采取与大多数人一致的意见和行为。非正式组织并存于正式组织中，但具有非理性的行为规范，因此，易形成群体思维的模式。成员对群体内共同认可的规范准则持完全信任的态度，从而产生从众心理。同时，非正式组织还有较强的内聚力，成员间的亲密程度或相互间的吸引力较大，这种群体行为规范亦会使成员产生从众心理，自觉地服从非正式组织目标，接受其成员共同的行为规则，结果必然会对企业战略目标的实现产生极为不利的影响。

（4）滋生谣言。谣言在非正式组织中极易牵强附会，以讹传讹。非正式组织往往会形成一些习惯，适用于个人无意识的和非理性的行动，一般与正式组织中理智的和经过计算的行动及决策不会同方向运动。又由于非正式组织信息沟通的流向是不规则的、不确定的，往往会成为小道消息，混淆视听，影响正常的工作秩序，特别是当谣言发生在重大利益冲突和组织变革时，破坏能力会相当强。

综上所述，企业非正式组织对战略管理有利有弊，关键在于如何运用，管理者若能扬长避短，为我所用，使之与企业战略目标相结合，将会产生良好的作用。

第四节 企业文化战略及其决策

一、企业文化战略及其实质

企业文化战略是指根据企业总体战略的要求，对企业在生产经营活动中逐步形成，并取得职工共识的价值观念、理想信念、经营哲学、道德风范、行为准则等进行完善提高，以指导企业发展所进行的长远性的谋划和方略。

企业文化本质上是企业经营管理文化，它在企业生产经营活动的各种要素中起支配作用，处于核心地位，决定着企业全局的发展。因而必须提高到战略的高度加以认识，进行运筹和谋划，并根据企业发展的不同情况、不同阶段，拟定多种可供选择的企业文化战略方案。

二、企业文化战略方案的分类

根据企业文化的内涵，可供企业选择的企业文化战略方案有以下类型。

（一）企业产品形象战略

产品形象战略是指通过产品的设计、制造和营销，使其质优和适用，提高其在市场上的知名度和美誉度，在顾客心目中确立其名牌形象所进行的长远性的谋划和方略。

产品形象是产品的内在素质和外观素质的综合反映，产品内外素质的高低体现着蕴藏在产品中的文化力的大小。产品形象好，即产品内外素质中所体现的文化品性高。顾客购买产品，不仅是为了获得产品的使用价值，即获得产品的功能、效用，也体验着蕴藏在产品中的文化，获得美好文化的享受。顾客是通过购买产品认识企业的，产品形象极大地影响着企业形象。因此，要确立企业在顾客心目中高大而美好的形象，关键是要确立产品在市场上的品牌形象，实施企业产品形象战略。

（二）企业职工形象战略

企业职工形象战略，是指企业以人为本。形成一流的员工队伍，为市场创造适销对路的产品，提供最佳的服务，以展现员工良好的职业道德、较高的文化素养、崇高的精神风貌所进行的长远性的谋划和方略。

职工形象是企业员工内在素质和外在表现的综合反映。它包括员工的文化素养、职业道德、专业水准、敬业精神、举止言谈、服务态度和装束仪表等方面。

员工形象是企业形象的重要组成部分，是企业形象人格化的具体体现。企业员工在生产经营活动和管理工作中的言行举止，实质上都在把企业的形象传递给社会公众。员工好的言行，给企业增添光彩；坏的言行，则败坏企业名声。所以，确立良好的员工形象，是形成好的企业形象和优秀的企业文化的基础。企业员工形象战略是企业文化战略的重要方面，是在一定条件下应突出选择的战略方案。

（三）企业家形象战略

企业家形象战略是指企业对为企业生存发展、国家经济繁荣、社会文明进步做出了杰出贡献的企业家，通过有关方面的表彰和宣传，扩大其在社会公众中的知名度和美誉度，并相应地提高企业在社会上的声誉所进行的长远性的谋划和方略。

企业家形象是企业家内在素质和外在表现的综合反映。它与企业产品形象、企业员工形象以及企业整体形象密切相关。优秀企业家是著名企业和名牌产品的创业者、开拓者，是职工队伍的领导者、组织者。企业家形象同企业产品形象、员工形象、企业整体形象等一同确立起来。企业努力利用政府和社会有关方面表彰优秀企业家的机会，进一步宣传企业家的先进事迹，扩大他的知名度和美誉度，目的是进一步提高他所领导的企业在社会上的声誉，为企业长远的发展创造更有利的外部环境。因此，企业家形象战略是可供选择的重要的企业文化战略之一。

（四）职工榜样战略

职工榜样战略是指企业对为企业发展、国家繁荣、社会进步做出重要贡献的优秀员工进行表彰和宣传，以带动更多员工比先进、学先进、赶先进、超先进，形成企业优秀职工群体所进行的长远性的谋划和方略。

榜样的力量是无穷的，榜样的形象是光彩照人的。职工榜样也是企业文化的重要组成部分。树立员工榜样反映了企业的价值取向，表明企业鼓励什么、倡导什么，什么最可贵；通过表彰和宣传优秀员工的先进事迹，就形成一种榜样的力量，引导广大员工向先进看齐。企业的价值观是一种意识形态，看不见、摸不着。但用正确的价值观所培育成长起来的员工榜样，却是看得见、学得到的。优秀员工是企业家创造优秀企业的骨干力量，通过骨干力量的榜样作用，带领全体员工迎接竞争的挑战。员工榜样战略是可供企业选择的企业文化战略的重要战略之一。

（五）企业员工共同信念战略

员工共同信念战略是指企业为培育全体员工共同的理想信念，形成企业独特的经营哲学和强大的精神支柱所进行的长远性的谋划和方略。

这一战略是对企业所承担的历史使命的共同认识和总体态度。企业的历史使命是指企业在推动社会进步和发展经济中所担当的重大责任，完成这个历史使命不仅是企业家的任务，而且要使企业全体员工都认识到这是大家共同的使命，并乐于同企业家一道认真履行完成企业使命的神圣职责，并把为国家经济发展和社会文明进步作为企业强大的精神支柱。企业在自己的成长过程中总会遇到各种矛盾，在处理这些矛盾的过程中，逐步形成自身独具特色的经营哲学，引导企业走向成功。

员工共同信念战略是企业文化战略中最核心的一个战略，是在企业运行过程中自始至终都应坚持的起主导作用的战略。

（六）企业凝聚力战略

企业凝聚力战略是指企业在面临强大的竞争压力或处于逆境经营时，努力使企业集团内各成员企业，或集团公司内各分公司、子公司，企业内部的高层、中层和基层，以及全体员工团结一致，奋发图强，艰苦创业，迎接挑战，为走出逆境所做出的谋划与方略。

凝聚力也称内聚力或向心力，即以企业领导层为核心所形成的团结战斗的能力。能否形成企业凝聚力，取决于企业领导班子和广大员工能否形成正确的共识的价值观。有了正确的、一致认同的价值观，在强大的市场竞争面前，或企业面临经营困境时，企业领导班子首先敢于迎接挑战，把外部的竞争压力转化为激励员工战胜困难的动力，团结员工艰苦奋战，终将走出逆境，在竞争中立于不败之地。

（七）企业形象战略

企业形象战略是指企业以确立企业家形象为核心，以塑造员工榜样、员工形象为基础，以突出产品形象为关键，寻求企业发展所进行的全局性、长远性的谋划与方略。

企业形象的内在素质包括管理素质、技术水平、企业家和员工的素质，以及这三者综合起来的企业整体素质。企业形象的外在表现是指社会公众看到、听到或感觉到的企业静态实物和动态言行。静态实物表现为企业的建筑物外观、环境建设、内部装饰、员工的服饰着装、产品外观、包装等；动态言行表现为企业的广告宣传、营销活动、社会活动、企业家的公众形象和媒介形象等。内在素质是企业形象的根本，外在表现是内在素质在社会公众中的自然反映和综合结果。只有不断地提高企业的内在素质，特别是提高企业的整体素质，才会自然地产生良好的外在表现，逐步在社会公众心目中形成美好的企业形象。

企业形象战略是企业最高决策层根据企业长远发展的要求，在对企业内外环境进行深入调查的基础上，为企业所确立的总体价值标准、行为标准、素质标准、市场定位和个性特征。企业总体形象战略是企业生产经营活动的指南和行为的规范，也是企业生产经营活动贯彻始终的指导战略。

三、企业文化战略决策

在进行企业文化战略决策时，究竟选择或突出哪一个企业文化战略方案，应在考虑和分析以下因素后做出判断和决策。

(一) 生产力发展水平，企业技术进步状况

整个社会生产力水平在逐步发展，企业技术进步在加快，企业生产的机械化、自动化水平的提高，意味着企业职工智力劳动的比重加大。职工在生产中的作用越来越重要。因此，调动员工的积极性，确立员工形象战略成为企业文化战略的重要选择。

(二) 企业职工行为规范和职业道德状况

当企业职工生产行为不规范，或职业道德水平不高、文明生产的习惯尚未形成时，需突出企业文化中的制度文化和职业道德的教育，实施文明生产战略；随着行为规范的严格执行和职业道德水平的提高，应相应地突出企业文化中深层文化的作用，选择共同信念战略。

(三) 企业生产经营水平和市场竞争中的地位

企业生产经营水平高，在市场竞争中处于优势地位，应实施企业整体形象战略和员工共同信念战略；当企业经营处于困境，在竞争中处于劣势地位，面临巨大的竞争压力时，应果断地选择企业凝聚力战略。

(四) 企业家和员工队伍的素质状况

企业家的思想素质高，专业和智能素质高，要领导企业员工进行艰苦创业，团结进取，使企业面貌一新，经济效益不断提高，对国家的贡献日益显著，使企业在社会公众中的形象逐步高大，企业家本人在社会上的影响也会扩大。因此，在这种情况下，应该选择企业家形象战略。企业家领导下的员工队伍整体素质不断提高，开发和生产的产品适销对路，产品的知名度和美誉度、市场覆盖面和市场占有率不断提高，创出了名牌，对企业的发展、市场的繁荣做出了很大贡献。在这种情况下应适时突出员工榜样战略或员工形象战略。

(五) 企业总体经营战略及其战略目标的要求

企业文化战略是企业重要的职能战略，是为实施企业总体经营战略服务的。因此，选择何种企业文化战略方案，应考虑企业总体经营战略的要求。例如，当企业实施规模扩大化的总体战略时，随着产量的增加，容易忽视质量。因此，相匹配的企业文化战略应选择文明生产战略；当企业选择集团化经营战略时，遇到市场的大风大浪，企业集团内的一些成员企业可能会出现离心倾向，貌合神离。因此，相匹配的企业文化战略应选择企业凝聚力战略，充分发挥集团的整体优势功能，保证总体战略目标的实现。

以上各类文化战略都是企业所需要的，企业文化战略的决策主要是针对一定时期的主要矛盾和薄弱环节，选择某一种适合本企业的文化战略。

本章小结

企业领导者不仅要从技术、产品、营销、资本等方面制定正确的经营战略,而且还要从企业内部形成强大的凝聚力,团结全体员工,形成共同的价值观,主动出击,参与竞争,谋求发展。培育和建设企业文化成为企业经营战略的重大课题。企业文化是企业战略实施的重要支柱。企业文化与企业战略有着极为紧密的关联性,要分析二者之间的内在关系,首先,需了解什么是企业文化,企业文化的类型、结构、特征、功能分别是什么。在探讨战略与文化的关系时,本章提出了三个方面内容,即企业文化是实施战略管理的基础;战略调整将带动企业文化变革;企业文化与战略管理协调发展,发挥协同作用。其次,企业文化创新及非正式组织也是研究文化与战略关系的重要方面。最后,本章总结了企业文化战略的类型,并介绍了文化战略决策的参考因素。

思考题

1. 企业文化在企业管理中发挥了怎样的功能?
2. 阐述企业文化与战略管理的关系。
3. 非正式组织在战略管理中具有怎样的作用?
4. 企业文化战略方案有几种分类?应当如何决策?

参考文献

[1] 埃兹拉·沃格尔. 日本名列第一——对美国的教训 [M]. 北京:世界知识出版社,1980.

[2] 理查德·巴斯克,安东尼·艾索思. 日本的管理艺术 [M]. 台北:长河出版社,1982.

[3] 威廉·大内. Z理论——美国企业如何迎接日本的挑战 [M]. 北京:中国社会科学出版社,1984.

[4] 托马斯·彼得斯,小罗伯特·沃特曼. 寻求优势 [M]. 北京:中国财政经济出版社,1985.

[5] 劳伦斯·米勒. 美国企业精神 [M]. 北京：友谊出版社，1985.

[6] 托马斯·彼得斯，南希·奥斯汀. 赢得优势：领导艺术的较量 [M]. 北京：企业管理出版社，1986.

[7] 丹尼尔·A.雷恩. 管理思想的演变（第2版）[M]. 北京：中国社会科学出版社，2004.

[8] 查尔斯·汉迪. 管理之神：组织变革的今日与未来 [M]. 北京：北京师范大学，2006.

[9] 彼得·德鲁克. 管理的实践——德鲁克管理经典 [M]. 齐若兰译. 北京：机械工业出版社，2006.

[10] 彼得·德鲁克. 创新与企业家精神 [M]. 北京：机械工业出版社，2007.

[11] 丁宁. 企业战略管理（第3版）[M]. 北京：清华大学出版社，2013.

[12] 邹昭晞. 企业战略分析（第3版）[M]. 北京：经济管理出版社，2008.

[13] 邵一明，蔡启明. 企业战略管理（第2版）[M]. 上海：立信会计出版社，2005.

[14] 钟耕深. 战略管理 [M]. 济南：山东人民出版社，2006.

[15] 夏文秀. 企业非正式组织 [M]. 杭州：浙江人民出版社，2003.

[16] 李桂荣. 创新型企业文化 [M]. 北京：经济管理出版社，2002.

[17] 王成荣，周建波. 企业文化学（第2版）[M]. 北京：经济管理出版社，2007.

[18] 梁绍川. 企业文化与管理方式 [M]. 广州：暨南大学出版社，2003.

[19] 赵光忠. 企业文化与学习型组织策划 [M]. 北京：中国经济出版社，2003.

[20] 罗长海. 企业文化学（第4版）[M]. 北京：中国人民大学出版社，2013.

[21] 刘光明. 企业文化（第5版）[M]. 北京：经济管理出版社，2006.

[22] 杨秀英，傅琼，魏佐国. 企业文化 [M]. 北京：中国商务出版社，2006.

[23] 刘志迎. 企业文化通论 [M]. 合肥：合肥工业大学出版社，2004.

第十五章　战略控制

>　　水因地而制流，兵因敌而制胜。故兵无常势，水无常形；能因敌变化而取胜者，谓之神。
>
>　　——《孙子兵法·虚实篇》

　　市场处于不断变化之中，这种变化既不会停止，也不会重复。处于这样一种复杂多变的环境中经营的企业，只有不断提高自身的应变能力，随市场的变化而变化，才能谈得上生存和发展。企业在战略实施的过程中，要把战略的实施当作不变之道沿用下去。如果经营环境变了而不加以注意，一味墨守成规地行事，到头来在市场中碰了壁自己还不知道是怎么回事。因而，要达到企业最初实施战略的目标，我们在思想上不能一成不变，要跟上变化的内外部环境，这最后体现和落实到提高企业的战略控制能力上。

　　战略管理的目的是能实现企业的目标。在战略实施过程中，或者是由于企业行为的偏差，或者是由于企业内外部环境的改变，都能造成战略的局部或整体已不符合企业的发展，或是企业的发展偏离了战略方向，从而使得战略执行成果大打折扣。因此，为了确保战略目标的达成，战略管理必须有一个检讨修正的机制，而这个检讨修正的机制便是战略控制的机能。战略控制是战略管理程序的最后一个阶段。战略控制是提供评估战略执行结果与战略目标是否一致的机制，若没有达到所期望的目标，则应采取修正的行动来帮助企业达到这些目标。因此，要使得预先制定的目标能成功实现，有效的战略控制是战略管理过程中必不可少的环节。

　　战略控制　(Strategic Control) 是指在战略的实施过程中用以确保战略行为或战略活动能够依照战略计划完成并达成目标，对战略进行跟踪发现问题或变化，进而修正任何重大偏离的一种监视程序。战略管理人员评估企业的战略绩效，将实际绩效与期望目标相互比较以了解整个战略的表现。有效的战略控制机制的最终目的在于确保达成企业的战略目标。世界经济近些年日益迅速的变化、全球市场的激烈竞争使得企业将持续改进作为战略控制的一个重要部分。持续改进作为现代企业战略管理的有效方法使得企业能够更加迅速和敏捷地应对各自领域的发展。

开篇案例

宜家的背后

如果你不是一个"奢侈品消费专业户",你就应该逛过宜家(IKEA)连锁商店,从摆放在各类"样板间"的家居用品里,挑选几件价格便宜的商品,比如合金的CD支架或者白桦木的沙发,回家花点时间把这些"平板包装品"组装起来,只当作消遣。当然,你也可以不买家居用品,在宜家餐厅里尝尝北欧风格的小食品,或者干脆坐在BILLY沙发床上歇上几个钟头。

全球共有180家这样的宜家连锁商店,分布在42个国家,雇用了7万名员工,成为全球最大的家居商品零售商之一,还赢得了Interbrand营销研究机构排列的全球100名最有价值品牌(第44名)的荣誉。

对经理人来说,唯一比拯救一家失败的企业更为艰难的事情,是向一家成功的企业增加投资。海外零售运营商们对这一点体会更深切,宜家更是如此。在海外开连锁店的时候,他们必须改变那些他们赖以成功的策略。当然,所有的企业全球化的时候,都会遇到这种困境,但是零售业更为突出,因为零售业是一种最贴近客户的生意。所以,零售运营商们必须快速调整战略,去适应本地的特性。游戏的陷阱是,在本地化的同时,不能改变那些让我们成功的基石。

宜家在全球取得了巨大的商业成功,其核心价值观是:客户是供应商,为公司提供时间、经理、信息和运输服务;供应商是客户,公司需要为他们提供商业、技术服务。

在多年的商业运作中,宜家培养并强化了它的核心竞争力:宜家不断降低成本,在以便宜的价格提供优质的产品上取得巨大成功;它在远离市中心的宜家专营店里提供大量可供组装的"平板包装品"组件;它的2000多家供应商遍布60多个国家,宜家和他们签订长期的独家经销合约,并向他们提供技术咨询和设备租赁,以便控制供应商,实现低成本的外包;独特的拥有专利的产品设计是宜家控制供应商的另一件法宝;另外,世界范围内的大规模销售造成极具成本优势的大规模生产。

宜家在全世界范围内取得巨大成功的原因还不仅仅在此。宜家在美国市场曾经栽过跟头。1985年,宜家在费城郊区开了一家15700平方米的家具店。刚开始的时候经营还不错,但不久就出现问题了。在欧洲开一家宜家店,2~3年就可以盈亏平衡,但费城这家店,开了4年还是亏损。其原因,似乎不能归咎于经济低迷,家具市场萧条。

经过调查,宜家发现,很多顾客来家具店参观,走的时候却两手空空(美国消费者和中国消费者不同,中国消费者逛商店是一种娱乐,美国逛而不买的很少),美国顾客抱怨排队太长,有的东西还经常缺货。

这给模仿者带来可乘之机,他们迅速向市场推出宜家推广的欧式风格。最为糟糕的是，当时宜家大部分产品来自瑞士，这直接造成成本攀升，破坏了宜家苦心经营的低成本家具品牌。

发现原因后，宜家迅速做了美国市场战略调整。在产品上迎合当地口味，在家具尺寸和风格上做调整，优化购物的流程，避免客户排队等待时间，加大库存，提高送货的效率（次天送货），组织本地生产等。

费城宜家的运作开始好转，1990年销售翻了3倍并开始盈利。1991年，宜家在洛杉矶收购了4家模仿店，10月，宜家开了美国第13家家具店。

经过这次教训之后，宜家改写了它的经营原则，改变了宜家在不同地区以同样的方法销售同样的产品的做法，在广告策略上不再强调纯北欧设计风格，而强调变化和多样的瑞士生活理念。

在全球化的扩张中，宜家打破了"在进入一个市场前必须经过彻底的调查，尽可能地迎合当地消费者的口味，通过并购、连锁、合资等方式获得当地专家资源"的商业法则，从宜家的案例中，我们可以看到这样一个循环的战略管理过程：为了执行公司战略，形成和巩固核心竞争力，公司倡导平等、学习型、解决问题、反官僚的文化，信任员工的直觉，建立扁平化的组织，以利于快速决策。在财务上还废除了固定预算制度，按照目标利润率反过来制定成本预算，以保证相对成本控制。

资料来源：金错刀.宜家背后的秘密　[N].21世纪经济报道，2003-01-27.

第一节　战略控制的模式

战略控制的基本过程与其他类型的控制过程是一样的，采用的是一种对比、反馈和改进的回路控制。整个战略控制的基本模式如图15-1所示。

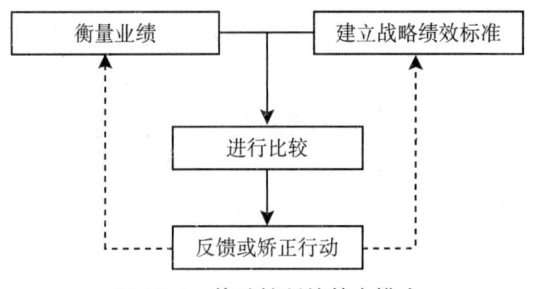

图15-1　战略控制的基本模式

战略控制程序由四个不同的步骤所组成，即将实际的战略绩效与战略绩效标准进行比较，如果二者的偏差在许可的范围之内，则只有反馈而不采取矫正行动；反之，如果实际的绩效与评价标准的偏差超出了许可的范围，则应实施矫正措施，以使得实际绩效回到标准范围之内。这些矫正措施的范围很广，包括改变战略、改变预期目标、改变企业的组织机构等。以下我们便针对战略控制程序的每一个步骤进行探讨。

一、建立战略绩效标准

战略绩效标准是企业战略管理成效的规范，它用来确定战略措施或计划是否达到战略目标，而这些战略目标是在制定战略规划时所设定的。战略绩效同战略目标都应当是可定量和易于衡量的。因为模糊的战略目标只能产生模糊的标准，而模糊的标准则无法评估战略目标实际所完成的程度。

此外，在企业不同的组织层次上，都应有相对应的目标或生产计划作为战略绩效标准。因为不同级别的企业人员对绩效标准的认识也往往存在差异性。一般来说，高层管理人员比较注重财务层面的绩效指标，而基层的管理人员则关注非财务绩效指标。

总而言之，在建立战略绩效标准这一步骤上，企业所要面临的问题是"如何建立绩效标准的明确性和衡量性，以及能达到何种程度"，"如何确保绩效标准的高低程度能够适合企业的状况"。绩效标准的明确性与可衡量程度愈高就愈容易评估。当然，绩效标准的设定不能太低也不能太高，太低的标准对企业缺乏动力，太高的标准对企业缺乏现实性。因此，如何确立适宜的绩效标准，是战略管理人员必须慎重考虑的问题之一。

二、衡量业绩

业绩是企业活动的最终结果。选择哪种方法来评估业绩将取决于企业的战略管理人员和企业要达到的目标。在战略管理过程中战略制定部分初期确定的战略绩效标准（获利性、市场份额、成本控制等）被用于衡量公司的业绩。

随着公司业绩衡量办法的不断发展，很多公司已不再单一采用财务标准（如ROI 或者 EPS）来衡量公司总体业绩，而是提倡用多种方法衡量战略的成败。其中包括利益关系群体衡量法、股东价值法和平衡计分法。用复杂的财务衡量方法衡量公司业绩已是一个明显的潮流，且日渐增多的公司赞同采用非财务衡量法来评价公司业绩。

（一）投资回报率（ROI）

投资回报率是最常用的衡量公司业绩方法，即用税前净收入除以投资总额。ROI 是一个受到所有事件的影响的单一的综合性指标。它能够度量部门经理使用公司财产创造利润时的表现，也是核查公司资本投资方案准确性的好方法，并可在不同企业之间做横向比较。ROI 鼓励有效地使用现有资产，鼓励能够增加回报的资产兼并。但是，这个指标也有一定的局限性。ROI 对折旧政策非常敏感，各部门之间不同的折旧政策会影响各部门的 ROI 表现。加速折旧方法会提高 ROI，这与资本预算折现现金流分析方法相冲突。老公司由于有较多的已折旧资产，因此相对于新公司来说投资基础较低,这样提高了ROI。为了提升ROI表现,公司可能会压制资产投资或进行资产处置。并且如果一个多元化公司的某个部门处于条件优越的行业,而另一个部门处于条件恶劣的行业,那么前者会"自然而然的"看起来强于后者。因此,使用这一指标时也需要考虑多种因素。

(二)每股收益(EPS)

每股收益是用净收益除以已发行普通股的总股数。在用来评估公司过去和未来业绩时,由于存在不同的会计准则,采用不同会计准则计算EPS会导致不同的、却都可以被接受的数值。另外,由于EPS以累计收入为基础,将收入转换为现金可能就要到期末或者被延迟,所以,EPS没有考虑到货币的时间价值。因此,EPS同样也存在着一些不足。

(三)经济附加值(EVA)

由于建立在会计数据基础上的数据,如ROI和EPS不能恰当地衡量公司价值,许多公司开始使用股东价值以更好地衡量公司业绩和战略管理的有效性。股东价值可以被定义为公司业务未来预计现金流的现值加上公司现在如果被清算的价值。考虑到公司的主要目的是增加股东财富,因此股东价值分析法将现金流作为评价业绩的主要方法。公司的价值等于将公司未来现金流折现到现在的现值,折现率是公司业务的资金成本。只要某项公司业务的回报超过其资金成本,此项公司业务就会创造出价值,其价值就高于投入资本。

EVA是一种用来衡量公司和事业部业绩的极为普遍的股东价值法。EVA度量了公司业务在战略前和战略后的价值差异。EVA就是税后营业收入减去年度总资金成本,计算公式如下:

EVA = 税后营业收入 - (资产投资额 × 资金的加权平均成本)

公司的资金成本是由债务成本和股权成本组成的。公司年度借入资金的成本是银行和债券持有人所要求的利息。公司的总资金成本是债务成本和股权成本的加权平均值。总资产投资额是投资于公司业务上的资本量,包括投资于厂房、机器、计算机、研发和培训的所有资金。用公司的总资产投资额乘以资本的加权平均成本,再将这个数字从公司的税后营业收入中扣除,如果得数是正值,那么该战略就为股东创造了价值;如果得数是负值,那么该战略就破坏了公司的价值。

(四)市场附加值(MVA)

市场附加值(MVA)是指公司的市场价值减去股东和债权人的资金后的差值。同净现值一样,市场附加值反映了股票市场对公司过去的和预期的资本投资项目净现值的估计。因此,MVA就是未来EVA的净现值。MVA的计算首先将公司所有的投入资本加总,包括来自股东、债权人的资金和留存收益。然后剥离出像研发等的会计费用,因为这些费用实际上是对未来收入的投资,这样就得到了公司的总资本额。最后用目前的股票价格乘以所有流通股票数,然后加上公司的负债额。这就是公司的市场价值。如果公司的市场价值大于所投入的资本量,公司就有正的MVA值,意味着公司的管理(以及所采取的战略)创造了财富。

在某些情况下，公司的市场价值比所投入的资本量要低，这时股东财富就被损失掉了。

三、比较战略绩效标准与公司业绩的差距

比较战略绩效标准与公司业绩的差距是指将实际业绩与确立的绩效标准相比较，找出两者之间的差距及其产生的原因。在比较过程中，要求实际绩效和标准完全相符，是不切实际的想法，因此一定范围的差距是可以接受的。所以，比较的步骤也要决定实际绩效和标准之间可接受的变动区间。过度狭窄的区间会使指标过度敏感；过度宽广的区间则失去控制的意义。

在比较的过程中，企业不仅可以将实际业绩与绩效标准相比较，而且也可以将自己的实际业绩和竞争对手相对照。这样就将比较的范围变得更宽泛，更能就自身所处的环境及时发现自身的竞争优劣势，以采取适当的纠正措施。这种对比所需要的数据，可以从统计年鉴或行业白皮书报告中获取。

四、反馈或矫正行动

战略控制程序的第四个也是最后的步骤，便是采取反馈或矫正行动。战略管理人员首先要判定差距的来源。造成差距的原因有很多，例如可能是因为用以实施战略的组织结构错误；可能是因为战略实施人员的不称职或玩忽职守；可能是因为企业外部环境存在变化等。战略管理人员应该针对造成差距的真正原因采取彻底解决问题的行动。

当然差距也可能来自不切实际的绩效标准。绩效标准定得太高，在此种情形下，则需要修正的是标准而非实际绩效。不过，有时绩效较差的员工往往会倾向将其表现不佳归因于过高的标准。因此，如何判定绩效标准是否真正过高是一件相当重要的事。所以，如果战略管理人员相信标准是合理的，则战略管理人员应向员工明示标准的合理性，然后采取必要的修正行动以促成绩效标准的达成。

第二节 战略控制的类型

战略控制主要是针对企业的长期目标以及战略的基本方向进行控制。战略控制可以根据控制的阶段、本质、动力以及对象的不同来进行分类。

一、从控制的阶段来分类

（1）前提控制（Premise Control）。它是指系统要持续地检视战略的前提是否仍然有效。每种战略都是建立在某种计划前提、假定或预测之上的。当前提与战略不能匹配时，战略管理人员应该修改战略。常见的战略前提包括行业因素和环

境因素。

（2）战略监督（Strategic Surveillance）。它是指非集中的用来监控可能影响企业战略过程的广泛的企业内外的事务。战略监督应该是一种宽松的"环境扫描"状态。其主导思想是，重要但预料之外的信息可通过多重信息来源的总体监视而获得。

（3）应急控制（Special Alert Control）。它是指因为发生了某一特别和突发的非预期事件，而针对企业战略进行一次完整而快速的重新检讨。突发事件可能引发企业对当前的战略形势进行即时的、有针对性的检讨。越来越多的企业制定了应急控制程序与处理紧急情况。

（4）实施控制（Implementation Control）。它是指根据战略实施所获得的绩效来评估是否应该改变整体战略或采取修正行动。战略实施控制有两种基本形式：战略任务监控，即战略管理人员不断监控战略成功的关键任务；战略里程碑监控，即监控关键的事件、重要的资源配置或某一个固定的时点等。

二、从控制的本质来分类

（1）机械控制（Mechanistic Control）。又称为科层体制控制（Bureaucratic Control），指广泛地运用组织的规章制度、层级机构、严格规范岗位说明书以及其他的明确规定，以防范与修正绩效和结果的偏差。机械控制的代表是军队和政府机构。机械控制倾向以行为作为基础，通常较强调外在的报酬（薪资、奖金、地位等）。

（2）有机控制（Organic Control）。指使用弹性制度、相对松散的岗位限制、自我控制以及其他的非正式方法来防范与修正偏差。自愿性的公益团体便常常采用有机控制。有机控制倾向以结果为基础，通常同时强调内在和外在的报酬（工作的意义与成就感），以及通过团队本身所能产生的控制，以协助完成企业目标。有机控制往往通过企业文化来整合组织、团队与个人的目标，以实现整体的控制。

三、从控制的动力来分类

（1）外力控制（External-forced Control）。指借助外在的干预进行控制，也就是企业为个人制定的标准用以对绩效做出监控。企业设定的预算及机械控制都是相当常见的外力控制，因为机械控制强调依赖组织的规章制度、层级机构、严格规范岗位说明书进行控制。典型的机械控制通过标准化管理机制规范和引导企业成员的行为，使其达到预期的绩效标准。

（2）内力控制（Internal-forced Control）。指通过基于企业成员的认同与承诺所产生的自我要求来促使他们产生一种将事情做对的愿景。内力控制是一种自我控制，主要通过信念体系的建立、共同价值的灌输，以及共同愿景的塑造等来产生认同。认同能促成自我督促与自我要求。强调由员工参与制定目标的目标管理（Management By Objectives，MBO），就是通过企业成员对目标制定的参与来达成对目标的认同,而产生自我激励与自我控制,以追求目标达成的内力控制。

四、从控制对象来分类

(1)财务控制。财务控制是针对企业的财务资源所做的控制。这里的财务资源包括流入企业的资源(收入、投资、借贷等)、企业现存的资源(营运资金、盈余等)与流出企业的资源(管理费用、生产费用、股息等)。财务控制主要是用来监控与防止财务资源的配置不当。常见的财务控制工具是比较性财务分析。比较性财务分析是针对同一时段两家以上不同组织的财务状况进行横向比较,或针对同一公司不同时段的财务状况进行纵向比较。

(2)产出控制。产出控制关注的是行为的最终结果,规定了根据目标、业绩指标或里程碑需要完成的内容(如销售定额、特定成本的减少、利润目标和顾客满意度等)。然后衡量实际的绩效成果,并对实绩与目标进行比较。企业的薪酬系统也会和这些比较结果相联系,以提供必要的激励。

(3)行为控制。行为控制是指根据企业政策、规章制度、行为标准运行程序和指令以指引各个部门、事业部和企业成员的行为。行为控制一般适用于业绩结果难以衡量,而行为和结果的因果关系较为明显的情况。常见的行为控制工具是预算、标准化、规则和审计。

(4)投入控制。投入控制关注的是资源的分布,如知识、技能、能力、价值和雇员动机等。投入控制最适用于难以衡量产出,且行为与结果间无明显因果关系(如大学教学)的情况。

上述的战略控制分类是依据不同的分类标准。在实际的战略控制过程中,不同的企业会依据自身的具体状况及偏好来选择合适的战略类型。

无论是哪种类型的控制,控制的过程基本上都是一样的,即将实际工作成绩与评价标准进行对比,如果二者的偏差没有超出容许的范围,则不采取任何矫正行动;反之,如果实际工作成绩与评价标准的偏差超出了规定的范围,则应找出发生差距的原因,并采取纠正措施,以使工作成绩回到标准范围之内。当然这样做的前提是战略理论经过检验是正确的,如果战略理论有错误或者周围环境产生重大变化,那么首先要做的是战略性调整,然后再执行战略并控制战略,确保战略目标的实现。

第三节 战略控制的原则

一、适时控制原则

(1)适时控制要求企业的战略控制有时效性。企业战略实施中对产生的偏差只有及时采取措施加以纠正,才能避免偏差的扩大,或防止偏差对企业不利影响的扩散。及时纠偏要求战略管理人员及时掌握能够反映偏差产生及其严重程度的信息。如果偏差已经非常明显,且对企业造成了不可挽回的影响后,反映偏差的信息才姗姗来迟,那么,即使这种信息是非常系统、绝对客观、完全正确的,也不可能对纠正偏差带来任何指导作用。

(2)纠正偏差的最理想时机是在偏差未产生之前,就注意到偏差产生的可能性,从而预先采取必要的防范措施,防止偏差的产生。预测偏差的产生,虽然在实践中有许多困难,但在理论上是可行的,即可以通过建立企业战略预警系统实现。我们可以为需要控制的对象建立一条警报线,反映战略实施状况的数据一旦超过这个警戒线,预警系统就会发出警报,提醒人们采取必要的措施防止偏差的产生和扩大。

二、适度控制原则

适度控制是指战略控制的范围、程度和频度要恰到好处,在控制过程中要尽可能注意以下问题。

(1)避免控制过多或控制不足。控制过多或控制不足均会带来消极的影响。控制常给被控制者带来某种不愉快,控制过多会影响被控制者的情绪,但是如果缺乏控制则可能导致组织活动的混乱。

适度控制既要满足对组织活动监督和检查的需要,又要防止与组织成员发生强烈的冲突,适度的控制应能同时体现这两个方面的要求:一方面,应认识到对组织成员行为的过多限制,会扼杀他们的积极性、主动性和创造性,抑制他们的创新精神,从而影响个人能力的发展和工作热情的提高,最终影响企业的效率;另一方面,要认识到过少的控制将不能使组织活动有序地进行,不能保证各部门活动进度和比例的协调,造成资源的浪费。

此外,过少的控制还可能使组织中的个人无视组织要求,我行我素,不提供组织所需的贡献,甚至利用在组织中的地位谋求个人利益,最终导致组织的涣散和崩溃。

(2)正确运用全面控制和重点控制。任何组织都没有必要对每一个部门、每一个环节的每一个人在每一时刻的工作情况进行全面的控制。由于存在对控制者再控制的问题,这种全面控制甚至会导致组织中控制人员远远多于现场作业者的现象。实际上,并不是所有成员的每一项工作都具有相同的发生偏差概率,并不是所有可能发生的偏差都会对组织带来相同程度的影响。

适度控制要求企业在建立控制系统时,利用 ABC 分析法和例外原则等工具,找出影响企业经营成果的关键环节和关键因素,并据此在相关环节设立预警系统或控制点,以进行重点控制。

(3)使控制费用与控制产生的效益相匹配。控制总会产生必要的成本,例如衡量工作成绩、分析偏差产生的原因以及为了纠正偏差而采取的措施,都需对此支付一定的费用。同时，任何控制，由于纠正了组织活动中存在的偏差，都会带来一定的收益。一项控制，只有当它带来的收益超出其所需成本时，才是值得的。控制费用与收益的比较分析过程，实际上是从经济角度分析上面考察过的控制程度与控制范围的过程。

三、客观控制原则

客观控制原则是指企业的战略控制必须是客观的、符合实际的。控制工作应该基于企业的实际状况，采取必要的纠偏措施，或促进企业活动沿着原先的战略轨道继续前进。

客观的控制来源于对企业经营活动状况及其变化的客观了解和评价。控制过程中采用的检查、测量等技术和手段，必须能正确反映企业经营在时空上的变化程度和分布状况，准确地判断和评价企业各部门、各环节的工作与战略规划的要求相符或相背离程度，这种判断和评价的正确程度还取决于衡量工作成效的标准是否客观和恰当。为此，企业还必须定期检查过去规定的标准和计算规范，使之符合现时的要求。

另外，由于管理工作带有许多主观成分，因此，判断下属人员的工作是否符合计划要求，不切实际地进行主观评定会影响对业绩的判断。

没有客观的标准、态度和准确的检测手段，人们对企业实际工作就不容易有一个正确的认识，从而难以制定出正确的措施，进行客观的控制。

四、弹性控制原则

弹性控制原则是指企业的战略控制应能根据实施过程中的变化做出相应的调整，即灵活性或弹性。

有效的控制系统应该能够在各种突发情况下发挥作用。企业在生产经营过程中经常可能遇到某种突发的、无法抗拒的变化，导致企业战略与现实条件严重背离，有效的控制系统应该仍能发挥作用。

弹性控制要求制定合理的控制标准。例如，有效的预算控制应能反映经营规模的变化，应该考虑到未来的企业经营可能呈现出不同的水平，从而为代表经营规模的不同参数值相应规定不同的经营额度，使预算在一定范围内是可以变化的。

弹性控制与控制系统的设计有关。由于控制系统的存在，部分员工和管理者会采取一些措施避免受到指责或使业绩看起来不错，从而直接影响一个特定控制阶段内信息系统所采集到的数据。例如，如果控制系统仅仅以产量作为衡量依据，则员工就会忽略质量；如果衡量的是财务指标，那么员工就不会在生产指标上花费更多时间。通常组织的目标是多重目标的组合，因此采取多重标准可以防止工作中出现做表面文章的现象，同时也能够更加准确地衡量实际工作和反映组织目标。

第四节 战略控制及持续改进

战略控制能够使企业管理人员关注战略实施的绩效,管理人员可以通过战略控制纠正战略方向,也可以通过改变企业组织结构、提高员工素质、改变工作任务等一系列措施消除不良业绩。越来越多的企业通过战略控制寻求自身的持续改进,进而促进业务的持续发展。全面质量管理、六西格玛法、ISO9000 标准以及平衡计分卡正成为全世界企业普遍日益采用的战略控制持续改进的方法,它们被视为 21 世纪取得战略成功的关键。

一、全面质量管理 (TQM)

全面质量管理 (Total Quality Management,TQM) 是企业从消费者完全满意的角度出发,为了保障和提高产品质量,综合运用产品的研究、设计制造和售后服务等一整套质量管理体系、手段和方法所进行的系统管理活动。TQM 最先在少数几家美国的大型生产公司中使用,第二次世界大战后,日本企业采用了美国人爱德华·戴明和 J.M.朱兰的质量控制方法;到 20 世纪 70 年代,日本产品由于极高的质量而使 TQM 获得了无可置疑的声望。

TQM 不仅是一种质量控制的体系,更可以被理解为一种新型的企业文化和思维方法。顾客满意度、业务中每种关键变量的准确衡量、产品服务及工艺的持续进步和基于信任和团队合作的工作关系等都是 TQM 密切关注的对象。TQM 的一些基本实施要素如下:

(1) 定义质量。企业应该对本企业中的质量含义有一个清晰的定义,而不能只是一个抽象模糊的定义。TQM 主张从顾客的角度对质量定义做出明确的书面规范。对顾客价值的思考扩大了质量的定义,从而包括了效率和反应速度。产品的性能很好、产品定价具有竞争力、能够快速地供货并根据需要予以改进,这些都是从顾客价值出发的质量定义。

(2) 发展顾客导向。顾客价值是企业应直接与顾客交流,第一手获取顾客需求信息,也应该识别"内部"顾客。TQM 提供了以顾客为导向的思考方法,特别是识别外部(最终)顾客同时也识别内部顾客。业务人员是会计部和采购部的内部顾客,会计部可从作业部获得有用信息,而采购部为其提供质量保证与及时供应。当企业具有质量、效率和快速反应时,价值就会体现在公司的努力成果中,并且传递到内部顾客和外部(最终)顾客。

(3) 采取预防的方法。TQM 主张企业奖励"防火人员"而不是"消防人员",鼓励员工在工作过程中主动发现缺陷。管理层应该因为其预防导向和取消低效工作而受到奖励。

（4）营造全员参与的气氛。质量管理不可能是几位经理或一个部门的工作，鼓励每个经理和员工的参与。只有企业的所有领域都同时应用质量概念才能使得顾客价值最大化。员工参与、授权、参与决策和在质量技术、统计技术与衡量工具中的多方面训练是持续改进的公司用来支持和灌输对顾客价值承诺的种种因素。

（5）为持续改进而奋斗。质量、效率和快速反应不是竞争性反应的一次性计划，而是一种新的衡量标准。在工艺、产品和服务中，质量、效率和快速反应的持续提高不仅仅是好的业务，更是长期生存所必需的。21世纪要求企业预先了解顾客期望，比竞争者更快地提供优质服务。

二、六西格玛管理

六西格玛管理方法是1987年在摩托罗拉公司率先提出并应用的，成为摩托罗拉公司赢得1988年马尔科姆·鲍德里奇质量奖的关键因素。这种方法已经给许多采用此方法的公司带来了深刻的、无可质疑的效果。信号公司在1997年的年度报告中称估计节约了15亿美元，而通用电气给股东的1998年度报告中声称其节约的收益超过7.5亿美元。

六西格玛管理是一种能够不断产生创新的技巧和文化的方法。希腊字母西格玛（σ）是统计学中正态分布基础上用来度量过程变化、描述数据波动的一个符号。数理统计中称之为"总体标准差"或"标准差"。六西格玛首先是一个衡量业务流程能力的尺度。业务流程的西格玛值表示该流程的实际结果相对于期望、平均或所要求的结果的偏离程度。六西格玛在质量上表示一百万个产品的不良品为3.4件，即不良品率为百万分之三点四（PPm）。1987年，时任摩托罗拉通信部门经理的乔治费希尔（后来成为柯达的CEO）创立了一种质量管理新方法，考虑到实际生产的波动，建议增加1.5倍的均值漂移。这样落在六西格玛界限外的概率有百万分之三点四，即3.4PPm。也就是说，一百万次的机会中，有3.4次发生错误的可能。这种革新的改进方法就是六西格玛方法。

六西格玛方法（Six Sigma Approach）也可以被称为"新型的TQM"，补充了TQM的理论，如管理领导、继续教育和关注顾客，是一种用于获得质量和持续改进的高度严格的分析方法。六西格玛方法更能敏锐理解顾客和自己的产品或服务，并且强调理性的统计和衡量以及一丝不苟和结构化的训练。六西格玛方法强调运用规范的、结构化的实际统计方法，其目的是通过减少缺陷、提高生产、提高顾客满意度和一流业绩来提高利润。

六西格玛方法意味着每100万有3.4或99.9997%的缺陷率。正态分布中与均值有6个标准差的情况下，总体的99.9996%在正态曲线下，不超过百万分之三点四的缺陷。六西格玛值越高，工艺产生的缺陷就越少，越接近完美。对于许多公司而言，六西格玛程序使产品、工艺和交易等每个方面都达到接近完美的质量。六西格玛方法强调了一切业务为顾客的坚定导向。理解顾客的期望以便运用合适的工具去改进内部和外部过程是六西格玛方法的基础。当然,六西格玛方法的实施不是快速和廉价的。全员参与是成功的关键,员工必须受到六西格玛方法的训练。

三、ISO9000 的国际化标准系列

ISO9000 标准系列是由瑞士日内瓦国际标准协会提出的适用于质量管理和质量保证的一项日益流行的行为控制方法,目前已具有国际化的规模和影响。2000 年初,全球已有超过 30 万家公司获得认证,并适用于许多类企业,其中包括生产商、分销商、服务机构、软件开发商、公共事业、政府机构和金融教育机构等。目前在业界已经形成一种共识,通过 ISO9000 认证的供应商销售的产品是有品质保证的,ISO 认证表示公司对质量负责,令公司比未经认证的对手更有品质优势。

ISO9000 系列(从 9000 到 9004 的 5 个部分)是一种客观记录公司高质量运作的方法。ISO9000 系列标准通过持续的衡量、文件证明、评价和调整而力求赢得顾客满意。ISO9000 系列标准要求企业证明其能够持续提供满足顾客要求的产品和服务的能力,要求企业通过体系的有效应用提高顾客满意,包括体系不断改进的过程和对顾客要求满足的保证。

ISO9000 系列标准主要针对质量管理,同时涵盖了部分行政管理和财务管理的范畴。ISO9000 系列标准并不是产品的技术标准,而是针对企业的组织管理结构、人员和技术能力、各项规章制度和技术文件、内部监督机制等一系列体现企业保证产品及服务质量的管理措施的标准。具体地讲,ISO9000 系列标准是在四个方面规范质量管理:

(1) 机构。ISO9000 系列标准明确规定了为保证产品质量而必须建立的管理机构及其职责权限。

(2) 程序。企业组织产品生产必须制定规章制度、技术标准、质量手册、质量体系操作检查程序,并使之文件化、档案化。

(3) 过程。质量控制是对生产的全部过程加以控制,这种控制是面的控制,不是点的控制。从根据市场调研确定产品、设计产品、采购原料,到生产检验、包装、储运,其全过程按程序要求控制质量,并要求过程具有标识性、监督性、可追溯性。

(4) 总结。不断地总结、评价质量体系,不断地改进质量体系,使质量管理水平呈螺旋式上升。

ISO9000 系列标准的出现给企业提供了质量体系管理的框架。标准不再是新的或基本的,它提供了一种在国际中企业间易于转移和应用的质量通用语言。它关注的焦点不是产品和服务,而是企业的活动网络,这类活动的目的是保证产出能够满足企业的最终目的,即使顾客满意。

四、平衡计分卡方法

1992年，卡普兰（Kaplan）（哈佛商学院的领导力开发课程教授）和诺顿（Norton）（复兴全球战略集团创始人兼总裁）对在绩效测评方面处于领先地位的12家公司进行为期一年的研究后，提出了一种包括财务分析方法和非财务分析方法在内的平衡计分卡法，后来在实践中扩展成为一种战略控制方法。目前，平衡计分卡是世界上最流行的管理工具之一，根据美国 Gartner Group 的调查，在《财富》杂志公布的世界前1000家公司中，有55%用了平衡计分卡系统。

卡普兰和诺顿是这样描述平衡计分法的创新之处的：平衡计分卡方法保留了传统的财务衡量方法，但财务衡量描述的是过去的事物，适用于工业时代的公司，其长期投资的能力和顾客关系尚未成为成功的关键因素。然而，这些财务衡量方法不足以引导和评价信息时代的公司通过在顾客、供应商、员工、工艺、技术和创新方面的投资来创造未来价值的活动[①]。平衡计分卡是可以用来评价企业未来绩效的，它弥补了纯粹的财务度量的不足。

平衡计分卡是一种综合评价方法，它将企业的战略目标转换成具体的可以衡量的指标，通过对企业学习和增长方面、业务流程方面、顾客方面、财务方面的指标的分析，综合评价出企业的绩效。平衡计分卡的四类指标分别是：

（1）学习和增长方面：我们如何才能很好地持续提高和创造价值？计分卡从创新和组织学习的角度测量在技术领先、产品开发周期、作业流程的改进等方面的绩效。

（2）业务流程方面：我们的核心竞争力和运作卓越的领域是什么？通过生产率、周转时间、质量方法、停工期、多种成本方法对内部业务流程及其有效实施进行衡量，这些内容也成为计分卡的内容。

（3）顾客方面：我们的顾客满意程度如何？顾客满意度使公司能够根据顾客在产品缺陷、按时交货、保修、产品开发等方面的意见采取有效的措施。当然，这也与公司特定的活动相关。

（4）财务方面：我们为股东工作得如何？财务角度通常衡量流动资金、资本收益率、销售额和收入增长。

平衡计分卡追求一种平衡的目标，具体解释如下：

（1）财务指标和非财务指标的平衡。目前企业考核的一般是财务指标，而对非财务指标如客户、内部流程、学习与成长等因素的考核很少，即使有对非财务指标的考核，也只是定性的说明，缺乏量化的考核，缺乏系统性和全面性。而平衡计分卡是从四个维度全面地考察企业。这四个维度是财务、客户、内部业务流程以及学习与创新，它体现了财务指标与非财务指标之间的平衡。

（2）企业的长期目标和短期目标的平衡。平衡计分卡主要是一种战略管理工

[①] 罗伯特·卡普兰，大卫·诺顿. 平衡计分卡 [M]. 广州：广东经济出版社，2004.

具,如果以系统理论的观点来考虑平衡计分卡的实施过程,战略是输入,财务是输出,由此可以看出,平衡计分卡是从企业的战略开始,也就是从企业的长期目标开始,逐步分解到企业的短期目标。在关注企业长期发展的同时,平衡计分卡也关注了企业近期目标的完成,使企业的战略规划和年度计划很好地结合起来,解决了企业战略规划可操作性差的缺点。

(3)结果性指标与动因性指标之间的平衡。平衡计分卡可以有效完成以战略为动因,以可衡量的指标为目标绩效管理的结果,寻求结果性指标与动因性指标之间的平衡。

(4)企业组织内部群体与外部群体的平衡。平衡计分卡中,股东与客户为外部群体,员工和内部业务流程是内部群体,平衡计分卡认识到在有效实施战略的过程中平衡这些群体间时而发生矛盾的重要性。

(5)领先指标与滞后指标之间的平衡。财务、客户、内部业务流程、学习与创新四个方面包含了领先指标和滞后指标。财务指标是一个滞后指标,它只能反映公司上一年度发生的情况,不能告诉企业如何改善业绩。平衡计分卡对于领先指标(客户、内部流程、学习与成长)的关注,使企业更关注于过程,而不仅仅是事后的结果,从而达到了领先指标和滞后指标之间的平衡。

平衡计分法作为一种检验工具,一种综合评价方法,以战略为中心,将企业的战略目标分解为企业学习和增长、业务流程、顾客、财务四方面的具体指标,能够科学地评价及控制企业的战略,并使企业达到理想的平衡状态,可以说平衡计分卡是全面衡量企业战略管理绩效、进行有效战略控制的重要工具和方法。企业运用平衡计分卡能够促进战略的有效实施、企业绩效水平的提高以及企业核心竞争力的加强,因此企业在制定平衡计分卡后,必须辅之以完善的平衡计分卡战略实施框架,并运用实施平衡计分卡的成功要素。只有这样,平衡计分卡才能深深根植于企业内部,在企业战略目标和企业绩效之间搭建起成功的桥梁。

本章小结

战略控制主要是指在企业经营战略的实施过程中,检查企业为达到目标所进行的各项活动的进展情况,评价实施企业战略后的企业绩效,把它与既定的战略目标与绩效标准相比较,发现战略差距,分析产生偏差的原因,纠正偏差,使企业战略的实施更好地与企业当前所处的内外环境、企业目标协调一致,使企业战略得以实现。

战略控制程序是由四个单独而不同的步骤所组成的:衡量业绩、建立战略绩效标准、进行比较、反馈或矫正行动。依据战略管理活动的阶段可以将战略控制分为前提控制、应急控制、战略监督和战略实施控制四类。从控制的本质来看,战略控制分为机械控制与有机控制两类。从控制的动力来看，战略控制分为外力控制与内力控制。控制对象包括企业的财务、实际业绩结果（产出）、产生业绩的活动（行为）或是产生业绩的资源（投入）。越来越多的企业通过全面质量管理、六西格玛法、ISO9000标准以及平衡计分卡来寻求自身的持续改进。

思考题

1. 战略控制是一个怎样的流程？
2. 举一些行为控制、产出控制和投入控制的例子。
3. 平衡计分卡的指标有哪些？

参考文献

[1] 谢尔·麦格纳森，戴格·克劳斯里德，鲍·伯格曼.卓越经营之道[M].北京：中国标准出版社，2004.

[2] 罗伯特·卡普兰，大卫·诺顿.平衡计分卡[M].广州：广东经济出版社，2004.

[3] 迈克尔·波特.竞争战略（第2版）[M].北京：华夏出版社，2012.

[4] 罗波特·西蒙斯.战略实施中的绩效评估和控制系统[M].张文贤主译.大连：东北财经大学出版社，2002.

第五篇　战略管理新视角

第十六章 创新战略

不创新，就灭亡！

——彼得·德鲁克

随着科学技术的迅猛发展，市场竞争的日趋激烈，创新研究日趋成为政府、企业和学者们关注的焦点。实践中也印证了管理学大师彼得·德鲁克的名言"不创新，就灭亡"。企业创新成为战略管理中不可忽视的内容，创新战略也成为企业战略的重要组成部分，它贯穿企业战略管理的整个过程。在超竞争环境中，尤其是在互联网时代，创新不只是来自企业内部，企业的上下游客户、消费者，甚至是不相关的外部力量都可能成为企业创新的源泉。从传统的"封闭式创新"转向"合作创新"、"开放式创新"，越来越多的企业在寻找新的发展模式。本章将开放式创新、产学研合作创新以及和创新相关的知识产权战略等内容展开论述。

开篇案例

IBM——开个创新 Party

随着工作方式的多样化，有些员工在家上班，有些员工在客户公司上班。为了方便员工之间的联系，IBM 实施了网络公告栏 Jam，许多问题和解答均可以在 Jam 中找到。但是 IBM 可不想让 Jam 仅仅实现这些功能，如何让技术带来利润一直是 IBM 研发的方向。

IBM 发现网络时代的员工都很独立、聪明，有自己的想法，如果把员工的头脑智慧用起来，让他们一同参与决策，这将是一个巨大的智慧宝库。于是在 2003 年，时任 IBM CEO 的彭明盛果断决定，让 Jam 成为员工智慧的采集工具。当年，IBM 在内联网上开展了全球 72 小时在线大讨论，主题是"Value Jam"，由员工自下而上地提出对公司价值观的想法。当时全球有 5 万多名员工参与，尽管讨论活动有些凌乱，但充满激情，争议不断，最终 IBM 通过全球投票的方式找出了一套全新的价值观，即"创新为要"、"成就客户"、"诚信负责"。

后来公司便开展了两年一次的"Innovation Jam"，针对设定好的议题展开在线头脑风暴讨论会。这些创意点子在网络上如接龙般不断被讨论和延伸，完全不需要休息时间。因为当美国进入黑夜时，亚洲已经准备迎接白天。在 2008 年 10

月 Innovation Jam 上，有 5.5 万名 IBM 员工以及 5000 名特邀的客户和员工家属参加，共同寻求新的创意和解决方案。同时，IBM 全球总部会挑出几个最好的点子，放在醒目的位置，鼓励大家继续延伸。并且每项重大主题的讨论区，都要邀请副总裁以上级别的高管担当主持人，负责让讨论不发散，并随时抛出新话题，引导大家谈得更深。当三天活动结束后，IBM 的专家小组会接手讨论结果，从中挑选出那些讨论次数最多的创新方案，把一些已经被商业化或者离现有技术太远的想法都剔除掉。然后进入 Innovation Jam 的第二阶段，该阶段的讨论更聚焦于可行性分析。最后，从中选出 10 个最优想法，IBM 则投资 1 亿美元支撑这 10 个想法的执行。其中一些创意计划已经融入到 IBM 目前大力提倡的战略理念——"智慧地球"中了。

IBM 公司对创新的理解是：企业不能够事必躬亲，需要将合作纳入流程，不断产生新理念；也不要固守自己的知识产权，应该利用公共的智力资本，为其流入新活力并做贡献。IBM 也是这样实施的，早在 2005 年 1 月，IBM 就宣布向外界开放 500 多个软件的专利权，同年 10 月，IBM 又宣布对医疗和教育行业免费开放若干专利。而当时 IBM 每年的专利授权费都在 10 亿美元左右。IBM 意识到，真正创新的领导力并不只是意味着专利的数量，而是使客户、合作伙伴和社会受益的创新力量。

资料来源：吴晓燕. 开放式创新：从公司外部寻找创意 [N]. 中国经营报，2010-01-09.

第一节 开放式创新战略

一、开放式创新的内涵

（一）开放式创新的提出

创新是企业发展的动力之源、立足之本，它决定了一个企业是否能在当前日益严峻的经济形势下立足。20 世纪，许多大公司投入大量资金和人力从事内部研发和技术创新，这一举措在为企业带来很高效益的同时，也在很大程度上设置了较高的进入壁垒，阻碍了竞争对手进入市场。但是进入 21 世纪以来，全球经济环境快速变化。网络加速知识信息流动，产品周期迅速变短，技术难度使得创新成本逐渐增加，这使原来成功运行的内部封闭式创新模式遭遇到新的挑战，原先只注重内部封闭式创新的企业意识到有必要改变原有的创新模式，跟随时代脚步，寻求创新模式的变革。

如思科和朗讯，尽管它们在同一产业内直接竞争，但是却采取了不同的创新模式。朗讯公司拥有贝尔实验室的大部分资产，利用内部卓越的研发资源，其不仅持续在新材料、高精尖组件和系统领域进行投资，还密切关注在未来能创造出更多新产品和服务的基础性研究。思科作为当时的一家新兴企业，缺乏像贝尔实验室那样优秀的研发能力，然而它在产品创新能力方面却与朗讯并驾齐驱，甚至偶尔会胜过朗讯。思科没有采用内部研发的模式。对于公司需要的技术，它会在世界范围内寻找合适的新创企业，参与或投资有前途的新创企业，其中一些新创企业是由退出朗讯公司、美国电话电报公司的雇员创办的。利用这种模式，思科保有世界最优秀的产业研发机构的研发产出，而自己并不用做太多的内部研发工作。

2003年，哈佛商学院的亨利·切萨布鲁夫教授通过对美国高通数字技术公司、基因酶生物制药集团、宝洁日用消费品公司和芝加哥报业集团等许多企业的调研，发现这些企业集团虽然在不同的技术领域运营，但是却采用了相类似的创新模式，它们不再完全依靠公司内部的资源和创意来开展业务，而是转向更为开放的模式。切萨布鲁夫教授在此基础上，出版了《开放式创新：进行技术创新并从中盈利的新规则》。

（二）开放式创新的概念和特点

切萨布鲁夫教授在书中提出，"开放式创新"是指有价值的创意可以从公司外部和内部同时获取，其商业化路径既可以通过公司内部进行，也可以通过公司外部进行。这种创新模式把外部创意和外部市场化渠道的作用上升到与封闭创新模式下内部创意和内部市场化渠道同等重要的地位。也就是说，在这种创新模式下，一方面，公司不仅积极进行公司内部研发能力的挖潜，还会着力拓展创意或创新的来源，从多个渠道来补充内部研发的不足；另一方面，公司不仅把创新的目标寄托在传统的产品经营上，还积极寻找外部的技术特许、技术合伙、战略联盟或者风险投资等合适的商业模式把商业化创新思想变为现实。开放式创新模型如图16-1所示。

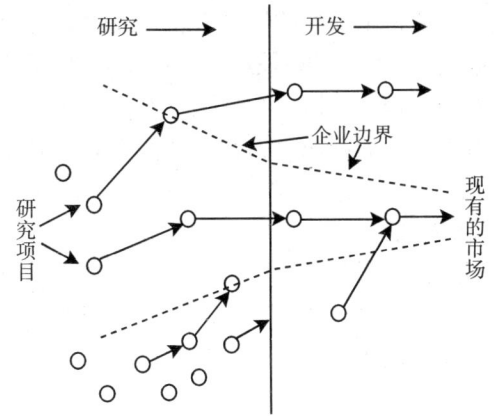

图16-1 开放式创新模型

资料来源：管恩秀.企业开放式创新的动力和模式研究［D］.同济大学博士学位论文，2008.

开放式创新模式正在成为当今一些领先性企业实践并已经从中获益的一种有效的创新战略。其能通过杠杆效应、效率提高和利润拓展等使企业获得市场回报。

(1) 开放式创新的杠杆效应。创新的杠杆效应可以理解为用较少的资源（比如创意、市场和技术等）获取更多的收益。对于开放式创新战略而言，其通过网络体系，在一个更为广泛的新群体中，并非只是局限在企业内部的科研人员和关联组织中寻找创意来源和市场化途径，通过社会资源的聚集从而产生明显的"杠杆效应"。

(2) 开放式创新的效率提高。创新的低效性主要表现在两个方面：一是资源获取的有效性和创新的高风险性。正如前面所说，在当今的经济环境中，创新的难度和风险都在日益增加，如果企业进行封闭式创新，那么势必需要独自承担创新的风险和成本。二是由于目前技术中介、专利转让等一系列有关创新活动成果市场化的活动效率低下，特别是一些具有潜在价值而非即期价值的技术和创意闲置在企业的知识库里。通过开放式创新战略，帮助有价值的创意流向能有效开发其潜力之处，或促进产品以及技术走向有能力使之商业化的路径，从而提高创新的效率。

(3) 开放式创新的利润拓展。通常企业的创新收益主要来源于创新产品的市场收入。目前，产品周期缩短减少了新产品从市场获取收入的周期，创新风险的增加提高了创新的成本。开放式创新战略有助于加速具有潜在价值但企业自身难以市场化的技术更快走向市场，增加技术经营许可收入；捕捉外部有价值的创意使之产品化、市场化，拓展公司副产品名目或者提升原产品价值而增加收入。

二、开放式创新的实施

开放式创新模式对企业的发展就像一把"双刃剑"。企业如果成功地实施开放式创新战略不仅能为企业带来丰厚的经济效益，还可为企业长远的发展奠定坚实的基础。但是，开放式创新模式并不是一成不变的，盲目模仿与跟随的做法只会给企业带来经济上的损失，甚至造成人才流失、内部科研技术的外泄、管理的混乱等问题，给企业留下巨大的创伤。因此，我们有必要对不同的开放式创新模式进行详细的阐述。

(一) 技术资源导入模式

企业主动将外部新的技术资源导入企业内部，依靠企业内原有的内部研发技术将内部资源与外部资源重新整合并进行二次创新，从而为企业创造效益，这样的模式被称为技术资源导入模式。具体做法有：

1. 产学研合作

产学研合作是创新体系的重要组成部分，对经济与技术的发展具有非常重要的作用。产学研合作是指以企业为技术需求方，高等院校或科研机构为技术提供方，双方出于共担风险、优势互补、资源共享、互惠互利等目的共同开展技术创新的合作形式。其内容与形式是多种多样的，可以是技术、设备、人才、服务、信息交流、建立研究院等各个层面的合作。当企业由于资金或技术上的短板或出于减少研发成本的目的时，企业可以选择这一创新模式。

首先，产学研合作为企业获得技术资源、人力资源、设备资源、教育资源等企业赖以生存的创新资源提供了极大的方便，它能帮助企业减少研发成本，降低研发风险，与大学和科研机构等创新组织的长期友好合作则有助于企业更好地利用社会资源，并加快构建自身的创新网络，为企业的持续发展奠定基础。其次，对于高等院校和科研机构来说，得到了科研经费上的支持，可以更好地获取市场信息以从事更符合现实的新技术的研发，企业的加入有利于提高科研效率，增加科研成果，而且为学生的实践学习提供了更多的机会，让学生积累了更多的实践经验。总之，产学研合作对于企业、高等院校、科研机构来说是实现共赢的一种很好的合作方式。

产学研合作被许多企业、科学研究所、大学等组织采纳，并取得了一定的成功，其中一个经典的例子就是硅谷。斯坦福工业园是美国乃至世界第一家高新技术园区，在这里，斯坦福大学研究室与工业园区内的企业研发团队之间进行默契的合作，推动了科研成果的商品化。工业园区为斯坦福大学的学生提供了科研基金，而这些高素质的学生有的进入工业园区从事科研方面的工作，有的依靠工业园区提供的创业基金创办了高新技术企业，这些高科技企业的聚集造就了今天辉煌无比的硅谷。这种"斯坦福—硅谷"模式就是典型的产学研合作模式。

2. 企业技术联盟

企业技术联盟是指两个或两个以上具有独立法人资格的企业联合致力于技术创新的行为。合作企业通常以大型集团化企业为主，它们之间可以是竞争者或非竞争者，可以属于不同的产业，甚至是客户或者上下游的供应商，但不论是什么企业，它们之间相互独立、相互平等、相互依存，当然也相互约束，它们共同致力于技术的开发与互补，寻求更低的创新风险和总体竞争上的优势，注重企业长期发展的利益。

企业技术联盟可以贯穿技术创新的各个阶段，从技术开发到生产产品再到销售等，内容十分丰富，范围也很广。例如，在技术开发的阶段，企业之间除了分享技术与设备之外，也可以共同致力于技术的改进；生产制造阶段，可以各自生产自己擅长的部分，然后加以整合，更好地利用自己的优势，减少生产成本；在销售阶段，企业可以为合作伙伴提供更加广阔的市场，提高经济效益。但是，企业同样需要共同承担各项经济活动中的风险。

依靠企业技术联盟取得成功的案例有许多，海尔集团就是其中的一个典型。海尔集团从负债累累的手工作坊式小厂子成长为年销售额超400万元的知名企业正是得益于企业技术联盟。1984年，海尔前身——青岛电冰箱总厂成立。企业发展初期，在资金、技术、人力等条件都缺乏的情况下，与德国利勃海尔公司进行了技术合作，引进先进的生产线，提高生产标准，派遣管理层前往德国参加学习，掌握了电冰箱开发的核心技术，并形成了具有自身特色的管理模式。紧接着，海尔又与飞利浦、朗讯等企业建立了技术联盟，成立了联合研究中心，企业之间相互分享技术和全方位的市场信息，共同对抗竞争对手。终于，海尔在洗衣机、空调、彩电等领域都取得了卓越的成绩。

3. 企业并购

企业并购，顾名思义，就是兼并与收购。随着资本市场的不断完善，企业并购现象十分常见，而企业并购的动因是多方面的，许多企业依靠并购的方式弥补自身在资金、技术、市场、管理等方面的劣势，从而提升自己的竞争力。随着科学技术的高速发展，诞生了许多新兴企业，这些企业规模较小，缺乏足够的资金和完善的市场，但是具备很强的灵活性。而大企业虽然规模大、资金充足、管理先进，却由于惯有的发展模式以及某些技术上的漏洞容易处于发展的瓶颈状态。因此，在这种状况下，企业并购对企业来说是创新的很好途径。

企业并购对于企业双方来说可以实现技术、财务、经营、管理上的协同效益。首先，从技术层面来看，企业可以通过并购引入新的技术，弥补自身技术上的漏洞，并且防止技术溢出，更好地进行技术创新；其次，从财务层面来看，降低了企业的破产风险和成本，还可以在一定程度上降低税负；再次，从企业经营层面来看，企业并购可以拓宽市场、提高市场占有率，降低生产成本，实现规模经济和范围经济；最后，从管理层面来看，企业并购能够让双方互补管理能力，从而提高管理效率。

为大家所熟知的企业并购的案例有很多，联想并购IBM PC就是其中的一个经典。联想是中国PC行业的佼佼者，依靠低成本和中国强大的市场，发展十分迅速，但是，联想想要进军国际市场缺少足够的资金与核心技术，新技术的研发是其最根本的弱点。IBM一直以来靠核心技术立足PC产业，其产品品质与品牌知名度不可忽视，然而IBM的PC产业却一路亏损，成为IBM的一个累赘，IBM正为PC产业寻求一个新的发展途径。因此，在这种情况下，联想并购IBM PC业务对双方的发展有举足轻重的积极作用。首先，联想从IBM处获取了PC的核心技术，弥补了自身技术上的缺陷，获取了更多的资金，同时拓宽了营销渠道，为联想打入国际市场添上了浓墨重彩的一笔；其次，两者的合并提高了整体运营资金的使用效率，增加了资产的获利能力，分担了由于多变的国际环境导致的产业发展上的高风险；最后，两者互惠互利，提高了各方面的效益。企业并购对联想和IBM来说是一个双赢的战略。

4. 技术购买

技术购买也是企业技术资源导入模式的构成之一，当企业考虑到从外部购买技术的成本低于内部研发的成本时，企业就会从外部购买技术。这一措施可能会暂时解决企业技术上的空缺问题，但是治标不治本，技术可以购买，技术能力是买不来的。长期进行技术购买而忽视内部研发会导致企业对外部技术的依赖性，虽然减少了新技术研发的投入，但企业的创新能力也被削弱了。而且，最先进的技术无疑是很难买到的，企业只能跟随行业内的先行者，这样的企业是缺少核心竞争力的，在资本市场的漩涡中也最容易被淘汰。因此，企业如果选择技术购买，必须也要具备一定的吸收能力和创新能力，善于将购买来的技术进行二次创新，彻底地转化为自己的技术，这样才能为企业打造核心竞争力。

宝洁就是这种模式的一个实践者。宝洁有专门的团队从各处搜寻公司需要的新技术和产品，它们中的许多成为了宝洁的明星产品。比如宝洁收购的一款电动牙刷，为宝洁创造了2亿美元的销售额。宝洁公司依靠自身的吸收能力和创新能力，很好地证明了技术购买为企业发展带来的积极意义，成为行业内乃至世界企业的佼佼者。

(二) 技术资源输出模式

对于很多企业来说，丰富的技术资源储备意味着强大的核心竞争力，但是当这些技术没有得到合理的利用反而浪费了许多为此付出的资金与人力等时，未免十分可惜。在这种情况下，许多企业开始将企业内部被搁置的技术转让出去，及时地将现有的技术资源转化为更多的经济效益，将从中获取的资金进一步服务于新技术的研发。该做法为企业开拓了一条新的利润来源，也形成了一种良性循环，服务于企业的可持续发展。

1. 技术转移

技术转移（Technology Transfer）是指一方将技术的使用权或所有权转让给另一方的行为过程，包括技术地点的转移和权利的转移。技术转移不仅包括无形的技术，也包括有形的技术。比如说，专利技术、技术文件、技术许可、管理与销售的技巧等都属于无形的技术，而生产设备、产品、硬件等则属于有形的技术。这些技术对于企业来说都是构成企业竞争的重要组成部分。

跨国公司是技术转移的重要主体，如IBM、通用、索尼等。由于跨国公司具备足够的资金与人力，因此在技术研发上投入很多，几乎每个跨国公司都具备自己的研究室和科研团队，拥有很多项领先世界大部分企业的专利技术，这些都是跨国公司赖以生存的一部分，是它们核心竞争力的源泉。而跨国公司之所以选择技术转移，是因为作为企业无形资产的一部分，技术本身具备相当大的剩余价值，可以为企业创造更多的利润，如果不将其很好的利用，这些技术很快就会被取代，从而失去了为企业创造更多利润的机会。同时，在经济急速发展的现在，跨国公司为了拓展业务、巩固市场、垄断市场，积极进行技术转移。

跨国公司的技术转移主要通过在海外设立子公司来实现。将专利技术、设备等投入子公司，这些子公司许多分布在发展中国家，可以充分利用当地廉价的资源，享受当地政策、税收上的优惠，减少了生产成本，打开并巩固自己在子公司所在地的市场，这样就节省了拓宽海外市场的时间与费用，实现进一步的扩张。这种方式也很好地避免了技术的外泄，减少了技术研发的费用，极大地利用了技术本身的价值，实现了利润的最大化，巩固了自己的核心竞争力。

2. 内部技术成果外部开发模式

企业在充满竞争的环境中生存必然要承担无数的风险，如果全部由自己研发新的技术，对企业能否在高风险中化险为夷是很大的考验。这时，企业可以将内部的技术成果拿到外部市场进行开发，由其他主体承担主要的风险。这种模式降低了企业自主研发的风险，技术不再仅仅是实验室的产物，技术也可以成为一种新的产业，为新技术的商业化创造一个有利的环境，但同时要求企业在内部管理方面更加完善。

三、企业实施开放式创新战略的条件分析

（一）外部环境分析

并不是所有的企业都适合开放式创新，因此，在开展之前，有必要对企业的环境开展做正确合理的分析，避免因对条件的错误评估导致实施错误的创新模式，对企业造成负面影响。下面主要从企业外部环境和内部环境两个方面分析企业开展开放式创新的条件。

开放式创新模式的落实不能缺少相关外部环境因素的帮助。一种是经济环境，它让开放式创新模式可以产生和发展；一种是政策环境，一般是政府颁布的各种有利于企业开展开放式创新模式的政策；一种是对企业进行开放式创新尤为重要的法律环境。

首先，在经济环境方面，市场经济环境开放肯定将导致各个企业进行激烈竞争，企业如果想要从中脱颖而出，就必然要进行创新，这促进了企业的创新意识。并且，随着各种交易及人才市场的开放，将创造出大量有利于企业进行创新的条件，使得国内的各个企业之间，甚至是世界上所有国家的企业之间的开放式创新的进行成为可能。

其次，在政策环境方面，政策的导向作用在开放式创新中是至关重要的因素。如国家对开放式创新等的宣传力度，国家主导或资助企业的跨国创新项目，政府协助征求合作对象和创立网络性组织，对实施开放式创新的企业及企业家进行奖励，对企业开放式创新给予资金和税收等方面的优惠都将支持企业更好地借用外部创新资源进行创新。

最后，在法律环境方面，健全的科技和经济立法，尤其是与知识产权保护有关的立法，能够更好地保证开放式创新在专业法律的护航下健康发展，既可以在法律上保护其权益人的利益，而且对技术扩散、技术转移和成果转化的有效方法及责任起到了维护作用，还会对侵犯合法权益的活动及主体实施有效的监督和有力的制裁。

（二）内部环境分析

在外部环境有利于企业实施开放式创新的条件下，企业也必须对内部环境进行正确的评估。从根本上来说，企业的内部环境决定了企业能否成功实施开放式创新并且为企业带来经济效益。企业内部环境分析主要有以下三点：

首先,创新管理的组织结构。公司内部的组织结构直接影响公司开放式创新的成效。组织结构包含了多个层面,如组织文化、权力的集中程度等,开放式创新需要一个多元化的组织环境、更低的集权程度和开放的组织文化,这有利于开放式创新的实施。而过度的集权则会使企业过于闭塞,缺少灵活性和创新性,信息得不到及时的沟通,从而阻碍企业实施开放式创新。

其次,创新管理能力。企业要正确有效地分析各创新机会对于企业的意义,并根据这些不同的机会搜集不同来源的创新资源,从而更好地为企业服务。创新管理能力意味着企业对创新机会的敏感度,创新管理能力强则敏感度高,能更准确抓住为企业创造高效益的创新机会,而且能够具备更高的吸收能力整合各种资源。

最后,创新的激励机制。激励机制是企业创新体系的重要部分。完善的激励机制可以帮助企业吸引并留住人才,还可以将企业内部的创新元素激发出来,并发掘出更多的外部创新资源;反之,如果缺乏激励制度则会造成人才流失,企业成员缺少研发的积极性,不利于企业进行创新活动,对企业长期发展造成不利影响。

第二节 产学研合作创新制度选择的理论解析

一、产学研合作创新概念界定及其内涵解析

(一)产学研合作创新的演进及概念界定

对产学研合作创新历史过程的探讨,要追溯到人们对大学基本功能的认知与实践。大学是从体力劳动和脑力劳动分离中产生的、从事独立教育活动的社会组织机构。从中世纪大学的建立到18世纪末,大学的功能相对单一,即传授知识和培养人才。德国柏林大学于1810年首次提出了"教学和科学研究相统一"的原则,着重强调大学的研究功能,认为教师的首要任务就是自由地从事"创造性学问"的探索。大学不仅是积累和传播文化的机构,而且是知识创新的源泉。这一认识和做法逐步被世界多数国家的大学认可和效仿。在此后的一百多年里,大学的功能拓展为教学与科研相结合。与此同时,在社会经济发展过程中,企业仍然是技术应用和技术创新的主体。随着科学技术和市场经济的发展,人们的需要呈现多样化,大学也必须适应这一发展趋势。于是,20世纪初,美国的威斯康辛大学提出了适应经济社会发展并为其服务的思想。范海斯校长组织与领导了"威斯康辛计划",该项计划的主要内容是帮助州政府在全州各个领域开展科技推广和函授教育,从而促进本州公民发展经济。这一计划的成功实施及其广泛传播,使大学的发展出现了历史性的飞跃,大学与企业界之间的科研相互结合成为

政府关注的重点。大学的功能内涵被逐渐扩展为教学、科研和社会服务三项。这种战略性的转型对世界各国的大学发展产生了深远影响。以此为标志，大学逐步走出"象牙塔"，开始与社会尤其是与工商企业界建立密切的联系。从20世纪初开始，美国变为最强大的工业化国家，而且成为一个非常务实的国家。在整个世纪的发展过程中，美国的政府和社会力量推动大学成为知识工业的重要阵地，并让大学与产业界结成伙伴关系，促进了大学与市场之间的良性互动。大学由于市场对技术成果的需求而变成了知识创新的重要源泉，市场由于新技术的不断出现而导致结构和需求的重大改变。

真正意义上的产学研合作创新始于20世纪50年代美国以斯坦福大学为代表的"特曼式大学"所倡导的产学研合作关系的正式建立，即由原斯坦福大学教授、工程学院院长、被称为"硅谷之父"的特曼所主张并成功实践的模式：通过知识创新和人才培养，以及产学研合作，在高新技术成果方面为社会提供服务。在特曼的倡议下，斯坦福大学在1951年创办了"斯坦福工业园区"。这种在大学校园内开设高新技术园区的努力在产学研合作方面是最早的，也是最为成功的模式，并为世界各国纷纷效仿。这与日后工业化国家逐步迎接高新技术的挑战和日益全球化的知识经济竞争无疑有着历史与逻辑的联系。

技术革命及其在20世纪的迅猛发展对产学研合作的形成与发展有着举足轻重的推动作用。第一次技术革命发生在18世纪60年代至19世纪上半叶，以蒸汽机的应用为主要标志；第二次技术革命发生在19世纪60年代至20世纪上半叶，以电力的广泛应用为标志；第三次技术革命以建立在最新科学理论基础之上的信息技术、生物工程、空间技术、新材料技术、新能源技术和海洋开发技术等一大批高新技术的发展为标志，至今方兴未艾。这三次技术革命对人类社会生活的各个领域产生了重大影响，推动着生产力迅速发展，深刻地影响着世界经济和社会发展的进程。同时，也使得产学研合作的发展进入了一个全新的时期。在这种背景下，斯坦福模式就应运而生了，并成为美国新经济的引擎。同时期及稍后，由政府组建的北卡罗来纳州"三角研究园"，以及波士顿128号公路高技术园区等众多各具特色的合作模式对美国的经济发展也产生了强大的影响。即便在东南亚金融危机时期，美国经济也保持较高的增长率，这与产学研合作创新成为推动经济和整个社会发展的一种最强劲的动力密切相关。

20世纪80年代中期起，我国开始关注产学研合作问题，并在理论和实践方面取得了较快的发展，这对推动我国的科技与经济一体化发挥了积极的作用。面对日益激烈的国际经济和政治的竞争，1992年，我国国家经贸委、国家教委和中科院共同组织实施"产学研联合开发工程"，这是我国经济发展和产业结构调整开始依赖于科学技术发展的一个重要阶段标志。虽然我国产学研合作的历史并不长，但就在这短短的10多年时间里，产学研合作在面上有了很大的发展。随着产学研合作实践及对此的研究不断深入，在学术界、企业界以及政府的大力支持下，我国产学研合作取得了很好的发展成绩。在实践层面上，由"产学研联合开发"扩展到"创建产学研联营实体",加强了合作的力度,拓展了合作的深度和广度。在一定程度上,产学研合作已经成为增强企业的市场竞争力、加速科技成果转化和高新技术产业化、培养新的经济增长点、转变经济增长方式的重要途径。在理论上,各个领域的专家都在研究产学研合作的最新进展,并努力探索产学研合作中出现的新情况和新问题,逐步取得了一系列重要的研究成果。然而,不论在我国还是西方发达国家,产学研合作所经过的历程并不是平坦的,尤其是在社会结构激烈变动和经济发展曲折前进的过程中,人们对大学功能的认识、对产学研各方的实际功用的认知还有很大的差异性,产学研合作的实际进程面临着许多具体的困难。而关于产学研合作问题的理论研究,尤其是在产学研合作创新制度研究方面还显得非常薄弱。直至今天,学术界关于产学研合作的概念、性质、特点,以及它与社会经济发展的关系及如何规范化等问题,还是仁者见仁,智者见智。在全球化经营条件下,科技的竞争已经成为经济竞争最为关键的因素,在某种程度上也体现为一国综合实力的竞争。因此,我们必须对产学研合作创新的相关概念及本质特征进行深入的认识和系统的澄清。

在整理与分析文献资料的基础上,基于对产学研合作创新演进历史的认识和研究,我们认为产学研合作创新是指产学研合作参与者根据各自的权力和利益追求,为了达到特定的技术和知识创新之目标而联合和协作的行为过程,这种行为过程受到制度的约束。

(二) 产学研合作创新的特征

从我们对产学研合作创新概念的界定,可以演绎出产学研合作创新的实质是参与主体之间的一种行为互动过程。这一过程既是一种学术性的产业活动过程,也是产业性的学术活动过程。作为产业活动,其根本性质是创新,目的在于获得新的技术或者新产品。作为学术活动,其目的在于获得活动所需要的经济支撑和终极归宿。如前所述,熊彼特在1912年出版的《经济发展理论》中提出创新是"生产要素的重新组合",包括引进一个新的产品、开辟一个新的市场、找到一种原料的新来源、发明一种新的生产工艺流程、采用一种新的企业组织形式。熊彼特还认为科技与经济要相结合,科技创新推动社会经济发展。因而,将科技发明引入生产活动中才是创新的目的性。产学研合作是将产业性活动与学术性活动进行有效的结合,这一结合的过程其实本身就是创新的过程,或者说是生产要素进行重新组合的过程。在这个过程中,企业、大学和科研机构以创新为目标开展各种形式的合作,并致力于科研成果产业化,也即将科学研究、技术开发、生产试制和市场营销一体化,从而提升产、学、研三方独自所无法达到的高效率。因此,我们认为产学研合作创新过程是从一个新的概念产生,到产品或工艺流程设计、试制、生产直至营销,以及市场化的一系列活动过程。由产学研合作而引致的科学技术创新需要进行商业化的应用,这要求企业、大学和科研机构必须建立密切的合作关系。他们为了各自的利益而形成了相互联系和相互合作,通过影响知识的生产,进而影响技术的创新。由于创新能带动企业生产技术的发展,产品的不断更新，竞争能力的增强，从而极大地调动了合作各方进行产学研合作的积极性。在产学研合作创新过程中，不同的创新阶段的合作主体所承担的角色是不一样的。当合作处于项目研究与开发（即 R&D）阶段时，发挥主导作用的主体是高等院校和科研机构；当合作处于项目成果转化与应用阶段时，发挥主导作用的主体是企业；在产学研合作的整个过程中，既要受到政府调控的主导，也离不开中介机构的主导，否则就会影响到产学研合作过程的顺利进行。

产学研合作创新的行为过程需要将参与主体联系在一个流程中，上中下游的行为必须形成一个耦合的整体，才能够使整个创新过程成本最小、成果最优、效益最大。这需要对产学研各方的合作行为过程进行深入的研究，并探索这种合作最佳的制度选择，以及在此制度模式下保障顺利运行的基本条件。从系统的角度来看，产学研合作创新的行为过程还需要放在国家创新系统中考察。产学研合作创新的主体是企业、大学和科研机构所组成的共同体，该共同体的核心是推动企业的技术创新和技术进步，从而获得具有自主知识产权的成果，大学和科研机构为企业技术创新提供强有力的知识支撑。一方面，政府营造良好的法规制度环境和建立中介机构，引导和规范产学研之间的合作行为，在市场经济条件下进行知识、资本横向流动和合理配置；另一方面，政府可以借助政策工具和计划指导，重点选择产业技术创新项目作为国家拥有自主知识产权的主导工程，从而形成产学研共同参与的一体化组织，其目的在于形成影响国家经济社会的技术创新。

合作创新行为存在很大的风险性，因而，在产学研合作创新中，社会和环境存在的各种干扰因素要求各类创新主体如企业、大学和科研院所之间建立起更密切的合作关系。这需要我们从制度创新的层面分析产学研合作创新的效率问题。

二、产学研合作创新的制度经济学视点

（一）市场的有效性决定于制度框架

制度经济学产生于 19 世纪末 20 世纪初的美国，它是对美国现实的一种理论反映。美国早在 19 世纪末 20 世纪初就已成为垄断组织发展水平最高的国家。长期以来，美国国民经济各部门中，垄断程度都是相当高的。在西方，没有任何一个国家的垄断组织的权力像在美国那样大。国家调节经济的活动已成为美国资本主义再生产不可缺少的组成部分，国家垄断资本主义对整个经济起着越来越大的作用。垄断资本集团主宰着美国的经济、政治、文化和社会生活。在此背景下，美国经济学家，包括制度经济学派，对这一现象进行了研究，例如早期制度学派如凡勃伦，对垄断组织特别是垄断寡头提出了尖锐的批评。

经过 20 世纪 40 年代和 50 年代的酝酿，于 60 年代、70 年代形成和发展了新制度经济学。制度经济学派的演变可以划分为两个时期：①20 世纪 20 年代至 30 年代制度主义广泛传播的时期，这是通常所说的旧制度学派，创始人为凡勃伦，主要代表人物还有康芒斯、米契尔。②20 世纪 30 年代以后至第二次世界大

战初期的制度主义。这一时期的制度经济学家有贝利、米恩斯、艾尔斯、约·摩·克拉克等，他们继承凡勃伦的传统，进一步发展了凡勃伦的制度经济学。贝利和米恩斯（1932）所著的《现代公司和私有财产》、艾尔斯（1944）所著的《经济进步理论》，被认为是凡勃伦旧制度经济学到现代制度经济学之间的过渡性著作或"桥梁"，或"联系纽带"。科斯确定了新制度经济学的地位，以科斯为主要代表的新制度主义经济学，由三个彼此关系密切的理论，即交易成本经济学、产权经济学和制度变迁理论组成。该学派的代表性人物还有威廉姆逊、张五常、艾尔奇安、德姆塞茨、格鲁奇和诺斯等。他们对新古典经济学"谈企业而不考虑其实质，论市场而不涉及法律"的不切实际的做法提出批评，但又部分地利用新古典理论去分析制度的构成和运行，并去发现这些制度在经济系统运行中的地位和作用。他们得出的最重要的结论是：市场的有效性决定于制度框架。

科斯在《企业的性质》中专门研究了"交易成本"概念，并用它来解释企业存在的主要原因。后来，威廉姆逊发挥了科斯的这一思想，并吸取其他理论的某些成分，建立起了交易成本经济学，并使之成为新制度主义经济学的一个重要组成部分。科斯在《社会成本问题》中考虑到了通过严格界定产权来克服外部性的方案，推进了人们对产权制度的关心。后来，德姆塞茨、艾尔奇安和张五常等作了大量研究，形成了产权经济学。在产权经济学和交易成本经济学的影响下，诺斯和戴维斯等重新研究了经济史，发现了近现代经济增长的制度原因以及制度变迁的规律——制度创新理论，这成为新制度经济学的第三个重要组成部分，也非常有力地证明了经济增长的重要原因之一是制度因素。

格鲁奇认为，制度是一个广泛应用的概念，可用于许多不同的方面。各种类型制度，都具有规则性、系统性或规律性的共同点。"在最一般的意义上，制度是构成统一整体的各个项目相互依存或相互影响的综合体或图式"。[①] 所有的制度，都是思维的产物，它可以是真实的如垄断资本主义或社会主义等，也可以是虚构的如"乌托邦"。任何制度，都有发生作用、发挥机能或运行的结构方法。这些制度，可以分为静态制度和动态制度。静态制度是机械的或均衡的制度，其基本特征是不涉及变化；动态制度则是进化过程或发展的综合，它强调变化和发展。格鲁奇指出："制度的发展和演变……要求人们注意根本改变这些制度的力量和这些变化中的制度的运动方向。"[②] 也就是说，在动态制度中，最值得注意的是使制度本身发生根本变化，或使制度的发展方向发生根本变化的各种因素。

经济制度分为狭义和广义两种。狭义经济制度的定义是正统的或传统经济学家的主张，这些经济学家把经济学的范围缩小到本质上仅仅是"选择科学"或"效率科学"的地步，同时用经济组织代替经济制度。按照这种定义，经济制度被当作包括各个参加者按照规章和规则从事商品和服务的生产、分配和消费的组织安排的综合体，其主要任务是解决一个国家所面临的基本经济问题，即生产什

[①][②] 格鲁奇. 比较经济制度 [M]. 北京：中国社会科学出版社，1985.

么、如何生产和为谁生产。格鲁奇认为，"这个定义没有新的内容……是建立在把经济制度当作静态平衡或均衡的基础上的，"① 它"没有考虑导致经济制度发展或在它们的结构和职能方面发生根本变化的力量。"② 广义经济制度的定义考虑到导致经济制度发生变动的动态力量，因而"经济制度是各个参加者的组织的发展的复合体，"对这种制度的研究应该同时从两种观点即从均衡的观点和过程的观点出发。"当作静态平衡或均衡的经济制度与当作动态的或发展过程的经济制度这两个概念，并不是相互对立或相互排斥的，而是相互补充的。"③ 对经济制度的分析可以采用两种方法，即时点分析法和时期分析法。在既定的时点上分析经济制度，可归结为均衡的方法，这种方法假定经济制度的技术结构和组织结构保持不变，主要考虑经济制度的现行结构和职能。时期分析法着重研究经济制度在整个时期的发展和演变，如决定整个经济制度的因素、经济制度的发展阶段及其发展方向等，因而这种分析法可归结为动态的或过程的方法。时期分析法包含了时点分析法，它认为静态分析法是动态分析法的一个特例。所以，"要完全了解经济制度，就必须既用均衡的方法也用过程的方法去研究这些制度。"④ 格鲁奇把影响经济制度的因素分为两类：第一类是影响经济制度结构和职能的所谓内部因素，即经济体制内固有的，同生产技术水平、市场类型、企业规模等密切相关的因素；第二类则为外生因素，包括新技术进步、思想和政治的发展以及自然环境等。

（二）产学研合作创新效率依赖于制度创新

产学研合作创新作为一国提升自主知识创新能力的一个重要方面，它关系到企业的竞争力和国家的竞争力。目前，我国产学研合作创新与国外相比还有很大差距。由于受到政府政策的导向，有些企业和高校跟风，在形式上的合作比较多，实质性的合作比较少，即便有合作，其成效有时也受到很大的制约，与人们的期望值相差较远。这种状态在很大程度上表现为合作创新效率不高，有时甚至导致资源的浪费。效率是企业和国家技术竞争力的集中体现，决定产学研合作创新效率高低的主要因素是制度。

经济学界对效率的定义存在较多争论，目前还没有明确的概念界定。萨缪尔森认为，效率意味着尽可能地有效运用经济资源以满足人们的需要或不再浪费，即当"经济在不减少一种物品生产的情况下，不能增加另一种物品的生产时，它的运行就是有效率的。"这时经济就处于生产的可能性边界上。

最常见意义上的效率是指现有生产资源与它们为人类所提供的效用之间的对比关系。当效率概念用于某个企业时，"有效率"是指该企业在投入一定生产资源的条件下使产出最大。反过来，就是在生产一定产出量时企业实现了"成本最小"，也就是我们通常所说的"微观效率"。而当效率被用于一个经济体时，"有效率"是指各处资源在不同生产目的之间得到了有效的合理配置，使其能够最大

---

① ② ③ ④ 格鲁奇. 比较经济制度 [M]. 北京：中国社会科学出版社，1985.

限度地满足人们的各种需求，即"宏观效率"。效率的投入不仅有货币投入，还包括劳动、时间等资源的投入，其产出既包括以货币形态表现出来的产出，也包括一些非货币形式的产出，如企业形象的树立、可持续竞争能力的增强等，其反映的是活动主体的作用力或效能，尤其是反映经济活动的动态和持续的作用程度，表现的是经济活动的能力和内在质量。

产学研结合模式既解决培养人的问题，同时也解决科技、经济及整个社会的发展问题。美国是实行产学研结合最早、获益最大的国家，高校的"三项功能"通过产学研结合这个载体发挥得淋漓尽致。曼哈顿工程、硅谷电子工业园、盐湖生物工程研究开发中心，以及一大批在高校内部由高校与企业或政府合办的工程研究中心等，都是产学研结合的成功典型事例。究其原因，美国的产学研合作效率是高的，制度选择是比较合理的。

产学研合作创新的目的在于技术创新，技术创新的制度结构对技术创新具有极其重大的意义，同时也是产学研合作创新的关键性制度问题。所谓技术创新的制度结构，就是促进技术创新的各种具有不同地位和作用的正式制度安排与非正式制度安排以及它们的实施机制耦合而成的制度体系。它具有复杂性、层次性、演进性、特殊性和趋同性等特点。

技术创新的制度结构研究是建立在新制度经济学的制度结构基础上的。在新制度经济学中，制度结构概念经历了一个发展过程。较早对制度结构进行研究的新制度经济学家是舒尔茨。他在1968年发表的《制度与人的经济价值的不断提高》中认为，制度结构由以下四种基本形式的制度构成：①用于降低交易费用的制度，如货币、期货市场等。②用于影响生产要素的所有者之间配置风险的制度，如合约、分成制、合作社、公司、保险、公共社会安全计划等。③用于提供职能组织与个人收入流之间的联系的制度，如财产，包括遗产法、资历和劳动者的其他权利等。④用于确立公共品和服务的生产与分配的框架的制度，如高速公路、飞机场、学校和农业试验站等[1]。舒尔茨对制度结构的初步分析，其优点是比较具体，其缺点是抽象性、概括性不足，并且主要是从制度的不同功能来进行划分的。但某些制度的功能往往是多重的。因而，舒尔获的制度分类具有重叠性。如分成制、公司制等，并非只有配置风险的功能，它们同样具有节约交易费用的功能。

诺思在1990年出版的《制度、制度变迁与经济绩效》中认为：制度由正式规则、非正式规则和实施机制三个部分组成。正式规则指人们有意识创造的一系列政策规则的总和，包括政治（及司法）规则、经济规则和契约。非正式规则是人们在长期交往中无意识形成的，并构成代代相传的文化的一部分，它主要包括价值观念、伦理规范、道德观念、风俗习惯、意识形态等，其中意识形态处于核心地位。实施机制是与法律制度配套的，能为实施者提供足够的信息，保证契约实

---

[1] 科斯等. 财产权利与制度变迁 [M]. 上海：上海三联书店，1994.

施的一套强制性措施。显然,把实施机制看作制度结构的一部分的观点是有道理的。特别是正式制度安排,离开了实施机制必然成为一纸空文。常常见到的情形是,不同国家制度结构中正式制度安排的构成非常相似,但制度绩效却相差很大,这里除了非正式制度方面的差异外,主要是因为实施机制方面完善程度的不同。

总而言之,不同的学者对制度结构的界定和分析是不一样的。但关键是如何通过制度创新来推动技术创新。凡勃伦认为,旧的制度可能对技术创新产生不利的影响,也可能产生有利的影响,而制度的创新一般会促进技术创新。对凡勃伦关于制度创新对技术创新的影响的思想,英国学者卢瑟福作了较详细的论述。他指出:"在凡勃伦的讨论中,通行的制度可能对技术变迁有着深刻的影响。这是因为,像其他所有活动一样,技术活动是从文化上嵌入的,进而又受到制度框架中的成见和目标的影响。""凡勃伦多次指出技术洞察和发明或多或少受制度成见的不利影响,但是制度并非总有这种消极作用。凡勃伦对商业系统的理解是,个人主义及金钱利益的制度原则固然阻碍技术洞察,但还没到掠夺性文化的制度原则不利于技术洞察的那种程度。事实上,价格体系的发展中所包含的思想习惯跟现代机器技术的兴起有很大关系,与此同时,商业制度导致新技术的引进,导致新技术在私人利益而非社会利益基础上的利用。"① 依据凡勃伦的观点,新的制度代替旧的制度,必然引致技术创新。

制度是产学研合作创新条件支持系统之一。它主要解决领导体制、管理体制及各项具体制度的建立问题;解决运作方式及动力源问题,如竞争机制、激励机制、风险机制,以及人员配备、基本设施、学术氛围、舆论导向和思想教育等方面的问题。这些方面相互联系,共同构成产学研结合的条件支持系统,对产学研结合的建设和发展起基础和保证作用。

三、资源配置效率约束下的产学研合作创新—制度选择

(一) 产学研合作创新的本质——资源配置

由产学研合作创新而引致的技术创新,对企业来说是外部资源增强了企业的技术创新能力,从而提升了企业的竞争能力。企业技术创新的外部资源来自大学、科研机构、供应商、竞争者、用户、消费者和分销商等,但最主要的外部资源是大学和科研机构。而企业获得这些外部来源的方式可以大致分为市场交易与合作创新。其中,合作创新已经成为企业创新的一种普遍方式。企业委托开发新技术,与高校和科研院所共建实验室等多种形式的合作创新等不仅具有市场机制所具有的配置资源的作用,而且可以创造新的资源。通过合作主体的协同作用,会产生整体创新能力大于合作主体各自能力之和的效应。这种整体创新能力是基于市场规则而进行的新的资源配置所形成的。

---

① 卢瑟福. 经济学中的制度 [M]. 北京:中国社会科学出版社,1999.

我国自 20 世纪 80 年代以来，随着经济和技术的飞速发展，不仅产学研合作的数量迅速上升，而且同一行业内的竞争企业之间也在越来越多地从事既合作又竞争的市场行为。我国政府为推动技术创新领域的合作做出了许多努力，甚至直接介入。不过从发展的情形来看，仍然存在许多企业不愿意进行合作，或者合作创新未达到预期效果，甚至被迫中断等情况。这表明合作创新能否成功还在于合作创新主体是否依据市场规则进行资源配置。产学研合作创新的不确定性因素较多，例如外部环境、合作组织内部的因素等。由于产学研合作过程存在机会主义、技术泄露等问题，这些问题是由合作创新的特殊性决定的。因为知识资产对企业合作创新的形式选择产生影响；知识产权对合作创新的激励也产生影响，例如参与各方知识投入的产权保护以及合作创新中的共同知识资产产权的合理归属等对合作创新的影响。知识资产是指企业拥有的能带来竞争优势和效益的知识的总和，包括专利技术、技术秘密、经营经验、学习能力等。随着经济、技术的发展，知识已经取代了土地、劳动、资本成为当今最重要的资源。企业之间的竞争更多的是基于企业知识资产的竞争。企业寻求互补性知识资产是企业选择合作创新的主要动机之一，这是因为技术创新的复杂性使得单一企业的知识资产无法满足创新要求。这时企业需要从外部寻求所需的知识资产来弥补企业知识资产的不足。例如大学、研究机构与企业间的知识资产往往具有互补性，大学、科研机构大都掌握基础性、通用的知识，而企业多掌握具体的工艺和生产技术。这样，合作创新的需求应运而生，其本质在于相关资源的重新配置。

通过产学研合作创新来积累企业知识资产是企业的必然选择。例如，经验性知识资产必须通过人与人之间的交互活动来获得。而经验性知识是企业知识资产不可或缺的内容，有助于提高企业的 R&D 能力或吸收转化能力。因此，企业在选择合作伙伴时，高校和科院所所拥有的知识资产与本企业的互补性成为决定性的因素。至于采用什么样的合作形式，要与合作方式与创新的技术特征相匹配。当合作创新的技术目标带有产品特征时，合作可以采取共建实体的组织方式进行，以新建的合作实体作为创新产权分享的载体，以免合作参与者由于创新利益分配中的矛盾损害合作的效率；如果合作的技术目标不具有产品特征，是较为通用的竞争前技术，那么合作可以采取项目合同等松散型合作创新形式。

（二）不同制度安排引致资源配置效率差异

产学研合作创新的动力来源是基于通过合作获取更大的创新收益。多主体参与的产学研合作创新产生了创新收益分享问题，而这一问题建立在知识产权的界定和分享的基础上。知识产权对合作创新参与主体产生激励作用，对合作创新效率有重大影响。知识资产的生产者必须依赖相应的制度安排来保护其产权，如国家颁布的专利等知识产权法律体系。这些制度安排被看作对技术创新的激励。与个体创新相比，合作创新涉及多主体之间的利益分配与协调问题，导致合作创新中的知识产权问题更加复杂，同时，也使知识产权对合作创新的激励更具独特性。参与主体通过合作创新可获得创新收益不仅受外部环境不确定性因素的影响，而且在合作创新中还受合作组织内部的不确定性因素的影响。例如，机会主义行为对合作创新有效性的破坏。企业在合作创新过程中需要投入大量的知识资产，而知识资产具有很强的专用性。正如威廉姆森（1985）在《资本主义经济制度：企业、市场和关联合约》中所认为，专用性投资容易导致机会主义行为，要诱使事前的有效专用性投资量，必须正确地分配来自这些投资的收益。因此，产权界定和产权激励在合作创新的有效性方面有着决定性意义。

产学研合作创新过程中的知识产权包括两个方面：一是产学研合作创新过程中需要参与主体投入各自的知识资产，从而产生对各参与主体投入的知识产权的保护，以防合作中非产权拥有者对知识产权的滥用；二是产学研合作创新过程必然创造和生产出新的、共同的知识资产，由此而产生这些知识资产的归属和产权界定。这两个方面得到有效解决还必须依赖于合作创新的制度安排是否具有明确的产权确定框架：其一，以法律界定的知识产权保护、合作组织达成的关于创新知识产权的正式协议等；其二，基于一种制度选择来探究产学研合作创新参与主体之间的合作机理。就前者而言，正式协议的作用受到执行成本和监督成本的制约。如果执行成本和监督成本过高，将不可避免地会出现机会主义行为。因而，在合作前对参与主体的知识产权及合作后可能延伸新的知识资产进行产权界定，有助于减少参与主体对未来合作收益预期的不确定性。当然，产学研合作参与主体的信誉、与他人过去合作成败的记录、合作关系的依赖程度大小等对合作收益预期的不确定性产生影响。如果产学研合作参与主体有明确的产权规定、主体有良好的信用、各主体在合作中优势相对均衡、合作的彼此依赖程度大，参与主体对知识资产所产生的最终收益享有分享权，那么产权分享的预期不确定性就会较低，从而激励各参与主体积极、主动地参与产学研合作创新。

自熊彼特最早提出创新的概念后，技术创新的概念一直在发展变化。人们对创新过程的特征认识也产生了重大变化。我们所说的产学研合作创新能力不仅是发现新的技术原理的能力，而且更多的是系统地探索对现存知识的组合和利用所产生的经济效应。这就是所谓的通过产学研合作来配置资源，而这种资源配置必须在特定的制度安排下才是有效的。换句话说，在不同的制度安排下，这种资源配置的效率是不一样的，即存在差异性。

在产学研合作创新过程中，高校和科研院所面临因知识泄露而丧失合作创新成果最终分享权的风险，企业也可能面临因为知识泄露而丧失竞争优势的风险。因此，产学研合作参与主体存在知识保护的强烈倾向，对有关企业核心技术会有所保留，人为增加知识传递的障碍，使合作难以达到充分的知识共享和有效的信息交流。这就需要通过合理的制度安排使产学研合作主体通过契约的方式控制和监督知识的投入状况，从而保证合作组织内部充分的知识交流和共享，提高合作创新效率。

产学研合作创新制度安排是从促进和支持技术创新的各种具有不同地位和作用的正式制度安排与非正式制度安排所构成的制度体系。例如，专利制度、奖励制度、税收补贴制度、研究开发制度和风险投资制度等。此外，教育制度、市场制度、政治的、思想的、文化的正式与非正式制度，都可能对技术创新起到直接与间接的促进作用。这些不同的制度安排在技术创新中的功能和作用是不相同的，即使有些制度安排的功能相同，但在促进技术创新的范围与绩效等方面也存在差异。这就是说，不同制度安排，导致产学研合作资源配置是不一样的。

根据以上分析，产学研合作创新建立在市场对技术知识需求的基础上，大学和科研院所投入的知识资产，通过主体间的相互作用而传递技术知识，经过技术知识流动和共享，能够创造出新的技术知识价值。因此，大学和科研院所投入的知识资产对合作创新的影响主要有：知识资产的获取是企业选择合作创新而非自我创新或市场交易的主要原因；知识资产的价值增值性决定了企业对合作伙伴的选择。合作创新所要达到的技术目标的特性影响着参与者合作的方式。而这一合作方式又受制度选择的影响，即在不同制度选择下，企业、大学和科研院所提供资源配置的效率是不一样的。也就是说，产学研合作创新存在重要的关键的制度选择问题。

四、资源配置效率约束下的产学研合作创新—制度选择

社会主义市场经济制度的不断完善，我国经济发展日益融于世界经济发展的洪流之中，必将引出我国经济社会发展中对产学研合作创新不断高涨的要求，同时也必然会对产学研合作创新的效率提出更高的要求。当代科学技术迅猛发展的潮流，使科学技术在我国经济社会全面协调可持续发展中发挥着更为重要的基础性、战略性和先导性作用。我们必须立足创新，促进发展，繁荣科技，引领未来，使我国成为具有强大自主创新能力并在国际竞争中处于主动地位的国家。然而，技术创新需要发挥市场基础作用和企业的主体作用以及产学研有效结合来实现。通过市场竞争，提高企业的科技创新能力，使之真正成为技术创新、科技成果转化与规模产业化的主体；通过市场纽带，完善科技创新价值链，实现科技创新要素和其他社会生产要素的有机结合；通过市场引导，调整科技创新目标，优化科技资源配置，形成科技不断促进经济社会发展、社会不断加强科技投入的协调、持续发展机制。

在当代条件下，产学研合作是技术创新成果转化为生产力的重要方面，也必将成为促进我国经济增长的主要方式之一。高校为加快孵化高技术中小企业，营造学校科研教学的良好环境，在学校周边或在当地高技术开发区内建立了一批大学科技园。大学科技园已经成为各类创新要素资源汇集、融合的新的聚焦点，一些大学科技园已经成为当地发展高新技术产业的重要经济增长点。大学科技园建设，不仅大大激发了高校科技力量投身发展高科技、实现产业化发展的积极性，也为转化科技成果、发展高新技术产业、促进经济结构调整和持续健康发展增添了新的活力。对产学研合作认识充分并付诸实施的地区，其经济增长就迅速。例如，北京、上海、南京和武汉等地区依托大学兴起的科学城、科技园、高科技中

小企业群等，不仅培育了新经济增长点，而且极大地促进了各地区知识创新和人才培养。中国的大学正由"象牙塔"走向经济社会，服务于经济建设，成为发展知识经济的发动机、创新体系建设的先锋和经济发展的强大后盾。

在知识经济时代，我国大学和科研院所的形态、理念及功能都发生了重大变化。它们被推向经济社会中心，进入经济运行的过程，成为经济发展的要素、传播先进文化的重要阵地和高科技的示范区和辐射源。产学研合作创新使高校、科研院所的知识创新与企业的科技创新融为一体，也使它们与经济社会融为一体，从而推动经济社会的发展。例如，"九五"期间我国高等学校承担了1/2左右的国家基础性研究项目、1/3左右的国家"863"高技术研究项目、1/4左右的国家科技攻关项目，取得了一大批研究成果，为我国科技发展做出了重要贡献，同时也为发展高新技术产业提供了良好的基础。高校和科研院所为高科技产业提供技术转让、技术咨询服务，从而推动高科技产业的发展。这已成为我国加速高新技术产业发展的一条重要途径。

产学研合作创新加速了传统产业的升级。由于技术的研究与开发、创新能力的不断提高，传统产业提升了技术含量，逐步改造为技术密集型产业。例如，北大方正的电子出版技术对印刷出版业产生了革命性影响，国内80%的报业、国外80%的华语报纸的照排都在使用方正的技术和产品。此外，技术密集型产业在产业结构中的比重日益上升，例如以高新技术为主的生物、软件、电子信息和新材料等领域有较大发展。多种形式的产学研合作网络、技术创新孵化器和高新技术开发区等使高校和科研院所的大量高科技成果得到开发和应用，从而带动了传统产业的转型和改造，也对区域经济的形成与发展产生了重要影响。高校和科研院所拥有学科资源、人力资源、成果资源、设备资源、无形资产等各类优势资源，为区域经济发展提供应用型人才、技术型人才和科技成果，正在成为区域经济发展的生力军。高校和科研院所源源不断地向高科技产业、高新技术公司输送高水平人才和创新科技成果，使高校科技产业充满活力，不断地带动区域经济的发展，呈现出日益强劲的发展势头，彰显产学研合作创新对经济发展的巨大推动力。同时也对我国建立完备的产学研合作创新制度体系提出了越来越紧迫和越来越高的要求。

第三节　资本与知识混合逻辑的产学研合作创新制度模式

克罗齐埃在《组织理论精要》中认为：结构是指人们在社会活动中的互动模式，结构化则是指人们互动关系的模式化。科斯在《企业的性质》中也谈到了人的互动关系，他认为交易费用可通过人的活动（行为）来减少行为的不确定性。

因为在特定的条件下表现为一定的行为有利于绩效的提高。影响互动关系的内在因素是什么，我们认为是权力和利益关系，因此权力和利益关系可以成为我们分析产学研合作创新主体之间互动关系的手段。权力和利益关系的不同组合会形成不同的制度模式，如资本与知识混合逻辑的产学研合作创新制度。在这种制度模式下，资本所有者、高校和科研院所的知识所有者是产学研合作的共同发起者，共同行使产学研合作创新的决策权，共同分享产学研合作创新成果最终获利的分配权。

一、基于资本和知识混合逻辑的产学研合作创新模式建构

产学研合作创新参与者随着合作创新项目的进一步深化，他们之间的权力地位也在发生变化。事实上，在产学研合作创新的基础研究阶段，大学和科研院所占主导地位，因为这一阶段的风险比较大，只有大企业，例如大型跨国或大型国有企业其承担风险能力比小企业强得多，才有能力关注基础研究；在产学研合作创新的应用研究阶段，企业争取占有主动，积极参与这一阶段的合作，其地位开始不断上升；在产学研合作创新的实验阶段，要看具体的实验地点在什么地方，在企业进行，企业占主导地位的可能性就大，在大学进行，大学占主导地位的可能性就大；在中试、制造以及商品化阶段，企业则毫无疑问地成为主导者，大学和科研院所主要提供技术咨询和服务等。中介机构、私人基金会等其他组织提供各自相应的服务，随着市场经济的进一步成熟化，他们发挥的作用将会越来越大，都将成为产学研合作创新的参与者。

产学研合作创新模式需要根据内外部环境要素的变化，以及科学技术等各种要素的发展情况和要素之间的耦合及相互作用的程度来确定。此外，还需要依据合作创新的资本投入、人才的提供、风险的分担能力、利益的分享等来确定产学研合作创新模式。

目前，依据我国国情和市场经济发展水平，在产学研合作创新过程中，相当长的一段时间内会采用行为主体拉动型模式、行为主体共建型模式、虚拟模式和权变模式。后两种模式具有资本和知识逻辑的同样性质，在此情况下，虚拟模式和权变模式更适合在激励竞争市场环境下中小企业的技术创新，或者大型企业为了技术储备以便适应未来市场和顾客的需求而采用之。因此着重分析后两种模式的建立对科技创新的影响。

(一) 虚拟模式

1. 虚拟模式的概念界定及其特征分析

在知识经济时代，知识成为最重要的生产要素，制约着社会经济的发展。在这样的环境下，产学研合作创新的组织可以依据内外部环境的变化，把握住市场经济中经常出现的有利于合作组织超常发展的机遇，建立新的合作创新模式。为了满足这种不断变化的需求，随着虚拟组织的出现，产学研合作创新的虚拟模式（见图16-2）也就产生了。这种模式能够在知识经济时代继续推动我国的产学研合作创新。

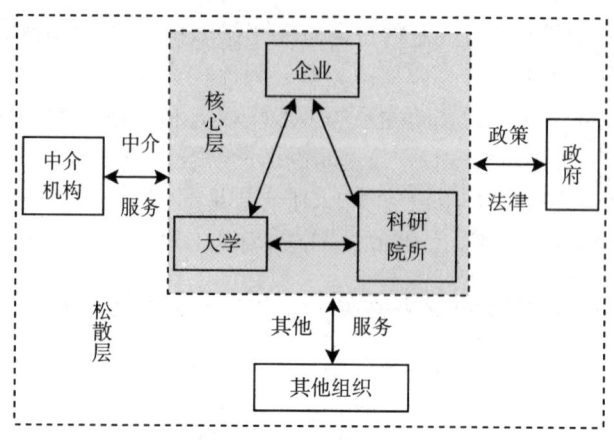

图 16-2 虚拟模式结构

注：在虚拟模式中，合作创新的联合体有一个内边界，联合体和其他组织则有一个外边界，但边界都模糊，用虚线表示。不仅各主体之间，联合体与其他组织之间的相互作用程度也加深，故都用双箭头表示。

虚拟模式构成的影响因素仍然是内部因素、外部因素和协同因素。在内部因素中，虚拟模式中的产学研合作创新联合体关注的不是组织规模的大小，而是组织功能的专长化和运行的合作化，即强调每个主体的核心竞争力和合作的灵活性。这种特性也形成了虚拟组织具有流变性和价值观念多元性的虚拟组织文化，树立了组织的虚拟意识，建立起该组织的核心竞争力，随时做好与其他组织结成战略联盟的准备，并在寻找合作伙伴的过程中处于主动地位。要保证虚拟组织的正常运行，除了构建完善的网络结构以外，还有赖于各种机制的高效运行。例如，利润分配机制，合作过程中成员组织所付出的创新性努力越多，合作契约中其享有的利润所得也就越大，所承担的风险也相对较多。这种合作契约就是资本所有者和知识所有者之间的权力和利益关系的安排。因此，我们认为产学研合作创新虚拟模式是指合作行为主体之间以契约为基础，以技术创新为目标而构建的一种战略联盟，从而共同促进科学技术的发展。

依据虚拟模式的基本内涵和影响因素，我们认为虚拟模式的主要特征为：

（1）合作的契约性。基于资本所有者出资或者他们与知识所有者一起出资作为产学研合作创新共同发起人，在产学研合作创新过程中享有独占性权力或共享性权力。

（2）合作的联盟性。基于技术合作而建立的联盟，没有固定的组织实体，各成员间通过暂时性的虚拟网络关系，利用契约或者股权建立横向联盟或纵向联盟。

（3）合作的灵活性。合作创新的参与主体并非一成不变，而是具有高度的灵活性和流动性，可根据实际需要改变主体的构成。一旦合作成功，目标完成，联合体就解体，等到下次又有新的合作目标出现时，再构成新的联合体。

（4）合作的目的性。合作创新行为主体，一方面为自身的利益目的共同合作,另一方面也在不断促进科学技术转化为生产力,实现社会目的。

2. 虚拟模式的结构

虚拟模式结构如图16-2所示,该结构分为两个层次:核心层和松散层,核心层用阴影部分表示,以区别于松散层。企业、大学和科研院所处于核心层,是核心性的单元组织。它们利用核心专长和相应的能力在自己的领域内集中资源,在技术创新、人才培养、资金供应等方面积累能量,建立优势,参与合作。政府、中介机构等处于松散层。政府是协调和服务性组织,随着市场经济的发展为产学研的虚拟合作提供相应的政策和法律支持;中介机构则是完全的市场化组织,与核心层组织联系,发挥对产学研合作的引导、协调和沟通作用,减少由于不同性质和文化的组织合作所产生的摩擦或交易成本;其他的一些组织处于松散层,在该模式中的影响程度更深,如基金会等可为其提供资金、风险投资等服务。

企业、大学和科研院所组成了狭义上的合作创新联合体,有一个内边界。在边界内,企业、大学和科研院所是产学研合作创新的共同发起人,享有平等的权力和利益。联合体和其他组织单元构成广义上的合作创新联合体,则有一个外边界。至于边界外的合作创新参与者,只是资本短期提供者或者其他资源提供者,不享有产学研合作创新成果最终所形成利益的分配,也不享有平等的权力。虚拟模式具有适应环境的灵捷性,能够机动地选择最佳合作伙伴。联合体中,各主体适时地根据市场需求的变化灵敏地组合所需的核心能力,并在核心能力互补的基础上相互合作。不仅各主体之间,联合体与其他组织之间的相互作用的程度也加深,例如有关信息化的建设可以直接外包给有关中介机构,可以联合有关社会基金组织向政府提出制度改革的建议等。

当然,虚拟模式的建立仍受到政策、法律等外部因素的制约和影响。虚拟模式强调组织间的协调性,而宽松的政策环境、严密的法律条文、规范性的社会道德能够保证和促进该种模式的正常运行。一方面,虚拟模式中的协同效应是利用互联网、计算机、通信工程等技术为工具和支撑点,在合作主体之间架起沟通的桥梁,将创新技术、创新产品的需求和供给连接起来,以维系模式的正常运作;另一方面,由于现代科学技术的运用能够降低组织之间的交易成本,参加虚拟模式合作的创新主体的数量会增加,但是数量的增加又会增加组织间的协调成本,所以协同要素在虚拟模式中发挥着关键性的作用。在协同的数学模型中,由于各合作创新主体建立的动态联盟以机会为基础,合作关系的建立可能是长期性的,也可能是暂时性的,合作中各合作伙伴在地理上是分散的,所建立的经济实体也并不固定在某个地域,这些因素的变化会影响时间变量(T)和地点变量(L),最终也就影响了协同作用后的系统总效用的发挥。

3. 虚拟模式的功能

依据资本和知识逻辑所建立的虚拟模式在产学研合作创新中发挥的作用,主要表现为以下三点:

(1) 可以快速达到产学研合作创新的目标。产学研合作创新,一般要经历"市场需求—市场调查—科学研究与开发—生产试制与制造—满足需求"这样一个阶段。每个阶段都可能遇到信息不对称,沟通困难,相互不信任,交易成本增加等不确定性的干扰因素,这些因素会延缓合作创新目标实现的时间。各组织必须建立灵活机动的合作模式、合作时间机动,以最快的速度达到合作创新目标。而虚拟模式正是具有这种特征,面对转瞬即逝的市场机遇,模式中的每个合作伙伴利用知识网络、信息网络和物流网络快速整合可以利用的各种资源,以创造最大的社会价值,满足最终的需求。

(2) 共享资源,共担风险。资本和知识逻辑的产学研合作创新制度,强调参与产学研合作创新主体之间权力和利益平等、资源共享。而虚拟模式非常符合这一要求,该模式中的合作创新主体可以共享基础设施、试验场地和合作开发的成本等,建立工作团队,充分发挥协同工作的效力,随时对来自不同参与主体的核心能力进行组合与分解,实现资源整合,提高合作绩效和资源的使用效率。另外,各合作主体都具有分担的能力(这种能力以主体在虚拟模式中所计划承担的任务对其日常运作所产生的影响来描述),共同承担风险。

(3) 有利于建立灵活的运营管理机制。虚拟模式是为完成创新技术和创新而形成的有机组合,是就某一合作创新项目为目标联合起来建立的临时性联盟,有关运营管理问题更加复杂和多样化,建立一种适合虚拟模式的柔性运营管理机制成为必然,包括计划制订、资源配置、利益分配等各个方面。

就目前我国的经济发展情况来看,随着我国信息产业的发展和网络技术的成熟,政府对信息基础设施投入的增加,产学研合作创新各个主体的积极参与和不断努力,虚拟模式的成熟度将越来越高,并对我国产学研合作创新起到积极推动作用。

(二) 权变模式

对参与产学研合作创新各方来说,一种合适的模式应该能够在规模经济、学习效应、协同效应、交易成本以及行为者的主观抉择之间进行有效的平衡,应该依赖于它所面临的特定环境。管理学中的权变理论认为,没有一成不变的、普遍适用的、"最好"的管理理论和方法,而只有与具体环境相匹配的最合适的管理方式。据此而言,产学研合作创新的权变模式是指合作创新行为主体依据各自所处的内外环境随机应变,相机决策,以做出最合适的模式选择。

产学研合作创新涉及各种组织变革和技术创新,权变模式在产学研合作过程中能够对各种内外部环境因素的变化做出快速反应,选择最适合自己的合作方式。例如,对于内部环境,权变模式根据合作创新发展的需要选择适合的合作规模与程度;关注各主体对合作利益分配的期望、对合作频率和时间的希冀、对风险的选择偏好等,从而获得合作创新的最大化效用。就外部环境而言,基于国家政策环境下的权变模式,能够使产学研合作随着国家的产业政策变化而做出相应的改变;熟悉国家的法律法规,在自身权益受到侵害的情况下及时请求法律援助；追求社会道德和文化品位，不做出损害他方的行为。

1. 权变模式的结构

本书把企业、大学和科研院所的影响力水平作为一个重要的变量来考虑。在内部影响因素方面：当规模经济产生的机会出现时，权变模式会自动地选择它所包容的某种模式，而一旦产生规模不经济的时候，则会放弃或更改正在采用的模式；文化要素是权变模式的一个重要特征，它注重学习性的文化氛围，强调学习速度必须大于或等于变化速度，力求建立学习型模式；由于权变模式也是一种相机决策，产学研联合体所建立的战略联盟"分分合合"也隐含着不稳定性的特征，所以权变模式必须具有完善的动力机制、利益分配机制和风险投资机制等。在外部要素方面，权变模式也需要有相应的政策机制和法律法规作为规范和保障。当然，权变模式的建立也希望得到社会道德和文化方面的认同。在协同要素方面，权变模式是动态的合作模式，其包容性表明在产学研合作创新过程中会出现企业主导型模式、大学主导型模式、共建模式等各种模式，每一种模式又可能由不同的合作主体构成，每类主体的发展水平变量也是变化的，这些都涉及协同要素的有效发挥。但是，不管变量如何变化，在环境不断变化中能够"随机应变、相机决策"的权变模式仍然会实现最大化的目标产出。

（1）前提假设。

1）三种行为主体的影响力水平和程度决定了某种模式（这种模式是权变模式中所包容的一种模式）的选择，因此在三维模型中，以此作为衡量的基准和坐标轴，并把这种水平和程度确定为三个等级：小、中、大。

2）共建模式和虚拟模式本身是存在区别的，但在权变模式中，基于这两种模式中两种或三种主体的影响力水平和程度都是大的情况，我们就把它们归为一类考虑。

3）权变模式是一种动态模式，时间是重要的因素，但为了更好地说明权变模式，这里仅取某一时点进行静态分析。

（2）权变模式的结构如图16-3所示。

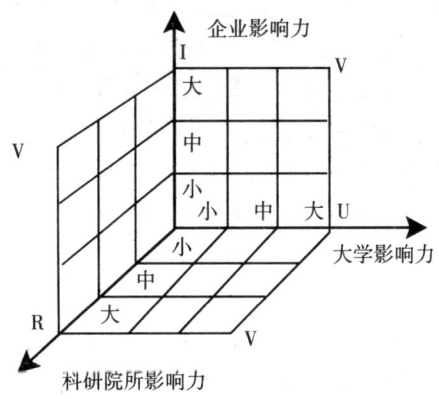

图16-3　权变模式的结构

图 16-3 中，I（Corporation-oriented Mode）、U（University-oriented Mode）、R（Research Institute-oriented Mode）、C（Combination Mode）、V（Virtual Mode）分别表示企业主导型模式、大学主导型模式、科研院所主导型模式、共建模式和虚拟模式。五种被包容的模式没有优劣之分，在实践中，具体的选择和确定应根据各自发挥的影响力水平和程度来决定。

一般来说，哪种主体影响力越大，就越有可能是该主体占主导的模式，如果影响力都很大，则可能是共建模式或虚拟模式。例如，如果企业的影响力大，而大学和科研院所的影响力都小，那么就是企业主导型模式；如果企业的影响力是中，另外两个主体的影响力都小，那么是偏向于企业主导型的模式。对于大学和科研院所来说，也是如此。如果两方的影响力都是大，第三方的影响力是小，就是共建模式或虚拟模式；如果两方的影响力都是中，第三方的影响力是小，那么就是偏向于这两方为主导的模式；如果三方的影响力都是中，那么就是偏向共建模式或偏向虚拟模式；等等。权变模式中并不认为哪种选择是最佳的，对它来说，需要根据一定的条件选取最合适的。具体的表现结果在以下三向交叉列表中列出，如表 16-1 所示。

表 16-1 权变模式的三向交叉列表

大学影响力 科研院所影响力	企业影响力								
	小			中			大		
	小	中	大	小	中	大	小	中	大
小	合作机会很小	偏 U	U	偏 I	偏 U 或 偏 I	U	I	I	C 或 V
中	偏 R	偏 U 或 偏 R	U	偏 I 或 偏 R	偏 C 或 偏 V	U	I	I	C 或 V
大	R	R	C 或 V	R	R	C 或 V	C 或 V	C 或 V	C 或 V

前面在模型的假设中，我们提到权变模式是一种动态的模式，随着内外环境的变化，各自的影响力此消彼长，合作模式有可能从一种模式过渡、变迁或跳跃到另一种模式。当然，在权变模式中，并不否认政府、中介结构的影响力。在本文中，我们都把它们作为外部主体，而权变模式是以内部主体（企业、大学和科研院所）作为基准（坐标轴）和变量的。如果政府、中介结构等主体的影响力足够大，以至于外部的影响力已经完全渗透到产学研合作创新的联合体中，那就可以把该主体作为新的基准和变量放到权变模式中，形成四维甚至四维以上的模型。

2. 权变模式的功能

（1）充分发挥合作创新主体的影响力。权变模式重视每一个主体发挥的影响力水平，可以使企业、大学和科研院所能够从产学研合作创新中获取更多的收益和价值，增强企业的技术创新能力和核心竞争力；扩大大学第三功能的作用，增强大学的人才培养、科研辐射和社会服务功能；提高科研院所研发能力和市场竞争水平。

在行为主体的合作地位方面，把它们各自的影响力水平作为三维权变模型中每一维的变量进行比较分析，体现了合作主体地位的平等性；在利益分配机制方面，权变模式考虑到了各方的权利和利益；在风险的规避能力上，由于其动态性和灵活性，权变模式可以很好地处理不期而至的各种风险；在合作的紧密程度、频率和实效性方面，它也具有主动的选择权。

（2）具有环境的应变性。权变模式随着环境的变化，可以灵活地选择适合行为主体的合作模式。在全球化经营条件下，企业、大学和科研院所随时面临着环境的急剧变化。原有的那些模式只是在一定的经济环境和社会条件下的选择，呈现出固化的刚性。而权变模式体现了组织形式的柔性特征，行为主体可以面对不同的环境做出最合适的合作模式选择。

（3）权变模式更加有利于创新。产学研合作创新，是产、学、研两方或三方联合创新的行为，是技术创新和制度创新的统一体，模式作为产学研合作创新中的一个重要部分，其本身的重新建构充分体现了创新的思想和创新的过程。所以说，用权变的观念重新诠释产学研合作创新的模式本身就是一种创新。

创新需要一种不断追求进步、能够容纳不同思想的比较自由的环境，而权变模式的灵活性、主动性、学习性和战略柔性正好形成了这种有效的环境。在这种环境中，变革在不断地发生，变革的力量又不断地要求人们思考新的理念、提出新的行动方法，以帮助产学研合作创新联合体或各个参与主体实现组织目标，创造更多的资源。

（4）适应知识经济发展的要求。经济贸易合作组织（1996）在一份题为"The Knowledge-based Economy"（以知识为基础的经济）的报告中首次给予了比较明确的界定：知识经济是建立在知识和信息的生产、分配和使用之上的经济。它是人类社会进入计算机信息时代出现的一种经济形态。而权变模式适应知识经济发展要求，能够对知识的更新和信息技术的发展做出及时的反应，促使企业、大学、科研院所以及政府等各个参与主体不断地进行创新，建立产学研合作创新的实体或虚拟组织。在权变模式下，产业资本与知识资本、科技资本和人才资本有机地结合起来，又反过来推动了知识经济的发展，因此是将来产学研合作创新进化到以知识逻辑为主导的制度模式的一个很好的先导表现。

二、产学研合作创新模式选择的路径依赖

现代科学技术迅速发展，市场变化急剧，产品研发过程和生命周期大幅缩短。为加强技术创新，缩小科学界与产业界的研究断层，各方均有进行产学研合作的需求，建立适合经济和社会发展要求的产学研合作创新模式。在这些模式发展的历史过程中，我们发现每种新模式的构建都具有一定的路径依赖性。正如青木昌彦（2001）所说，路径依赖是"在关键转折点上选择的决策规则的基本特征

会对未来的机会施加一定的约束。"①

（一）产学研合作创新模式选择的路径依赖之一：经济制度变迁

从计划经济体制到市场经济体制的经济制度演变过程中，我国政府作为一种重要的行为主体，它的理性行为具有任何其他行为主体都不能替代的作用。如果说我国产学研合作创新的模式在建立初期有许多不自觉的因素在起作用，那么，今天所选择的共建模式、虚拟模式和权变模式等结果则是政府行为的自觉选择或认同。计划经济时期建立的政府指令型模式，便是政府根据当时的国内经济和社会发展情况，特别是国防和科技的发展特征，凭借自身对产学研三方的支配权所选择的模式。近年来所流行的共建模式、虚拟模式等各种模式的出现，便是随着我国经济体制改革的进行，政府逐渐从"指令"、"命令"的角色转变到"服务"的角色，愿意放弃合作的决定权等某些政府权利，逐渐认同产学研三方更加主动和灵活的模式的结果。但是，我国又是社会主义条件下的市场经济体制，以公有制为主体，多种所有制经济共同发展，有些事关国计民生的、大的合作创新项目采用何种模式，政府站在全社会发展、进步和社会价值增值的角度，还握有最终的决策权。所以说，我国产学研合作创新模式的发展会受到经济制度变迁的路径依赖影响。

我国经济制度变迁过程中，一方面，初始的体制选择会提供强化现存体制的动力及其惯性，因为沿着原有的体制变化路径和既定方向往前走，总比另辟蹊径要方便一些；另一方面，一种体制形成以后，会形成某种在现存体制中既得利益的压力集团。他们力求巩固现有制度，阻碍进一步的改革，哪怕新的体制较之现存体制更有效率。即使由于某种原因接受了进一步变革，他们也会力求使变革有利于巩固和扩大他们的既得利益。于是，初始的改革倾向为后续的改革划定范围。这种经济制度的变迁形成了我国产学研合作创新模式的路径依赖之一，影响着合作创新模式的发展。

诺斯把技术演进理论中的报酬递增机制和自我加强的机制引入到制度变迁演进的理论中，从而使制度变迁理论又一次得到拓展与创新。他指出，在制度变迁中，同样存在着报酬递增和自我加强的机制。一旦制度变迁走上某一路径，在这种机制的作用下，经济与政治制度的变迁就可能会出现几种结果：①乘数均衡，即可能存在多种制度变迁路径；②一旦确定一种无效率的制度变迁路径，就很难退出，这是由获取有关的信息较少，做出错误的选择所致；③也可能进入一种有效率的制度变迁路径。模式的选择路径与制度变迁一样，也存在报酬递增和自我强化的特点。第一个采用者根据自己的需要和偏好选择某种模式，认为对所有情形都适用，并把外部性加于下一个采用者，而不是探索最终能给合作主体带来更高报酬的、最有前途的、能够带来更大收益的但成本相对高昂的模式。一种模式被采用得越多，使用它们获得的经验就越多，从而又被更多地采用，单位成本随

---

① 青木昌彦. 比较制度分析 [M]. 周黎安译. 上海：上海远东出版社，2001.

之降低，这样我们可认为在产学研合作创新模式的发展过程中存在一种报酬递增的规律。由于初始模式的选择方式不同，模式变迁的方向也会大相径庭。

诺斯认为制度变迁不同于技术演进，其原因在于除报酬递增机制之外，还受市场中交易成本因素的影响。产学研合作创新模式的选择受交易成本的影响。构建一个初始的模式，需要付出巨大的成本。例如，我国的政府指令型产学研合作模式，政府必须花费大量费用在全国的企业、大学和科研院所中寻找合适的合作主体，建立产学研合作的运行机制，提供政策保障。模式一旦建立，只要按照相对固化的模式运行，合作费用就会低，单位成本也随之降低。此外，模式选择的自我强化还体现在以后新建立的模式中。如政府推动型是在指令型模式的基础上创建和发展起来的，单位成本（建设成本、运营成本、认识成本等）大大降低。

在产学研合作创新模式的构建过程中，交易成本主要表现为：①搜寻信息成本。企业、大学和科研院所是不同的组织形态，属于不同的产业，彼此了解不多，需花费许多物力和人力搜集对方的信息，寻找适当的合作伙伴。②讨价还价的谈判成本。各方在确立了合作对象之后，要对合约中涉及的相关条款，例如合作项目、合作方式、合作时间及风险的分担进行谈判和磋商，这就产生了谈判成本。③制定和实施合约的成本。合约的制定需要取得各方一致的同意。在履约过程中，由于市场的变化和其他不确定因素的存在，各方也需要承担相应的风险。

产学研合作创新主体之间交易成本的存在会影响合作模式的选择：一方面，由于通信、信息技术的迅速发展，主体之间寻求合作伙伴的信息成本将大大降低，使得新的合作模式得以在原先模式的基础上发展，譬如虚拟模式的出现，就是在原有几种模式的基础上，由于各主体之间信息化水平的提高而产生的；另一方面，虽然技术发展使得合作各方选择面扩大，但是由于机会主义的存在，新成员的加入会使讨价还价的成本及制定、实施合约的成本都增加，因而，各方会首选以前有过良好合作关系的伙伴。这实际就是制度变迁而导致新模式对原有模式的路径依赖。总之，经济制度变迁影响了产学研合作创新模式的建立、运营、变革，形成了模式选择的最重要影响因素。

（二）产学研合作创新模式选择的路径依赖之二：组织结构变革

进入21世纪，我国的企业、大学和科研院所都面临着激烈的市场竞争。企业在国内外市场奋力搏击的时候，需要着手建立自身的比较优势和核心能力；大学需要打造自己特有的教育品牌，提高办学效益，获取相应的教育市场份额；科研院所也要融入市场，参与国内国际市场竞争，充分体现自身较强的技术创新能力，产品具有更高的技术含量和更高的附加值。如此，产学研通过合作创新，并采取适宜的合作模式，凭借各自的资源优势，实现资源强化和互补。

企业、大学和科研院所这三种组织形态会随着模式的变化而发生变革，形成新的组织形态。这种合作在于突破各自组织的边界，进行外部延伸，并在全球范围内对组织内部和外部资源进行动态配置、优化组合，以达到降低成本、提高竞争力的目的。新的合作组织对市场环境极为敏感，是一种柔性的组织经营形式，主要有战略联盟、虚拟组织等形式。战略联盟由两个或两个以上有着共同的战略利益和对等的资源优势的营利性组织，为了达到共同占有市场、共享资源等目标，通过各种股权、协议结成优势互补、共担风险的长期合作的松散型网络组织。迈克尔·波特（1998）认为，战略联盟是"企业之间达成的既超出正常交易，可是又达不到合并程度的长期协议"。而虚拟组织则是网络型组织的最典型组织，并将成为21世纪的主流组织形式。它是一种为了迎合预期的市场机遇、结构无形化、能够提供虚拟产品和服务，通过信息网络技术加以连接，由不同的组织实体所组成的联盟关系，其经济上的潜力在于能够对一个变化快速的环境做出及时的反应。

产学研合作创新模式选择不仅受制于经济制度变迁，而且还受到组织结构变革的影响，因而组织结构变革也是产学研合作创新模式选择的路径依赖。因为产学研合作创新模式的演进，实质是产学研组织结构发生了变革，所以需要从一种固化的组织结构发展到具有灵活性、学习性的组织结构，并且组织与组织之间能够进行有效的协同，并产生预期的效应。基于此，随着组织结构变革而引发产学研合作创新模式选择的路径依赖应表现为：学习效应、协同效应和预期效应。

1. 学习效应

学习效应（Learning Effect）与现有的模式框架和网络外部性有关。网络外部性是一种网络效应，能够为合作创新主体提供共同的行动规则和规范，并对各方的遵守契约产生效益。一种模式一旦建立，即使它是次优的，由于它已在社会中广泛存在，拥有先占优势，组织和个人一般没有其他的选择，也只能去适应它。模式的构建者学习并了解现存的模式，就能增强自身对现存模式的获益能力，这同时又反过来进一步促进了现存模式的发展。

在我国产学研合作创新模式的发展过程中，利用学习，可以获得成本优势，因为经验和专有技术的积累可以导致单位成本降低。

当存在学习效应时，平均成本随着模式被认可和使用程度的提高而下降。从图16-4可看出，被认可和使用程度从低到高，则平均成本从AC1下降到AC2，成本逐渐降低，但降低的速度越来越慢，因为单位成本是不可能无限降低的。

学习存在于每个组织成员之间，产学研合作创新应该鼓励有效的学习，使学习效应发生正向反馈作用。例如，促进产学研合作内部信息的顺利流通和分享，签订有利于合作和创新、减少矛盾和风险的契约，建立学习效果最大化的学习型组织等。

2. 协同效应

采用相同模式可以产生协同效应（Coordination Effect），因此合作行为主体都乐于采用。任何一种新模式的建立，会使系统内部发生变化，但是其基本的影响因素、结构特征以及功能实现都与旧有的模式之间存在着联系，这种联系在某些时候表现为协同，产生协同效应。

安索夫（Ansoff）认为，"公司利用协同效应可以实现各种各样的经营目标。如果一个公司有能力利用产品与市场的组合来提高协同效应，那么可供其选择竞

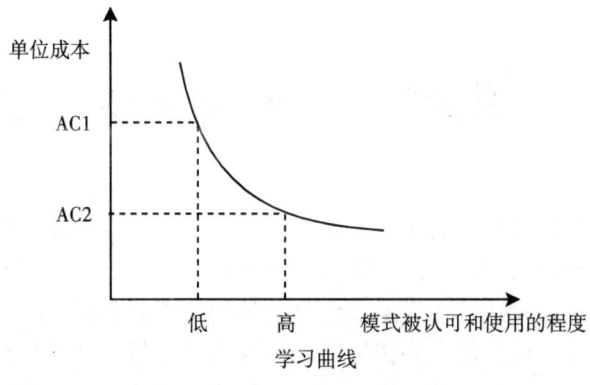

图 16-4 学习曲线

争手段的空间将是十分广阔的"。① 就产学研合作创新模式选择而言,它的目标是实现各种功能,可以选择的"竞争手段"表现为:选择相同的影响因素,采用相同的结构,建立相同的合作创新联合体,以及加大研究与开发的资本投入,提高创新成果转化率……这些都可以降低合作创新模式的建设成本和运营成本,实现每个合作主体收益的帕累托改进。所以,产学研合作创新模式选择应该注重协同效应,从而保持合作行为主体的持续竞争优势。

3. 预期效应

一种模式的选定以及契约的签订为合作创新参与主体提供了相对稳定的预期,减少了不确定性的适应性预期（Adaptive Expectation）,而相同的预期又会加强各方对这个模式持续下去的信心,也许这种模式就真的延续下去了。因此,如果要建立一种新模式,打破原先的模式,必须想方设法减少人们对原先模式的预期效应,建立对新模式的信心。

产学研合作创新的模式发展受到参与者的主观抉择预期效应影响。参与者的预期效应及由此而形成的主观抉择在制度变迁中具有极为重要的作用。不同历史条件下形成的参与者的不同主观抉择是各种制度模式存在差异的重要因素。在产学研合作创新的模式中,组织中的成员是参与者,深受组织领导者行为的影响。在特定的历史时期,一种模式的建立或更新要受到参与者,特别是组织领导者的主观抉择约束,他们从自身条件和面对的外部环境出发,选择符合自己、对自己有利的模式,并希望这种模式能够一直持续下去,这就形成了路径依赖。以后的模式即使有所创新,也很容易被"锁定"在这条路径之中。例如,组织领导人的更换会影响组织的决策,进而影响到组织对合作模式的选择。如果是内部提拔的领导往往会延续前任领导的战略思想,那么就会选择原有的模式;而外部聘用的领导受自身原先工作经历和思维方式的影响,也许会选择不同的合作创新模式。

---

① 安德鲁·坎贝尔,凯瑟琳·萨姆斯·卢克斯. 战略协同（第 2 版）[M]. 任通海,龙大伟译. 北京:机械工业出版社,2000.

第四节 知识产权战略

在经济全球化迅猛发展的今天,企业对知识技能的获取不仅仅局限于企业内部,而且对外部知识的渴求突破了语言、国界和宗教信仰。从创新模式来说,开放式创新和合作创新模式正在逐渐取代过去的封闭式创新模式,企业越来越注重从全球范围内吸收知识技能,并销售产品。这些变化带来的不仅仅是知识产权开发和利用的最大化,也意味着企业知识产权管理的风险日益增加。许多企业在市场交易中因为不熟悉规则很容易引发和知识产权相关的问题。同时全球范围法制体系的不健全不规范,管辖权限和各国创造环境氛围的不同,无疑给知识产权管理制造了许多障碍。因此,本节将重点阐述知识产权及知识产权管理的概念,并探究企业知识产权战略的构建。

一、知识产权的概述

(一)知识产权的概念和发展

知识产权(Intellectual Property)在法学上最早见于17世纪中叶法国著名学者卡普佐夫的著作中,后被比利时法学家皮卡第援引并得到进一步阐释。但对知识产权的概念,国内外理论界从未达成共识。1967年,在签署的《成立世界知识组织公约》(WIPO)中,知识产权作为一个法律概念被正式确立下来,我国也在1986年颁布的《民法通则》里正式确立了知识产权的概念。

目前对知识产权定义的基本类型有列举法和抽象法。通过列举权利的对象给知识产权下定义的主要代表是WIPO和《与贸易有关的知识产权协议》(TRIPS)。刘春茂在《知识产权管理》中认为:"知识产权是对包括著作权、专利权、商标权、发明权、发现权、商业机密、厂商名称和地理标记等成果权的总称。"而对知识产权的抽象定义则包括下面几种类型:①知识产权是人们对其智力创造成果所享有的权利;②知识产权是基于创造性智力成果和工商业标记依法产生的权利;③知识产权是基于无形财产所享有的权利;④知识产权是对形式进行支配的权利;⑤知识产权是直接支配智慧产品或知识产品并享受其利益的权利[1]。

总体来看,知识产权是公民或法人等民事主体依据法律的规定,在一定时间内对其所创作的智力成果和劳动成果享有的专有权利。知识产权具有创新性、内隐性、经济性、复杂性和专有性等特征。

(二)知识产权的类型

17~19世纪,知识产权的三大支柱体系——专利、版权和商标制度基本形

---

[1] 雷家骕,洪军. 技术创新管理 [M]. 北京:机械工业出版社,2012.

成。20世纪80年代中后期以来，随着科学技术的迅猛发展和经济全球化，国际知识产权制度的变革进入了多样化发展时期，植物新品种、软件和生物技术等也相继被加入了知识产权保护之列。1993年12月15日通过的TRIPS，则将知识产权推到了前所未有的深度和广度，并将知识产权的保护形式归为七类：版权及相关权利、商标权、地理标志、工业设计、专利权、集成电路布图设计以及商业秘密。其中，版权、商标权、专利权和商业机密等保护形式使用最为普遍。

1. 版权

版权即著作权，是指文学、艺术、科学作品的作者对其作品享有的权利（包括财产权、人身权）。版权是知识产权的一种类型，它是由自然科学、社会科学以及文学、音乐、戏剧、绘画、雕塑、摄影和电影摄影等方面的作品组成。版权的取得有两种方式：自动取得和登记取得。在中国，按照《著作权法》的规定，作品完成就自动有版权。版权自产生之日就受到保护期限的限制，世界第一部版权法《安娜法典》规定：所有受版权保护的作品受到法律保护的期限都是相同且固定的，即自作品出版之日起14年。后来，《伯尔尼保护文学和艺术作品公约》给予保护的期限为作品有生之年加上其死后50年。这一模式也被很多国家采用。《中华人民共和国著作权法》给版权作品提供的保护期限也和《伯尔尼保护文学和艺术作品公约》一致。

2. 商标权

商标权是商标专用权的简称，是指商标主管机关依法授予商标所有人对其注册商标受国家法律保护的专有权。商标注册人拥有依法支配其注册商标并禁止他人侵害的权利，包括商标注册人对其注册商标的排他使用权、收益权、处分权、续展权和禁止他人侵害的权利。世界上第一个注册商标是巴斯公司1890年为其淡色啤酒注册的红色三角形标志。对于商标的保护期限，虽然大多数国家规定了使用年限，但这些国家也规定商标权可以无限续展。如《中华人民共和国商标法》规定注册商标的有效期限为核准之日起10年，但期满前6个月内可以申请续展注册，每次续展有效期为10年，且续展次数不受限制。美国商会所规定的注册商标有效期限也是可以无限度续展。

可见与版权相比，商标权具有更强的保护性。鉴于此，企业可以将一些版权申请为商标权来规避权利期限的风险以保护企业的竞争优势。"米老鼠"就是这方面的典型。1928年11月18日，迪士尼公司的《汽船威利号》在美国公映，这是世界上第一部有声电影的诞生日，也是米老鼠诞生之日。然而，美国版权保护将持续75年（指1978年以前的作品），也就是说2003年米老鼠就会从迪士尼帝国流出，进入公共领域。然而，面对这一必然到来的危机，米老鼠的创作者华特·迪士尼很早就意识到米老鼠的价值不仅仅局限于屏幕，于是很早就将米老鼠注册为商标。而商标权的无限续展将永远为米老鼠的拥有权保驾护航。

3. 专利权

专利权是指国家专利机关依据专利法授予申请人在法定期限内对其发明创造

所享有的专有权。世界各国专利的保护期，一是随其保护对象的不同而异，一般而言发明专利的保护期较长，15~20年不等，而实用新型专利和外观设计专利的保护期限较短，通常低于10年；二是专利保护期限的长短通常和经济、科技发展状况相联系，工业发达国家专利保护期一般较长，而发展中国家的专利保护期限一般较短。《中华人民共和国专利法》规定，发明专利权的期限为20年，实用新型专利权和外观设计专利权的期限为10年，均从申请日起计算。

此外，专利权体系各国标准也不一样。美国、加拿大、菲律宾等国专利体系采用的标准是只要研究者证明是他们首先发明的就可以申请专利保护（先发明原则）；而欧洲专利权体系则不同，采用的是谁先申请就给予其专利权保护（先申请原则）。中国采用的体系与欧洲专利权体系相同，即将专利权授予最先申请的人（先申请原则）。先申请原则对于促使发明人尽早申请专利、公开技术、促进技术交流、减少纠纷均具有积极意义。

4. 商业机密

广义的商业机密认为，构成一个企业竞争优势的任何机密的商业信息都可以被认为是商业机密。除持有人以外的任何人未经许可使用这些信息都将被认为是一种不公平竞争行为和侵权行为。在我国《反不正当竞争法》中规定："商业机密是指不为公众所知悉、能为权利人带来经济利益、具有实用性并经权利人采取保密措施的技术信息和经营信息。"

商业机密的保护期限不是法定的，取决于权利人的保护措施和对机密的公开程度。一项技术机密可能由于权利人的保护措施得当和技术本身的应用价值而延续很长时间，远远超过专利保护的期限。例如，可口可乐之所以能够畅销百余年而不衰，它对原浆配方的成功保密功不可没。如果最初是以专利形式进行保护，那么在保护期限过后，可口可乐公司必然会失去垄断地位。

商业机密的保护可以无限期，但是并不意味着"将会无限期"。这是因为作为商业秘密的保护客体必须具备如下要素：一是不为公众熟悉；二是能为权利人带来经济利益；三是具有实用性并经权利人采取保密措施。这三者缺一不可。因此，准确地说，商业机密的保护期限可以无限制的延长，同时也随时有可能终止。

企业在选择知识产权保护形式时，应充分考虑保护的可行性，从权利的稳定性、侵权诉讼的可操作性以及权利申请和维护的成本几个方面权衡不同保护形式的利弊。

二、企业知识产权战略的制定

企业知识产权战略是指企业为获取与保持市场竞争优势，运用知识产权制度进行确权、保护与运用从而谋取最佳经济效益的策略和手段，是企业发展战略的重要组成部分。

（一）实施知识产权战略的重要性

21世纪是知识产权大爆炸的时代，知识产权对于企业的重要性已经不再是保护自己技术的问题，而是关乎企业生存和发展的重要战略。企业通过实施知识产权战略，不仅可以保障创新成果收益，进一步激励创新，还可以把创建过程中形成的原始创新能力、集成创新能力和引进消化吸收再创新的能力转化为企业参与市场竞争的能力，更大程度地实现知识产权的市场价值。此外，企业实施知识产权战略，从宏观上对国家实现经济发展也具有重要的战略意义。

综观国外的知名企业，像美国的微软公司、福特公司，日本的丰田公司、索尼公司等这些世界著名的企业，无一不是将实施企业知识产权战略提高到至关重要的位置。目前，在我国企业中，虽然一些企业已经意识到知识产权的重要性，甚至也有少数企业在知识产权方面投入巨资，但真正制定知识产权战略的却寥寥无几。整体来讲，我国企业在知识产权战略的制定和运用方面还存在较大的发展空间，因此企业应当顺应当前知识经济发展的需要，切实制定好自己的知识产权战略，以便在激烈的市场竞争舞台中站稳脚跟。

（二）企业知识产权战略的构建

企业知识产权战略的制定涉及企业的各个方面，工作量大，是一项非常复杂的工作，需要按照既定的程序有条不紊地进行，企业应高度重视战略的制定工作。一般来说，企业知识产权战略的制定应遵循如下程序。

1. 组建战略制定工作团队

企业首先应将实施知识产权战略列入企业经营战略规划，并组建战略制定的工作团队。

企业知识产权战略的制定涉及的工作量大，内容复杂，因此仅仅依靠单人的能力是不够的，需要组建一个专业的工作团队来开展工作。该团队的成员，原则上应至少具备如下条件之一：①熟练掌握知识产权方面的法律、法规和国家、地方政府的有关方针政策；②具有良好的教育和培训能力，能够对企业的员工进行知识产权战略及相关法律知识的培训；③具有一定的综合协调能力，能与企业的各部门进行协调沟通，并指导各部门配合好知识产权战略的制定工作；④具有良好的文书制作水平。

战略制定工作团队的组建一般应当配备企业法律事务部、技术部门、综合管理部门和市场营销部门的工作人员，共同开展工作。

2. 信息调查与分析

企业知识产权战略的制定需要进行企业内外部环境的分析。因此需要对企业内外部环境和知识产权相关方面信息进行调查并分析。

调查的信息主要包括：企业内部有企业的基本状况、企业的经营理念及经营战略、目前的经营状况、知识产权的现状；企业外部有企业的市场状况、竞争对手的信息、法律和政策环境等。

在充分收集信息的基础上进行分析，并出具调查报告。报告一般是结合企业的经营战略，对企业市场状况和竞争对手进行分析，并对企业采取何种知识产权战略提出初步意见。

3. 确定知识产权战略目标

战略目标的确定是知识产权战略制定工作中非常重要的一环，企业需要通过选择战略目标明确其要完成的任务。战略目标决定着战略的方向，也决定着战略的成败，应格外重视。因此，企业一般应结合战略制定工作团队的调查报告，并在充分征求意见的基础上，通过召开董事会会议或者公司高层会议来研究确定企业的知识产权战略目标。

4. 进行员工培训

企业知识产权战略的实施会落实到企业员工的工作中。因此，还应该组织企业聘请的律师或知识产权战略工作组的专业人员，对企业员工就知识产权战略及相关法律知识、方针政策进行宣传和培训。同时，进行培训也是一个工作动员的过程，使企业员工了解知识产权战略的基本知识，培养其知识产权战略意识，统一思想，便于以后开展工作。

5. 战略的制作与实施

起草企业知识产权战略，通常从战略分析、战略思想、战略原则、战略目标、战略重点、战略措施等方面入手。一般应该包含知识产权创造、保护、运用和管理等在不同阶段的实现目标和具体的做法。战略文本完善后，还应当提交企业权力部门批准实施。

6. 战略的评估与修订

因为企业知识产权战略具有长远性的特征，而制定该战略时，仅是基于当前企业的状况、市场状况和法律环境。随着客观环境的变化，战略中的某些部分可能会出现不适合企业的情况，或者战略中的某些内容在实践中不具有可行性。在此情况下，需要通过企业知识产权战略的动态调解机制对战略内容进行评估，对于评估不合时宜的部分应及时进行修订，以使企业的知识产权战略的内容不断完善，更加切合企业实际。

企业制定知识产权战略是一项专业性强、过程复杂的系统工程，它涵盖了法律、企业管理、市场营销等多方面的内容。在实际操作过程中，企业一定要结合自身情况，包括企业规模、资金和技术等方面，为企业量身定做适合自身的知识产权战略。

本章小结

随着超竞争环境的出现，创新战略日益成为企业战略的重要组成部分，并贯穿企业战略管理的整个过程。由于经济环境的交互化和网络化趋势，开放和合作的理念在全球范围内得到重视,开放式创新和合作创新也成为创新理论发展的必然趋势。本章首先介绍了开放式创新的提出背景,并根据开放式创新的特点阐述了开放式创新的实施模式和实施条件。然后探讨了产学研合作创新制度选择的相关理论,阐释了企业产学研合作创新模式的演进发展过程、产学研合作创新的概念和特征,论述了产学研合作创新的经济学观点,重点分析了资本与知识混合逻辑的产学研合作创新制度模式——虚拟模式和权变模式对科技创新的影响。最后本章还针对创新的保障——知识产权战略进行了详细的阐述。

思考题

1. 企业开放式创新与封闭式创新的区别是什么?
2. 开放式创新战略的实施模式有哪些?
3. 试述产学研合作创新模式选择的路径依赖。
4. 创新战略对企业发展的影响如何?

参考文献

[1] 陈劲,郑刚. 创新管理 [M]. 北京:北京大学出版社,2009.

[2] 格鲁奇. 比较经济制度 [M]. 北京:中国社会科学出版社,1985.

[3] 诺思. 制度、制度变迁与经济绩效 [M]. 上海:上海三联书店,1994.

[4] 科斯等. 财产权利与制度变迁 [M]. 上海:上海三联书店,1994.

[5] 安德鲁·坎贝尔,凯瑟琳·萨姆斯·卢克斯. 战略协同(第2版)[M]. 任通海,龙大伟译. 北京:机械工业出版社,2000.

[6] 盖爽,甘立人. 企业专利战略的制定与实施 [J]. 中国信息导报,2002(11).

[7] 吴汉东. 中国企业知识产权的战略框架 [J]. 法人,2008(2).

[8] 彭文胜,刘逸星. 企业知识产权战略与实施方案操作指引 [M]. 北京:法律出版社,2009.

[9] 师永志. 企业科技项目合作开发模式评价与选择研究 [D]. 西华大学博士学位论文,2009.

第十七章 企业网络、组织资本与战略管理

> 网络是市场交易与层级组织之间的一种组织形式,是企业与市场相互作用与相互替代而形成的企业契约关系或制度安排。
>
> ——威廉姆森

随着信息技术的快速发展、知识经济的到来以及对企业内外部网络关系研究的兴起,战略管理增加了许多新的研究视角。本章将企业网络关系视为连接战略、内外部环境的纽带,同时在企业内外部网络关系中引进一个非常重要的概念——社会资本。知识经济条件下,员工个体所具有的、通过学习等手段转化为组织共享的知识、技能和经验已经成为企业的战略性资源和能力。因此,在分析企业内部环境时,主要分析企业组织资本的形成机制及其对战略管理的影响。依据资源基础理论,组织资本和社会资本可以视为知识经济条件与网络环境下企业战略选择的资源和能力基础,因而企业的组织资本和社会资本理应成为其战略定位的依据。

对于企业内外部环境、企业网络关系和企业战略之间的逻辑关系,如图17-1 所示。

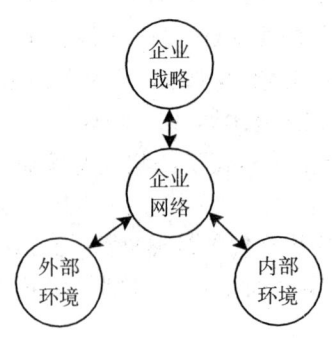

图 17-1 逻辑关系图

这几个概念的逻辑关系可以概括如下:①企业内外部网络关系处于整个逻辑体系的核心,将内外部环境和企业战略相连接,实现内部环境、外部环境和战略之间的双向互动。②外部环境分为宏观环境和产业环境,宏观环境主要包括政治、经济、文化等因素,要分析这些因素对企业战略管理的影响则要上升到制度

层面，本章主要探讨网络环境下企业的战略管理问题。企业网络及嵌入其中的企业社会资本改变了产业环境中五种竞争力量间的优势对比，弱化了规模和经验曲线的壁垒效应。③内部环境在某种程度上可以视为战略得以成功实施所需资源和能力的结合体，但这里所强调的战略资源是适应知识经济条件的组织资本，且组织资本是通过内部网络关系与企业战略产生协调效应的。④嵌入在企业网络中的社会资本，是企业的重要战略性资源，同时获得社会资本的能力也是知识经济条件下企业最为关键的核心能力。

本章首先讨论企业网络的内涵、特征与类型，其次分析嵌入在企业网络中的社会资本及其对战略的影响，并探讨知识经济背景下作为重要战略性资源的组织资本，最后研究整合视角下的企业战略管理问题。

开篇案例

玉石批发市场的交易

正当中国企业界饱受信誉危机侵袭的时候，赊欠这样一种令人担忧的市场行为依然屡见不鲜。广州的玉石批发市场初具规模，吸引着来自全国各地的玉石零售商，这些零售商通常与批发商之间保持长期的业务往来。这里大额的赊欠因采购行为的随机性时有发生，而这种赊欠往往缺乏具有法律效应的欠条或类似的正式凭据作为凭证，仅以口头式的契约为保障。赊欠者完全可以在获得现货以后逃之夭夭，下次再与别的批发商发生赊欠关系，也就是俗语所说的"打一枪换一个地方"。而批发商为何会在信誉如此缺失的市场环境下做出这样冒险的行为？当然，类似的赊欠行为在企业间的正式交易中也大量存在。也许你会以法律制度的完善作为一个沾沾自喜的理由，这显然只是一个肤浅的解释，那么又是什么因素在驱动和维持这种赊欠行为的不断发生呢？

经过分析发现，发生赊购的零售商和批发商之间通常具有长期的合作历史，或者有着复杂的私人关系，例如朋友关系或者经朋友介绍而相识。而彼此合作的历史和复杂的关系，在零售商与批发商之间形成了一个个紧密的社会网络，任何拖欠的行为都将在零售商与批发商之间所建立的网络内部广泛传播。经过一段时间以后，拖欠的"恶名"将会在更大的网络里传播，拖欠者将因此而遭受批发商及其他零售商的共同抵制。显然，网络放大了拖欠的后果，使零售商要为自己的拖欠行为付出成本。我们不仅要关心企业网络所带来的拖欠成本本身，更重要的是网络关系形成拖欠成本的机制是怎样的？这种机制会对企业战略管理产生什么样的影响？我们将在本章讨论类似的问题。

第一节 企业网络的内涵、特征与类型

一、企业网络的内涵

随着网络经济和网络社会迅速发展，作为社会经济发展主要推动者的企业也处于纷繁复杂的网络环境中，人们开始注重对企业网络进行研究。企业网络研究的重点是各种组织之间、个人之间以及个人与组织之间所形成的、不同于传统的市场交易关系和组织命令关系的一种新型关系网络，这也被称为组织网络或人际网络。企业网络作为一种介于市场和组织之间的新型关系模式正越来越受到企业的欢迎，成为一种新的经济现象。黄泰岩（1999）依据学者们对企业网络所做出的界定，将其归纳为广义和狭义两类。从广义角度来看，企业网络泛指与企业活动有关的一切相互关系以及由所有信息单元所组成的 n 维向量空间。从狭义角度来看，企业网络是指企业和市场相互作用与相互替代而形成的企业契约关系或制度安排[1]。刘东（2003）等人从狭义视角研究了企业之间的网络，认为企业网络是由企业之间多边准市场协调契约（或超市场契约）关系所形成的多维向量体系[2]。林润辉、李维安（2000）认为网络组织是一个由活性节点的网络联结构成的有机的组织系统，信息流驱动网络组织运作，网络组织协议保证网络组织正常运转，网络组织通过重组来适应外部环境，通过网络组织成员合作创新实现网络组织目标[3]。范黎波（2004）将企业网络界定为，企业网络是由企业与其他组织之间的一系列水平或垂直的相互关系组成，包括企业与供应商、分销商、顾客、竞争对手以及其他组织（甚至是产业外的）之间的相互关系[4]。陈守明（2002）从企业网络的行为主体出发，将企业网络定义为：由一组自主独立而又相互关联的企业，依据专业化分工和协作建立起来的，一种具有长期性的、有指向的、企业间的组织联合体，并认为企业网络至少要有三家以上的成员企业或组织构成，围绕共同的目标进行合作，制定有指向的、长期性的契约[5]。

上述对企业网络的界定，主要是从企业网络中行为主体和联结方式两个角度定义的。依据研究的需要，我们紧紧抓住企业网络的契约本质，将其分为契约型和关系型两类。所谓契约型网络是指那些有正式契约约束的企业之间、企业与个人之间以及代表企业的个人与个人之间所建立的相互关系，这种契约主要派生于

---

[1] 黄泰岩.西方企业网络理论述评 [M].//刘东等.企业网络论.北京：中国人民大学出版社，2003.
[2] 刘东.企业网络论 [M].北京：中国人民大学出版社，2003.
[3] 林润辉，李维安.网络组织——更具环境适应能力的新型组织模式 [J].南开管理评论，2000（3）.
[4] 范黎波.企业间网络关系对战略的影响：一个理论框架 [J].财贸经济，2004（5）.
[5] 陈守明.现代企业网络 [M].上海：上海人民出版社，2002.

资产的专用性，如战略联盟、虚拟企业、外包制等形式。关系型网络则是行为主体（可以是个人、企业或其他行为主体）通过非契约方式所建立的相互关系，这种关系没有正式的契约约束，其约束力主要来自长期建立的信任和对惩罚、报复的预期，如通常所说的"关系"、"路子"等，刘仁军（2006）认为微观及宏观层面的社会资本是这种网络形式的主要派生源。

二、企业网络的特征

企业网络形式的灵活、多变，使得归纳企业网络的特征成为一件颇为困难的工作。依据企业网络的契约和关系性本质，参考国内外已有的研究，我们认为企业网络应该具有如下三个基本的特征。

（一）企业网络是非一体化的合作

从人力资本的角度，企业与员工所签订的劳动合同确定了企业的有形边界。在网络经济环境下，单个企业的规模呈现缩小的趋势，更多的是通过网络与其他企业或行为主体建立合作，企业的边界正变得越来越模糊。新经济是以知识经济和网络经济为主要特征的，组织资本、信息、社会资本等无形资本取代传统的物质资本成为价值创造的主要源泉。经济活动越来越突破地域的限制，企业间的联系更加紧密、快捷，这推动了企业有形边界的缩小。很多企业通过外包、联盟等方式建立网络关系，这既可以利用其他企业的优势，又可以享有因缩小规模所带来的诸如管理费用的节约、灵活性增强等好处。这些因素促进企业不断跨越边界的限制而建立起各种形式的网络关系，但企业之间所建立的各种网络形式通常没有突破一体化的限制，即是非一体化的。从迈克尔·波特价值链的角度，可以将企业通过网络实现非一体化的路径分为水平和垂直两个方向。垂直方向的非一体化是将价值链的上游或下游业务通过网络方式分解，水平方向的非一体化则是将处于价值链同一位置的业务以网络方式分解。企业网络非一体化的原因表现为：

（1）实现核心竞争力和优势互补，市场环境的不确定性不断增强、对技术的复杂性要求迅速提高、技术创新速度不断加快。面对这些巨大的外部压力，单个企业显得虚弱和无助，而通过联盟等网络方式恰好可以利用不同企业的核心能力和各自的比较优势。康宁公司在大公司中是独特的，它的大部分营业额是从合资企业和联盟中获得的。康宁公司是一个专业的玻璃制造商，早在 1908 年就拥有了自己的研发实验室。20 世纪 30 年代其开始与其他行业的公司进行合作，为公司打开了进入广泛的成长市场通道。与 PPG 公司的联合使它能够进入平面玻璃市场，与 Owens 的联盟使它能够进入玻璃纤维市场，与道化学公司（Dow）的联合使其能够进入硅产品市场。康宁公司现在拥有了基于大量不同技术的战略联盟网络。这些联盟现在提供的收入超过了自己的营业额。

（2）有利于解决因规模过大所带来的管理、协调的压力，同时通过企业间网络的建设又可以使参与企业获得规模效应。

（3）通过非一体化将部分业务分离，可以规避风险，由单个企业承担全部风险转变为网络中的所有企业共担风险。

（4）通过非一体化可以实现超分工所带来的好处，原本由单个企业完成的制造工序通过非一体化的方式由具有相应优势的企业来完成，这就实现了在企业外部的超分工模式，使得生产效率大为提高。

（二）企业网络内部的高度组织间协调能力

在企业网络中，不同企业之间依靠信息网络和交易网络进行协调统筹，代替原来大规模实体企业内部的计划、指挥等直接的命令链，具有资源配置的作用。在单个企业内部，不同部门和个人之间的协调主要通过正式的命令链和跨部门团队交流等非正式的形式进行。相对于单个的企业而言，处于特定网络中的企业之间是平等的关系，不存在直接的指挥与控制关系，因此无法通过命令链进行不同企业之间的协调。此外，对于单个企业而言，不同部门和个体虽存在一定的利益冲突，但他们属于一个共同的整体，有共同的目标，对协调的需求较为平缓。而处于网络中的企业代表不同的利益主体，因为需要利用对方的能力或资源为自己创造利润而联系在一起。共同的利益促使他们进行合作，但追求各自利益最大化的本能又使得彼此间的竞争与冲突不可避免。企业之间所建立的网络能否长期维持取决于竞争与合作相互作用的结果。我们可以假设这样一种极端的情况，以便使问题更加清晰。假设不同企业之间或同一企业内部不同部门之间的竞争异常激烈，完全没有合作的可能，则不难想象任何形式的网络关系都将消亡。那么实际的情况又是怎样的呢？我们知道，在很多战略联盟内部，不同企业之间的利益冲突时有发生，这无疑给资源、技术、信息在网络内合理流动制造了障碍。当联盟无法有效协调资源、技术、信息等因素的合理流动时，在长期内，战略联盟将会失去生存的基础。许多企业苦心经营建立的各种网络关系，往往因为糟糕的协调和沟通能力而以失败告终。Chan and Heide（1993）研究认为，由于不协调的文化和目标以及薄弱的管理控制，战略联盟可能导致竞争而非合作/竞争技能的丧失以及组织冲突等问题。因此对于企业网络来说，高度的组织间协调能力将成为网络正常运行的保障。

（三）企业网络内部的超市场契约

依据企业网络的契约本质，将其分为契约型网络和关系型网络两类，这样的划分完全由企业网络的超市场契约特征所决定。麦克尼尔（1994）将商品契约形式分为古典型契约、新古典型契约和关系型契约三种类型。前两种类型都是由法律或者一定的规制机制约束，而关系型契约则不然，实行的是彼此默认的、心照不宣的潜规则、不依赖法律或其他正式的规制来保障。关系型网络在企业网络中占有非常重要的地位，这种依靠非正式的、暗默的承诺式契约所建立的网络关系，无论从契约的形式还是契约所涉及的内容都是超越传统意义的市场交易契约的。关系型契约是以彼此所建立的信任和对因违反契约而遭受的惩罚及报复的预期为基础的，传统的市场交易型契约（古典和新古典型契约）通常以法律或正式的规制为基础。此外，关系型契约不仅对存在于市场交易中的产品本身产生约束，越来越普遍的情况是对生产产品具体的活动也产生约束作用，这是超越市场交易契约的。例如，在农业产业化过程中，龙头企业由于在与农户建立的网络中处于特殊的地位，不仅决定交易的产品本身，实际上也决定了农户的经营决策权，即从具体种植品种、数量的确定，到技术规范的执行，甚至生产中的细节都被龙头企业所控制。在企业的实际运营中，关系型网络较之契约型网络往往更为广泛、影响更加深远。从制度学派的观点来看，关系型网络本质上是以人们所共享的观念、价值观、行为规范等社会期待为基础的，社会期待在社会交往中无处不在。例如，当你上课迟到时，你一定会首先选择轻轻地从后门进入教室，而不是旁若无人地哼着情歌从前门闯入。你选择从后门进入教室，并没有任何形式的法律条款或合同强制你这么做。事实上，从后门轻轻地进入教室这种行为已经成为所有学生所共享的价值观，是一种社会期待。正是这种社会期待在无形中约束了个体的行为，而制度学派把这种约束过程称为合法性机制。大量的研究表明，合法性机制对个体和组织行为的影响，比法律和工作手册等正式契约的影响更具广度和深度。因此，关系型网络比契约型网络对企业行为的影响更大，正是从这个意义上说企业网络是一种超市场契约。

三、企业网络的类型

契约型企业网络的形式是多种多样的，李新春（2002）、陈守明（2002）和刘东（2003）等将企业集团、虚拟企业、战略联盟、供应链协调、外包以及特许连锁经营等都归入契约型企业网络。其中，企业集团是最早的企业网络形式，而特许经营和连锁经营相对于下面将要介绍的几种形式来说也属于传统的企业网络形式，我们主要讨论以下几种网络形式。

（一）虚拟企业

《商业周刊》在1993年2月8日的封面报道中把虚拟型企业定义为一种新的组织形式，认为虚拟企业是由两个以上的独立实体，为迅速向市场提供产品和服务，在一定时间内结成的动态联盟。它不具备法人资格，也没有固定的组织层次和内部命令系统，而是一种开放的组织结构，因此可以在拥有充分信息的条件下，从众多的组织中通过招标或自由选择等方法确定合作伙伴，迅速在各自的专业领域形成独特优势，实现对外部资源的整合利用。这正如王学东（2005）所认为的可以将虚拟组织看成是网络组织发展的高级形式。虚拟企业是新经济时代的灵捷制造（Agile Manufacturing）模式取代工业经济时代大规模制造模式的产物。陈菊红、汪应洛（2002）等研究了虚拟企业的内涵及其特征。他们认为虚拟企业是由多个企业群体基于市场机遇而结成的动态联盟。具体来说，就是若干个企业为了赢得或寻找某一市场，把某一复杂产品迅速开发出来并推向市场，从各自的现有资源中选出开发新产品的优势资源部分，通过彼此间的合作网络，将它们综合成一种没有围墙的、超越空间约束的、依靠电子手段联系的、统一指挥的经营实体。并将其特征总结为六个方面：①以信息技术和工业信息网络为依托；②基于市场机遇而存在,具有动态性;③成员企业之间相互信任;④没有明显的企业界限;⑤每一成员企业都有自己的独特核心能力;⑥企业组织结构是扁平化的、易于重构的柔性化组织结构。

上述关于虚拟企业的界定强调了目标导向、动态特性、沟通手段的信息化等方面,基本上描绘出了虚拟企业的全貌。但上述两个总结性的界定都一定程度上弱化了虚拟企业的一个重要特征,即虚拟企业通常都是任务导向的,虚拟企业的形成和解体或者重组都是为了完成特定的任务,其形成和解体非常迅速。

(二)外包的企业网络

外包式网络化经营是指将某些生产环节(主要是制造环节)从原来一体化企业中分离出来的生产方式。很多学者认为,企业通常只将非核心业务实行外包,刘景江(2003)则坚持核心和非核心业务都可以实行外包,在网络环境下主要有五种外包模式:①委托型业务外包模式,是指企业以委托方式将部分业务外包给代理商;②横向虚拟一体化外包模式,是指发包商将业务通过互联网外包给处于价值链同一位置的其他企业,思科公司就是通过这种模式将其部分业务外包的;③利用中介组织的业务外包模式,中介组织主要从事信息的传递,收取佣金,并不从事实际的产品加工;④锥体形纵向一体化外包模式,日本大型汽车制造商就采用这种模式,锥形顶部是作为发包商的大型汽车制造企业,下面依照纵向价值链依次排列一级、二级、三级甚至四级分包商;⑤大公司内部的模拟外包模式,1996年欧美的少数大企业将部分业务以分包的方式交由下属企业完成,如果这些内部下属企业无法达到总公司对产品质量和成本等相关要求,则由外部企业承包。从严格意义上说,这种模式不属于外包模式。有许多学者倾向于将由外包制形成的企业网络视为一种虚拟企业,即广义上的虚拟企业。

(三)战略联盟

20世纪70年代以来,战略联盟的数量急剧增加,Vyas等(1995)将战略联盟定义为两个或更多的合作伙伴之间通过分享知识、技术和资源,最终达到使所有合作者都收益的一种合作。这一界定仅从动机角度来理解战略联盟,因而是不够全面的。迈克尔·波特(1980)将其定义为企业间为了共同的战略目标而建立的长期合作,并且认为一旦企业间实行合并,则超出了战略联盟的界限。战略联盟是企业间为了共同的战略目标而建立的长期合作,在知识经济环境下,其根本动因在于知识、技术和资源的共享,且战略联盟止步于企业间的合并。战略联盟可以在行业内部,也可以在行业之间形成。例如,作为对美国曾要求到2010年无油汽车占一定百分比立法的响应,三家美国汽车制造企业建立了战略联盟开发电动汽车技术,这属于行业内部的战略联盟。再如,英国大型制药公司葛兰素—史克公司已经与来自不同行业的公司建立了战略联盟,这些公司包括松下、佳能、苹果等。

战略联盟有许可证经营、供应商关系、合资企业几种主要形式,通过战略联盟,企业可以实现技术和资源的共享、风险共担,还可享有规模经济的好处。

信任是战略联盟的关键因素，通常也是导致战略联盟失败的主要问题。战略联盟中的信任问题并不能通过人们想象的方式得到解决，人们总是寄希望于在联盟内设立完善的、规制性的、类似于法律的各种契约来解决信任问题。事实证明，这种做法往往是徒劳的。要解决战略联盟的信任问题，必须通过企业所建立的网络尤其是关系型网络，利用网络的传播和快速扩散效应放大企业违约的后果，使那些存在信任问题的企业在整个网络中失去声誉。因此，培育战略联盟中企业间的信任应该充分发挥企业网络的力量。

(四) 企业集群

企业集群现象又称企业簇群等（蔡宁、吴结兵，2002），是产业的空间集聚。企业集群已经成为地区经济发展的一个亮点，例如浙江温州的低压电器集群和鞋业集群，江苏苏州的新加坡高新工业园等。企业集群是相关企业为了实现相互间信息与技术的交流，获得企业之间专业分工和协作所带来的外部经济，利用集群范围外所不具备的竞争优势而形成的集合，且集群内企业之间是以平等的市场交易关系相联结的。其中，专业化分工和协作是企业集群建立的重要动因。依据国家干预的强弱和市场机制所发挥的作用，可以将企业集群分为两种：

（1）市场主导型，也称自下而上型。以美国硅谷、意大利中小企业集群最为典型。

（2）政府扶持型，又称自上而下型。以印度班加罗尔的软件集群和中国台湾新竹半导体业的小企业集群为代表。据此，可将企业集群内企业特征概括为：①地理空间特征，即集群内企业具有地理邻近性和空间集聚性；②产业关联性，即集群内企业一般属于相同或关联产业；③动态演化特征，即企业集群不断从低级向高级、从简单向复杂演进；④企业集群的外部联系特征，企业集群与外部有着广泛而密切的联系。

企业集群使企业之间的联系更加紧密，强化了分工和协作的好处，进而促使企业通过网络手段增强相互间的合作，有利于发挥各自的比较优势，最终实现集群网络内所有成员企业的共同发展。当然，联系的紧密也使得集群内企业间（特别是同行企业）的可比性增强。这种因比较而产生的压力，必然会强化相互间的竞争意识。在技术日新月异的知识经济时代，创新已经成为竞争胜利者的重要法宝。所以，企业集群加剧了竞争，同时也增强了企业对创新的渴望。在企业集群推动创新的同时，创新能力也成为支持企业集群持续发展的决定力量，而创新本质上是知识的流动。由此可见，企业集群持续发展的关键在于知识在集群内的共享，特别是通过网络实现组织资本这一重要战略性资源的转移问题。

第二节 企业社会资本

地球正变得越来越小，如同一个小村落，企业间的联系更加紧密，彼此的依赖性不断增强，人们不再将企业视为原子式的独立个体，更多的是从网络视角审视企业的管理问题。企业社会资本的定义因视角不同而呈现各种不同的形式，人们一般将企业社会资本定义为投资在社会关系中并期望得到回报的一种资源。由这个广为接受的定义可见，企业社会资本是嵌入在关系型网络中的战略性资源。因此，当我们将战略管理从传统的研究视角向网络视角转变的时候，社会资本必然成为推动战略管理研究变革的崭新力量。

一、社会资本理论的回顾

20 世纪 80 年代，社会资本的概念由法国学者皮埃尔·布尔迪厄（1980）首次提出，科尔曼、普特南等做了卓有成效的研究，他们的理论勾勒出了社会资本理论的研究框架。

（一）布尔迪厄的社会资本理论

当代的社会资本理论起源于皮埃尔·布尔迪厄的研究，学术界公认第一个社会资本的定义是 1980 年布尔迪厄在《临时笔记》中给出的。在布尔迪厄看来，社会资本是一种制度化关系网络，这种网络是集体性拥有的，它为每个网络成员提供支持，为他们提供赢得声望的"凭证"。社会资本是实际的或潜在的资源的集合体，这些资源与其占有的网络关系密不可分。布尔迪厄还分析了社会资本的性质：①社会资本是长期投资的结果，布尔迪厄认为无论何种形式的关系网络都需要长期投资和积累，社会资本也因此需要长期投资；②社会资本的变动性，社会资本随着关系网络的变动而变动；③社会资本的马太效应，布尔迪厄认为拥有社会资本越多的人越能够建立更多的关系网络，也就拥有更多的社会网络资源。

（二）科尔曼的社会资本理论

科尔曼（1988）将社会资本等同于作为个人资源的社会关系，科尔曼认为社会资本和其他资本一样，是生产性的，是否拥有社会资本决定了人们是否能够实现既定目标。科尔曼提出了六种社会资本形式，其中主要有义务与期望、信息渠道、社会规范三种不同形式。他坚持社会资本与私人物品一样，具有不可分割、不可转让的特点。与物质资本、人力资本不同的是，社会资本还具有公共物品的性质。科尔曼主要是从功能角度对社会资本作了界定，学术界认为科尔曼过于强调社会资本积极的一面。

（三）格兰诺维特的社会资本理论

格兰诺维特（1973）对社会资本理论的发展有着特殊的贡献，虽然格兰诺维特没有提出社会资本的概念,但是他所提出的"嵌入性"概念是社会资本理论形成的重要理论基础,他的"弱关系假设"也是结构分析的重要性结论。

在格兰诺维特看来,人类的行为既不能像原子一样独立运行于社会系统之外,也不能像奴隶一样依附于他所在的社会类别。格兰诺维特认为嵌入的实质是各种经济活动都受到其所处的社会结构的限制,结构决定行为。格兰诺维特将这种嵌入关系分为关系性嵌入和结构性嵌入两类,关系性嵌入是指个体的行为由个人所处的各种个人关系决定,结构性嵌入指群体行为由更广阔的社会关系网络决定。格兰诺维特认为制度不可能产生信任,信任产生于具体的关系以及关系结构。

格兰诺维特从认识时间长短、情感的紧密程度、亲密性(主要看相互倾诉的内容)及互惠性服务的内容四个维度,将人际间的关系分为强关系和弱关系两个等级。强关系需要长期的培养和较高的互动频率,强关系通常是在性别、年龄、受教育程度、职业身份、收入水平等方面相似的人群中发展起来的。弱关系通常是在社会经济特征不相似的人群中发展起来的,其来源可能是朋友的朋友、社会的一些公共渠道,也可能是正式组织中的联系及工作环境中的联系。通过对大量实证研究的分析,格兰诺维特认为弱关系能够将信息传播得更远,使得更多的人接收。弱关系在劳动力市场提供大量有价值的信息,远比强关系发挥的作用大。

(四) 普特南的社会资本理论

普特南(1993)对社会资本的理解是建立在公民精神基础上的,他认为社会资本是指组织的特征,诸如信任、规范以及网络,他们能够通过促进合作行为来提高社会的效率。他认为信任是社会资本的首要内涵,并提出社会资本具有如下几个重要的性质:①社会资本具有担保性的作用,社会资本的担保性作用为企业间的合作提供了便利,例如企业间的长期信任(信任是一种社会资本)可以为彼此的信贷合作提供担保;②社会资本具有公共物品的性质,这一点与科尔曼的看法一致;③社会资本如同其他的道德性资源一样,越使用就越有价值,不使用则其价值就会消亡殆尽;④对于社会资本来说,信任与合作之间是一个良性互动的关系,信任能够促进合作,合作增强信任,这一良性的循环最终将促进社会资本的发展。

此外,罗纳德·伯特(1992)认为社会资本理论从根本上说包含了两个方面的内容,第一是你接近的是谁,第二是你以什么样的方式接近。前者的重点是网络中的人所持有的资源,后者则关心网络的关系结构。罗纳德·伯特的研究主要集中于结构洞理论,限于篇幅这里不作详细介绍。华裔学者林南则将社会结构、等级制和个体行动相结合。他认为社会结构及个体在社会结构中的等级位置为个体的行动提供了约束和机会,同时个体的行动又会推动社会结构的改变。林南将社会资本定义为嵌入在一定社会结构中的、可以在目的性行动中摄取或动员的资源。

通过对学者们观点的回顾,从功能性视角,我们将社会资本定义为嵌入于关系网络中的、能够带来回报的资源和能力。例如，当朋友向你借一辆自行车，而你自己恰恰又没有时，你会向室友借车。在这个过程中，这辆车就是你的社会资本，它是嵌入在你和室友间关系中的一种资源。

以上主要回顾了微观层面的社会资本理论，是以个体为分析对象的，而我们所要研究的企业社会资本也属于微观层面的社会资本。

二、企业社会资本理论

完整提出企业社会资本概念并对其做系统分析的是 Gabbay（1999）等，Gabbay 以企业为研究主体，分析了社会结构与企业及企业内成员的目标实现之间的具体联系，认为企业的社会资本是以社会结构为载体，有助于企业主体目标实现的那些资源。国内学者边燕杰（2000）、陈传明（2004）、郑胜利（2002）等人将企业视为行为主体研究了企业社会资本理论的内涵、性质、特征等。

（一）企业社会资本的概念、性质

自布尔迪厄、科尔曼以来，比较有代表性的社会资本概念指的是个人通过社会联系获取稀缺性资源的能力。边燕杰、丘海雄（2000）将社会资本的概念抽象化为行动主体与社会的联系以及通过这种社会联系获取稀缺性资源的能力。他们认为企业是经济活动的独立行为主体，同时企业总是处在各种各样的社会联系之中。由此，他们提出了企业社会资本的概念，即企业通过所处的各种社会联系获取稀缺性资源的能力。需要强调的是，随着企业组织结构的网络化趋势越来越明显以及企业运行本身对其内外部网络资源的依赖性不断加剧，企业社会联系的范围更加广泛，不仅包含组织层面的各种关系网络，也包含组织内成员个人层面的各种关系网络。

他们还将企业的社会联系分为三种类型：①企业的纵向联系，指企业与上级领导机关、当地政府部门以及下属企业、部门的联系。这种纵向联系的取向是向上的，主要目的是从"上边"获得稀缺性资源，这种联系在一定程度上体现了宏观环境对企业社会资本的影响。②企业的横向联系，指企业与其他企业之间的各种联系。这种横向联系的方式是多种多样的，有契约式的和关系式的，我们认为从社会资本的角度出发，应当强调关系式的联系而非契约式的联系。③社会联系，主要是指企业及企业成员与企业边界以外的各种行为主体所建立的、非经济的联系。例如，通常所说的路子、朋友、友好组织等。

周小虎（2006）通过对国内外社会资本理论的深入研究，认为企业社会资本是指那些能够被企业所控制的、有利于企业实现其目标和实现目标活动的、嵌入企业网络结构中显在的和潜在的资源集合。也就是说，如果企业的网络和网络资源是有利于企业目标实现的，则这些网络和网络资源就是企业的社会资本。并将企业社会资本与一般性社会资本作了比较，认为企业社会资本有如下几个方面的性质：①企业社会资本具有目标指向性，企业获取某种社会资本通常是以一定的经济目标为导向的，而一般性的社会资本则不然，甚至与经济目标相悖。例如，对于那些参加环保组织的个体而言，可以获得嵌入在环保组织内的社会资本，但这通常不受经济利益的驱使。②因为企业社会资本的目标导向性，使得企业社会资本常因背离其目标而成为社会负债。③企业社会资本强调为企业所控制的网络和网络资源，不同于一般性的社会资本。④与一般性社会资本相比，企业社会资本具有明显的动态特征。对于一般意义的社会资本而言，都是假定其产生于既定的关系结构，是一个基于静态思维的概念。而企业社会资本则不同，它随着企业管理活动不断改变。例如，当某企业因研发需要而改变内部人员配置时，这就使得嵌入在企业内部关系网络中的社会资本发生了改变。

(二) 企业社会资本的类型

企业社会资本已有的分类几乎是对社会资本分类标准的原装贩卖，较少考虑到企业的主体性特征。而不同的分类方法，将会对基于企业社会资本视角的战略管理产生较大的影响。所以，我们将花一定的笔墨尝试着厘清较有代表性的几种分类方法之间的差异，为以后的战略研究分析打基础。

从效用角度出发对企业社会资本进行分类，是一种直观、简化的分类方法，这种分类方法也能够使企业社会资本和战略管理之间建立直接的联系。但是，这种分类方法实际意义并不大，企业社会资本的效用是一个多维的集合，是无法一一列举的。以效用基础为分类标准主要有声誉资本、信息资本、信用资本、权力资本等。

由于企业社会资本是嵌入在关系网络中的，所以很多学者以关系网络的性质作为分类标准，这也是目前学术界广为认可的分类标准。依据企业社会资本所嵌入的关系网络的层次分为嵌入微观关系网络的企业社会资本、嵌入中观关系网络的企业社会资本和嵌入宏观关系网络的企业社会资本。首先，微观关系网络是企业生存发展的基础，存在于企业内部以管理层为核心的紧密联系其他成员和部门的社会网络。对于嵌入在微观网络层次的企业社会资本，企业有着较强的控制力，是企业的内部战略性资源。其次，中观关系网络是企业与经营业务有关联的交易对象、合作伙伴之间的关系网络，企业提供这个层次的社会资本共享其他企业的资源和能力。最后，宏观关系网络是指企业与构成企业经营环境、对企业经营决策有主要影响的政府、社区和各种协会等社群组织之间的关系网络。通过对企业关系网络不同层次的划分，进而把握嵌入其中的企业社会资本的特点，可以为企业管理的活动和积累其社会资本提供依据，但这种划分仍然是粗略的。

Nahapiet 和 Ghoshal (1998) 从关系网络的性质视角，提出了划分社会资本的三个维度：结构维度、关系维度和认知维度。这三个维度也被移植到企业社会资本的划分，成为一个得到普遍认同的划分方法。这种划分的一个好处是，能使我们深入到企业内部，从企业员工的具体行为、情感、生活方式等微观层面研究企业社会资本与企业战略管理。结构维度 (Structural Dimension) 是指企业各种联系的总和，其分析的重点是企业中普遍存在的个人层面和组织层面的联系，如这些联系的强弱、密度、中心性等结构性特征。关系维度 (Relational Dimension)

突出了二元结构的人际关系，关注于如何通过人际关系的创造和维持来获取稀缺性资源。认知维度（Cognitive Dimension）是网络中的认知范式，如是否拥有共同经历、共同的语言、共同的立场和共同的观点等。这样就有了结构性社会资本、关系性社会资本和认知性社会资本三种表现形式，我们在后面的研究中将沿用这种划分。

(三) 企业社会资本的作用

企业社会资本如同其他形式的资本一样，是一种生产性资源，它能够为企业的发展创造各种有益的机会。企业社会资本的最终目的是帮助企业获取嵌入在关系网络中的、显在的和潜在的各种稀缺性资源，以及这种获取能力的培育。我们依据前面对企业社会资本的三种分类，分别对其进行探讨。

（1）企业结构性社会资本的作用。企业结构性社会资本是各种联系的总和，其作用：首先，这种网络联系所带来的好处，即企业结构性社会资本构建了企业网络关系的联系通道，这就为企业所需信息、技术、人员的流动提供了便利。其次，网络结构本身还会带来结构收益。网络内企业联系的强弱、密度、是否占据网络的中心位置为企业带来的好处相差甚远。例如，格兰诺维特认为弱网能够有效地传播信息，更能够促进新观点的产生和新知识的创造。Hansen（1999）研究表明，强网有益于复杂信息和隐性知识的传播。最后，因为某个目的而构建的网络往往能够为其他目标的实现提供各种便利，这种网络的可适应性（Appropriability）影响网络中资产、信息和声望的流动。

（2）企业关系性社会资本的作用。关系性社会资本是通过人际关系来获取资源的，关系性社会资本在个人层面主要表现为网络中成员之间的信任、依赖性、相互尊重和相互认同；在组织层面主要表现为组织间的相互依赖关系、共同的规范等。首先，信任是企业关系性社会资本的核心内容之一。关系性社会资本的积累有利于增强相互间的依赖关系、培育强烈认同感、最终增进彼此的信任。其次，企业关系性社会资本的积累能够对企业的行为起到较强的约束效果。随着彼此信任度的提高、依赖性的加强和认同感的增进，既提高了彼此的忠诚度，又削弱了背叛的动机。最后，企业的关系性社会资本可以推动网络内的资产和知识的流动，信任可以减少不确定性，从而大大降低谈判成本和监督成本等交易成本，最终提高组织绩效。企业内外认同感的提高，能够为新创意的快速传播提供便利条件，从而有利于企业创新能力的提高。

（3）认知性企业社会资本的作用。认知性企业社会资本取决于网络中成员企业之间的相互认知能力。例如是否拥有共同的经历、共同的语言、共同的立场和观点等。因此，认知的社会资本才是企业社会资本中最深层次的内容（Adler，2002）。周小虎总结了认知范式的三个层次：①核心层是基本理念和信仰，是认知的价值基础。拥有共同理念和信仰的企业即具备了共同的价值基础，为企业带来的好处是全方位的。②中间层是制度和规则，是对基本理念和信仰的具体阐释。具有共同制度和规则，可以大大降低交易的不确定性及企业经营的风险，促进网络内的合作。③最外层是故事和语言,是基本理念和信仰的说明与范例。共同的语言使得沟通和协作更为容易,使得企业能够发现更多的市场机遇,有利于知识的传播,使得企业进入一个新的网络变得更加方便,有益于企业声誉的积累。

企业社会资本嵌入在企业内外部网络中,其本身既可视为企业重要的战略性资源,同时又可将其视为传递信息、知识、资源的载体,即将其视为企业网络的一部分。在第四节的战略分析中,我们仅从个人、组织层面两个视角来研究企业社会资本对其战略管理的影响。

第三节 企业组织资本

新经济是以网络化和知识化为特征的,知识成为企业保持长期竞争优势的关键战略性资源,从本质上说,创新就是知识的流动。网络化和知识化成为驱动战略管理变革的强大动力,前面两节研究了企业网络理论和嵌入在企业网络中的企业社会资本,这一节我们重点剖析组织资本的概念、形成路径等内容。

一、企业组织资本的内涵

在知识经济条件下,人具有某种独特的知识、技能和经验在企业中的地位及作用显得越来越重要。因此在研究企业组织资本的时候,有些学者把人力资本作为组织资本研究对象,他们的研究成果为组织资本理论的研究提供了丰富的内容和极具有价值的思想。但企业组织资本的内涵究竟是什么,不同的学者对此解释是不一样的,从而导致对企业组织资本概念理解的混乱。于此,我们首先需要界定企业组织的概念。企业组织是由两个或两个以上的组织成员以一定的方式和手段把企业投入要素有效地转化为产品或服务,并最大化地实现企业利润目标而集合在一起的群体(赵顺龙,2004)。依据劳动分工,他们被安排在组织的不同结构单元之中,与其劳动对象和生产工具进行最佳结合,从而提升劳动生产效率,并以此有效地完成组织目标。从企业最终经营成果的分配角度来看,企业组织应该具有社会属性的一面,因为谁拥有企业经营成果的索取权,谁就是企业生产经营活动的决策者。这表明企业组织本身具有配置企业资源的内在动力。这种动力来源于组织追求利润目标的实现,也就是说任何一个企业组织都有追求利益最大化的动力,这也是组织存在之目的(赵顺龙,2004)。因此,企业组织的自然属性表现为组织自觉地对其组织成员所作用的劳动对象、生产工具和资金,以及组织与环境相互作用的关系(表现为企业网络)进行最佳组合和配置,并充分、有效地运用组织资源,从而实现组织的最佳利润目标。然而,在知识经济条件下,企业组织成员所拥有的知识、技能和经验作为组织配置资源的重要方面,不仅决定了组织成员在企业中的权力和利益关系从而导致企业产权结构的动态调整,而且也决定了企业资源配置的有效性。一旦组织成员的知识、技能和经验转化为组织资源时,企业核心竞争力也随之形成。

依据企业组织的基本属性,我们认为组织资本是指在企业生产经营和管理活动过程中,组织成员拥有的知识、技能和经验转化为组织特有的、共享的资源,这种资源一旦与组织其他资源结合不仅能为企业创造利润,而且还能为企业创造竞争优势。简单地说,组织将其成员的知识、技能和经验转化为组织资源或资产,从而为企业创造利润这一现象称为企业组织资本。根据组织资本定义,其存在的前提必须满足三个条件:①组织成员所拥有的知识、技能和经验是其参与企业经营行为的基本要素;②组织必须通过一定的方式和手段诱导员工的知识、技能和经验成为企业共享的资源或资产;③这种共享的知识、技能和经验必须与组织其他资源或资产相结合(赵顺龙,2004)。

二、企业组织资本的形成路径研究

企业组织成员的知识、技能和经验在不同的企业制度结构模式下转化为企业组织资本,通过其价值形态的转移从而实现组织资本的价值增加。而不同企业制度结构模式影响它们的转化效率,从而导致组织资本的形成方式和手段的多样化,这必然引致企业组织资本形成的路径差异。在知识经济条件下,不论企业采用什么样的企业制度结构模式,其最终目的是为了形成企业组织资本,从而获取企业竞争优势。而企业制度结构模式的选择,一方面是为了使组织成员的知识、技能和经验转化为企业组织资本,另一方面是通过企业对组织资本结构要素的整合与配置,从而创造竞争优势。为此,我们选择从组织学习的角度来探讨企业组织资本形成的路径选择。我们首先对企业组织资本形成路径的差异进行分析,然后在此基础上研究企业组织资本的路径选择问题(赵顺龙,2004)。

(一)企业组织资本形成的路径差异

企业生产经营活动过程,实际上是企业组织资本结构要素与其作用对象在特定组织结构化内相互结合的过程。在此过程中,企业再次提升组织资本的内涵,即重新获得组织共享的知识、技能和经验,并把这些作用于其对象从而提高企业效率,创造出企业利润。企业制度模式作为组织结构化的一个方面而存在。在不同的制度结构模式下,组织资本构成要素之间相互作用的方式和方法以及组织资本的增值形式应该说是不一样的。也就是说,不同企业制度结构模式所导致的企业组织资本形成路径存在差异。

在资本逻辑的企业制度里,企业是在资本所有者的推动下而形成的,资本所有者行使企业经营决策权。他们的价值观和行为方式将直接影响企业组织资本的形成。在企业战略层面上,企业愿景规划、战略目标和战略方针、政策都关系到企业未来行动方向。企业如何才能将组织成员的知识、技能和经验转化为组织共享的资源或资产,从而形成企业组织资本,并有利于企业经营规模的扩张和形成自己独特的核心竞争能力？企业在进行战略实施时，是否有合理的企业制度安排、精心设计的组织结构和精心培育的企业文化与此相匹配，从而有利于企业组织资本的形成？这些都将成为资本所有者进行战略决策的必然选择。资本所有者的决策行为是企业组织资本形成的路径依赖。

在知识逻辑的企业制度里，由于知识工作者拥有特殊的知识、技能和经验，从而导致他们拥有企业经验决策权和分享企业经验成果。尤其是知识型企业管理者在行使决策权时，他们会因有利于自己的权利关系而制定企业战略规划、制度结构、层级结构以及企业文化。凸显知识、技能和经验在企业生产经营活动的重要性是他们获取更多权利的依据。因此，在企业组织资本形成的过程中，他们是强有力的推动者，从而导致他们的决策行为是组织资本形成的路径依赖。

在混合逻辑的企业制度里，由于资本所有者、劳动所有者和知识所有者共享企业经验决策权和经营成果，因此他们是企业利益的共同体。企业的生存与发展直接关系到他们的利益实现程度，他们会依赖于全体成员的知识、技能和经验寻求企业竞争优势。培育有利于企业形成团队并共享组织知识、技能的企业文化将是一种必然抉择。就此而言，他们的共同决策行为是组织资本形成的路径依赖。

（二）企业组织资本形成的路径选择

在不同的历史时期，企业之所以选择不同企业制度模式从而使组织成员的知识、技能和经验更有效地转化为组织资本的价值形态，其根本目的在于寻求企业核心竞争能力，战胜竞争对手，使企业生命得到持久的延续。因而，我们可以从获取企业竞争优势的来源探讨企业组织资本形成的路径选择。因为组织知识、技能和经验的积累形成组织记忆需要通过组织学习来推动和实现，所以我们认为组织学习是形成企业组织资本的路径选择。在知识经济条件下，企业面对日益复杂的技术变革，其竞争优势的来源越来越依赖于组织成员的知识、技能和经验，企业更需要将它们转化为组织的资产或资源从而形成组织资本。奎因（Quinn，1992）认为，一个公司的竞争优势日益来源于以知识为基础的无形的东西，例如技术上的知其所以然，以及对客户的深层次了解。组织是一个不断创造知识的实体，新的知识是通过组织创新而获取的。企业通过解决问题、创造问题和界定问题发展和运用新知识来解决新问题，从而在解决新问题的过程中进一步发展新知识。通过组织学习而积累的知识和技能之所以是企业获取持久竞争优势的重要源泉，是因为这种积累的知识和技能是无法在市场上交易的，竞争对手也是无法模仿的（Nelson，1991）。

我们将以企业网络关系资源为对象，分析企业组织资本是如何通过组织学习而形成的这一路径选择。企业通过组织学习从网络关系中获取新的知识、技能和经验，从而增加企业组织资本的内涵。企业在构建网络关系时，需要实现两个目的。首先，企业所构建的契约型和关系型网络必须蕴藏着丰富的、本企业所缺乏的资源和能力；其次，在网络关系中，企业必须占据有利的网络位置或与成员企业建立紧密的网络联系，使得企业可以发挥影响力，从网络关系中学习其他组织的知识、技能和经验，并将这些学到的知识、技能和经验再转化为企业总体战略资源或事业战略资源。就第一点而言，企业在构建契约型或关系型网络时，应当首先确定为本企业选择了好的合作伙伴；就第二点而言，企业不仅应具备从网络中获取新资源的能力，还需要自身拥有独特的资源或能力。因为企业只有凭借这些独有的资源或能力，才能在其所构建的网络关系中发挥影响力，从而使企业占据网络关系有利位置，比如网络的中心位置。在企业网络关系资源中，通过组织学习这一路径选择而形成企业组织资本表现为三个方面。

（1）通过组织学习使企业本身具有提供资源的附加价值和不可替代程度的能力。例如组织技术、生产技能、行销技能以及资讯等，而这些能力又是其他合作对象所迫切需要的，从而导致企业可以在网络中发挥其影响力。这种影响力可为企业获取更多特殊资源（主要指知识、技能和经验或者能力），而这种资源又可转化为企业组织资本价值形态，能够拓展组织资本价值增加途径。

（2）通过组织学习可以培育企业组织内部网络中人际关系之间的信任与了解，以及企业文化的近似性。机构领导人之间如果已经建立了良好的友谊，并且互相了解、互相信任，那么对网络的加入与联结必然有利。除了企业高层领导人之外，合作双方共同工作、互相交流和学习的人员对双方的技术转移非常重要。在技术转移网络中，主要是由其中一方向另一方传授技术或经营管理上的知识、诀窍与经验等。彼此的工作态度、工作标准、行动纪律和沟通方式需要通过学习才能融合，技术才能迅速转移，从而形成企业组织资本。

（3）通过组织学习可以积累企业建立网络关系的经验。在经济网络化的形势下，企业建立和维护网络的经验也需要不断积累和提升，而这种积累和提升本身又是组织学习能力的一种重要体现。有过联盟经验的企业，在整合管理能力、网络关系能力、新产品开发能力、生产设备使用的技术能力以及从外界吸收新知识的能力等方面通常具有较强的优势。这些能力是通过组织学习而获得的，它们可以转化为组织资产或资源，从而形成企业组织资本。

三、企业网络对企业组织资本形成的影响

通过前面对企业网络和企业组织资本的研究，我们不难发现在企业网络和企业组织资本之间有着内在的联系。这种联系是我们在网络化和知识化环境下，以企业网络、企业社会资本和企业组织资本的全面整合为视角，研究企业战略管理不可或缺的部分。我们将研究企业组织资本的形成机制，并分析企业网络对其形成机制具体环节的影响。

野中郁次郎（1990，2000）研究表明，当经验、知识通过共同化（Socialization）、外化（Externalization）和联结（Combination），并内化（Internalization）到个人的内隐知识基础上时，它们就成为有价值的资产。以此为理论基础，可以将企业组织资本的产生分为如下四种不同的形态。

（1）共同化过程。这是一个从隐性到隐性的过程。企业的员工将自己积累的

知识、技能和经验在企业网络内外进行传播并激发新知识的产生。在这个过程中，知识始终以隐性方式存在。企业所建立的各种内外部网络关系使得原本孤立的或在有限范围内接触的个体有了更多交流和学习的渠道，为员工创造了学习他人知识、技能和经验的机会。如果没有这种复杂的企业内外部网络，则企业之间、员工之间的联系将非常有限，学习的水平难以提高，知识和信息不可能得到高效而频繁的流动，这无疑会阻碍组织资本的提升。

(2) 联结或结合的过程。这是一个从显性到显性的过程。在这个过程中，员工将不相关的各种以显性方式存在的知识、技能和经验（如各种报告、手册、技术规范等），相互结合形成系统，进行整合。在这个过程中，无须过于紧密、复杂的网络关系提供保障。因为，知识的整合过程中始终以可见的、透明的显性方式存在，较易在组织内外传播而无须过于依赖网络的力量。

(3) 外化的过程。这是一个从隐性到显性的过程，是员工将自身积累的以隐性方式存在的知识、经验用显性的方式表达的过程，例如工作程序的改进。在知识外化的过程中，企业网络有一个不容忽视的重要作用。外化过程的全部意义就在于个体知识、经验在组织内部的传播和扩散。而企业网络传播和扩散知识、经验的效果是令人刮目相看的，在这一过程中企业应当注重内外部网络关系的建设。

(4) 内化的过程。这是一个从显性再到隐性的过程。员工通过"干中学"和"用中学"等方式，学习以显性方式表现的优秀经验（如改进的操作程序），并将其内化为自己的知识。企业网络能够为员工接触到更多的、以显性方式存在的优秀经验提供丰富的路径，使他们获得更多的学习机会。

由此可见，企业网络可以为组织资本的形成创造机会、充当组织资本积累的载体、提高组织资本形成的效率。尤为重要的是，企业或企业的员工可以凭借嵌入在关系型网络中的个人层面和组织层面的社会资本，借助契约型网络所建立的正式联系路径，使得组织资本的流动超越企业边界。不容忽视的是，组织资本以企业网络为载体的跨边界流动可以极大地提高企业组织资本积累的效率。

第四节 整合视角的企业战略管理

企业网络、嵌入企业网络关系的企业社会资本、企业组织资本、企业战略管理，这些概念之间是一种什么样的逻辑关系？我们如何理解新视角下企业的战略管理？要回答这些问题，我们将面对两个方面的挑战。首先，必须选择合适的战略管理理论作为解释基础。其次，在选定的战略管理理论框架下确立这些概念之间的具体关系。我们选择资源基础观、核心能力理论和波特的战略定位理论作为研究企业战略管理的理论基础。正如本章开头所描述的那样，企业所建立的网络关系将外部环境、内部环境和企业战略三者相联结（见图17-1）。关于企业的外部环境，将其分为宏观环境和产业环境两个层面展开分析，这里主要分析后者。内部环境的分析重点是组织资本，我们将组织资本视为新经济条件下的关键战略性资源，而组织资本的获取能力则是企业的核心能力，能够为企业带来持续的竞争优势。将企业网络分为契约型网络和关系型网络，前者主要是由虚拟企业、战略联盟和企业集群等联系方式构成。关于关系型网络，重点研究嵌入其中的企业社会资本给企业战略管理带来的影响。为了便于理解整个理论框架，我们作这样一个比喻，如果将外部环境资源、企业内部的组织资本比作货物的话，则运载货物的车就是企业网络，而满载货物的车行驶的目的地就是合理的企业战略。

一、资源基础观、核心能力理论与战略定位理论的简要回顾

（1）资源基础观。资源基础观（Resource-based View，RBV）是当代战略管理理论的主流范式，其主要观点有以下几个方面。RBV视企业为各种资源的集合体，包括有形资源、无形资源以及各种隐性知识，它们共同作用创造出企业优良的绩效（Penrose，1959；Learned，1969；Werner-felt，1984）。组织的竞争优势源于组织在资源占有及运用能力方面的异质性（Penrose，1959；Teece et al.，1993；Barney，1991），所以企业战略的重点应该是通过投资不可模仿的独特资源，即投资于核心竞争力。运用RBV理论，我们将企业的组织资本视为获取竞争优势的战略性资源，也是企业内部环境分析的主要内容。

（2）核心能力理论。Prahalad和Hamel（1990）提出了学术界广泛接收的核心能力概念，核心能力是组织从过去到现在所积累的一种知识学习效果，它需要各业务单位间充分沟通、参与投入，特别是使得不同生产技能之间密切合作或者将各种不同领域的技术整合的能力，并且为顾客提供特定的价值。我们认为，组织资本的积累是企业用来维持其长期竞争优势的核心能力。

（3）战略定位理论。迈克尔·波特在其1980年首次出版的《竞争战略》中提出成本领先、差异化与集中化三种基本战略，运用五力模型分析企业所面对的环境，认为战略的制定应当与企业所处的环境相匹配。当然，波特所说的环境实际是指产业环境。运用波特的战略定位理论，研究企业组织资本和嵌入在企业网络中的企业社会资本视角下的战略定位。

我们确定了这样一个战略研究框架：①用波特的五力模型分析外部产业环境，以成本领先、差异化、集中化和夹在中间为基本的战略选择；②用RVB理论的思维方式将企业组织资本视为战略定位所依赖的企业关键性内部资源；③企业网络驱动产业环境的变革、改变内部资源的获取能力和效率，最终将使波特的夹在中间战略成为可能。

二、网络关系、组织资本共同影响下的企业战略

波特通过对新进入者威胁、替代者威胁、客户价格谈判能力、供应商价格谈

判能力和现有竞争对手的竞争五个方面力量的分析，确定企业所选择的产业环境，然后分析企业内部的资源和能力，进而在成本领先、差异化和集中化三种基本战略之间进行定位。这种战略思维可以将内外部环境、战略很好地匹配，问题的关键在于企业之间应当是有着密切联系的独立个体，企业网络是企业之间建立联系最为有效的手段。而企业网络给企业之间的关系带来的最大影响是改变了它们之间的利益关系。通过网络关系相互联系的企业之间除了利益上的竞争关系以外，它们还有许多共同利益，如双赢、共赢、合作的需求。企业之间利益关系的根本改变也必然体现在产业环境分析之中，而迈克尔·波特的理论是基于竞争视角的，网络环境下的企业关系是竞争与合作并存的局面，因而必然要对迈克尔·波特所得出的三种战略选择做出调整才能适应网络环境下的企业关系。

（一）整合视角下的总成本领先战略

波特认为成本领先战略要求积极地建立起有效规模的生产设施，在经验基础上全力以赴降低成本，抓好成本与管理费用的控制，以及最大限度地减小研究开发、服务、推销、广告等方面的成本费用。

规模经济表现为在一定时间内产品的单位成本（或生产单件产品所付出的操作和运行成本）随着总产量的增进而降低。规模经济可能存在于企业的整个职能范围之中，例如生产、销售、采购都存在规模经济的问题。规模经济的显著好处就在于成本的节约，可以使企业实现批量生产，使企业拥有较大的市场份额。在网络经济到来之前的工业经济时代，这几乎是中小企业的噩梦，实现规模经济的大型企业充分享用了规模所带来的好处。中小企业因资金、人力、技术等方面的限制，无法突破规模的约束。但现在的情况已经截然不同，企业网络的构建和组织资本的积累改变了中小企业的命运，也驱动了战略管理的变革。许多中小企业通过虚拟企业、战略联盟和企业集群等契约型企业网络，共享其他企业的供应商、知识、销售渠道和组织资本等方面的资源，或者通过个人层面与组织层面的、嵌入在关系型企业网络中的企业社会资本节约交易成本，获取低成本的稀缺性资源。这样，中小企业无须扩大自身的实际规模，就可以实现规模经济所带来的好处。同时，企业组织资本的培育，使得企业获得知识、技能、经验的能力不断增强，这必定给企业带来成本上的节约。由此，我们可以预测到规模经济所形成的壁垒正在削弱，成本领先战略不再是中小企业的奢侈品。组织理论的研究也证明了这一点，企业组织的规模正在不断地向小型化方向发展，许多大公司开始尝试内企业制。

经验曲线是在20世纪30年代由美国航空工业企业提出的，起先只限于工时定额的制定和成本的估计，应用于经营战略是20世纪60年代以后，后来在战略规划中的作用日益受到重视，成为评价企业战略地位的一个重要工具。随着一个产业生产某种产品或从事某种业务的数量的增加，经验不断地积累，其生产成本将不断地下降，并呈现出某种下降的规律。经验曲线描绘的就是这种成本下降的规律。其中，学习、专业分工、产品和工艺的改进、规模经济和专门技术是经验效应的主要原因。组织将其成员的知识、技能和经验转化为组织资源或资产，从而为企业创造利润这一现象称为企业组织资本。由组织资本的定义可知，企业组织资本的积累将会明显改善经验效应。其实，员工个体的知识、技能和经验转化为组织共享资源的过程就是一个学习的过程。在这一过程中，通过学习他人好的操作技能和经验，组织整体的工作效率将极大提高，产品和工艺得到改进。在组织外部，嵌入在关系型网络中的企业社会资本，尤其是关系性和认知性社会资本也会对经验曲线有同样的影响。所有这些都会提高效率，使成本减少。

波特所说的总成本领先战略是以规模经济和经验曲线为关键性动因的，它们也是企业采取这一基本战略的首要权变因素。因为，各职能部门成本的节约、管理费用的控制从根本上说都是以规模经济和经验曲线为基础的。可见，规模经济和经验曲线是企业采取总成本领先战略的基础。但是由于企业网络关系及嵌入其中的企业社会资本的作用，使得许多本来不具备规模优势的企业通过共享网络中其他企业的资源、技术而克服了规模壁垒。关系性、认知性企业社会资本以及作为重要战略性资源的企业组织资本又可以放大经验对成本的影响。因此，实施成本领先战略的门槛显而易见地降低了。

（二）整合视角下的差异化战略

差异化战略是指为了有别于其他企业，而使其产品和服务具有独特性，其核心在于能够为顾客提供异质性的价值。波特认为企业可以通过两条基本途径增进经营差异化：企业可以通过正在开展的价值活动使企业更具独特性，或者用某些方法重构企业价值链而增进独特性。差异化要求企业能够持续地创造产品和服务的特色，形成公司的独特性。因此，差异化战略要求企业能够保持灵活的生产方式。为了满足顾客异质性的需求，企业往往要牺牲规模经济的好处，采取定制性的生产方式，这要求企业具备不俗的产品设计和研发能力，以不断推出更具吸引力的产品和服务。强调企业形象的作用，通过广告、品牌、促销和公益活动形式等来塑造企业形象。

实现差异化的途径是多元化的，而且这一战略能够形成较为有效的壁垒效果，可以很好地防御行业的五种竞争力量，获得超过行业平均水平的利润。这一战略也成为那些拥有独特技术和能力的企业谋求超额利润的保障，对于大多数企业来说，它们很难享有差异化战略所带来的超额利润，而只能获得平均利润。但是现在的情况已经截然不同，那些本身不具备独特销售渠道、缺乏创新能力、品牌忠诚度较低的企业可以通过诸如虚拟企业、战略联盟、企业集群及外包制等契约型网络关系共享其他企业的销售渠道，引进其新开发的技术成果，分享其品牌效应。而个人层面的关系性企业社会资本（如朋友、关系、路子等）则可以拓展企业的销售渠道，提升自己的品牌忠诚度，能够对不同顾客的异质性价值需求做出快速的反应。企业组织资本是企业内部的一种战略性资源，并且这种资源本身是企业实现差异化的来源。不同企业的组织资本具备天然的异质性，而且组织资本在知识经济下是企业提高其创造性的重要驱动因素，它既能够维持企业已有的差异化能力，也有利于企业开发新的差异化。

可见，在知识经济和网络经济的背景下，企业实现差异化的可能性较之波特时代已经极大提高，很多不具备差异化条件的企业可以通过企业网络和嵌入其中的企业社会资本、内部组织资本的积累实现产品和服务的差异化，以谋求较高的利润水平。同时，这也意味着企业为维持其差异化而开发的技术、品牌、销售渠道等方面的独特性难以长期保持，如同总成本领先战略一样差异化的门槛也降低了。依据波特的论述，集中化战略只是前两种基本战略之间冲突的某种妥协，这里不做单独的研究。

（三）整合视角下的"夹在中间"观点

定位学派认为战略选择的基本形式是低成本、差异化和集中化三种，合理的战略定位就是要唯一地选择某个特定基本战略，应避免同时选择多个战略，同时定位在两种基本战略的企业将无法获得竞争优势，这就是波特关于"夹在中间"的描述。波特认为，低成本和差异化之间是相悖的，产品和服务的差异化是建立在一定的额外成本基础上的。

从环境和内部资源的协同演进观点来看，低成本战略与差异化战略之间的冲突并不必然成立，即在生产可能性边界，增加产品的价值并不意味必然要增加额外的投入成本。因为在企业的生产经营过程中，由于学习效应会对各种投入要素的成本变化产生重要影响。如果要素成本不变或者学习效应对各种要素成本变化的影响相同，那么通过增加要素成本而形成附加价值的差异化仍然是以总成本增加为代价的，这符合波特"夹在中间"理论。但如果学习效应对各种要素成本变化的影响不同，则企业可以选择那些影响显著的要素作为实现差异化的基础，这使得"夹在中间"成为可能。事实上，企业组织资本积累过程本身就是一个复杂的学习过程，组织资本丰富的企业总可以通过技术、知识和经验的持续积累来大幅度节约各种要素的使用成本。只要这种节约的速度大于或等于因培育产品和服务独特性所花费的成本增加速度，企业就可以同时实现差异化和低成本。

从企业网络和企业社会资本的视角来看，企业所建立的契约型网络关系（战略联盟、企业集群和外包制等形式）可以使企业利用彼此的比较优势、规模经济的影响及交易费用的节约来降低投入要素的成本，使得差异化不必以高成本为代价。而企业的社会资本不仅可以使得企业获取更多、更有价值的信息，还可以直接降低企业投入要素的成本，例如个人的关系性社会资本可以使企业以更低的价格、更好的质量购买到各种必需的投入要素。克莱斯勒和菲亚特就是实行"夹在中间"战略的企业，多年来总是保持在汽车行业前10位，世界500强前40位以内。

本章小结

知识经济、网络经济条件下的企业战略管理,与波特提出三种基本竞争战略所处的时代背景不同。由于企业网络关系的构建、企业社会资本和组织资本的培育,使得低成本领先战略和差异化战略的门槛大大降低,中小规模的企业也能够利用网络资源及嵌入其中的企业社会资本轻易地实现低成本领先战略。本章首先介绍了网络关系的内涵、特征与类型;其次以此为基础探讨了企业社会资本和组织资本的内涵、特征、形成过程;再次重点分析了企业网络对企业资本的影响;最后从整合的视角分析了网络关系、组织资本共同影响下的企业战略。

思考题

1. 简述企业网络的内涵、类型、特征,并简要分享企业网络对企业战略管理的影响。
2. 社会资本的内涵、代表人物及其结论。
3. 企业社会资本的内涵、类型及其意义。
4. 企业组织资本的内涵、形成路径及其意义。
5. 简要论述企业网络、企业社会资本和组织资本对低成本领先和差异化战略的影响。
6. 分析"夹在中间"战略成为可能的原因。

参考文献

[1] 何铮,谭劲松,陆园园. 组织环境与组织战略关系的文献综述及最新研究动态 [J]. 管理世界,2006 (11).

[2] 迈克尔·波特. 竞争战略 [M]. 北京:华夏出版社,2005.

[3] 安德鲁·坎贝尔,凯瑟琳·萨默斯·卢克斯. 核心能力战略 [M]. 大连:东北财经大学出版社,1999.

[4] 张钢. 企业组织网络化发展 [M]. 杭州:浙江大学出版社,2005.

[5] 黄泰岩,牛飞亮. 西方企业网络理论述评 [J]. 经济学动态,1999 (4).

[6] 刘东. 企业网络论 [M]. 北京：中国人民大学出版社，2003.

[7] 孙国强. 网络组织的内涵、特征与构成要素 [J]. 南开管理评论，2001 (4).

[8] 范黎波. 企业间网络关系对战略的影响：一个理论框架 [J]. 财贸经济，2004 (5).

[9] 陈守明. 现代企业网络 [M]. 上海：上海人民出版社，2002.

[10] 刘仁军. 关系契约与企业网络转型 [J]. 中国工业经济，2006 (6).

[11] Paul Trott. Innovation Management and New Product Development [M]. 北京：中国人民大学出版社，2005.

[12] 任浩. 现代企业组织设计 [M]. 清华大学出版社，2005.

[13] 陈菊红，汪应洛，孙林岩. 虚拟企业——跨世纪企业的崭新组织形式 [J]. 管理工程学报，2000 (2).

[14] 刘景江. 网络时代的外包模式 [J]. 中国工业经济，2003 (11).

[15] 周小虎. 企业社会资本与战略管理 [M]. 北京：人民出版社，2006.

[16] 麦克尼尔. 新社会契约论——关于现代契约关系的探讨 [M]. 北京：中国政法大学出版社，1994.

[17] 李新春. 企业集群化成长的资源能力获取与创造 [J]. 学术研究，2002 (7).

[18] 蔡宁，吴结兵. 企业集群的竞争优势：资源的结构性整合 [J]. 中国工业经济，2002 (7).

[19] 赵顺龙. 企业组织资本形成研究 [M]. 哈尔滨：黑龙江人民出版社，2004.

[20] 赵顺龙. 基于层级结构化的企业组织资本形成路径研究 [J]. 南京社会科学，2004 (7).

[21] 赵顺龙. 基于企业文化的组织资本形成研究 [J]. 南师大学报，2004 (6).

[22] 赵顺龙. 基于组织资本的企业战略联盟分析 [J]. 江西社会科学，2004 (10).

[23] 赵顺龙，陈传明. 论企业组织资本形成的驱动因素 [J]. 江海学刊，2004 (3).

[24] 克里斯·阿吉里斯. 组织学习 [M]. 北京：中国人民大学出版社，2004.

[25] 赵延东，罗家德. 如何测量社会资本：一个经验研究综述 [J]. 国外社会科学，2005 (2).

[26] 林南. 社会资本：关于社会结构与行动的理论 [M]. 上海：上海人民出版社，2004.

[27] 边燕杰，丘海雄. 企业的社会资本及其功效 [J]. 中国社会科学，2000 (2).

[28] 马克·格兰诺维特. 镶嵌：社会网与经济行动 [M]. 北京：社会科学文献出版社，2007.

[29] Bourdieu, P.. The Forms of Social Capital [M]. Handbook of Theory and Research for the Sociology of Education, Westport, CT, Greenwood Press, 1986.

[30] Nahapiet, J., Ghoshal, S.. Social Capital, Intellectual Capital, and the Organizational Advantage [J]. Academy of Management Review, 1998 (23)：1-4.

[31] Burt, Ronald S..Structual Holes: the Social Structure of Competition [M]. Cambridge, Harvard University Press, 1992.

[32] Coleman, J..Social Capital in the Creation of Human Capital [J]. American Journal of Sociology, 1988 (94)：95-121.

[33] Vyas, N.M., Shelburn, W. L., Rogers, D. C.. An Analysis of Strategic Alliances: Forms, Functions and Framework [J]. Journal of Business and Industrial Marketing, Summer, 1995 (10)：47.